权威·前沿·原创

皮书系列为
"十二五""十三五""十四五"时期国家重点出版物出版专项规划项目

B

BLUE BOOK

智 库 成 果 出 版 与 传 播 平 台

青年发展蓝皮书

BLUE BOOK OF YOUTH DEVELOPMENT

河北青年发展报告（2022）

THE DEVELOPMENT REPORT ON HEBEI YOUTH (2022)

共青团河北省委员会 / 编

主　　编 / 侯贵松

执行主编 / 樊雅丽　李永琴

社会科学文献出版社
SOCIAL SCIENCES ACADEMIC PRESS (CHINA)

图书在版编目（CIP）数据

河北青年发展报告. 2022 / 共青团河北省委员会编；
侯贵松主编. --北京：社会科学文献出版社，2023.1
（青年发展蓝皮书）
ISBN 978-7-5228-1077-5

Ⅰ.①河… Ⅱ.①共… ②侯… Ⅲ.①青年工作-研
究报告-河北-2022 Ⅳ.①D432.6

中国版本图书馆 CIP 数据核字（2022）第 215793 号

青年发展蓝皮书
河北青年发展报告（2022）

编　　者／共青团河北省委员会

主　　编／侯贵松
执行主编／樊雅丽　李永琴

出 版 人／王利民
责任编辑／桂　芳
责任印制／王京美

出　　版／社会科学文献出版社·皮书出版分社（010）59367127
　　　　　地址：北京市北三环中路甲 29 号院华龙大厦　邮编：100029
　　　　　网址：www.ssap.com.cn
发　　行／社会科学文献出版社（010）59367028
印　　装／天津千鹤文化传播有限公司

规　　格／开　本：787mm×1092mm　1/16
　　　　　印　张：23.25　字　数：346 千字
版　　次／2023 年 1 月第 1 版　2023 年 1 月第 1 次印刷
书　　号／ISBN 978-7-5228-1077-5
定　　价／158.00 元

读者服务电话：4008918866

编　委　会

主　编　侯贵松

执行主编　樊雅丽　李永琴

编　委　（以姓氏笔画为序）

马瑞智　王凤丽　王依娜　尤　龙　叶　曼

田翠琴　白立华　朱　峰　张　丽　张义日

张子璇　张齐超　张学东　张鸿燕　郑　萍

侯建华　郭子良　郭雅欣　韩春秒　焦明月

主要编撰者简介

侯贵松 河北河间人，清华大学社会学博士，现任共青团河北省委书记。主要研究领域：社会治理研究、青年研究等。主要研究成果：《知识管理与创新》（专著）、《创新》（译著）、《双轨参政——以私营企业主政治参与为例》（论文）、《从招聘信息中体现的不同所有制企业的人才观异同》（论文）、《中国商业行业协会自组织机制的案例研究——中西监督机制的差异》（论文）、《河北青年发展报告（2020）》（主编）。

樊雅丽 河北肃宁人，湖南师范大学哲学硕士研究生，美国杜克大学政治学院访问学者。现任河北省社会科学院社会发展所所长、研究员。主要研究领域：社会发展研究、社会治理等。主要研究成果：主持国家社会科学基金课题"生态文明的社会学研究"，出版《新型城镇化与生态文明建设研究》（专著）、《河北青年发展报告（2020）》（副主编）发表《走向治理：农村基层社区能力建设的问题与策略》（论文）等。

李永琴 河北涉县人，中央党校研究生，现任共青团河北省委常委、办公室主任，河北省中长期青年发展规划联席会议办公室秘书处处长。主要研究成果：《河北青年发展报告（2020）》（副主编），在《青年发展论坛》发表《河北省青年发展状况综述》，参与编制《河北省中长期青年发展规划（2018~2025年）》；在《中国青年报》等发表多篇文章，其中，《河北团组织探索建立共青团改革督察机制》被中国青年报社评为2018共青团创新工作传播案例。

本书顾问简介

廉　思　中国新兴群体的瞭望者，首创"蚁族""工蜂""洄游""蜂鸟"等社会学概念，提出"拐点一代""战疫一代"等青年世代划分称谓。中央团校科研与智库工作部主任。国家二级教授，博士生导师。法学博士，北京大学政治学博士后，美国芝加哥大学社会学系访问学者。

国家"万人计划"哲学社会科学领军人才、首批青年拔尖人才，全国文化名家暨中宣部"四个一批"理论人才，教育部"新世纪优秀人才"，国家社会科学基金重大项目首席专家，北京市文化名家工作室主持人，北京市"四个一批"理论人才，北京高校首批"青年英才"，中央直接掌握联系的专家。

全国青联常委，国家中长期青年发展规划专家委员，国务院就业工作领导小组专家委员，中国青少年研究会副会长，中国青年志愿者协会副会长。

摘　要

国家的希望在青年，民族的未来在青年；青年兴则国家兴，青年强则国家强。做好青年民生工作是维护社会有序、激发社会活力、巩固中国共产党执政地位的重要条件，是社会向心力与凝聚力的重要源泉，加快建设经济强省、美丽河北的蓝图愿景也对河北青年民生发展提出更高要求。

在党的二十大胜利召开之际，在中国共产主义青年团成立100周年之际，为更好解决青年"急难愁盼"问题，持续推动保障和改善青年民生，共青团河北省委联合河北省社会科学院，在全省范围内开展了河北青年民生发展调查，通过抽样调查和深入访谈，累计发放问卷1万多份，涵盖初中生、高中/职高/中专学生、大学生、农村青年、行政事业单位青年、企业就业青年、进城务工青年、创业青年、青年志愿者等多类14~35周岁河北青年。本报告主要围绕与青年息息相关的思想道德、身心健康、就业创业、住房、消费、婚恋生育、志愿服务等领域进行研究，形成了对河北青年民生发展状况的基本判断，即河北青年整体政治素养良好，身心相对健康，虽然在就业、住房、婚恋等方面存在困难，但河北青年依然能够保持乐观态度，对国家、河北以及个人未来的发展充满信心。本书就河北青年民生发展提出建议，以期进一步增进河北青年的获得感、幸福感、安全感。

关键词： 青年发展　青年就业　青年创业　住房消费　婚恋生育　志愿服务

Abstract

The young generation of teenagers is the hope and the future of our nation; the growth and strongness of teenagers are following along the country's transition. Improving the livelihood of the young generation of people is an essential condition of maintaining social order and stimulating social vitality, stabilizing the governing status of the Communist Party of China, more importantly, a significant source of social cohesion. This improvement also accelerates the construction of the provinces and comes up with a higher requirement for the teenagers of the beautiful region of Hebei.

Along with the beginning of the Party's twenty major congress victories and the 100th-anniversary of the founding of the Communist Youth League of China, to better solve the problem of young people's "urgent difficulties and worries" and continuously promote the protection and improvement of young people's livelihood. The Communist Youth League Hebei provincial Committee and the Hebei Academy of Social Sciences carried out a survey and research on the development of teenagers' livelihood in Hebei province with a total of 10, 000 questionnaires released, covering many categories of youth aged 14-35 in Hebei. Including high school students, secondary vocational students, college students, rural youth, people in administration institutions, people working in enterprises, people working in cities, people starting businesses and young volunteers. This report mainly studies the areas closely related to young people, such as ideology and morality, physical and mental health, employment and entrepreneurship, housing consumption, and marriage, while still able to keep an optimistic attitude and full confidence in the future development of the country to Hebei and individual ones. This book suggests the development of the livelihood of Hebei youth and further enhances their sense of gain, happiness, and security.

Keywords: Youth Development; Youth Employment; Youth Entrepreneurship; Housing Consumption; Marriage and Fertility; Voluntary Services

序

郗杰英[*]

　　摆在我们面前的这部《青年发展蓝皮书——河北青年发展报告（2022）》，读来令人振奋。

　　河北是中部大省，历史悠久，资源丰富，人才济济。面黄河之北，居太行之东，又濒临渤海，拥有高原、山川、丘陵、盆地、平原、草原、森林、沙漠、湖泊、江河、海滨，还有丹霞地貌和喀斯特地貌，是全国唯一省内资源最全的省份。

　　近年来，河北省委认真学习贯彻习近平新时代中国特色社会主义思想和习近平总书记对河北工作的一系列重要指示精神，带领包括青年在内的全省人民，不畏艰难，抗疫情，稳经济，促发展，踔厉奋发，笃行不怠，各方面工作都取得了新的发展与优异成绩。2022年上半年，河北省地区生产总值19823.7亿元，与2021年上半年相比，增加了1163.4亿元，GDP名义增长6.23%，按照不变价格计算，同比增长3.4%，高于全国增速（2.5%）0.9个百分点。

　　河北的青年工作也走在了全国的前列，是全国唯一实现省市县三级青年工作联席会议召开全覆盖的省份；是全国唯一实现在"十四五"规划纲要中列青年发展专章或专节省市县三级全覆盖的省份；石家庄市成为全国唯一在"十四五"规划纲要中列青年发展专章的省会。通过在体制机制、政策

---

* 作者为中国青少年研究中心原党组书记、主任，曾任团中央研究室副主任、中国首部未成年人保护法起草组组长。

倡导和青年民生项目等方面的创新和突破，《河北省中长期青年发展规划（2018~2025年）》实施成效明显。一大批青年发展友好型城市及县区应运而生，"城市对青年更友好，青年在城市更有为"在燕赵大地蔚然成风，为加快建设经济强省、美丽河北注入了磅礴青春力量。

这部蓝皮书向我们展现了当下河北青年的七个特征。一是整体政治素养良好，对社会主义核心价值观及理想信念认识到位，对"自我实现"有普遍较高的追求；二是多数河北青年人生观正确，更具大国情怀与责任担当，对我国所处国际环境的态度比较理性，对国家未来发展充满信心；三是青年普遍表现出积极向上、身心愉悦、对未来有规划、对困难有方法等健康积极的心理状态；四是由于市场主体数量实现快速增长，就业创业为青年所带来的成就感和幸福感较强；五是不同青年群体间存在着较为明显的消费分层，不同性别、年龄、学历、职业、收入、地区的青年间存在着消费差异；六是青年群体婚姻观念整体积极向上，重视家庭稳定，生育选择趋于经济理性，传统生育观念向现代转型；七是青年群体对志愿服务的参与程度较高，参与志愿服务活动类型多样，志愿服务效能感呈多样化状态。

在这部蓝皮书中，我们欣喜地看到，在河北省委、省政府和共青团中央的坚强领导下，共青团河北省委坚持党赋予的党的助手和后备军、中国青年运动的先锋队这一政治定位，与党同心、跟党奋斗，团结带领广大青年积极投身全省经济社会发展的火热实践。

脱贫攻坚，团青建功——100多名驻村团干部勇担使命，与广大农村青年在一线挥洒青春汗水；

燃情冰雪，志愿相约——7050名青年志愿者在北京冬奥会、冬残奥会上贡献青春力量；

未来之城，青年创造——雄安新区建设者中7/10都是青年热血儿郎，践行着"我与雄安共成长"的青春誓言；

青春逆行，抗疫有我——5000多支青年突击队、480多万青年志愿者在一次次疫情防控狙击战中履行青春使命。

河北共青团带领广大团员青年用实干践行"哪里最困难、哪里就有团的旗帜，哪里有需要、哪里就有团员青年的身影"的赤忱担当，努力发挥了共青团在新时代中国青年运动中的引领作用、骨干作用，全省青年工作取得历史性突破。同时，从促进青年发展的角度看，青年健康的战略地位逐步提高，健康政策的跨部门协同作用正在逐步加强；青少年事务社会工作的实施领域不断深化拓展，服务青年的组织、内容、种类日趋多样和丰富。因此，河北青年工作的整体适应度、满意度较高。

研读这部蓝皮书，使我们进一步加深了对"党管青年"原则和"青年优先发展"理念的认识。一个有宏大目标和战略远见的政党，一个以"执政为民"为宗旨的政党，一定会对青年一代充分信任，寄予厚望，全力关注、关心和关爱，促进他们健康成长、奋发有为。因为：

——青年是时代的晴雨表，是人民群众中最生机勃勃、感知最敏锐的部分，了解他们的所思所想、解决他们的"急难愁盼"问题，理应是各级党委和政府的基本职责与奋斗目标。

——青年是中华民族伟大复兴事业中的生力军和接班人。仅从河北人口看，青年"四分天下有其一"，在全省近7500万总人口中，14~35周岁的青年有2000多万人。且在这2000多万青年中，大专以上文化程度的占了60%以上。河北青年朝气蓬勃，年轻有为，具有新时代特征，文化程度普遍较高，对未来充满憧憬和向往，是振兴河北的重要力量，更是未来的希望。对这样一支无可替代的力量，党政、社会包括家庭，当然要重视，要加大力度支持，要信任，要关心，要培养。

——青年有特殊性，要特殊对待、优先发展。第一，青年具有基础性。青年阶段对生命个体来说，是发展的关键阶段，青年对国家、民族来说是希望和未来。第二，青年具有成长性，要经历一个不断变化、不断成长的过程。第三，青年具有可塑性，需要不断成熟、不断社会化，需要教育和引导。第四，青年具有过渡性，有这个年龄段的特殊需求，如就学就业、婚恋成家、养育子女等。过渡完了，青年就变成了中年，时光特别珍贵。服务青年，主要服务于青年成长、成人、成才，具体核心内容是学业、就业、家业和事业。围绕这几个方面，从法律、政策到措施，从党和政府、社会到家庭，要形成合力，不断建设和完善青年人生阶段的三个支持系统，即理想信念支持系统、物质生活支持系统和情感支持系统。

这部蓝皮书是共青团河北省委重视青年研究工作的重要体现和可喜成果。在 2020 年出版第一部青年发展蓝皮书前后，共青团河北省委始终把深入青年调查研究放在工作的重要位置，坚持"把论文写在祖国的大地上"，不断把调查研究的成果运用于工作实践。可以说，调查研究在很大程度上推动了河北共青团工作的长足发展。

我以为，这部蓝皮书是努力站在四个高度去研究青年与青年工作的，因而取得丰硕成果。

一是站在时代的高度。研究青年首先要研究时代变迁。经过 40 多年的改革开放特别是进入新时代以来，我们的国家与社会发生了翻天覆地的巨变，取得历史性成就。与此同时，世界的经济、政治、文化、军事也在发生令人意想不到的改变。我们正处于百年未有之大变局中。比如 21 世纪最伟大的发明——互联网，在很大程度上改变了人类的生产生活和消费、交往方式，也对现行的国家组织及治理方式提出了挑战。互联网思维是全方位的，互联网可以引发的变革不限于生产和消费领域，一定会向政治、社会、文化等领域扩展。研究青年首先要研究时代和社会背景，这是前提和基础。我们在这部蓝皮书中看到了河北、中国乃至全球的宏大背景和巨大变化。

二是站在科学的高度。由于青年概念出现的历史不长，对其的研究始终处于发展之中。我国 20 世纪七八十年代以来，青年研究已经有了长足进步。我认为这个进步最重要的体现，是在马克思主义青年观的指导下，运用尽可能多的相关学科和知识，对青年进行分类和整体研究，并形成了学科化的发展趋势。人类认知的发展和生产生活的需求是科学发展的动力，青年研究也是如此。随着时代的变迁、科学发展和青年群体的自身变化，对青年的研究一定要深化，要更具科学性。在这部蓝皮书中，我们看到了科学的定量定性的调查与分析。

三是站在"人"的高度。青年概念是现代社会的产物。从自身来讲，青年具有基础性、成长性、可塑性、过渡性。对国家来说，青年是现实发展中的重要力量，也决定着国家、民族未来的面貌。赢得青年就是赢得未来。

我们党的宗旨是全心全意为人民服务，特别强调和重视解决民生问题。正如习近平总书记指出的，人民群众对美好生活的向往，就是我们的奋斗目标。因此，研究青年要以青年为本，以促进青年健康成长为要。

要关注和促进青年民生发展。青年民生涉及青年社会发展的基本需求，是青年最关心、最直接、最现实的利益问题。对青年民生的关注，是青年研究价值关怀的重要体现，也是以青年为本的内在要求。

要重视和尊重青年民意。要努力从宏观、中观和微观等不同层面了解青年民意，洞察青年对当前一些重大问题的看法，以及他们思想认识中深层次的问题。要分析不同青年群体利益诉求存在的差异，同时要把握青年民意不稳定性和分化性的特点，看到青年民意表面情绪背后的实质和根源。

要研究和发掘青年的人生价值。在关注青年民生、尊重青年民意的基础上，青年研究还应把目光投向对人类终极关怀的关注。世界观、人生观、价值观深刻影响人们对现实世界的看法及行为。对于处于成长期、具有可塑性的青年来说，"扣好人生的第一粒扣子"至关重要。青年群体的社会主义核心价值观建设特别需要青年研究做出贡献。

在这部蓝皮书中，我们特别真切地看到了河北青年的面貌，他们的成长、奋斗与期盼。

四是站在推动青年研究服务于青年工作实践的高度。在我国青年工作蓬勃开展过程中，面对着一些瓶颈性的制约，需要青年研究者做出解释和指导。同时对青年的发展来说，青年政策乃至相关的法律法规是确保青年普遍受益、稳定发展的重要基础和条件。青年研究者和工作者要充分利用有利条件，努力介入和参与青年政策和法律法规的制定，更好地体现研究的实用价值。对涉及青年基本权利、健康、教育、福利、婚恋、家庭以及预防犯罪、司法保护等各方面的青年政策和法律法规，青年研究者都应有意识地参与和施加影响。在这部蓝皮书中，我们看到了河北共青团在省委、省政府的正确领导和关怀支持下，带领广大团员青年解放思想、奋发进取，不断取得青年工作的新发展、新突破。

祝贺这部高质量的青年蓝皮书的出版发布。是为序。

目 录 ⤵

Ⅰ 总报告

B.1 新时代河北青年在中华民族伟大复兴的赛道上奋勇争先

　　——2022 年河北青年发展现状及趋势

　　…………………………………… 樊雅丽　李永琴　郭雅欣 / 001

　　一　河北青年发展的时代背景 ………………………………… / 003

　　二　河北青年事业的创新与发展 ……………………………… / 004

　　三　河北青年民生总体状况调查分析 ………………………… / 008

　　四　未来开展青年工作的难点分析 …………………………… / 014

　　五　河北青年发展工作谱写新篇章 …………………………… / 016

Ⅱ 分报告

B.2 新媒体环境下河北青年思想引领研究………… 韩春秒　郭毓娴 / 021

B.3 河北青年价值观的认同塑形与多维培育……… 张　丽　李珊珊 / 043

B.4 河北青年健康的影响因素及健康促进………… 侯建华　耿淑杰 / 064

B.5 河北青年心理健康的现状、特征及心理健康素养研究

………………………………… 王凤丽 司 琪 / 084

B.6 河北青年就业发展状况研究报告……… 郭雅欣 叶 曼 / 103

B.7 河北青年创业的特征分析及发展策略研究…… 王依娜 张义日 / 130

B.8 河北青年住房状况与住房满意度研究报告

………………………… 朱 峰 范 娟 陈思佳 / 155

B.9 河北青年消费现状与社会影响因素分析……… 赵乃诗 田翠琴 / 230

B.10 河北青年婚恋状况及影响因素分析 ………… 单清华 缪旭勤 / 261

B.11 河北青年生育困境与社会政策支持研究 …………… 郑 萍 / 284

B.12 河北青年志愿服务发展状况研究 ………………… 张齐超 / 304

B.13 河北青少年事务社会工作的领域拓展与创新策略 …… 张学东 / 325

致谢 ……………………………………………… / 343

皮书数据库阅读**使用指南**

CONTENTS ↖⟩

I   General Report

B.1   Hebei Youth in the New Era Strive to Take the Lead in the Course
of the Great Rejuvenation of the Chinese Nation.
—*Current Situation and Development Trend of Hebei Youth in 2022*

Fan Yali,Li Yongqin and Guo Yaxin / 001

II   Subreports

B.2   Research on Hebei Youth's Thought Guidance in the New Media
Environment   *Han Chunmiao,Guo Yuxian* / 021
B.3   Shaping and Multi-dimensional Cultivation of Heibei Youth's
Value Identity   *Zhang Li,Li Shanshan* / 043
B.4   Influencing Factors and Health Promotion of Young People in Hebei
Hou Jianhua,Geng Shujie / 064

B.5 Current Situation, Characteristics, and Mental Health Literacy of
Young People in Hebei   *Wang Fengli, Si Qi* / 084

B.6 A Research Report on Youth Employment Development in Hebei
    Guo Yaxin, Ye Man / 103

B.7 Analysis of the Characteristics and Development Strategies
of Young Entrepreneurs in Hebei   *Wang Yina, Zhang Yiri* / 130

B.8 A Research Report on the Housing Situation and Housing Satisfaction
of Hebei Youth   *Zhu Feng, Fan Juan and Chen Sijia* / 155

B.9 An Analysis of Hebei Youth Consumption Status and Social
Influencing Factors   *Zhao Naishi, Tian Cuiqin* / 230

B.10 Analysis of Hebei Youth Love and Marital Status and
Influencing Factors   *Shan Qing hua, Miao Xuqin* / 261

B.11 A Study on the Birth Dilemma and Social Policy Support of
Young People in Hebe Province   *Zheng Ping*/ 284

B.12 Research on the Development of Youth Voluntary Services in Hebei
    Zhang Qichao / 304

B.13 Field Expansion and Innovation Strategy of Social Work
in Hebei Youth Affairs   *Zhang Xuedong* / 325

Gratitude   / 343

总 报 告

General Report

B.1

新时代河北青年在中华民族伟大复兴的
赛道上奋勇争先

——2022年河北青年发展现状及趋势

樊雅丽 李永琴 郭雅欣*

摘　要： 青年是社会中承前启后、富有生命力和创造力、最积极的群
体。为更好地促进河北青年高质量发展，课题组基于青年发展
的时代背景，梳理当前河北青年事业的创新与发展，即通过
"坚持为党育人""自觉担当尽责""心系广大青年""勇于自
我革命"等来回应时代关切与青年诉求。为进一步把握河北
省青年民生状况，聚焦青年"急难愁盼"，对河北青年民生发
展问题进行深入研究，课题组面向河北省14～35周岁青年开

* 樊雅丽，河北省社会科学院社会发展研究所所长，研究员，研究方向为社会治理；李永琴，
中央党校研究生，共青团河北省委常委、办公室主任，河北省中长期青年发展规划联席会议
办公室秘书处处长，研究方向为青年发展；郭雅欣，河北省社会科学院科研组织处，研究方
向为社会工作、社会救助、社会政策。

展民生问卷调查，深入剖析河北青年的思想道德、身心健康、就业创业、消费、住房、婚恋生育、志愿服务等民生状况，并阐释了未来开展青年工作的六大难点。针对难点挑战与现实问题，本报告从构建完备青年工作体系、用心用情开展青年工作、加大青年工作改革力度、打造多元合作生动格局、聚焦青年工作前瞻研判、回应河北青年现实关切、全面提升河北青年素质等方面提出针对性对策建议，进一步推动河北青年发展工作谱写新篇章。

关键词： 河北青年　青年发展规划　青年发展友好型城市

党的十八大以来，以习近平同志为核心的党中央从确保党的事业薪火相传和中华民族永续发展的战略高度，深刻把握新时代中国青年运动规律，加强党对青年工作的领导，推动青年工作取得历史性成就。在党的二十大报告中，习近平总书记对青年和青年工作，专门有一段重要的阐述，涵盖了青年与时代的关系、青年工作的地位、青年思想引领的主要任务和内容、青年工作的方法论、对新时代青年的殷切期待等重大问题。习近平总书记再次强调，"全党要把青年工作作为战略性工作来抓"。这与习近平总书记在庆祝中国共产主义青年团成立 100 周年大会上强调的"过去、现在、将来青年工作都是党的工作中一项战略性工作"一脉相承，体现出党中央对青年工作的重视一以贯之和对青年工作战略地位的高度共识。

习近平总书记对河北充满感情、寄予厚望，先后 9 次视察河北，为推动河北高质量发展提供了行动指南和强大动力。在省委、省政府的坚强领导下，新时代的河北共青团努力发挥党的助手和后备军作用，深入开展"学习二十大、永远跟党走、奋进新征程"主题教育实践活动，团结带领全省青年以解放思想、奋发进取的姿态，在新的起点上谱写青春华章。

2022 年是党的二十大胜利召开之年，恰逢中国共青团成立 100 周年。

本报告为河北省中长期青年发展规划联席会议办公室（共青团河北省委）在对全省青年发展状况全方位认识和深入研究的基础之上，从河北青年是新时代建设河北"可堪大任，大有作为"的强冀一代，也是需要"加强关心、持续帮扶"的新冀一代"两个维度"对河北青年民生发展问题进行深入研究的成果，提出要全面加强青年发展的制度机制建设和政策倡导，立足解决青年"急难愁盼"问题，推动青年发展友好型省份建设，切实夯实党执政的青年群众基础，为广大青年创造在建功新时代中放飞青春梦想的良好发展环境，引导广大青年怀抱梦想又脚踏实地，敢想敢为又善作善成，让青春在全面建设社会主义现代化国家的火热实践中绽放绚丽之花。

一　河北青年发展的时代背景

新时代青年所处的时代背景是开展青年工作的重要现实依据，青年的求知求学、成长成才与两个百年奋斗目标关键期相交叉，时代为青年发展提供广阔舞台，青年为时代发展贡献青春力量，时代是青年发展的底色，青年是时代发展的动力。只有深刻认识与剖析时代与青年发展相互成就的关系，才能实现青年发展与时代进步的双向奔赴。

习近平总书记指出，"当代中国青年生逢其时，施展才干的舞台无比广阔，实现梦想的前景无比光明"。从国家层面看，新时代青年既是实现第一个百年奋斗目标的见证者、经历者，也是实现第二个百年奋斗目标的建设者、奋斗者，应立足"两个大局"、心怀"国之大者"来认识和看待青年发展。其一，当前世界正经历百年未有之大变局，经济全球化深度调整、国际力量对比深刻变化、新一轮科技革命深入发展，新时代青年的价值观念、成长环境、行为方式均受到影响。我国不断推动构建人类命运共同体，拓宽了青年的国际视野，加深了青年的国际交流。但部分西方国家以更多样、更隐蔽的方式来争夺青年一代，导致我国抢占青年意识形态阵地挑战重重。其二，在实现中华民族伟大复兴的战略全局中，我国已进入新发展阶段，中国特色社会主义经济建设、政治建设、文化建设、社会建设、生态文明建设取得新成效，青年的物质生活更为丰富，政治环境更为清明，文化生活更为多彩，社会环境更为和谐，生活环境更为优良。但当前我国发展不平衡、不充分的问题仍然存在，青年的禀赋特点、心理需求、价值观念也更趋多样化与复杂化，因此青年发展工作面临新的挑战与困难。

河北青年同全国青年一样，具有鲜明的时代特征，其拥有的发展条件、人生出彩机会、保障支持更高质、更丰富、更全面，同时也肩负着重要的责任与使命、面临着更复杂的局势与挑战。特别是近年来，河北省深化改革，扩大开放，抓住京津冀协同发展、数字经济发展、基础设施建设等机遇，立足独特区位、资源禀赋、沿海开放等优势，使得"三件大事"取得突破性进展，在脱贫攻坚、生态环境建设、经济结构转变、人民生活水平、平安河北建设等方面均取得重大成效，奠定了高质量发展的现实基础，面临着千载难逢的宝贵机遇。当今的河北最需要青年的努力，最需要青年的奉献，这些成就的取得为河北青年在投身经济强省、美丽河北建设中实现人生价值提供了广阔舞台。同时，河北省综合实力、增长动力、生态环境治理、社会治理等方面仍面临众多挑战，省委十届三次全会也提出了 2035 年和未来五年奋斗目标以及 10 项重点任务等，这对河北青年提出了更高要求，河北青年也必须担负起更为艰巨的使命。

二 河北青年事业的创新与发展

在习近平新时代中国特色社会主义思想指引下，河北省委、省政府深入贯彻落实习近平总书记关于青年工作的重要思想，认真践行党管青年原则，大力倡导青年优先发展理念，以深入实施中长期青年发展规划为抓手，聚焦青年思想道德、青年就业创业、青年婚恋等十大重点领域，回应时代关切与青年诉求，在全省建立党委领导、政府主责、共青团协调、社会各方参与的青年发展工作格局，河北成为全国唯一实现省市县三级青年工作联席会议召开全覆盖的省份、全国唯一实现在"十四五"规划纲要中列青年发展专章或专节省市县三级全覆盖的省份，石家庄市成为全国唯一在"十四五"纲要中列青年发展专章的省会，通过在体制机制、政策倡导和青年民生项目实施等方面进行创新和突破，《河北省中长期青年发展规划（2018～2025年）》实施成效明显，一大批青年发展型、友好型城市及县区应运而生，"城市对青年更友好，青年在城市更有为"在燕赵大地蔚然成风，为建设经济强省、美丽河北注入了磅礴青春力量。

在河北省委、省政府的坚强领导下，共青团河北省委坚持党赋予的党的助手和后备军、中国青年运动的先锋队这一政治定位，与党同心、跟党奋斗，团结带领广大青年积极投身全省经济社会发展的火热实践。脱贫攻坚，团青建功——100多名驻村团干部勇担使命，与广大农村青年在一线挥洒青春汗水；燃情冰雪，志愿相约——7050名青年志愿者在北京冬奥会、冬残奥会上贡献青春力量；未来之城，青年创造——雄安新区建设者中7/10都是青年人，践行着"我与雄安共成长"的青春誓言；青春逆行，抗疫有我——5000多支青年突击队、480多万青年志愿者在一次次疫情防控阻击战中履行青春使命。河北共青团带领广大团员青年用实干践行"哪里最困难、哪里就有团的旗帜，哪里有需要、哪里就有团员青年的身影"的赤诚担当，努力发挥共青团在新时代中国青年运动中的引领作用、骨干作用，全省青年工作取得历史性突破。

（一）"坚持为党育人"，引领广大青年始终追随党、信赖党

在生动实践中认真回答如何更好地把青年团结起来、组织起来、动员起来，为实现第二个百年奋斗目标、实现中华民族伟大复兴的中国梦而奋斗这一新时代中国青年运动和青年工作的重大问题，从政治上着眼常态化开展"青年大学习"网上主题团课，充分发挥河北青年讲师团的理论"轻骑兵"作用，讲好马克思主义理论，讲好中国共产党的故事、讲好河北故事和中国故事。特别是发挥河北红色资源丰富、革命传统深厚的优势，把西柏坡精神、塞罕坝精神等用"青言青语"解读好、宣传好；深化民族团结进步教育，与西藏阿里、新疆巴州、兵团二师中小学校结对实现全覆盖，西部计划招募选派、"石榴籽一家亲"青少年交流顺利开展，帮助广大青年夯实理想信念之

基，进而增强奉献社会、服务人民的前行动力。同时，深刻认识人才是河北未来发展的第一资源，加强对青年人才的团结和汇聚。学习习近平总书记在正定工作时提出的"人才九条"，进一步深化和拓展青年马克思主义者培养工程这项共青团已经干了17年的品牌工作，把更多的先锋分子培养成党的政治骨干，更不拘一格地把各行各业、各领域甚至省外的青年人才汇聚到河北。

（二）"自觉担当尽责"，助推青年创新创业创造

创新是河北未来发展的第一动力。青年最具创新热情、最具创新动力。团河北省委紧紧抓住青年企业家这支队伍，将他们汇聚在党的周围，引领他们在京津协同发展、雄安新区规划建设等国家大事、河北大事的主战场上创业创造，为河北的发展增添不竭动力；紧紧抓住青年科技工作者队伍，引领他们在乡村振兴、生态文明建设等重点领域创新创效，为河北发展增添智慧力量。一方面，开展了"冀青春"转型升级成果主题展示交流活动，着力提升"挑战杯""创青春""振举杯"等青年创新创业赛事的影响力，激发青年创新创造热情。发挥青年文明号、青年岗位能手等老品牌作用，激励青年在创新创造一线岗位建功。另一方面，开展"乡村振兴、团青建功"行动，引导青年到乡村的广阔天地中创新创造。重点实施"桑梓计划"，联络在外优秀人才通过多种方式支持家乡建设，成立食品加工产业青年博士团，凝聚起助力实现共同富裕的磅礴青春力量。

（三）"心系广大青年"，以服务助力青年更有为

服务是河北未来发展的环境支撑。团河北省委发挥共青团遍布基层一线、深入青年身边的最大优势，千方百计为青年办实事、解难事。一方面，坚持在青年所想所急的就业创业、子女教育、老人赡养、婚恋交友等烦心事操心事上持续发力，持续深化大学生就业帮扶行动计划、希望工程圆梦行动、"我为家乡农产品代言"项目、"三生石婚恋交友"项目、"寸草心"爱老敬老行动、青年文明关爱行动计划、青少年减压计划等，每年列出10

项青年民生实事，通过服务青年把党的温暖传递给青年。另一方面，树立青年是未来城市竞争的稀缺资源、是持续推动国家经济社会发展的重要战略资源的意识，持续加强青年发展政策倡导和社会倡导，推动省委宣传部、省发改委、团省委等22个部门联合印发的《关于开展河北省青年发展友好型城市建设的意见》落地实施，培育了保定、唐山等青年发展型城市，石家庄市鹿泉区、邯郸市峰峰矿区、武安市、肃宁县等进入青年发展型县域全国试点，河北同步实施覆盖各市的省级试点，在此基础上打造了一大批青年友好乡镇（街道）、社区、企业、学校，推动青年发展友好型城市建设在全省域铺开，涌现出一大批普惠性的青年发展政策，"城市对青年更友好，青年在城市更有为"深入人心，为河北发展吸引青年、留住青年、赢得青年。

（四）"勇于自我革命"，紧跟党走在时代前列

改革创新是共青团组织发展的推动力。团河北省委努力把握青年脉搏，依据青年工作生活方式的新变化新特点，创新工作方式，筑牢基层组织基础，打造网上青年工作阵地，警惕青年意识形态领域的"黑天鹅""灰犀牛"事件，走好网上联系服务青年的群众路线。一方面，以团的领导机关和基层全面深化改革为重点，团河北省委进一步发挥党的助手和后备军应有的政治功能和社会功能，制定并实施《共青团河北省委深化改革方案》，改革优化机关职能和机构；推进县域共青团组织深化改革，在团的工作力量选用、组织设置和运行等机制建设方面取得突破；着力推进县级团属青年社会组织规范化建设，构建以共青团为主导的青年组织体系；推动青联、学联学生会、少先队及省团校等直属事业单位一体深化改革，把共青团建设得更加充满活力、更加坚强有力。另一方面，自觉践行群众路线，通过实施"机关开放日"、常态化下沉基层等方式，同广大青年打成一片，引领青年人走好入队、入团、入党的政治进步"人生三部曲"，推动党、团、队育人链条相衔接、相贯通，锻造新时代紧跟党走在时代前列、有昂扬向上时代风貌的先进青年组织。

三　河北青年民生总体状况调查分析

（一）数据来源与问卷设计

在梳理河北青年事业发展成效的基础上，为全面掌握河北青年发展的第一手资料，河北青年民生发展调查课题组针对2022年河北青年民生发展状况开展问卷调查。在严峻疫情形势下，为进一步分解青年民生发展调查的任务，明确时间节点、进度安排、过程控制，有序有力推动问卷调查和深入访谈的顺利进行，调研对象为目前在河北省学习、工作、生活的14~35周岁的青年。根据第七次全国人口普查数据，2020年河北省14~35周岁青年为2010.47万人，按照抽样比例为0.5‰计算，全省计划样本总量10052份。此次调查在"问卷星"平台向全省范围内的青年群体定点投放问卷，问卷采集质量较高，本次调查共计发放问卷10100份，回收9524份，有效问卷9509份。

问卷共分为七部分，第一部分为个人基本信息，调查了受访青年的性别、年龄、居住地、学历、政治面貌、目前状态、所在地区、就业单位性质、身份类型或工作岗位等信息。第二部分至第七部分为思想道德篇、身心健康篇、就业创业篇、消费住房篇、婚恋生育篇、社会融入篇，对青年民生发展状况做了充分调查。具体而言，思想道德篇针对青年的自我评价、近期目标、人生意义、互联网使用、交友渠道进行了调查，并调研了青年对社会主义核心价值观、当代青年理想信念、新时代青年的新使命、中国共产党人精神谱系的伟大精神、人类命运共同体的构建、奥运精神等内容的看法与认知等。身心健康篇重点调查了青年的生理健康与心理健康状况，生理健康方面包括健康自评、睡眠状况、疾病状况、锻炼频率与场所、饮食状况、健康服务需求等内容，心理健康方面包括生活满意度、困境应对、烦恼来源、压力排解、负面情绪等内容。就业创业篇则对青年的就业状况、创业状况开展了调查，在就业方面，问卷设计了青年参与职业规划培训情况、工作时长、薪酬待遇、工作适应度、工作满意度、专业与工作匹配度、工作预期等问题；在创业方面，问卷设计了青年的创业想法来源、创业目的、启动资金、经营情况、人数规模、创业困难，以及对创业优惠政策的了解度与满意度等问题。消费住房篇则设计了每月消费支出情况、收支平衡状况、支付方式、奢侈品购买行为及心理、消费状况满意度、住房情况、住房资金筹集渠道、居住面积、居住状况及原因、居住状况满意度等方面的问题。婚恋生育篇从婚姻、恋爱、生育的角度入手，调查了青年的婚恋状况、择偶标准、择偶渠道、生育数量、生育年龄、生育目的、生育意愿，以及对择偶、结婚、离婚的看法等。社会融入篇针对青年参与志愿服务的类型、时长、形式、原因、培训状况、收获、权益保障进行了调查，并调研了青少年社会工作专业服务开展情况及青年对社会工作相关内容的看法与认知。

（二）调查样本概况

如表1所示，本次调查中，在性别分布方面，不同性别的青年占比相当，男性青年、女性青年占比分别为49.46%、50.54%。在年龄分布方面，14～17周岁、18～24周岁、25～29周岁、30～35周岁的青年占比分别为16.01%、34.12%、22.69%、27.18%，18～24周岁的青年占比最高，14～17周岁的青年占比最低。在居住地方面，居住地为农村的青年占比41.09%，居住地为城镇的青年占比58.91%，在此次调查中，城镇青年的占比高出农村青年约17个百分点。在受教育程度方面，学历为小学及以下、初中、高中/职高/中专、高职/大专、大学本科、硕士/博士研究生的青年占比依次为1.04%、11.60%、22.02%、22.24%、38.05%、5.05%，其中占比最高的是拥有大学本科学历的青年，占比最低的是拥有小学及以下学历的青年。在政治面貌方面，青年群体中占比较高的为共青团员（42.72%）、群众（34.63%）、中共党员（21.20%），民主党派和无党派人士占比均低于1%。在目前所处状态方面，目前处于工作状态的青年占比最高，达50.71%，其次是处于学习状态的青年（占比为37.45%），处于待业和创业状态的青年占比依次为5.33%、6.51%。

表1　样本基本信息（N＝9509）

单位：人，%

类别	人数	占比
性别		
男	4703	49.46
女	4806	50.54
年龄		
14~17周岁	1522	16.01
18~24周岁	3244	34.12
25~29周岁	2158	22.69
30~35周岁	2585	27.18
居住地		
农村	3907	41.09
城镇	5602	58.91
学历		
小学及以下	99	1.04
初中	1103	11.60
高中/职高/中专	2094	22.02
高职/大专	2115	22.24
大学本科	3618	38.05
硕士/博士研究生	480	5.05
政治面貌		
共青团员	4062	42.72
中共党员	2016	21.20
民主党派	60	0.63
无党派人士	78	0.82
群众	3293	34.63
目前状态		
工作	4822	50.71
学习	3561	37.45
待业	507	5.33
创业	619	6.51

如表2所示，在所在地区方面，本次问卷调查中占比前3位的是石家庄（14.61%）、保定（9.61%）、邯郸（9.25%），占比后3位的是定州

（1.85%）、辛集（1.05%）、雄安新区（0.84%）。在七普数据中青年占比居前
3 位的是石家庄（16.25%）、邯郸（12.98%）、保定（12.21%），占比居后 3
位的是雄安新区（1.59%）、定州（1.41%）、辛集（0.71%），在这 6 座城市
的两个调查中青年所占比例相差不大，其他城市的两个调查中青年占比也相
差较小，总体来看，在地区分布方面，本次问卷调查具有较强的代表性。

表 2　不同地区青年分布情况与七普数据对照

单位：人，%

地　区	本次调查 青年人数	本次调查青年 所占比例	七普调查 青年人数	七普调查 青年所占比例
石家庄	1389	14.61	3266806	16.25
唐　山	855	8.99	1943025	9.66
保　定	914	9.61	2454587	12.21
邯　郸	880	9.25	2608647	12.98
邢　台	782	8.22	1875411	9.33
衡　水	653	6.87	1088510	5.41
沧　州	742	7.8	1895135	9.43
廊　坊	771	8.11	1638845	8.15
承　德	688	7.24	813630	4.05
张家口	625	6.57	956085	4.76
秦皇岛	854	8.98	819257	4.07
定　州	176	1.85	283879	1.41
辛　集	100	1.05	141989	0.71
雄安新区	80	0.84	318895	1.59

本次问卷调查涵盖青年范围较广，如图 1 所示，涉及企业普通职员、工
农生产人员、管理人员、企业主、新媒体从业青年、社会组织人员、学生、
社区工作者、公务员、教师、医院医护人员、专业技术人员、快递小哥、网
约车司机等群体，其中占比最大的青年群体为企业普通职员，达 26.04%，
即本次问卷调查中约 1/4 的样本是企业普通职员。本次调研中学生群体占比
也较高，初中学生，高中、职高或中专学生，大学学生的占比依次为
7.16%、12.58%、20.41%，占比之和为 40.15%，即本次问卷调查中约四
成青年是学生。

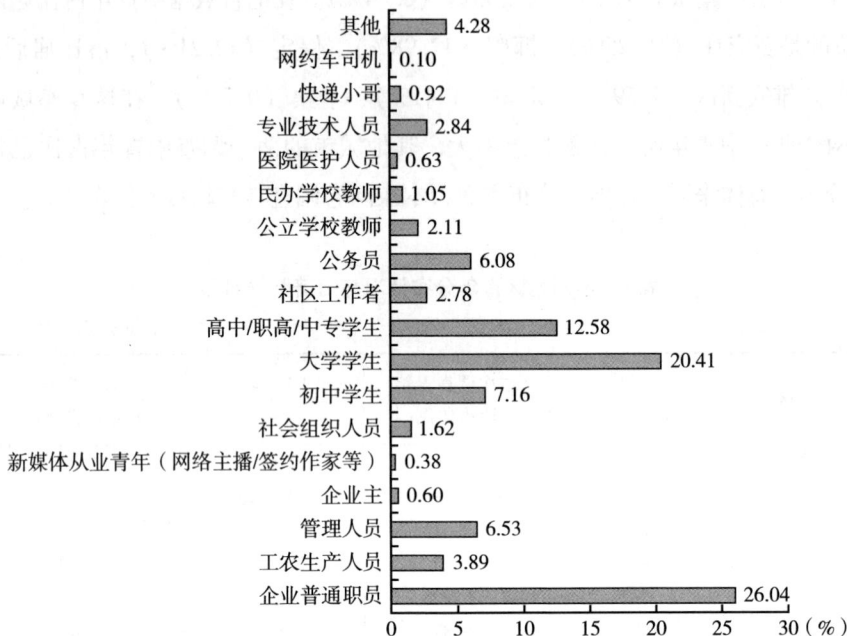

图1 受访青年的身份类型

针对处于就业创业状态的青年，问卷调查了其单位性质，如图2所示，青年单位性质占比从高到低依次为民营企业、党政机关、国有企业、事业单位、农业、社会组织、其他、混合制企业、外资企业，其占比依次为32.83%、18.50%、18.21%、13.83%、5.35%、4.31%、4.11%、1.49%、1.37%，即此次问卷调查中青年单位性质为民营企业的占比最高，单位性质为外资企业的占比最低。

（三）研究内容

依托问卷调查数据，以及各领域的深度访谈资料，课题组共撰写了12篇分报告，分别研究了加强河北青年思想引领的思路与对策、河北青年价值观的认同塑形与多维培育、河北青年身体健康的影响因素及健康促进、河北青年心理健康的现状及心理健康素养、河北青年就业发展现状与特征、河北

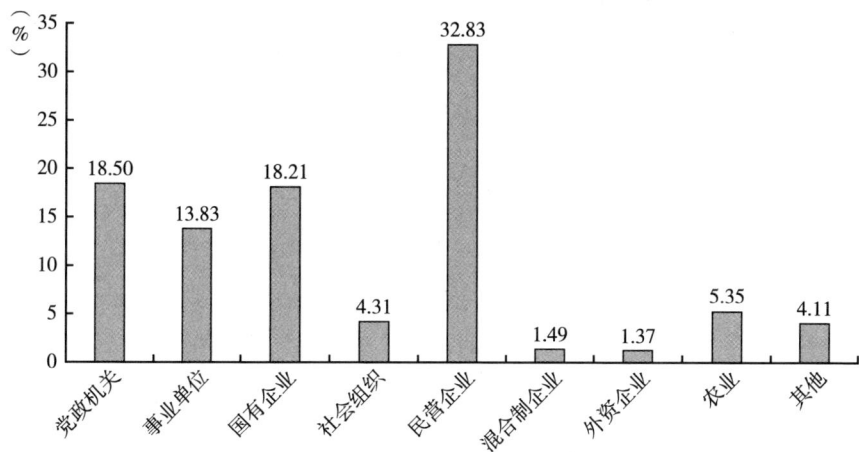

图2　青年单位性质分布

青年创业的特征分析及发展策略、河北青年消费现状与社会影响因素、河北青年的住房状况、河北青年婚恋状况及影响因素、河北青年生育困境与社会政策支持、河北青年志愿服务状况、河北青年志愿服务与社会工作联动融合等内容。各报告以精细翔实的数据、丰富鲜活的案例，深入解读了河北青年各个民生领域的发展状况、问题原因及对策，为新时期开展青年工作提供科学的决策参考与坚实的理论基础。

（四）主要研究结论

调研发现，河北青年触网率较高、整体政治素养良好，对社会主义核心价值观及理想信念认识到位，对"自我实现"有普遍较高的追求；六成以上河北青年人生观明确，多数河北青年使命观更具大国情怀与责任担当，河北青年对我国所处国际环境的态度比较理性，并对国家未来的发展充满信心；全省青年普遍表现出积极向上、身心愉悦、对未来有规划、对困难有方法等健康积极的心理状态；青年健康的战略地位逐步提高，青年健康政策的跨部门协同作用正在逐步加强；青年工作适应度、工作满意度较高；河北省市场主体数量实现快速增长，创业为青年所带来的成就感和幸福感较强；河北青年不同群体间存在着较为明显的消费分层，不同性别、年龄、学历、职业、收入、地区的青年之间存在着明显的消费差异；青年群体婚姻观念整体积极向上，重视家庭稳定，婚恋观念开放且现代；青年的生育选择趋于经济理性，传统生育观念向现代转型；青年群体对志愿服务的参与程度较高，参与志愿服务活动类型多样，志愿服务效能感呈多样化状况；河北青少年事务社会工作的实施领域不断深化拓展，服务内容和种类日趋多样化。

在对全省青年整体特征的判断为积极正向的前提下，调研中也发现少数青年存在"不满意""感觉累""消极""挫败感"等消极情绪；凝聚群体共识的力度仍需加大，职业稳定性偏低的青年群体信念观和人生观亟待重点引导，有部分青年在"内卷"与"躺平"二元并存间陷入迷茫和焦虑；青少年思想引领工作在传播内容、形式、渠道、互动性等方面仍需提升；当前青年群体面临睡眠质量不高、肥胖、颈椎腰椎问题、脱发掉发、脾胃疾病等健康问题；青年对就业政策知晓度不足，受疫情影响青年求职过程更为坎坷，青年接受职业规划培训比例仍有待大幅提升，有的青年收入较低、工时偏长；河北青年创业意愿总体下降，工作强度较大，创业规模普遍较小，面临业务来源单一、市场竞争激烈、创新能力不足等困难；青年面临择偶难、婚恋难问题，个人生活压力大、经济压力仍然是婚恋面临的主要难题；青年在生育与事业之间难以平衡，对补贴类的生育支持政策需求迫切；青年参加志愿服务活动时间还不够长，常规性、持续性志愿服务和培训仍需加强；河北青少年事务社会工作发展面临着不均衡、不充分困境，仍存在体制机制与组织方面的障碍等。

四　未来开展青年工作的难点分析

基于问卷调查与深入访谈资料，本报告对当前及未来社会发展形势进行了梳理与研判，并预测未来开展青年工作存在的六大难点，即紧迫性、复杂性、不确定性、艰巨性、重要性、长期性。

一是在中长期青年发展规划纵深实施背景下，促进青年发展工作具有紧迫性。当前青年人口结构和婚育观念发生的重大变化给高质量发展带来严峻挑战。第六、第七次全国人口普查数据显示,全国青年人口数量与占比均呈下降趋势,河北省也不例外。《河北省中长期青年发展规划(2018~2025年)》为全省青年发展工作提供了方向引领与路径导向。虽然河北省青年发展工作取得了重大成效,但距离规划中设计的 2025 年实现"我省青年发展政策体系和工作机制更加完善,广大青年思想政治素养和全面发展水平显著提升,广大青年幸福感、获得感明显增强"的目标还有一定差距,仍需做出更大努力,需要进一步加快青年事业发展步伐。此外,河北省在出台青年发展硬核政策方面相较于广东、江苏等省份仍有一定差距,更需要夯实政府部门责任,切实增强紧迫感和危机感,坚定信心,奋起直追,努力赶超。

二是社会流动加速背景下,促进青年发展工作具有复杂性。根据第七次人口普查数据可知,河北省常住人口中,居住地与户籍所在地不一致的人口占比达到 26.51%,流动人口增加了 865.79 万人,社会流动性迅速增强。在"大流动时代",青年人才资源对空间性、经济性以及社会性流动方面的诉求已呈现颠覆性变化,以"静态社会"为基础的治理理念、以"刚性边界"为基本逻辑的制度体系已无法适应新形势,因而在社会流动加剧背景下青年工作更趋复杂,如何更好地服务流动青年、更好地发展流动青年、更好地引导流动青年值得深入探究。

三是疫情防控形势严峻背景下,促进青年发展工作具有不确定性。当前我国疫情防控形势仍然严峻复杂,新冠肺炎病毒仍在持续变异,疫情形势存在高度不确定性,这给开展青年工作带来重大挑战。疫情对青年就业创业、学习教育、婚恋交友、社会参与均产生了不同程度的冲击,如非必要不出行、求职难、裁员潮、停工减产等给青年的成长成才、生产生活均带来了更多的不确定性,疫情也对组织开展青年项目、举办青年发展活动等造成不同程度的影响,导致在疫情防控常态化背景下,高质高效开展青年工作也充满了高度的不确定性。

四是青年群体多元化背景下,促进青年发展工作具有艰巨性。随着社会转型加快,城乡二元结构、阶层分化和教育分层导致青年内部分化,加之网络在青年人口中的渗透，青年群体同质化水平降低，出现了斜杠青年、两栖青年、"慢就业"青年、"Z世代"青年、"后物质主义青年"、独居青年、空巢青年等群体，且随着经济的发展与社会的变迁，还会不断涌现出新的青年群体，而这些不同类型的青年群体特征不一、诉求需求相距甚远，面向多元化的青年群体开展精准服务具有较强的艰巨性。

五是人口老龄化程度加深背景下，促进青年发展工作具有重要性。人口老龄化程度加深导致老年人口抚养比提高，即每100名劳动年龄人口要负担的老年人数量增多，而青年作为劳动年龄人口的主要构成，其养老负担势必会加重。在此背景下，更应高度重视青年发展工作，做到关心青年、爱护青年、服务青年、支持青年，做到从青年需求出发、从青年诉求入手，多推出如河北共青团开展的"寸草心"爱老敬老志愿服务等务实举措，为青年减轻家庭养老与子女养育负担，用心用情用力做好青年服务工作，做到青年发展工作与推进社会化养老服务体系建设相结合，鼓励开展各类养老志愿服务活动，切实减轻青年赡养老人压力。

六是推进共同富裕背景下，促进青年发展工作具有长期性。推进共同富裕是一项全民性工程，青年既是实现共同富裕的主力军，也是推进共同富裕过程中发展成果的享受者，因而推动青年发展既是实现共同富裕的前提条件，也是实现共同富裕的必然要求；推进共同富裕是一个渐进、长期的过程，实现共同富裕离不开青年的付出与拼搏，需要几代人、十几代人、几十代人的持续奋斗，只有长期、持续、高质量地开展青年发展工作，才能充分调动一代又一代青年的积极性与主动性，才能有效激发一代又一代青年的朝气与活力，才能更快更好地实现共同富裕的目标。

五 河北青年发展工作谱写新篇章

综上，促进青年发展具有重要战略意义，同时也面临诸多挑战与难点。根据问卷调研结果，河北青年的思想道德状况、身心健康状况、就业创业状况、消费住房状况、婚恋生育状况、志愿服务状况仍存在完善空间，这也从侧面反映出河北省青年发展政策的创新领域与创新实践有待进一步拓展，青年政策之间的体系性、整体性有待进一步加强，青年工作的服务管理方式有待进一步精细。针对以上问题，河北省应协调好全面覆盖与精准对接、思想引领与实践强化、改革创新与协同治理、前瞻研判与现实关切的关系，具体应从以下方面开展青年工作。

一是加强统筹全面性，构建完备的青年工作体系。在政策方面，应针对青年全面发展与综合提升的诉求，坚持以人民为中心，从青年的思想引领、就业创业、身心健康、婚恋交友、教育文化、社会保障、社会参与、权益保障等需求出发，推动省市县三级全面构建完备的、全链条的青年发展政策体系。在机制方面，需持续巩固河北省市县三级青年联席会议实施机制全面建立的重大成果，进一步完善青年工作的组织机制、运行机制、协调机制、保障机制、联动机制，打造深层次、全方位、多维度的青年服务机制体系，以高效、协同、专业的青年发展工作格局建设青年友好型社会，实现青年政策、机制效益的最大化。

二是提升服务精准性，用心用情开展青年工作。一是服务对象精准。青年工作需要对青年不同成长阶段、不同社会环境、不同身份类型、不同发展需求提供针对性的、分层分类的、个性化的政策支持，让政策更有温度。二是服务主体精准。不同层级的政府或部门需要结合当地实际加强青年发展工作研究，青年工作涉及方方面面，不可盲目追求速度、规模，而忽视经济发展水平、配套政策体系、当地群众诉求，应当结合自身发展情况制定更贴合实际的政策制度。三是服务内容精准。服务青年的福利内容应当是适度的，过高的社会福利易导致"养懒汉"等现象、掉入"福利陷阱"，应当采用适度的青年福利政策，在给予青年必要社会支持的同时，最大限度提升青年自我学习、自我提升、自我奋斗的能力和动力，最大限度调动青年主体的主动性、积极性、能动性。

三是激发政策创新性，加大青年工作改革力度。各级共青团组织承担着中长期青年发展规划实施联席会议办公室的重要职责，这是共青团工作理念、工作方式、工作方法的重大转型，通过推动青年发展规划实施在青年发展工作方面建机制、搞研究、提建议、推政策，就能更好地在党委、政府的工作大局中找准定位，通过在立法推动、政策倡导、协商代言、社会支持体系建设上进行突破，可以有效打开共青团在法律政策层面的渠道，提升共青团为青年提供公共服务产品的能力，以更好适应新时代党的青年群众工作要求。同时，建议探索构建数据可采集、指标可量化、结果可解释、反馈有效能的新发展阶段河北青年发展评价指标体系，为青年发展工作定好"风向标"，用好"指挥棒"。

四是强化机制协同性，打造多元合作生动格局。关心和支持青年是全社会的共同责任，做好青年工作需要汇聚全社会、全方位、多主体的力量。为防止政策执行碎片化、项目资源割裂化、参与力量分散化，需高效发挥青年工作联席会议的实际作用，明确政府各部门的目标、职责、任务、绩效标准，构建起责权统一的激励机制，发挥政策集成和工作整合功能。鼓励社会力量参与青年发展工作，通过政府购买等方式引导社会力量参与青年事业供给，为青年提供更全面、更专业的服务。

五是深化政策预见性，聚焦青年工作前瞻研判。开展青年工作需胸怀"两个大局"，只有牢记加快建设经济强省、美丽河北宏伟目标，立足当前以及今后一段时期的经济社会发展水平，把握未来发展动向，研判未来发展趋势，增强政策的预见性、前瞻性，才能制定顺应时代潮流、回应时代关切的政策，才能引领时代潮流和青年前进方向。青年发展是一个长期的、动态的历史过程，不能为了短期利益而盲目开展"短平快"的青年工作，而忽视青年的长期发展与全面提升。应当立足长远，把准时代脉搏，顺应青年发展规律，将青年发展作为一项长久事业、重要工程来做，进一步加强青年发展工作的顶层设计。

六是彰显政策人性化，回应河北青年现实关切。要回应现实关切就要真正走入青年中，深入挖掘青年当前最重要、最迫切的需求，做到想青年群众之所想、急青年群众之所急、解青年群众之所难。需加强青年调研，重点关注困难青年、弱势青年、问题青年、边缘青年等群体的利益诉求，以务实的具体举措解决青年面临的现实问题，以人性化的政策回应青年的社会需求，推进中长期青年发展规划落细落实，切实增强全省广大青年的获得感、幸福感、安全感、满足感。

七是对标时代新要求，全面提升河北青年素质。时代的发展对青年提出新要求，开展青年工作更要注重青年综合素质的提升。应加强青年的德、智、体、美、劳全面教育，通过加强高等教育、职业教育、技能培训等方式综合提升青年素质，鼓励青年在校期间积极参与见习实习，积极参与国际交流，积极参与志愿服务，引导青年主动开展社会实践，投身乡村振兴事业，助力京津冀协同发展、雄安新区规划建设等国家大事，在工作岗位上发光发热。鼓励开展青年职业技能大赛、青年科技创新大赛，评选先进青年分子，多措并举提升青年综合素质。

"未来属于青年，希望寄予青年"。新中国成立前夕，党中央从西柏坡动身前往北京时，毛泽东提出了"进京赶考"的重大命题。党的十八大以来，习近平总书记在不同场合反复告诫我们"赶考"远未结束，全党任重道远。在庆祝中国共产党百年华诞、开启全面建设社会主义现代化国家新征程的关键节点，习近平总书记鲜明提出，"中国共产党团结带领中国人民又踏上了实现第二个百年奋斗目标新的赶考之路"。这既是向全党发出的政治号召，又赋予了"赶考"新的时代内涵。作为"赶考"精神的发源地，河北各级党委、政府、共青团组织和社会各界更应协调联动，通过加强思想引领、完善机制建设、实施民生项目等一系列举措，协调好青年发展事业中全面覆盖与精准对接、思想引领与强化实践、改革创新与协同治理、前瞻研判与现实关切的关系，团结引领新时代河北青年胸怀"两个大局"，有理想、敢担当、能吃苦、肯奋斗，聚焦建设新型能源强省、现代化交通强省、临港产业强省、制造强省、数字河北、乐享河北等中心工作，在加快建设经济强省、美丽河北的征程中，成为践行"赶考"精神的排头兵和示范者，在向着全面建成社会主义现代化强国的第二个百年奋斗目标迈进的青春方阵中走在前列、做出表率！

参考文献

艾楚君、陈佳：《习近平关于青年工作重要论述的时代价值》，《河海大学学报》

（哲学社会科学版）2022 年第 1 期。

曹现强：《"大流动时代"给社会治理带来哪些新挑战》，《国家治理》2020 年第 17 期。

丁文珺：《社会流动新趋势与区域人才战略》，《决策与信息》2022 年第 4 期。

风笑天、廉思、邓希泉、杨雄、郭元凯：《新时代的中国青年发展与青年政策（笔谈）》，《青年探索》2022 年第 3 期。

黄娟、司晓宏：《习近平关于青年工作重要论述的逻辑理路、理论特征及实践价值》，《西安财经大学学报》2021 年第 5 期。

李春玲：《代际认同与代内分化：当代中国青年的多样性》，《文化纵横》2022 年第 2 期。

任园：《高质量均衡：青年发展理念的新趋向》，《当代青年研究》2021 年第 5 期。

团河北省委：《解放思想　真抓实干　用青春汗水凝聚奋进力量》，《中国共青团》2022 年第 10 期。

文嘉：《从"保障层"到"驱动层"：青年政策纵向扩散的三重实践》，《当代青年研究》2021 年第 4 期。

张良驯：《青年优先发展的逻辑理路与实践路径》，《中国青年社会科学》2021 年第 3 期。

分 报 告
Subreports

B.2
新媒体环境下河北青年思想引领研究

韩春秒　郭毓娴*

摘　要：　做好"网生代"青年的思想引领工作要格外重视互联网及新媒体的重要作用，努力打破与青年之间的"次元壁"，以争取思想引领工作的最大实效。调查发现，河北青年触网率较高、整体政治素养良好，对社会主义核心价值观认识到位，对"自我实现"有普遍较高的追求；"生动的""平等的""互动的"是绝大多数河北青年对思想引领工作的期待。在新媒体环境下，青年思想引领工作在传播内容、形式、渠道、互动性等方面面临不足。本报告认为，优化新媒体环境下河北青年思想引领工作，应从创新传播内容、丰富传播形式、拓展传播渠道、打造双向互动的传播模式、提升媒介素养及强化网络治理等方面协同推进。

---

* 韩春秒，河北省社会科学院新闻与传播学研究所副所长、副研究员，主要研究方向为城乡传播、自媒体治理等；郭毓娴，河北省社会科学院新闻与传播学研究所研究实习员，主要研究方向为新媒体传播。

关键词： 青年　思想引领　新媒体　河北

青年作为民族的未来、国家的希望，是党和国家事业发展的生力军。青年能不能志存高远，有没有远大理想，决定了青春的高度与本色，也决定了国家的前途与命运。作为"网生代"的青年，对网络、新媒体、新技术等的熟悉程度非常高，他们有自己独特的接收、理解及传递信息的方式与角度，因此，做好思想引领工作要格外重视互联网及新媒体的重要作用，充分利用新技术、新形态等打破与青年之间的"次元壁"，把握好青年的成长特点及触网习惯，以青年喜闻乐见的方式科学传播、弘扬主流价值观，让思想引领工作无死角地融入青年学习、工作与生活的方方面面，以争取思想引领工作的最大实效。

一　新媒体环境下加强青年思想引领的重要性与紧迫性

近年来，习近平总书记高度重视青年思想引领工作，不断从实现中华民族伟大复兴中国梦的全局高度，从党的事业薪火相传、国家长治久安的战略高度，发表了一系列重要论述。在党的二十大报告中，习近平总书记提到，青年强则国强。广大青年的精神面貌、理想抱负和价值取向，很大程度上决定着国家和民族的未来，做好青年的思想引领教育，就是为国家和社会的发展提供源源不断的新生动力。

2022 年是中国共产主义青年团成立 100 周年，习近平总书记在庆祝大会上提到"听党话、跟党走始终是共青团坚守的政治生命，党有号召、团有行动始终是一代代共青团员的政治信念"。思想引领工作是加强青年政治信念的必要一环，是一项具有前瞻性、长期性、系统性的重大工程。与过去相比，当今青年拥有更大的平台去认识世界和接收信息，也意味着面临更多诱惑与挑战。因此，更要强调思想引领的重要性，要不断深入学习习近平总书记关于青年工作的重要思想，进一步把握青年成长成才规律，为青年的成长注入"精神之钙",培养担当民族复兴大任的生力军。

新媒体技术的发展,使得瞬息万变的信息可以跨越时空、飞速传递。青年作为"网生代",已经习惯通过各种网络软件和线上平台获取信息,新媒体深刻融入了青年的学习与生活。据《第49次中国互联网络发展状况统计报告》统计,我国未成年网民已达1.83亿,互联网普及率为94.9%,远高于成年群体互联网普及率。其中,小学生互联网普及率达到92.1%。[①] 可见,我国青年触网用网已成为其生活常态,且低龄化趋势明显。青年正处于身心迅速发展与变化的人生阶段,处于个体价值观和世界观形成的关键时期,更处于极易受到外界思潮与流行文化影响的敏感期,因而,加强新媒体环境下的思想引领工作成为青年工作的重中之重与当务之急。

二 新媒体环境下河北青年思想状况调查与分析[②]

青年的思想引领工作可以说伴随着其成长的始终,关乎其世界观、价值观、人生观的塑造,甚至关乎国家和民族的未来。作为"网生代"的青年,他们思想活跃、视野开阔,对事物能够形成自己的看法与判断,他们自我意识很强,普遍有着较强的民族自豪感和国家认同感。在访谈中,一位还在上高中的李同学(17岁,女)说:"我觉得能出生在中国是我的荣幸,尤其在新冠肺炎(疫情)发生后,'一方有难、八方支援'的这种精神非常感染我,我们国家就是我的安全感。"面对李同学对国家的认同感我们进行了追问,进一步了解其知晓社会信息的渠道,她表示平时有看新闻的习惯,吃饭的时候可能看新闻频道,但是主要的信息接收渠道还是微博热搜、推送等。在访谈中发现,大部分受访者接收信息的渠道都是新媒体。

---

① 中国互联网络信息中心:《第49次中国互联网络发展状况统计报告》,2022年2月。
② 本报告数据均来自河北青年民生发展调查,调查的具体情况见本书总报告。

（一）新媒体接触与使用

1. 上网时长

《第50次中国互联网络发展状况统计报告》显示，截至2022年6月，我国网民规模达10.51亿，互联网普及率达74.4%。[①] 在调查访谈中，很多青年表示上网时长取决于他们空余时间的多少，上网已经成为他们在工作、学习之余的主要休闲娱乐方式，时间也主要集中在晚上。章同学（16岁，男）说："学校不让拿手机，回家我爸妈也不太让我玩，但是晚上写完作业可以放松一会，能让我打会儿游戏、刷会儿视频，除了这些以外就是上网课了。"因为学校和家庭的约束，未成年人每天触网时间较为集中且时间较短。除此之外，大多数青年白天忙于工作、学习、社交等活动，很多受访者表示"感觉晚上的时间才是属于自己的时间"，所以选择将这部分时间交给了网络。李某（26岁，女）说："下班以后就是想刷刷剧、看看今天没时间看的新闻或者打会儿游戏，主要是不想再思考了，就想放空。"在访谈中，很多人表示他们在上网的这段时间里会有"报复性娱乐"的心理，哪怕已经没有想看的内容了，也会无所事事地继续浏览，所以针对青年的思想引领应挖掘新媒体的优势，并且内容上要适当兼顾娱乐性。

在关于每日平均上网时长的调查中，只有3.46%的青年选择"不上网"，而96.54%的青年在一天之内都会接触网络。

从问卷样本数据可以看出，1~2小时、2~3小时与3~5小时是多数河北青年每天平均上网时长，分别占比21.41%、21.03%与18.85%，占被调查的61.29%。未成年人大多数时间都在上学，且父母对其上网时间进行控制，所以被调查者使用时长在1小时以内的占比并不低，为19.74%，其中，0.5~1小时占比为9.79%，0.25~0.5小时占比为5.09%，0.25小时以内占比为4.86%。此外，有15.51%的被调查者每天上网时长在5小时以上，其中5~8小时占9.64%，8小时以上占5.87%，存在网络沉迷风险。

---

① 中国互联网络信息中心：《第50次中国互联网络发展状况统计报告》，2022年8月。

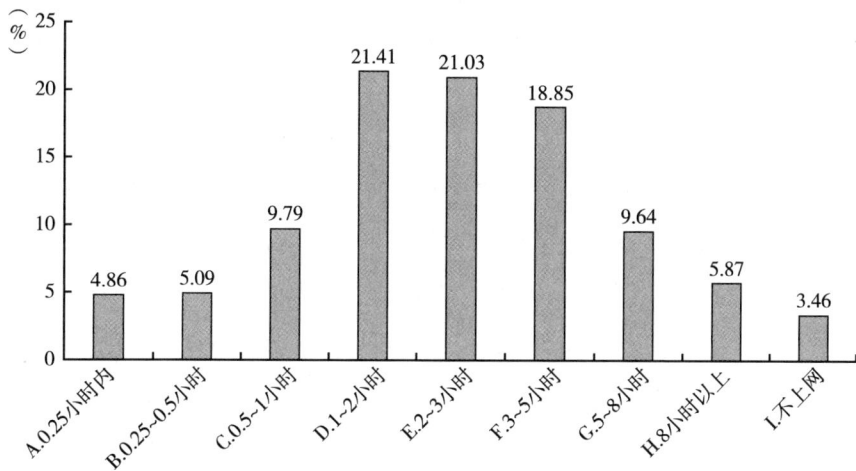

图1　被调查者每日平均上网时长分布情况

2.上网主要兴趣点

"青年网络用户已经分流到了各个不同的网络传播平台，他们会根据不同的时间、地点、环境选择不同的新闻产品"。[①] 在访谈中，赵某（22岁，女）说："我比较喜欢看动漫、二次元，上网就是主要在B站追番，在微博、豆瓣也认识了好多网友，大家有时候也约着参加一些线下ACG展会。"随着数字技术的发展，出现了多种新的娱乐形态，这极大丰富了年轻人的娱乐生活，尤其是数字娱乐、社交媒体、线上演播等新文化产业的迅速发展拓展了青年的文化视野，文化产品的丰富使得青年可以通过新媒体平台便捷地获取信息、交流思想。夏某某（24岁，女）非常喜欢配音，喜欢自己的声音得到别人的认可，经常在"配音秀""喜马拉雅""抖音"等平台配音、读书，面对"兴趣爱好意味着什么"的问题，她说："意味着我小时候的梦想以另外一种方式实现了吧，自己的声音能打动人、能被认可，我就觉得我的生活有了意义。"青年通过兴趣爱好充实自己的课余或业余生活，部分青

---

① 叶雨婷：《主流媒体如何提升青年传播力——以中国青年报近年的融媒探索为例》，《青年记者》2019年第25期。

年还希望通过发展兴趣爱好实现自我表达、提升综合能力，他们开始追求提升兴趣的专业度和价值，新媒体为这种愿景的实现提供了多种平台及可能空间。

青年上网有强烈的主动性，可以自主选择他们所需要的信息、网站、平台、产品，同时也可以自主进行信息的生产、制作、发布、转载与评论等，成为信息源。本次调查问卷就河北青年上网主要兴趣点进行了调查，发现"社交"是大多数青年的第一选择，占比达42.96%。在社交媒体中他们可以分享生活、互动交友、表达意见，甚至可以参与公共事件的讨论，满足了其人际沟通与社会参与的基本需要。紧随其后的是"刷短视频""听音乐""购物"，占比分别为41.26%、36.36%、32.18%。短视频是近年来热度最高的新的信息传播载体，在年轻人中广受追捧。青年的上网兴趣点除了"娱乐"以外，有关获取知识信息的选择也不在少数，"浏览各类时事新闻"占比27.76%，"学习充电"占比27.64%，"阅读"占比22.94%，河北青年群体的上网偏好总体来说比较积极健康。

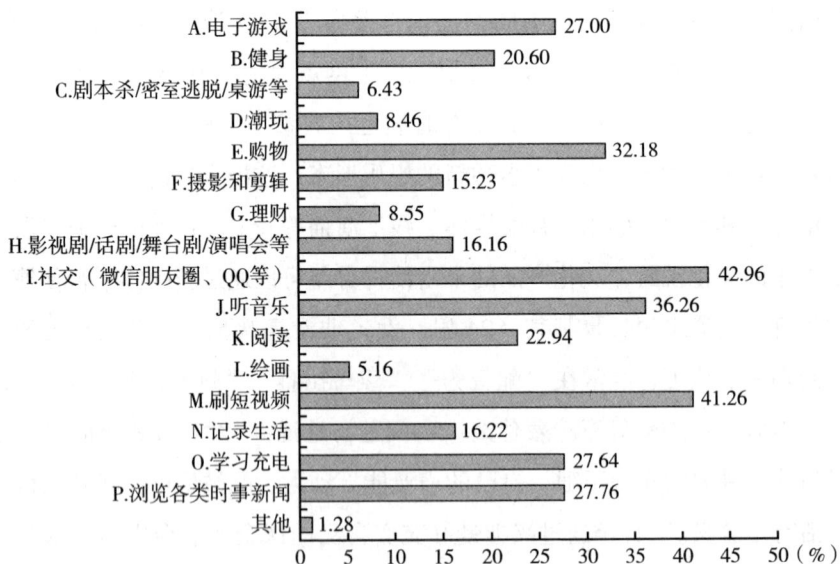

图2 被调查者上网的主要兴趣点

（二）人生规划

人生规划是青年成长过程中需要掌握的一项重要技能，从中也体现了他们的心理状况和思想状况。通过"未来三年最渴望实现的事"可以看出现阶段他们所渴望的和缺失的东西是什么，从而有的放矢地进行思想引导。

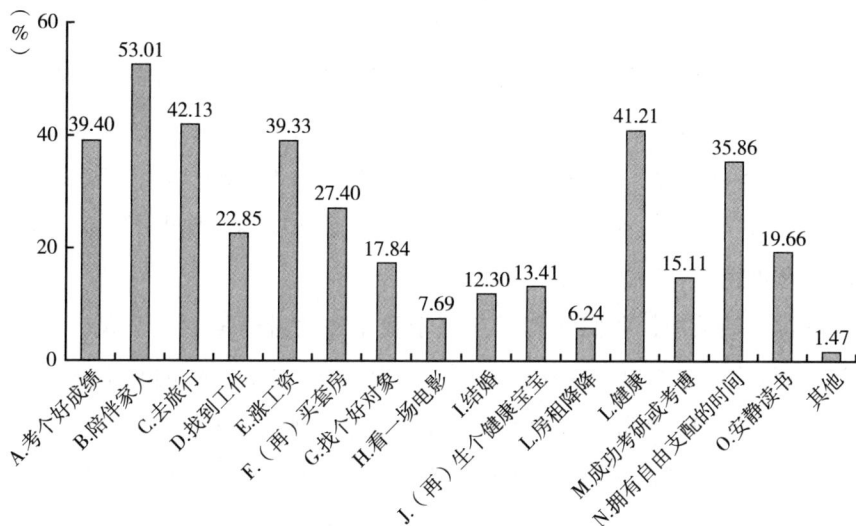

图3 被调查者"未来三年最渴望实现的事"分布情况

1. 生活压力

关于青年未来三年最渴望实现的事，调查结果显示，一半以上（53.01%）的人选择了"陪伴家人"选项，紧随其后的是"去旅行"（42.13%）、"健康"（41.21%）。通过这些选项可以看出，当代年轻人的压力很大，时间变成了他们最稀缺的东西。

在访谈中，我们遇到的很多年轻人对近几年的规划都表现出了一定的"压力感"和"焦虑感"，一位在校外培训机构工作的孙某（26岁，男）说："我们单位是每周单休，每天下班到家也得快八点了，收拾收拾，一天也就过完了。现在感觉，除了睡觉，基本没有属于自己的时间。"市场经济的快速发展，使得人与人之间的竞争愈加激烈，"996""007"的工作状态成为年轻人的生活常态，尤其近年受疫情影响，"裁员""降薪""倒闭"等现象在某些行业频发，这在一定程度上也加大了年轻人的压力感，他们在为美好生活不懈奋斗的同时更渴望喘息的机会，"没有时间"也成为当代年轻人的主要焦虑来源。李某（26岁，女）告诉我们："其实挺想假期带爸妈出去旅游，但是现在特别难请假，而且疫情之下出去也比较困难。"

2. 自我实现

马斯洛需求层次理论将"自我实现"定位为最高层次的需求。在关于"未来三年最渴望实现的事"的调查中，有关自我实现的选项被选率占比较高，"考个好成绩"（39.4%）、"涨工资"（39.33%）、"找到工作"（22.85%）、"成功考研或考博"（15.11%）等选项均体现出了人们对自我的要求和期待。

在深入访谈中，我们遇到了正处于找工作关键时期的王某某（22岁，女），她认为当务之急就是找到工作、实现独立，"走出校园其实就意味着又成长了一步吧，想要赶紧找到一个工作，独立地去面对社会，然后努力创造价值，其实还挺期待的"。现在的年轻人心态整体比较积极，虽然生活压力不小，但仍能以积极的心态去面对，他们渴望独立、希望能早日实现自身价值。

人们通过给自己设定目标，通过不断挖掘与发挥自己的潜在能力，完成与自己能力相匹配的学习与工作，这是一种创造的需要，更是一种"自我实现"的需要，尤其是处于青年时期的年轻人，他们的自我价值的体现主要集中在直观的回报上。正在上高二的刘同学（18岁，男）近期的目标就是"希望今年期末考个好成绩吧，感觉比上学期学起来轻松一点了，也挺想考好点放个痛快的暑假"。调查结果中"自我实现"的高占比从一定程度反映出河北青年积极、向上、务实的奋斗者姿态。

3. 生活质量

在"未来三年最渴望实现的事"的调查中，相对于"自我实现"，有关"婚育"的选项占比较低：17.84%的选择"找个好对象"，13.41%的选择

"（再）生个健康宝宝"（13.41%），而选择"结婚"的仅占12.3%。

生活压力对时间的挤压，使得年轻人的生活重心逐渐向工作偏移。入职某事业单位一年的宋某（25岁，男）说："我是挺想赶紧谈恋爱的，但确实现在圈子也小，不太容易认识新的朋友，而且大家都挺忙的，自己的事还顾不过来，感觉挺难花时间和精力再去维持一段感情了。"可见，当前青年人生规划的重点已经不再是按照传统的人生轨迹早早结婚生子，而是更关注自身，比如健康、娱乐、工资、成绩等。在深访的过程中，还有不少年轻人说"生活成本高，不敢轻易走向人生的下一步"，其结婚、生育的意愿普遍降低。已经成家且育有一子的叶某（26岁，男）则表示，其实还想要二孩，但是考虑以后的生活质量和养孩子的成本，还一直在犹豫、没做决定。当代年轻人开始追求生活的品质，认为在稳定就业后开始考虑结婚生子会比较稳妥，很多受访者表示"房价太高了""养孩子成本太高了""还没准备好"。

整体来说，河北省大部分青年的生活压力较大，导致其在近3年的人生规划中主要关注工资、成绩、健康等，而结婚、生育的意愿相对较低。

（三）社会交往

社交媒体用户群体广泛、信息与服务多样，可以满足用户交往和情感互助的需求。在访谈中，很多受访者表示，社交媒体为他们提供了一个更自在的交流场域，郭某（19岁，女）说，"有时候觉得微博上的我和朋友圈里的我不是一个人，朋友圈里熟人太多了，但微博上大家几乎不知道彼此的社会角色，就比较能自在地交流吧，能说一些平时不会说的话，发表一些自己真实的看法"。匿名功能更是为缺乏情感联系的青年提供了一个情感交流的替代与弥补方式，让青年能在网络上表达内心的真实想法，并可能找到志同道合的人。

在新媒体时代，人们的交友方式更加丰富与便捷，但是绝大多数青年仍然通过熟人交友，张某某（22岁，女）说，"有时候朋友带朋友一起出去玩，就都认识了"。在关于"青年结交朋友的渠道偏好"的问卷调查中，选择"从身边的朋友中发掘同好或身边朋友介绍"的占比高达 80.89%，这成为第一选择。可见，对于青年来说熟人介绍的朋友有着较强的可信赖感。"QQ、微信等熟人社交平台"（占比 50.51%）、"微博、豆瓣、贴吧等线上社区"（占比 13.17%），成为年轻人线上交友的主要方式。

除此之外，"王者荣耀、keep 等垂直类平台"（11.70%）、"剧本杀、音乐节等线下活动"（6.68%）、"陌陌、探探等陌生人社交平台"（3.55%）占比较小，但也说明，当前青年交友的方式多样，社会生活较为丰富。6.53%的人选择了"没有渠道，感觉孤独"。

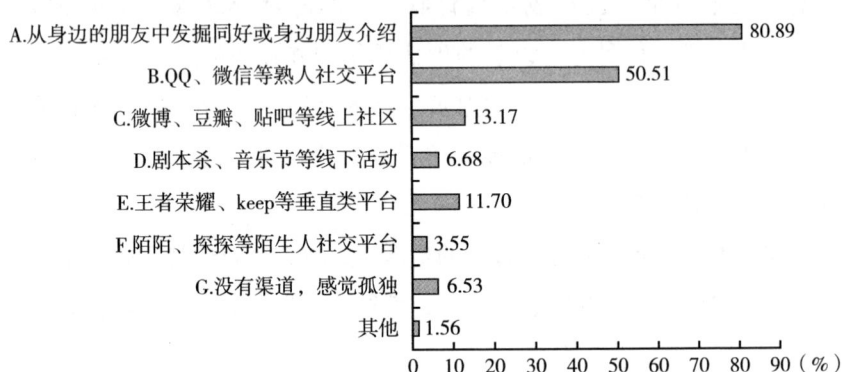

图 4　被调查者结交朋友的渠道偏好情况

（四）对"社会主义核心价值观"的认知与认同

1.认知情况

社会主义核心价值观作为一种社会意识，代表了人们对社会生活的总体认识、基本理念和理想追求，需要得到广泛的认同并保持其稳定性。尤其青年，更要从根本上认识、理解、认同并践行社会主义核心价值观，这是青年思想道德修养的必修课。在访谈过程中，大部分青年能准确说出核心价值观的内容，但是对其内涵了解不到位，"内容肯定知道，原来政治课都学过，而且现在路边、街上有关核心价值观的公益广告随处可见，但具体对应什么内涵确实不太清楚"，调查过程中梁某（24 岁，男）坦言。很多受访者的政治教育都是从学校课堂开始的，具备基本的政治素养，但是走向社会、远离课堂以后，青年接受思想引导的时间和空间变得有限且随机，高某某（25岁，女）说："上学的时候一直有政治相关的课程，上班以后只有参加党日活动会接触一下理论教育"。

在对河北青年"社会主义核心价值观的认知情况"的问卷调查中，一半以上（56.19%）的被调查者能够准确说出核心价值观的内容，35.09%的被调查者几乎能准确说出内容，极少数（8.72%）的说不出核心价值观的内容。从数据来看，河北青年对社会主义核心价值观的认知情况较好，具有较高的政治素养和思想道德水平。

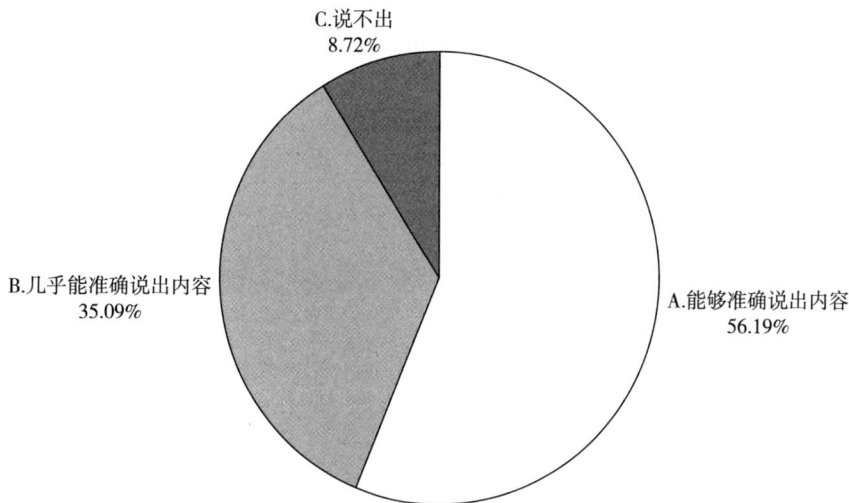

图5　被调查者对社会主义核心价值观的认知情况

2. 认同情况

在对河北青年"社会主义核心价值观的认同情况"的调查中，访谈对象对社会主义核心价值观均持赞同态度，认为其引领了我国社会思潮，是我国社会共识的集中体现。孙某某（21岁，男）认为："24个字涵盖了社会生活的方方面面，是对每一个中国人的基本要求。"当代青年从小开始接受政治教育，他们具备基本政治素养，对核心价值观等主流意识形态的认可程度较高，在访谈中所有受访者都表示"认同"态度，但也对其实践效果表示了担忧，受访者付某某（23岁，女）："还是很认同的，这应该成为我们的行为指导，但现实生活中有很多人做不到。"这种担忧其实不无道理，认同是一回事，能不能做到又是另一回事，所以面对青年的思想引领工作不能仅仅停留于表面的宣传，还要将工作做深做细，将主流意识形态内化为人们的生活行动指南。

此外，在问卷调查的结果中77.99%的样本选择"非常赞同"，20.76%的人选择"比较赞同"，极少数人（1.25%）选择"不赞同"。社会主义核心价值观作为人的理想信念系统，决定着人们的思想取向和行为选择，尤其对于年轻一代，他们是国家的未来，他们拥有怎样的价值观关乎我国社会未来的发展方向。从数据来看，超过98%的被调查对象对社会主义核心价值观是"赞同"的，当前河北省青年的整体思想状况是健康正向的。

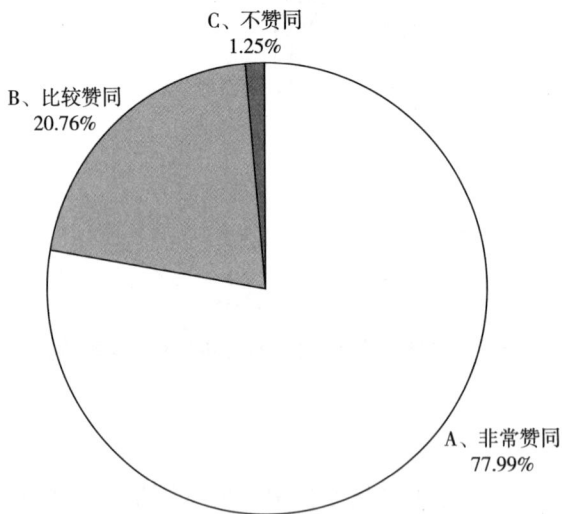

图 6　被调查者对社会主义核心价值观的认同情况

3.影响情况

思想是行动的先导。弘扬社会主义核心价值观的关键在于内化于心、外化于行，将社会主义核心价值观与实际工作、学习和生活紧密结合，将认知、认同转化为行动自觉。核心价值观并不仅仅作为一种要求和约束条目而存在，要真正发挥其价值还在于对人们的社会生活产生实际的积极影响。在深访中，谈到核心价值观是否对生活产生影响时，大部分人持肯定态度，认为核心价值观起到了约束和规范的作用。但是仍有部分人认为其影响是比较微弱的，表示"没有什么影响吧""偶尔懈怠了念两句"。

当前的思想引领工作涵盖范围较广，主要集中在思政课、党课、红色主题影视作品、公共场合的一些公益提示等方面。在现实生活中，青年已经潜移默化地受到了社会主义核心价值观的熏陶与影响，受访者钟某某（23岁，女）说："每次坐公交都能听到播报尊老爱幼提醒，后来主动让座就成为习惯了。"

问卷调查结果与访谈结果相似，有46.59%的被调查对象认为社会主义核心价值观对其工作生活影响"非常大"，33.94%的人认为"比较大"。总体来看，绝大多数青年对社会主义核心价值观指导实践的认识比较到位，思想觉悟较高。但还有10.54%的人选择"不太大"，4.22%的人选择"不大"，并且有4.72%的人并不清楚有无影响。

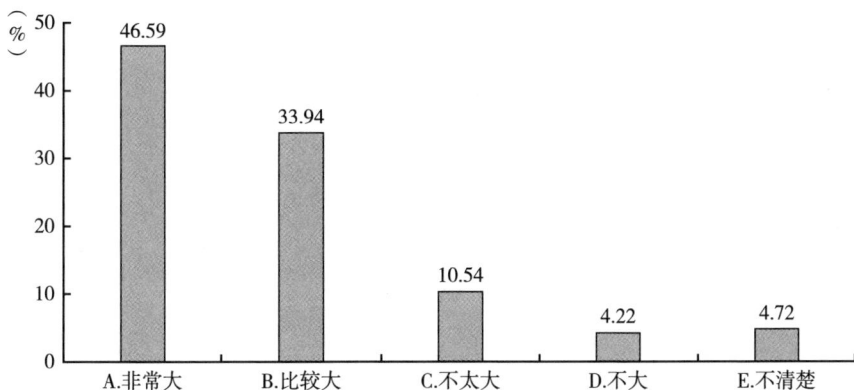

图7 被调查者对社会主义核心价值观的影响情况认知分布

（五）对思想引领工作的期待

近年来，相关部门、学校及各级媒体对青少年的思想引导不断开拓创新。在深访中，胡某某（25 岁，女）就表示她感受到了这种变化，"去年建党 100 周年整个社会的氛围很'红色'，而且我一点儿也不抵触，尤其一些红色影视剧也更接地气了，还有很多 MV、短视频的作品，看得人热血沸腾的"。在访谈中，很多青年都提到了电视剧《觉醒年代》，他们表示原来对这种爱国主义题材的电视剧不太感兴趣，第一反应就是觉得枯燥、无趣，但是在微博、抖音看到很多人在推这部剧，这让他们也产生了好奇心，好奇心是接受的第一步。《觉醒年代》用青年的视角幽默、接地气地艺术化再现了历史真实，独特生动的内容叙事是吸引年轻受众的关键。

社会经济快速发展带来的各种变化使个性鲜明、思维活跃的青年的思维方式、价值取向等呈现多元化特征，他们对政治宣传、思想引领的内容、形式等的趣味及审美要求提升，单一的传播内容已经不能使他们产生兴趣。还在上大一的王同学（18 岁，女）表示，她所期待的思想教育可以更生动一点，"书本上的文字冷冰冰的，希望可以更形象地看到书上描绘的过去与未来"。

与王同学的想法相似，在关于"理想中的思政课、党课或思想引导类活动应具备哪些特征"的调查数据中，71.44%的青年群体期待思政课、党课等是"生动的"，"平等的"（51.38%）、"互动的"（47.89%）选项占比也较高。政治宣传、思想引导有其权威性，大多是自上而下的传播，有一定的说教、灌输特征，而大多数年轻人所期待的则是平等的视角、在双向互动中接受教育与引导。此外，很多年轻人也期望可以在宣传教育中获得情感共鸣，其中"感人的（45.74%）""贴近生活的（44.97%）"选项占比也较高，看来思想引领工作只有"接地气"才能唤起共鸣。在互联网飞速发展的背景下，一部分被调查样本期待能够实现"线上线下结合的（35.15%）""视频化的（21.63%）"等特征，可见，数字化、网络化应成为思想引领工作要重点把握的新方向。

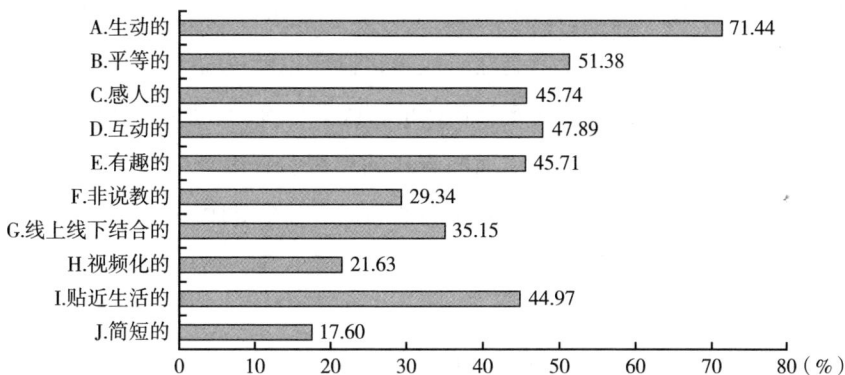

图8　被调查者理想中的思政课、党课或思想引导类活动应具备哪些特征

从调查结果来看，青年对传播内容的期待主要集中在生动、平等、贴近生活、站在与青年平等的角度去带领他们思考与交流。所以，思想引领工作在新形势下要了解青年的兴趣偏好，知道他们想看什么、需要什么，再用正确、生动、健康的文化产品引导青年树立正确的价值观，把专业的表达通俗化、把复杂的道理简单化，不断增强思想引领工作的针对性和实效性。

三　新媒体环境下青年思想引领工作面临的主要问题分析

结合河北青年在新媒体环境下的思想状况、特征及主要期待等的调查情况，我们认为，青年思想引领工作在内容建设创新力、形式数字化呈现、多渠道开发、交互性等方面均存在一些不足，有待进一步优化改良。

（一）内容建设创新力不足

对青年进行思想引领的内容往往侧重于宏大叙事，似乎难以触及他们的兴趣点，尤其一些红色经典故事和国家政策解读等是各官方机构公众账号踊跃转发的重点内容，但这些直接拿来或未经创新性开发的内容距离青年的现实生活较为遥远，他们难以通过几个视频、几篇文章就产生情感认同。不少受访者也提出了这个担忧，倪某（22 岁，女）表示："有时候单看宣传的文字其实没什么感觉，感觉就是在看故事，读完也就过去了。"传播内容距离现实生活较远就导致受众对政治传播的接收只是流于表面，难以内化为启迪青年的精神力量。并且，目前面向青年的思想引领内容中存在政治术语、专业术语较多，而对青年关注的领域和话题回应较少等倾向，无法较好地吸引他们的注意力，导致青年对传播内容的认可度不高、参与热情不强，甚至容易对相关内容产生认知偏差。

现在的青年生活条件优越，成长环境开放，对"艰苦奋斗"等精神不能产生切身体会，这种经历的缺失导致传播内容需要更切合时代特点，以新的方式呈现红色经典、以青年的视角解读精神内涵。青年是与互联网共同生长的一代，思想引领工作要在保证内容质量的同时，从互联网传播规律出发，设计出符合青年品位的、富有新媒体时代特性的文化产品，努力赢得更多青年的青睐。

（二）形式呈现数字化不足

为了保证青年思想引领工作不出错、不走偏，且节约成本，相关机构、团体与个人往往会选择简单的图文、宣讲、演出等形式，存在套路化、模板化等倾向，在访谈的过程中，不少青年表示所在学校举办过相关主题演讲比赛，他们也认为这种活动形式较为单一，难以调动全校师生的积极性。还有很多受访者对官方机构的公众号提出了质疑，徐某某（21 岁，女）认为，"有时候同一篇内容能在不同平台看到好几遍，没什么新意"。

传统的传播形式面对新时代的受众时其传播力被大大削弱，古板、刻意的思想引领工作容易进入"灌输式""说教式"的误区。对于"网生代"青年来说，社交媒体、新媒介平台已经成为他们认识世界的主要方式，要想使思想引领工作扎实深入，就必须丰富其数字化呈现形式。随着 H5、VR、AI 等数字媒体技术的不断发展，要善于对红色故事、大政方针等宏观主题进行数字化媒介重构，不断开发传播新场景，使青年受众在其习惯的数字媒介场景中主动地接受价值观教育。

（三）多渠道开发不足

互联网的发展推动了信息传播渠道的多样化，传播终端从大屏走向小屏，碎片化、移动化的新特点为思想引领工作提供了新的可能。但是，目前思想引领工作对新的传播渠道的利用率总体不高，大多数传播仅聚集在党政机构的专业平台、校园课程宣讲渠道、广播电视报纸等传统媒体，而对网络新媒体平台、移动端应用以及青年线下互动等的重视程度不够，比如 B 站、抖音、微博、剧本杀等，这些已经成为青年主要信息源的新渠道亟待引起重视。

思想引领工作若继续拘泥于专门平台、课程或固定时空，则难以无痕融入青年生活的方方面面。从新媒体发展的现状与趋势看，思想引领需要不断开拓创新，牢牢把握住新渠道、新机遇，发挥新媒体在青年中的重要作用，打造全媒体矩阵，多渠道扩大青年思想引领工作的覆盖面与接触面，实现对青年潜移默化的影响和引导。

（四）交互性不足

思想引领的传播内容有其权威性和不可更改的特质，所以其传播多是自上而下的传播，话语空间较窄，与受众的双向互动性较差，这种单向传播很难被接收者真心认同和接受；不能及时收到受众在传播过程中的有效反馈，就难以在群体中形成积极的社会舆论和有效的建议，则容易陷入传播内容"曲高和寡"的境地。尤其面对思维活跃的青年群体时，传统的单向传播方式难以真正引起他们的兴趣。

社交媒体的"去中心化"在一定程度上冲击了传统的政治社会化范式，在传播过程中建立起了具有高互动性的传播渠道，拓宽了受众的参政空间，同样也为思想引领工作提供了新的可能。青年是社交网络的主要使用者，思想引领工作应灵活运用社交思维，引导青年群体合理表达政治理念与政治诉求。

四 新媒体环境下完善河北青年思想引领工作的思路与建议

党的二十大报告指出，"当代中国青年生逢其时，施展才干的舞台无比广阔，实现梦想的前景无比光明"。当前，新媒体环境对青年一代的影响可能远远超过人们的想象，对青年的思想引领工作应勇于创新，要契合青年的思维方式与交流习惯，利用互联网思维，充分运用好新媒体平台，为思想引领工作注入新活力。同时，要对网络空间的不稳定性保持警惕，互联网的匿名属性导致信息风险居高不下、网络内容参差不齐，要重视对青年及其家长的媒介素养教育，并进一步加强对网络空间的监督管理。

（一）创新传播内容，引导青年深度思考

伴随经济社会的不断发展，社会文化与思想更加进步与开放，思想引领工作要想不与时代脱轨，其传播内容就需要在保留其权威性的同时，与时俱进、不断创新，保持与时代相符的新特性，让青年在浏览内容时产生亲切感和认同感。

一是从叙事方式上进行创新。面对青年的个性特征，思想引领工作的叙事方式要"换句话说"，将主流意识形态融入现实生活，将专业的政治术语转换成生活用语，甚至可以结合当下流行的网络词语，使传播内容更接地气、更贴近生活。河北省各级共青团组织在新媒体平台有自己的账号，要在传播内容上进行深入研究，更多地了解青年的兴趣偏好，对传播内容的叙事方法、排版设计予以创新，可参考"共青团中央"媒体矩阵，用年轻人的方式引导年轻人，从而使青年主动参与传播，与身边朋友、同学进行交流分享，增强其接受思想引导的主观能动性。

二是从内容选择上进行创新。青年处在价值观养成的关键时期，其对内容的理解和接受与思想成熟度有很大的关系，所以，思想引领工作的传播内容不能只是简单转载、刊发与青年年龄不符的宏大的主题，而要与青年学生

的关注热点紧密相连，只有传播内容与青年的人生阅历、工作生活等息息相关，才能引发其情感共鸣，进而使其对思想引导的内容由衷认同。

（二）开发新形式，让教育走出课堂

传统的针对青年的思想引领多以授课、宣讲等为主，虽然这种形式下的内容逻辑清晰、表述规范，但是并不能很好地契合青年的接收习惯与兴趣。数字化技术与新媒体的发展，丰富了传播形式，为创新思想引领工作的传播提供了多种可能。

一方面，充分利用新媒体平台。河北省各级共青团组织及相关专职部门，可以充分利用微信、微博、抖音、B站等在青年群体中有影响力的新媒体平台，制作与传播对青年更具亲切感和说服力的作品，以拉近思想引领工作与青年的距离。比如在建团百年之际，共青团中央推出的"五四"主题微电影《笃定》，实现了传播内容与形式的"破圈"，将深刻的主题用轻量化的方式进行呈现，符合当代青年的信息接受习惯及审美特征。

另一方面，创新校园活动形式。学校是青年的主要社会活动场所，也是其接受思想引领教育的主阵地。数字技术的发展为学校的宣传思想工作提供了新的技术手段，数字化、网络化应成为学校思想引领工作的新趋势。河北省各级学校，应立足于青年的发展特点和思维方式，开展形式多样的教育活动，不能仅仅将宣传教育固定在课堂。比如，江苏省高校举办的"马克思主义·青年说"系列活动，活动形式十分丰富，包括"我读马列经典"大型微朗读活动、"信仰的味道"高校思辨PK赛等，除此之外，还生产了很多融媒体产品，通过图文、音视频、动漫、H5等多种形式，让理论传播生动形象地走进学生的生活，让抽象理论真正入耳、入心。

（三）拓展新渠道，实现全媒体传播

在传统媒体时代，信息传播的时空范围是有限度的，较难达到预期的传播效果。伴随数字技术的发展，信息传播走向了无远弗届，接收终

端更为多元，传播渠道更加丰富，信息可以在多终端、多平台进行二次、三次甚至多次传播，全媒体传播可满足受众多方面需求，从而达到更好的传播效果。

思想引领工作要致力于全媒体传播。各级共青团组织、相关职能部门要打造传播矩阵，实现传统媒体、新媒体、智能终端等的有机融合，让青年可以更加自由、快速、全方位地接受思想引领。"共青团中央"的媒体矩阵就是很好的例子，"共青团中央"相继开通了微信公众号、微博账号、抖音账号、B站账号等，并在中国共产主义共青团成立100周年的传播实践中，充分发挥融媒体矩阵带来的声量优势，与腾讯、新华社等平台联合推出了一系列优质的融媒体产品，如"向上吧，青年!"主题活动、微电影《笃定》、主题曲《明日来信》等，并且将这些优质的融媒体产品在多个平台进行多维传播，实现"共青团中央"新媒体矩阵的全程在场与全景影响。青年思想引领工作要不断把握互联网发展规律，根据青年的思维特征，推出适配不同传播平台和不同年龄阶段青年受众的传播产品，将思想引领工作融入青年成长的全过程与方方面面。

（四）打造双向互动新模式，提升引导实效

新媒体时代，传播过程与结构发生了新的变化，双向传播成为传播的主要方式。思想引领工作也应将"自上而下"的传播理念，逐渐转化为人人参与的双向互动传播。尤其是在进行思想引导时，要发挥新媒体立体化传播优势，和受众形成良好互动，提升宣传工作的实效。

新媒体环境打破了传播者和接受者之间的壁垒。首先，受众尤其是青年不再只是被动接收信息，他们开始自主寻找想看的、需要的信息，同时也拥有了通过各种渠道表达自己的意见的能力。因此，在青年的思想引领工作中，要以青年需求为导向，善用新媒体弹幕、评论、点赞、转发等基本互动功能，建立传播的反馈机制和引导机制，及时掌握青年的思想动向和对传播主题及形式的偏好情况，为今后工作的开展提供参考。其次，青年对新媒介的接受程度高，几乎可以熟练使用所有新媒介，技术赋能使得青年任何时候

都可能处于传播链条的起点，成为信息的发布者。在对青年进行思想引领时，可设计内容制作比赛，让青年自主发布相关信息，如共青团兰州市委举办"让青春抖起来"抖音大赛，活动对象为兰州市青年群体，主题围绕"青春奋斗故事"展开，意在引导青年群体在青春奋斗中提升自我，通过引导青年广泛参与，扩大了榜样的示范力量，从而扩大了思想引导在社会面的影响范围，提升了引导效果。

（五）加强媒介素养教育，引导青年理性上网

互联网是一把双刃剑，在为人们带来便捷多样的信息服务的同时，也潜存信息质量参差不齐、虚假信息泛滥、传播内容过度娱乐化、算法商业化等隐患，面对纷繁复杂的网络世界，青年的媒介素养教育尤为重要。

首先，在青年信息获取、甄别信息优劣、利用媒介表达观点等环节，结合新媒体的传播规律，在课堂教学中融入媒介技能培养、媒介伦理教育等，将青年成长特点与新媒体生态特点相联系，不断影响青年使用媒介的行为及用语规范。其次，要着重培养青年面对网络信息独立思考的能力，尤其是对新媒体传播内容的科学识别与理性判断的素养，防止其被信息所迷惑或误导。学校要提高对青年媒介素养教育的认识，在课堂教育中可开设全校性的媒介素养教育课程；同时也要注意对家长的媒介素养培训，父母对孩子的影响伴随终生，家长媒介素养的高低将对孩子媒介使用行为与习惯产生直接影响，提升家长的媒介素养对优化青年思想引领工作有更积极的作用。

（六）加强网络空间治理，优化网络生态

网络信息参差不齐，误导性信息、低俗信息、虚假信息等充斥网络。青年通过网络获取信息，无法避免地会接触到上述"问题"信息，这对青年思想引领工作是一种挑战。

各级媒体及相关部门对于网络监管要积极展开协作，首先，做好"把关人"角色，在互联网信息传播链条的入口，通过后台审核、信息筛选等

技术,避免不良信息进入网络空间,从源头进行治理。其次,明确信息举报制度,公众一旦发现并举报网络信息存在虚假、误导、低俗等问题,平台与相关机构应立即采取删除、清理举措,并进行事后的审查追踪,同时可以采取法律手段进行追责,给予责任者严厉惩处。最后,善于借助技术手段,实行信息分级,比如使用一些绿色软件及防火墙在传播的过程中对不良信息进行拦截屏蔽,甚至一些新媒体平台也推出了未成年人模式,加强对未成年人的保护。

B.3
河北青年价值观的认同塑形与多维培育

张　丽　李珊珊*

摘　要： 新时代青年的价值取向关系到整个社会未来价值取向，做好这一时期青年价值观培育至关重要。为摸清河北省青年价值观的状况，本研究在全省范围内针对全省青年进行问卷抽样调查和数据分析，围绕当代河北青年的社会主义核心价值观、信念观、人生观、使命观、国际观、奥运观等六个方面从多个维度展开研究，以客观反映河北省青年的价值取向和时代特征。研究表明，大多数青年对社会主义核心价值观高度认同，信念观明确且理想信念坚定，人生观明晰且积极向上，使命观更具大国情怀与责任担当，国际观呈现乐观与担忧并存，奥运观的塑形从"关注比赛输赢"向"追求奥运精神"升华，同时还发现不同职业青年价值观存在差异、部分青年在"内卷"与"躺平"二元并存间陷入迷茫和焦虑等问题亟待解决，并从社会主义核心价值观培育时代新人、发挥团组织堡垒作用、构建家校社合力共育的平台、发挥文化引领和榜样示范作用等方面提出做好青年价值观培育的思路。

关键词： 价值观　价值认同　河北青年

习近平总书记指出："新时代的中国青年，更加自信自强、富于思辨精神，同时也面临各种社会思潮的现实影响，不可避免会在理想和现实、主义

---

* 张丽，硕士，河北省社会科学院社会发展研究所，副研究员，研究方向为青年社会学；李珊珊，硕士，河北省宏观经济研究院，高级经济师，研究方向为人口经济学。

和问题、利己和利他、小我和大我、民族和世界等方面遇到思想困惑，更加需要深入细致的教育和引导，用敏锐的眼光观察社会，用清醒的头脑思考人生，用智慧的力量创造未来。"①

新发展阶段的青年成长于中华民族伟大复兴与百年未有之大变局同步交织的背景下，正逢中华民族发展的最好时期，正遇我国经济、社会、文化上升发展期，正迎建功立业的难得人生际遇，正是价值观形成和确立的关键时期，掌握这一群体的价值取向和时代特征，对进一步做好河北青年价值观培育至关重要。

一　河北青年的多元价值取向

新时代青年的价值取向关系到整个社会的未来价值走向。本次调查对象覆盖年龄在 14~35 岁的河北青年群体，正是出生在 1987~2008 年的一代，这代人恰逢改革开放后我国经济社会快速发展阶段，享受到改革开放的巨大成果，这代青年知识更为丰富、视野更为开阔、思维观念更为多元与兼容。本报告采取问卷抽样调查和深入访谈方式，重点从社会主义核心价值观、信念观、人生观、使命观、国际观、奥运观等六个方面对河北青年价值观进行深入分析，多维度了解新时代河北青年的认知观念、思维方式和理想信念，因势利导其价值取向，凝聚价值共识，对青年成长为坚定的社会主义建设者和接班人、为实现中华民族伟大复兴的中国梦而奋斗具有重要而深远的意义。②

（一）绝大多数青年对社会主义核心价值观高度认同

党中央高度重视培育和践行社会主义核心价值观，社会主义核心价值观是社会主义核心价值体系的内核，是社会主义核心价值体系的高度

---

① 习近平：《在庆祝中国共产主义青年团成立 100 周年大会上的讲话》，2022 年 5 月 10 日。

② 本报告数据来源于河北青年民生发展调查，调查的具体情况见本书总报告。

提炼和集中表达。青年对社会主义核心价值观的了解程度、认同程度和影响程度是衡量其价值观的关键指标。问卷调查数据显示，91.28%的被访青年能够准确说出社会主义核心价值观的内容，98.75%的被访青年表示认同社会主义核心价值观，80.53%的被访青年表示社会主义核心价值观的主要内容对自己的工作生活产生了积极的影响，并一直用社会主义核心价值观来更新自己的价值体系，它对自己的价值观形成有很大的指导作用。

被访青年对社会主义核心价值观的认知程度总体较高。问卷调查数据显示，城乡青年、男女青年、不同地区青年对社会主义核心价值观的认知度均很高。青年共产党员认知程度最高，其次是共青团员，占比分别为96.03%和93.82%。学历越高的青年群体越能够准确说出社会主义核心价值观内容，两者之间呈正相关，高职/大专以上学历青年认知程度均在90%以上。从不同职业看，90%以上民办学校教师、大学学生、公务员、公立学校教师、社区工作者、新媒体从业青年、管理人员、高中/职业高中/中专学生、专业技术人员、初中学生、医院医护人员均能够准确说出社会主义核心价值观的内容，认知度高于其他职业青年（见图1）。

不同维度的被访青年对社会主义核心价值观的认同程度都很高。问卷调查数据显示，城乡、不同年龄、不同学历青年认同度均在95%以上。河北省11个地级市及定州、辛集、雄安新区的被访者对社会主义核心价值观的认同程度均在97%以上（见图2）。不同职业青年对社会主义核心价值观的认同程度均在90%以上，其中，网约车司机、民办学校教师、公立学校教师、工农生产人员认同度达100%（见图3）。

（二）大多数青年信念观明确且理想信念坚定

理想信念为青年指路引航，只有坚定理想信念，青年才可以在为党和人民服务、实现个人价值的路上走得更稳、走得更远。[①] 考察青年理想信念是

---

① 国务院新闻办公室：《新时代的中国青年》（白皮书），2022年。

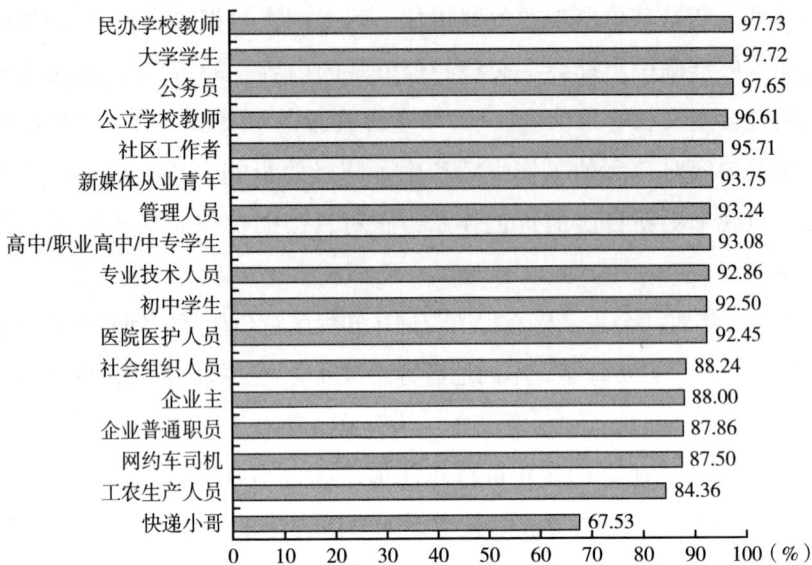

图 1　河北省不同职业青年对社会主义核心价值观认知情况

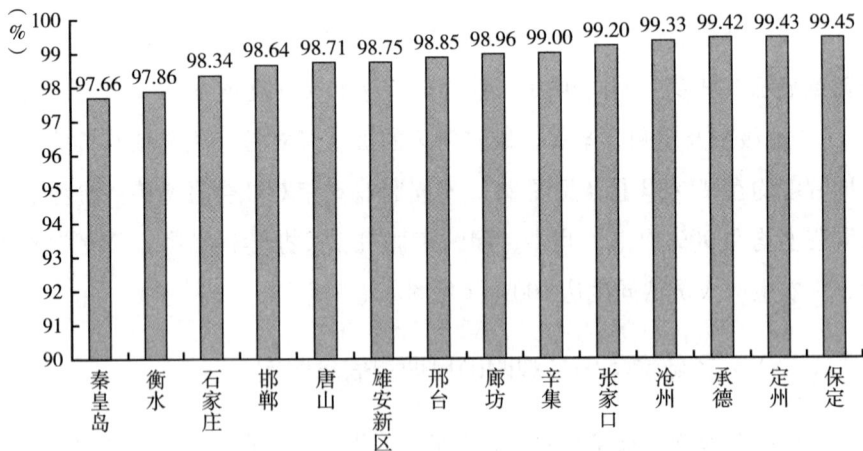

图 2　河北省不同地区青年对社会主义核心价值观认同情况

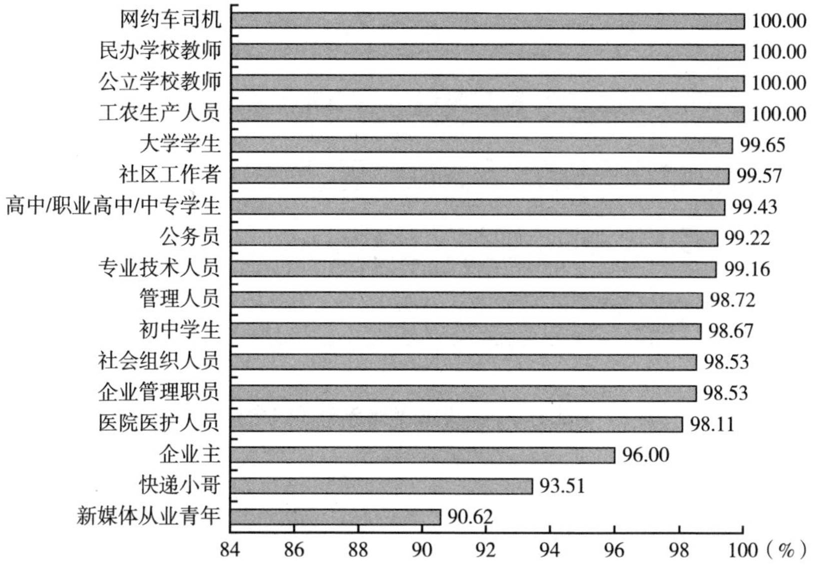

职业	数值
网约车司机	100.00
民办学校教师	100.00
公立学校教师	100.00
工农生产人员	100.00
大学学生	99.65
社区工作者	99.57
高中/职业高中/中专学生	99.43
公务员	99.22
专业技术人员	99.16
管理人员	98.72
初中学生	98.67
社会组织人员	98.53
企业管理职员	98.53
医院医护人员	98.11
企业主	96.00
快递小哥	93.51
新媒体从业青年	90.62

图3　河北省不同职业青年对社会主义核心价值观认同情况

衡量其信念观的一项重要指标。问卷调查数据显示，80%以上的被访青年自我评价有明确而坚定的理想信念，其中，66.9%的被访青年认为自身理想信念坚定，还有14.63%的被访青年虽将理想信念作为前进的动力，但不在意实现与否。

城镇和农村青年、男青年和女青年对于理想信念坚定程度的自评无显著差异，均认为自己有明确的理想信念，占比均在80%以上。拥有大学本科、高职/大专、初中学历的青年自评具有坚定的理想信念，占比分别为83.44%、81.46%、80.42%，学历为高中/职高/中专、硕士/博士研究生的青年对于理想信念坚定程度的自评也较高，占比分别为79.7%和79.17%，学历为小学及以下的青年自评较其他学历者略低，但占比也在75%以上。

政治面貌为中共党员的被访青年理想信念最为坚定，占比为84.68%，其次是共青团员和群众，占比分别为83.58%和78.38%（见图4）。

河北省11个地级市及定州、辛集、雄安新区中，80%左右青年有明确的理想信念，其中，定州、保定、雄安新区青年自评占比居前三位（见图5）。

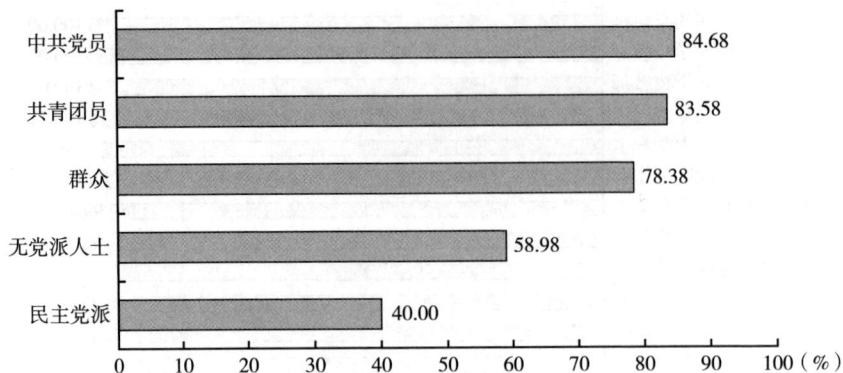

图 4　河北省不同政治面貌青年理想信念自我评价

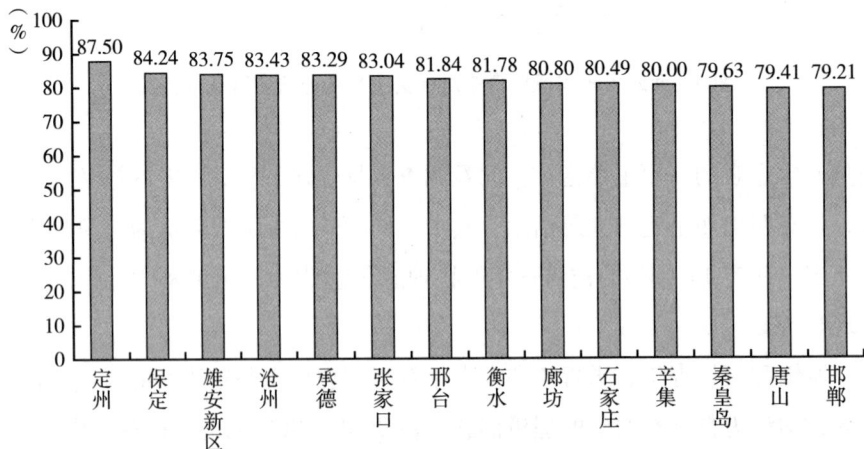

图 5　河北省不同地区青年理想信念自我评价

（三）六成以上青年人生观明晰且积极向上

"青春由磨砺而出彩，人生因奋斗而升华。"① 人生观是对人生的根本看法和态度，青年期是人生观开始形成和确立的时期，青年的人生观要兼具勤

_____

① 习近平：《寄语新时代青年》，2020 年 5 月 3 日。

学、肯做、有为。青年对自身总体评价是衡量其人生观的一项重要指标。问卷调查数据显示,60.45%以上的被访青年对自己的总体评价是努力学习文化知识、积极工作生活、做有社会责任感的人。

处于工作、学习、创业阶段的被访青年在文化学习、工作生活态度、社会责任感方面的自我评价较高,占比均在60%以上;城镇青年自我评价高于农村青年7.81个百分点。男青年自我评价高于女青年6.06个百分点。年龄大的被访青年较年龄小的被访青年在文化学习、工作生活态度、社会责任感方面的自我评价更高,其中,30~35岁青年群体比14~17岁青年群体自评高7.71个百分点。学历越高的青年在文化学习、工作生活态度、社会责任感方面的自我评价越高,研究生学历青年比小学及以下青年自评高出39.68个百分点。

职业越稳定的被访青年在文化学习、工作生活态度、社会责任感方面的自我评价越高,公务员、公立学校教师、专业技术人员自我评价位居前三,占比分别为77.25%、74.58%、70.59%,超过整体均值;其次是大学学生、管理人员、社区工作者,占比分别为69.90%、69.29%、66.52%;自评百分比在40%~60%的由高到低依次为企业普通职员、社会组织人员、高中/职高/中专学生、民办学校教师、企业主、初中学生、医院医护人员、工农生产人员,而排在后三位且占比不足40%的由高到低依次是新媒体从业青年、快递小哥和网约车司机(见图6)。

河北省11个地级市及定州、辛集、雄安新区中,被访青年的人生观自我评价较高的7个地区由高到低依次为沧州、定州、廊坊、保定、承德、辛集、石家庄(见图7)。

(四)多数青年使命观更具大国情怀与责任担当

使命观是一个人对所处时代、社会和国家赋予的使命的一种感知和认同,是自身肩负重大的任务和责任的价值观体现。每个人都有自己的使命,它是人内在的、永恒的核心前进动力。使命观也是衡量其价值观的一项主要指标。七成以上被访青年对新使命的理解和选择展现责任和担当,问卷调查数据显示,77.68%的被访青年选择"满腔热血,砥砺家国情怀",77.92%

图6 河北省不同职业青年自我总体评价

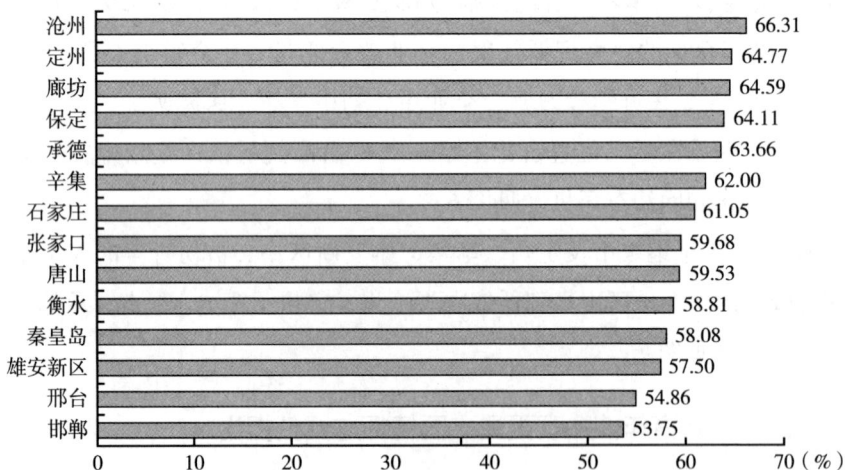

图7 河北省不同地域青年自我总体评价

的被访青年选择"勇于担当,不辱时代使命",69.04%的被访青年选择"接续奋斗,为了民族未来"。新时代青年的新使命更具时代特色,充分体现了新时代被访青年大国情怀与责任担当的交织。31.83%的被访青年选择

"尽我所能，做自己想做的"，这体现出部分青年敢于争先、个性彰显。但还要看到，还有 11.02% 的被访青年选择"随波逐流，跟从大众而行"，这种并不积极的使命观值得关注和积极引导（见表1）。

表1　被访青年对新时代青年新使命的认知情况

单位：%

选　项	比例	选　项	比例
勇于担当,不辱时代使命	77.92	尽我所能,做自己想做的	31.83
满腔热血,砥砺家国情怀	77.68	随波逐流,跟从大众而行	11.02
接续奋斗,为了民族未来	69.04		

不同维度被访青年对新使命的选择均呈积极向上态势。问卷调查数据显示，从不同职业看，选择"满腔热血，砥砺家国情怀"占比前三位的是大学学生（87.2%）、公务员（87.06%）、民办学校教师（84.09%），选择"勇于担当，不辱时代使命"占比前三位的是专业技术人员（87.82%）、大学学生（86.97%）、公立学校教师（84.18%），选择"接续奋斗，为了民族未来"占比前三位的是医院医护人员（83.02%）、大学学生（79.54%）、专业技术人员（77.73%），可见，大学学生、教师、医护人员、专业技术人员是使命继承与发扬的中坚力量（见表2）。从不同学历看，除小学及以下学历青年对于新使命各项选择比例不足 60% 外，其他学历青年选择前三项的比例较高，均在 60% 以上（见表3）。

表2　不同职业被访青年对新时代青年新使命的认知情况

单位：%

职　业	选项				
	满腔热血,砥砺家国情怀	勇于担当,不辱时代使命	接续奋斗,为了民族未来	随波逐流,跟从大众而行	尽我所能,做自己想做的
企业普通职员	73.66	74.48	63.40	8.98	31.52
工农生产人员	67.48	61.04	53.99	13.50	22.70
管理人员	74.04	75.69	66.54	10.79	27.24

续表

职 业	选项				
	满腔热血，砥砺家国情怀	勇于担当，不辱时代使命	接续奋斗，为了民族未来	随波逐流，跟从大众而行	尽我所能，做自己想做的
企业主	58.00	56.00	52.00	10.00	18.00
新媒体从业青年（网络主播/签约作家等）	50.00	56.25	68.75	15.63	21.88
社会组织人员	73.53	61.76	58.82	10.29	26.47
初中学生	82.67	83.83	72.67	9.00	22.5
大学学生	87.20	86.97	79.54	12.39	36.94
高中/职高/中专学生	78.77	79.91	68.72	13.46	33.46
社区工作者	80.69	80.26	67.38	12.02	29.61
公务员	87.06	82.94	73.53	8.82	30.20
公立学校教师	82.49	84.18	72.88	6.21	21.47
民办学校教师	84.09	77.27	75.00	9.09	32.95
医院医护人员	64.15	71.70	83.02	15.09	35.85
专业技术人员	77.31	87.82	77.73	9.24	34.45
快递小哥	62.34	57.14	51.95	12.99	40.26
网约车司机	37.50	62.50	62.50	12.5	25.00

表3 不同学历被访青年对新时代青年新使命的认知情况

单位：%

学 历	选 项				
	满腔热血，砥砺家国情怀	勇于担当，不辱时代使命	接续奋斗，为了民族未来	随波逐流，跟从大众而行	尽我所能，做自己想做的
小学及以下	59.60	41.41	29.29	18.18	23.23
初中	75.07	76.07	67.09	10.52	30.92
高中/职高/中专	73.30	74.64	65.19	11.99	32.33
高职/大专	77.78	79.39	69.98	11.30	33.43
大学本科	81.34	80.24	71.86	10.06	31.76
硕士/博士研究生	78.54	80.00	73.13	12.50	27.08

（五）青年的国际观呈现乐观与担忧并存状态

面对世界百年未有之大变局，我国在大变局中选择新型开放大国的战略，并由此形成新型开放大国的国际观。在中国特色社会主义新时代，全球化尤其是经济全球化的深入推进，为当代中国青年走向世界并与其他国家的青年进行交流学习提供了便利。

考察青年对我国目前所处国际环境的认知是衡量被访青年国际观的一项核心指标。问卷调查数据显示，55.20%的被访青年认为我国"虽然已有很多成就，但仍然有挑战"；38.14%的被访青年认为我国"已跻身一流强国行列，话语权强，发展形势大好"；6.66%的被访青年认为我国"发展还不够充分不够均衡，发展形势不容乐观"。可见，从总体看，河北青年对我国所处国际环境的态度比较理性，能够客观地判断我国国际地位，并对国家未来的发展充满信心（见表4）。①

表4　被访青年对我国目前所处国际处境的认知情况

单位：%

关于我国目前国际处境的理解	比例
虽然已有很多成就,但仍然有挑战	55.20
已跻身一流强国行列,话语权强,发展形势大好	38.14
发展还不够充分不够均衡,发展形势不容乐观	6.66

不同职业被访青年对我国目前所处国际环境的认知趋于理性，也存在一定群体差异。问卷调查数据显示，从不同职业看，选择我国"已跻身一流强国行列，话语权强，发展形势大好"占比前三位的是工农生产人员（48.16%）、社会组织人员（44.85%）、民办学校教师（44.32%），占比后三位的是大学学生（33.31%）、专业技术人员（28.99%）、网约车司机

① 廉思、黄小东、周宇香、芦垚、冯丹：《战疫一代　青春不败——新冠肺炎疫情对当代青年价值观影响调查》，《光明日报》2020年5月8日。

（25.00%）；选择我国"虽然已有很多成就，但仍然有挑战"占比前三位的是专业技术人员（62.61%）、网约车司机（62.50%）、大学学生（62.01%），占比后三位的是快递小哥（49.35%）、企业主（48.00%）、工农生产人员（45.09%）；选择我国"发展还不够充分不够均衡，发展形势不容乐观"占比前三位的是网约车司机（12.50%）、快递小哥（10.39%）、企业主（10.00%），占比后三位的是管理人员（4.76%）、大学学生（4.68%）、民办学校教师（3.41%）（见表5）。

表5　不同职业被访青年对我国目前所处国际处境的认知情况

单位：%

职　业	选项		
	已跻身一流强国行列，话语权强，发展形势大好	虽然已有很多成就，但仍然有挑战	发展还不够充分不够均衡,发展形势不容乐观
企业普通职员	40.04	51.85	8.11
工农生产人员	48.16	45.09	6.75
管理人员	41.13	54.11	4.76
企业主	42.00	48.00	10.00
新媒体从业青年(网络主播/签约作家等)	34.38	59.38	6.24
社会组织人员	44.85	50.00	5.15
初中学生	34.33	59.50	6.17
大学学生	33.31	62.01	4.68
高中/职业高中/中专学生	38.67	54.60	6.73
社区工作者	42.92	50.21	6.87
公务员	33.33	60.59	6.08
公立学校教师	38.98	55.93	5.09
民办学校教师	44.32	52.27	3.41
医院医护人员	33.96	56.60	9.44
专业技术人员	28.99	62.61	8.40
快递小哥	40.26	49.35	10.39
网约车司机	25.00	62.50	12.50

（六）青年奥运观的塑形从"关注比赛输赢"向"追求奥运精神"升华

一代年轻人有一代年轻人的奥运，青年奥运观的塑形也从"关注比赛输赢"向"追求奥运精神"转变。国际奥委会在《奥林匹克宪章》中提出："每一个人都应享有从事体育运动的可能性，而不受任何形式的歧视，并体现相互理解、友谊、团结和公平竞争的奥林匹克精神。"①

奥运精神对青年发展影响的考察是衡量其奥运观的一项核心指标。问卷调查数据显示，82.49%的河北青年认为奥运精神让自己变得更加积极参与体育锻炼，强身健体，为中国梦早日实现做出努力；65.39%的河北青年认为奥运精神让自己学会包容和理解，更加注重团结协作；65.31%的河北青年认为奥运精神让自己学习到运动员的拼搏精神和顽强毅力，要努力超越自我、展现自我；54.42%的河北青年认为奥运精神让自己生活态度更加积极进取、乐观向上；46.03%的河北青年认为奥运精神唤醒和增强了自己的爱国主义精神（见表6）。不同性别、不同地区、不同职业、不同政治面貌河北青年对奥运精神的理解并无显著差异。可见，奥运精神的内涵被不断拓展并被更多青年所认同，奥运体育精神和人类力量之美对青年一代具有吸引力和向心力，青年对奥运观的理解、吸纳和践行也在不断升华。

表6　关于奥运精神对个人发展作用的理解

单位：%

关于奥运精神对个人发展作用的理解	比例
积极参与体育锻炼,强身健体,为中国梦早日实现做出努力	82.49
学会包容和理解,更加注重团结协作	65.39
学习到运动员的拼搏精神和顽强毅力,要努力超越自我、展现自我	65.31
生活态度更加积极进取、乐观向上	54.42
唤醒和增强了自己的爱国主义精神	46.03

① 国际奥委会：《奥林匹克宪章》，1996年7月18日。

二 河北青年价值观存在的突出问题及原因分析

（一）社会主义核心价值观认知存在群体差异，凝聚群体共识的力度仍需加大

不同青年群体对社会主义核心价值观的认知存在一定群体差异，主要表现为学历认知差异、职业认知差异。问卷调查数据显示，小学及以下学历青年（78.78%）比研究生学历被访青年（95.42%）的认知程度低16.64个百分点。快递小哥对社会主义核心价值观内容的认知程度显著低于其他职业青年，占比仅为67.53%。

针对部分青年群体对社会主义核心价值观认知程度不足的问题，笔者进行深入个案访谈，部分低学历被访青年表示，自己拥护中国共产党的领导，但自己对社会主义核心价值观的内涵和外延学习不足、理解不深，认为自己可以深入学习和践行的渠道有限，期望国家和社会各界给予他们更实用的学习平台和更广阔的实践空间。究其原因，一是这部分青年对国情、省情了解程度不够，学习动力不足，二是部分青年受外来文化和思潮影响较大，对社会主义核心价值观的认同感不强，三是相关部门在引导青年学习社会主义核心价值观和搭建平台方面作用不到位。总之，这部分青年是下一步思想教育工作的重点对象。

（二）职业稳定性偏低的青年群体信念观和人生观亟待重点引导

问卷调查数据显示，快递小哥、新媒体从业青年关于拥有坚定理想信念的自我评价相对较低，占比仅为68.83%和50.01%（见图8）。

由于准入门槛低，如今越来越多的毕业生将择业目光转向新就业形态，不少毕业生选择将快递、网络主播等相对灵活的新职业作为首选，但在工作稳定性和收入保障性方面存在一定的风险和不确定性。笔者在深入访谈中了解到，部分新媒体从业青年说："自己的理想信念会随着工作环境和得失成败发生变化，由于年轻而敢闯敢想敢拼，而一旦作品更新速度

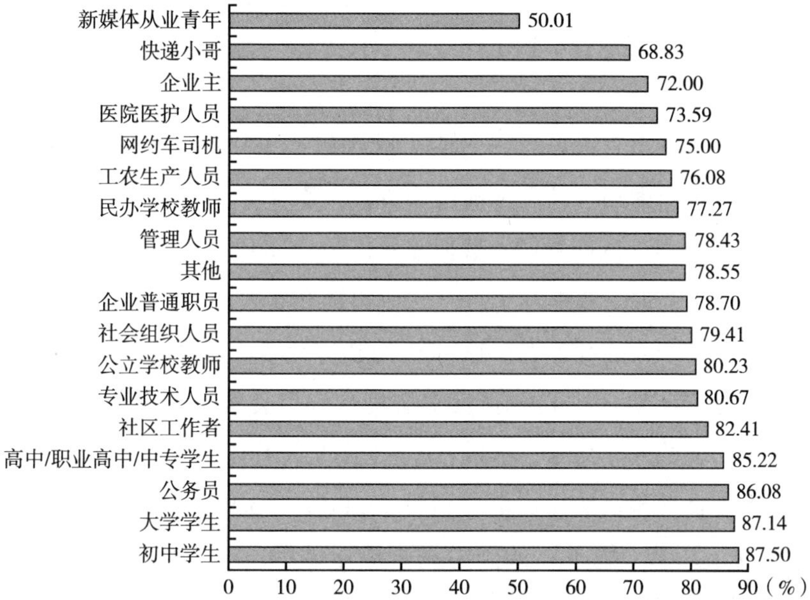

图8　不同职业被访青年理想信念自我评价

变慢或是质量降低，账号便会迅速'掉粉'，收入也会大打折扣，结果往往不如人意。这个职业的'后浪'频繁大量涌入也给'老兵'带来巨大压力。"希望和失望同在，期待与焦虑并存。可见，个人奋斗前景预期收益的局限、职业发展空间和转型的限制等因素让快递小哥和新媒体从业青年等职业不稳定群体感到担忧，以致理想信念不明确，对人生未来走向感到迷茫和无助。

（三）部分青年在"内卷"与"躺平"二元并存间陷入迷茫和焦虑

"内卷"和"躺平"是2021~2022年热度较高的两个网络词语，"内卷"是指非理性的内部竞争或被自愿竞争，导致个体"收益努力比"下降；"躺平"与"内卷"相对，指无论面对什么样的事情，都不会有任何反应或反抗，一切顺其自然。问卷调查数据显示，17.87%的被访青年认为自己是"内卷族"，即使快被生活压垮，仍在艰难负重前行，10.41%的被访青年认为自己是"躺平族",安于现状、不愿社交,还有近4%处于待业状态的被访青年表示找不到工作或者不找工作,选择混日子,宁愿当"啃老族"。

无论是选择当"内卷族"还是"躺平族",其实都是现代青年对人生重重困境和心理焦虑的一种态度或行为方式,均具有"积极"和"消极"两面。关于"内卷"的问卷调查数据显示,56.79%的被访青年对"内卷"持积极态度,认为锻炼和提升了自己交流沟通和实践能力,50.78%的被访青年认为增强了个人的竞争力,42.40%的被访青年认为可以接触到更多的人脉;但部分青年对"内卷"持反对态度,认为会出现个人支配时间减少、增加了不必要的人际交流、不利于营造良好的工作学习生活环境、不利于社会发展等不良现象,选择比例分别为25.11%、16.92%、26.04%、13.57%(见表7)。关于"躺平"的问卷调查数据显示,71.24%的被访青年认为"生活压力和竞争压力大,是一种自我逃避的方式";68.17%的被访青年认为"自己缺乏目标,找不到生存的价值和意义";36.69%的被访青年认为"按下暂停键,给自己时间思考未来人生规划";31.31%的被访青年认为"没有机会或资源参与到激烈的竞争中";还有18.55%的被访青年认为"现状符合自己的人生规划,可以躺平"(见表8)。

表7 被访青年对于"内卷"的认知情况

单位:%

被访青年对于"内卷"的认知情况	比例
锻炼和提升了自己交流沟通和实践能力	56.79
增强了个人的竞争力	50.78
接触到更多的人脉	42.40
不利于营造良好的工作、学习、生活环境	26.04
个人支配时间减少	25.11
增加了不必要的人际交流	16.92
不利于社会发展	13.57

表8　被访青年对于"躺平"的认知情况

单位：%

被访青年对于"躺平"的认知情况	比例
生活压力和竞争压力大，是一种自我逃避的方式	71.24
自己缺乏目标、找不到生存的价值和意义	68.17
按下暂停键，给自己时间思考未来人生规划	36.69
没有机会或资源参与到激烈的竞争中	31.31
现状符合自己的人生规划，可以躺平	18.55

究其根源，"内卷"与"躺平"更多是由于社会环境、生活成本、成长路径等发生变化，虽然物质生活水平有了明显提高，但随着科技发展、社会进步和工作、生活节奏加快，越来越多青年感受到工作、学习、生活的竞争压力增大，这让部分青年陷入竞争式发展焦虑，要么"马不停蹄地赶超"，要么"无所畏惧地躺平"，以两种方式来缓释内心焦虑和压力。"内卷"和"躺平"出于青年对个体价值和发展的一种自觉的反思，作为新时代的青年，不能让恶性"内卷"和无用"躺平"成为常态，需要时刻警惕被"内卷"和"躺平"裹挟，杜绝过度消耗或停滞不前的非理性价值观在青年群体中蔓延。[1]

（四）不同职业圈层青年对我国国际处境的看法存在一定差异

在企业工作的青年对我国在国际的处境看好程度略低于其他工作单位青年。问卷调查数据显示，选择我国"虽然已有很多成就，但仍然有挑战"占比50%以上的由高到低依次为国有企业（56.38%）、党政机关（55.94%）、事业单位（53.22%）、民营企业（53.06%）的被访青年，选择我国"已经跻身一流强国行列，话语权强，发展形势大好"占比在40%以上的由高到低依次为事业单位（53.22%）、社会组织（47.6%）、农业生产（44.19%）的被访青年，选择我国"发展还不够充分不够均衡，发展发

---

[1]　杨佳薇、李春炜：《"躺平青年"真的躺平了吗?》，《燕赵都市报》2022年9月6日。

展形势不容乐观"占比在10%以上的为混合所有制企业、外资企业工作的被访青年。

笔者从问卷数据分析和深入访谈中发现，受新冠肺炎疫情和全球经济形势下滑的影响，不同工作性质的被访青年对我国在国际上的处境的认知较为理性，乐中有忧、道阻且长，尤其是在与国际接轨较多的外资企业和混合所有制企业工作的青年对国际形势关注度更高，在形势判断上更易受全球经济、政治、文化等多重因素影响，部分被访青年反映，"自己所在单位业务与国际接轨，但现在全球经济形势不景气和新冠肺炎疫情还在持续，市场疲软、消费低迷，出现订单下滑、交易迟滞等问题，感觉企业的日子很不好过"，在全球整体经济形势受冲击的形势下，企业活力不足，这部分青年收入和工作积极性也会受到影响，其价值观的积极一面较其他工作性质青年相比会减弱。另外，在全球化的过程中，我们不能忽视西方有些国家对我国青年进行思想渗透，企图用西方的价值观来影响我国青年的价值观。

三 新时代河北青年价值观多维培育路径

习近平总书记指出："青年的价值取向决定了未来整个社会价值取向，而青年又处在价值观形成和确立的时期，抓好这一时期的价值观养成十分重要。"[①] 这是对广大青年成长道路的科学指引，是引导新时代河北青年树立正确价值理念和行为规范的根本遵循。

（一）以社会主义核心价值观培育时代新人，引导广大青年树立正确价值标准

坚持以马克思主义为青年在价值领域的指导思想，以社会主义核心价值观为青年在价值领域的基本遵循，是引导青年树立正确的价值取向、涵育正确价值意识的重要根基。

---

① 习近平：《在北京大学考察时的讲话》，2014年5月4日。

坚定以马克思主义作为培育青年价值观的指导思想。青年作为中国特色社会主义事业建设者和接班人，应始终站稳马克思主义立场，坚持用马克思主义观点，学会用马克思主义哲学武装头脑，用辩证、发展的眼光看待实际问题和客观世界，并能够通过马克思主义的立场、观点、方法，去发掘自身在价值观上存在的问题，在学习科学理论的过程中树立科学的价值导向，并将其作为自身的价值观指导，坚定理想信念，补足精神之钙。

以社会主义核心价值观为青年在价值领域的基本遵循。社会主义核心价值观蕴含着国家价值目标、社会价值导向以及价值规范，社会主义核心价值观为推动青年树立正确价值观提供了统一的价值取向和模式选择，以多种形式引导新媒体从业青年和快递小哥、低学历者等需重点关注的青年群体，使其形成相对一致的主流价值共识，增强广大青年对社会主义核心价值观的情感和理念认同，既要让广大青年学习科学文化知识，又要让其深入基层社会实践，将理论变成实践，实现社会主义核心价值对多元价值的示范和引领，为青年树立正确的价值观、用核心价值观认识和改造世界提供价值参考。

（二）发挥团组织的堡垒作用，筑牢培育青年价值观的主阵地

坚持为党育人是共青团工作的重点任务。共青团是党的得力助手和后备军，要把为党育人摆在优先位置，紧扣服务青年的工作生命线，做好党和青年联系的桥梁和纽带，立足为党育人这一根本大计，从政治立场和理想信念入手，把握新时代河北青年的时代特征和价值取向，根据青年的新变化和新特点，探索基层团组织价值引领新思路和新方法，进一步发挥好青联和学联组织作用，有效发挥社会的大熔炉作用，致力于培养优秀的社会主义建设者和接班人，引导河北青年思想与党中央和习近平总书记的思想保持高度一致，厚植河北青年对党的忠诚与信赖、对中国特色社会主义的拥护与支持，承担起实现中华民族伟大复兴中国梦的使命。

以思想政治教育提高党团组织对青年价值观的培育深度。建立党团组织与思想政治教育之间的"双辐射"机制，将党团组织的建设与思想政治教育真正结合起来，使二者相互作用、相互促进。积极保障所有青年享有同等

参与党团组织活动的权利，实现党团组织思想政治教育活动对青年价值观涵育的全覆盖。党团组织活动不能限于课堂教学形式的党课、团课，还要积极创新组织活动形式，提高思想政治教育的吸引力。党团组织要树立服务意识，在党团的各项活动选题设计与策划中，从党员、团员的实际需要出发，找准思想政治教育目标和青年价值取向的结合点，合理利用碎片化服务时间，让思想政治活动与教育真正融入青年内心世界，让广大青年通过思想政治教育更能清醒地认识当前自身和国家所处境遇，树立正确的价值取向和奋斗目标，激发青年的历史责任感和新时代使命感，胸怀"国之大者"，努力建功立业，争当伟大理想的追梦人和伟大事业的生力军。

（三）凝聚多元合作力量，构建家校社合力共育的平台

围绕关照青年、服务青年，挖掘和开发更多隐性价值观教育资源，让家庭、学校和全社会成为青年价值观教育的大课堂，积极参与到青年价值观培育中，注重理论教育与实践活动相结合，双向提升青年的价值认同。

学校和社会各界要实现良性互动，学校、社会组织、机关企事业单位可以通过组织各种公益实践活动，让青年积极投入其中，切实感受社会主义核心价值观引领的社会活动带来的积极作用。在丰富多彩的社会实践活动中，让广大青年得到思想上的升华，培育其做有坚定理想信念、强烈使命感和大局观的新时代青年，养成自觉奋斗、自信达观、勇挑重担、堪当大任的优秀品质。

家庭是青年生活的重要场域，青年思维方式、价值观念、道德品格、行为取向的形成往往与家庭密切相关。培育青年价值观要重视和谐家庭环境的重要作用、优良家风的传承与发展，家长要传播积极、健康、向上的思想，给青年的思想输入正能量，要通过"培育和践行社会主义核心价值观""积极传播中华民族传统美德""树立家国情怀和良好家风"等多种形式，"帮助孩子扣好人生的第一粒扣子，迈好人生的每一个台阶"。只有真正建立家庭、学校和社会的良性沟通互动机制，才能使青年的价值观得到升华，才能使价值观的育人作用充分发挥。

（四）发挥文化引领和榜样示范作用，帮助青年找到人生价值归属

无论是"内卷"还是"躺平"，均需通过理性思维去判断其出现的原因，只有透过现象看本质，既不"内卷"，也不"躺平"，才能从中找到自己的价值取向，从而在二者之间寻求一种平衡。文化引领和青年榜样示范是引导青年对人生价值、社会价值重识和重塑的有效路径。①

着重加强公共文化阵地建设，建构新型公共文化空间，拓展适合青年文化诉求的公共文化服务空间和服务内容，强化公共文化活动的凝聚力和向心力，以优秀文化引领青年树立符合新时代发展需要和个人发展需求的积极价值观，面对各种社会思潮的影响和思想困惑时，能用更加清醒的头脑去辨别真伪、解疑释惑，从而踏实求学、增进技艺、攻坚克难，用自己所学文化知识和技术去创造美好人生。

树立基层各行业的"价值青年"榜样，深入研究青年以"价值青年"为榜样进行学习的心理机制，了解青年对"价值青年"榜样认知与接受的规律性②，在榜样的选取上要贴近现实、引起共鸣，还有努力挖掘青年身边的"平凡榜样"，坚持拓展"价值青年"榜样教育的新渠道，改变传统的、单向的传授方式，注重价值青年榜样的时代性、客观性、层次性、真实性、多样性，以"价值青年"为榜样，感染和影响青年去努力奋斗。

总之，新时代河北青年一代是有理想、敢担当、肯奋斗的一代，这代青年在社会主义核心价值观的引领下，从现在做起、从自己做起，传承过往、接续奋斗，坚定不移听党话、跟党走，满怀信心、走向未来，争做新时代具有责任意识和创新精神的建设者，争做中国特色社会主义伟大事业的生力军，为全面建设社会主义现代化国家贡献青春和力量。

---

① 沈东：《"内卷与躺平"冲击下中国青年奋斗精神的熔铸》，《中国青年研究》2022 年第 2 期。
② 刘勇、董星辰：《"价值青年"：对青年价值的哲学思考》，《中国青年研究》2020 年第 3 期。

B.4
河北青年健康的影响因素及健康促进

侯建华　耿淑杰*

摘　要： 青年健康水平是衡量青年发展状况的一项重要指标。本研究利用河北青年民生发展调查相关数据，考察河北青年身体健康状况，研究发现河北青年健康状况总体良好，但受生活方式、行为习惯等个体因素和体育、健康公共服务供给等社会因素影响，存在睡眠质量不高、肥胖增多、颈椎腰椎疾病年轻化、脱发掉发、近视发生率高等问题，并提出完善青年健康支持政策、培养健康生活方式、加强青年健康促进等对策建议。

关键词： 青年健康　生活方式　健康促进　河北青年

　　青年是国家的未来、民族的希望，青年发展是一项基础性、战略性工程，青年健康是青年发展的基础环节，青年健康水平是衡量青年发展状况的一项重要指标。近年来，河北省全民健身实施计划、河北省中长期青年发展规划、"健康河北"等重大规划和战略都把青年健康摆在更加重要的位置，青年健康的社会关注度越来越高。通过对河北青年健康状况的调查，探讨青年健康状况及其变化特点，了解青年健康理念、健康服务可获得性的相关情况，分析青年健康方面存在的主要问题及其原因，提出相应的政策建议，以期进一步提高青年健康水平、促进青年发展和社会进步。

---

* 侯建华，河北省社会科学院社会发展研究所副研究员，主要研究方向为社会问题、人口城镇化；耿淑杰，河北师范大学附属实验中学教师。

一 河北青年健康状况

本报告利用河北青年民生发展调查的数据，对9509份有效样本进行统计分析，重点关注青年群体的健康状况自我评价、体育锻炼、饮食健康、睡眠时间等健康行为和生活方式，以期对河北青年群体的身体健康状况有一个基本认知，为提高青年健康水平提供指引和依据。

（一）青年健康状况自我评价基本良好

调查结果显示，河北青年认为自己非常健康的占36.66%，认为比较健康的占43.83%，二者占比总和为80.49%，认为自己健康状况一般的占16.44%，认为自己不健康的占3.07%，青年健康状况基本良好。从不同年龄段来看，14~17周岁青年认为自己比较健康和非常健康的比例达到89.09%，健康状况评价总体最好；随年龄增大，健康水平呈下降态势（见图1）。从不同文化程度来看，初中、高中/职高/中专、高职/大专、大学本科、硕士/博士研究生学历的青年认为自己非常健康的比例分别为47.14%、43.41%、34.42%、31.51%、28.54%，认为自己比较健康的比例分别为35.27%、39.35%、45.25%、48.07%、48.96%，随着学历水平提高，自我健康评价呈现下降趋势。分城乡看，农村青年认为自己健康的比例为82.16%，城镇青年认为自己健康的比例为79.33%，农村青年健康自我评价略高于城镇青年。

（二）各青年群体睡眠时长存在差异

调查结果显示，每天睡眠8小时以上的青年占23.05%，7~8小时的占45.99%，6~7小时的占23.95%，5~6小时的占5.93%，5小时以下的占1.08%，从总体上来说，睡眠时间在8小时以下的青年比例高达76.95%，青年的睡眠时间一般应保持在8小时左右，初中生应保持在9小时左右，相比较而言，多数青年睡眠时间不足。分城乡来看，农村青年睡眠时间8小时

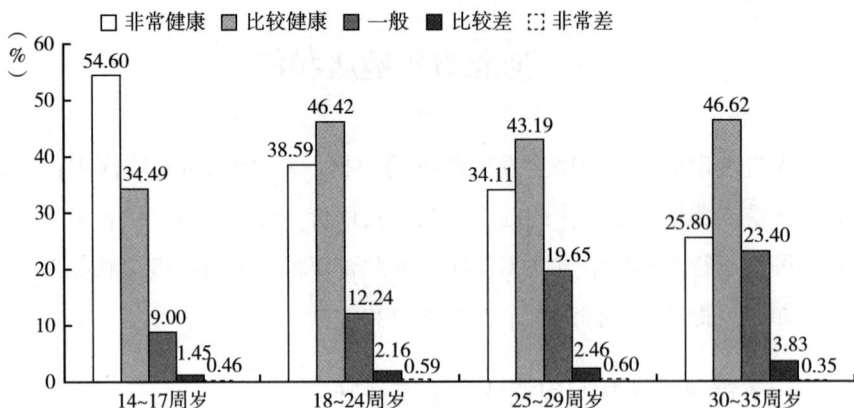

图1 不同年龄段青年健康状况

以上的比例为26.62%，高于城镇6.06个百分点，睡眠7~8小时的城乡青年比例大体相当，睡眠时间7小时以下各档城镇比例均高于农村，可见农村青年睡眠状况要好于城镇青年（见图2）。分性别来看，每天睡眠时间7小时以上男性的占66.83%，女性占71.21%，女性睡眠状况好于男性。从不同年龄段来看，30~35周岁青年群体睡眠时间7小时以下的占38.57%，明显高于其他年龄段青年，主要原因可能是此年龄段青年事业上是单位骨干，家庭中又上有老下有小，个人休息时间被侵蚀较多。

图2 城乡青年睡眠时间

（三）大部分青年能够进行体育锻炼

调查结果显示，每周锻炼时间在半小时以内的青年占 25.11%，半小时到 1 小时的青年占 22.24%，1~2 小时的占 15.29%，2~3 小时的占 9.05%，3~4 小时的占 6.04%，4~5 小时的占 4.02%，5 小时及以上的占 8.68%，从不参加锻炼的青年占 9.57%，大部分青年锻炼时长不足，有效性不高。分城乡看，城镇和农村青年从不锻炼和不同时长锻炼比例大体相当，没有明显差异。分性别看，每周锻炼且时长 1 小时以内的女性占 52.33%，男性占 42.27%；每周锻炼时长在 1 小时以上的男性占 47.93%，女性占 38.33%（见图 3），可见，男性锻炼时长要高于女性。从不同身份类型来看，初中生每周锻炼 5 小时及以上的比例最高，达到 15.50%，这主要是由于中考要进行体育测试且考试分数计入中考成绩，所以初中生和家长普遍重视体育锻炼；快递小哥中从不锻炼的比例最高，达到 31.17%，主要由于快递员配送任务重，工作忙、累，没有时间和精力进行体育锻炼。从不同年龄段看，30~35 岁青年从不参加锻炼的比例最高，达到 13.73%，每周锻炼半小时以内的比例最高，达到 28.36%，其他锻炼时间区间的占比基本都低于其他年龄段，锻炼时间明显少于更为年轻的群体。从锻炼场所看，青年的健身场所主要是家庭、学校、公园，其比例分别为 37.23%、34.76% 和 34.26%。

（四）青年在日常生活中比较关注饮食健康

调查结果显示，青年日常饮食以家庭自己制作和食堂就餐为主，其比例分别为 58.14% 和 31.28%，近一半青年购买食品时会关注食品成分等健康信息，其比例为 47.81%。近两年，受疫情影响，人们对健康的关注程度普遍较高，青年群体也不例外，对日常饮食的关注程度在逐渐提高。分城乡看，城镇青年关注食品健康的比例为 48.88%，农村青年关注食品健康的比例为 46.30%，城镇青年对食品健康的关注程度略高于农村青年。分性别看，男性青年关注食品健康的比例为 46.61%，女性青年关注食品健康的比例为 49.00%，女性青年更注重食品健康。从不同文化程度来看，硕士/博

图例：从不锻炼 半小时以内 半小时到1小时 1~2小时 2~3小时 3~4小时 4~5小时 5小时及以上

图3 不同性别青年每周锻炼时间

士研究生学历青年最关注食品健康，其选择"非常关注"和"关注"的比例分别为19.38%和37.08%，均高于其他群体（见图4）。

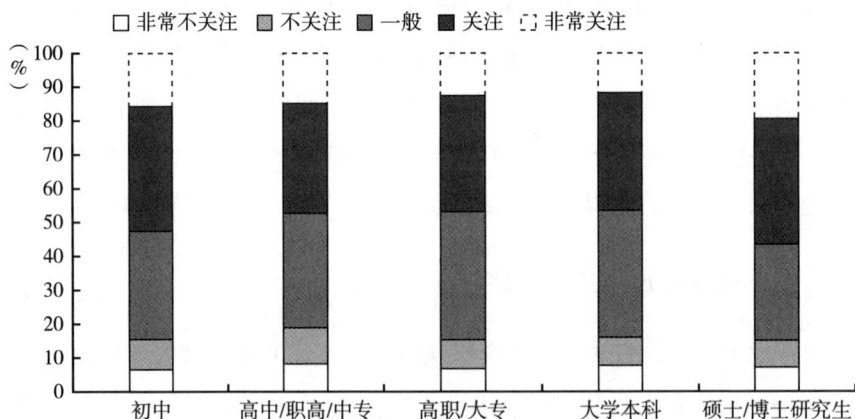

图4 不同文化程度青年对食品健康的关注度

二 河北青年健康促进工作进展

近几年，随着健康河北战略的实施及一系列有关青年健康的发展规划、行动计划、实施方案等的实施，青年健康的战略地位日益提高，青年健康政策跨部门协同作用正在逐步加强，在推动青年健康上取得了一些积极进展。

（一）青年健康的战略地位逐步提高

青年作为社会主义现代化建设的生力军，肩负着为实现第二个百年目标奋斗的重任，党和政府对青年发展的重视程度日益提高，党的十九大提出实施健康中国战略，把健康提到了一个前所未有的高度，青年健康问题也日益成为国家及地方各部门政策制定实施过程中的重要考量。2016 年出台的《河北省全民健身实施计划（2016~2020 年）》、2017 年出台的《河北省委省政府关于贯彻〈"健康中国 2030"规划纲要〉的实施意见》、2021 年出台的《河北省全民健身实施计划（2021~2025 年）》都把青少年作为实施的重点人群。2018 年河北省委、省政府印发《河北省中长期青年发展规划（2018~2025 年）》，将青年健康作为十大重点发展领域之一，提出了"持续提升青年营养健康水平和体质健康水平，青年体质达标率不低于 92%"[1]等明确目标，并提出"提高青年体质健康水平、加强青年心理健康教育和服务、提高各类青年群体健康水平、加强青年健康促进工作"[2] 等具体发展措施。2020 年 3 月 27 日河北省第十三届人民代表大会常务委员会第十六次会议通过的《河北省全民健身条例》，把"青少年体育活动"作为专章，把青少年体育活动作为提高青少年身体素质、促进青少年全面发展和健康成长的重要措施，明确了各级政府及其部门、学校、社会在开展体育活动，促进青少年健康方面的责任与义务。这一系列政策法规对青年健康作出了部署，青年健康的战略地位也随之逐步提升。

（二）青年健康政策的跨部门协同作用正在逐步加强

健康问题涉及卫健、体育、食品药品安全等多个部门，健康促进政策涉

---

① 河北省委、省政府：《河北省青年发展中长期规划（2018~2025 年）》。
② 河北省委、省政府：《河北省青年发展中长期规划（2018~2025 年）》。

及卫生健康、体育健身、环境保护、食药安全、健康教育、公共安全等多个方面，在大健康理念的指引下，各领域政策措施不断拓展和深化，部门协同作用不断加强，促进青年健康的合力正在逐步强化。2017年5月，河北省委、省政府成立由省政府主要负责同志任组长，省委、省政府分管领导任副组长，52个省有关单位主要负责同志为成员的健康河北领导小组。2020年，健康河北领导小组印发《健康中国·河北行动（2020~2030年）》，围绕全方位干预健康影响因素、维护全生命周期健康和防控重大疾病，实施15个专项行动，由健康河北领导小组会同省爱卫会统筹推进实施，确保了多部门的共同参与。2021年3月，河北省体育局和河北省教育厅联合印发《关于深化体教融合　促进青少年健康发展的实施意见》，提出加强学校体育工作，完善青少年体育赛事体系，加强体育传统特色学校和高校高水平运动队建设，深化体校改革，规范社会体育组织，强化政策保障，促进青少年健康发展。2022年，河北省体育局印发《河北青少年体育发展"十四五"规划》，坚持健康第一的教育理念，以促进青少年文化学习和体育锻炼协调发展为目标，以改革创新为动力，全面实施青少年体育发展促进工程，推动体校、学校、社会组织三大阵地建设同步发展、资源共享、互相支撑，帮助青少年在体育锻炼中享受乐趣、增强体质、健全人格、锤炼意志。2017年，河北省卫生计生委印发《河北省"三减三健"全民健康生活方式行动实施方案（2017~2020年）》，组织实施"三减三健"（减盐、减油、减糖、健康口腔、健康体重、健康骨骼）行动，将青少年群体作为重点关注人群。2019年，河北省教育厅、卫生健康委员会、体育局等8部门联合出台《河北省综合防控儿童青少年近视实施方案》，明确了8个部门防控近视的职责和任务，《河北省教育事业发展"十四五"规划》提出深入做好儿童青少年近视防控工作，全省学生总体近视率每年下降0.5个百分点。

三　河北青年面临的主要健康问题和影响因素

随着经济社会进步和生活水平的提高，青年体质和健康状况获得明显改善，但青年生活方式、饮食结构、行为习惯的巨大变化也引发了一些新的健康问题，同时体育和健康公共服务供给不足、健康促进政策实效性不强等社会因素也影响青年健康水平的提高。

（一）青年常见的健康问题

根据调查结果，当前青年群体面临的主要健康问题排在前五位的是睡眠质量不高、肥胖、颈椎腰椎问题、脱发掉发、脾胃疾病，其比例分别为33.61%、25.80%、20.40%、19.19%和14.92%（见图5），青年健康问题不容忽视。

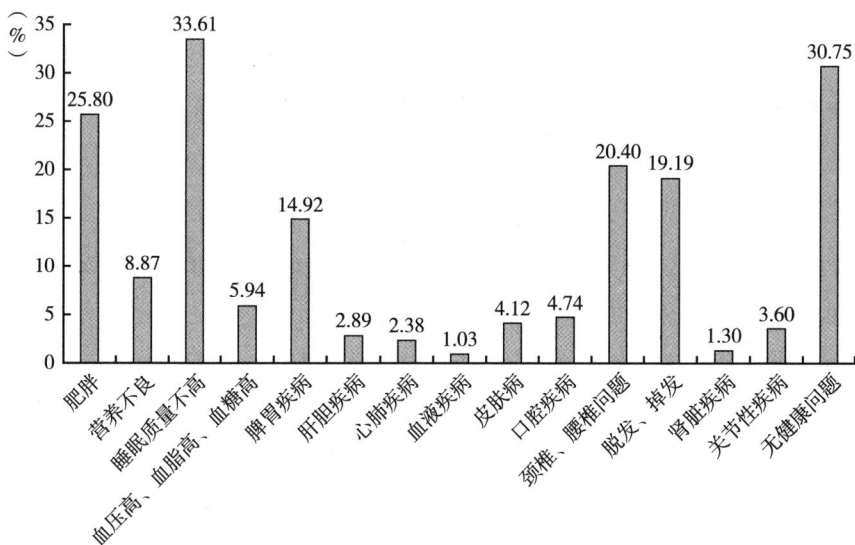

图5 青年的主要健康问题

1. 睡眠质量不高已成青年群体常态

"熬最深的夜，涂最贵的眼霜""熬最深的夜，喝最补的汤"……这看似青年对熬夜的调侃，背后折射出的是青年中普遍存在的睡眠问题。调查结果显示，7.01%的调查对象每天睡眠时间在6小时以下。访谈中我们发现，无论是学生群体还是就业青年，睡眠都是他们提到的频次最高的问题。2021

年教育部办公厅《关于进一步加强中小学生睡眠管理工作的通知》中明确提出："小学生每天睡眠时间应达到 10 小时，初中生应达到 9 小时，高中生应达到 8 小时。"但在调查中，大部分学生都达不到这个标准，初中生睡眠时间一般 7~8 小时，高中生 6~7 小时，毕业班学生则更少。睡眠是一种必不可少的生理需要，我们生命的 1/3 时间是在睡眠中度过的，睡眠不但能促进生长发育，还能消除疲劳、恢复体力、保护大脑、恢复精力、增强机体免疫力、维护身心健康。睡眠不好的人容易出现记忆力、判断力和精神注意力下降的现象，影响到正常的学习、工作。调研中我们发现，青年入睡晚、入睡困难、睡眠质量差等问题相对突出，青年越睡越晚，睡眠时间越来越少，成为影响其身体健康的重要隐患。

访谈对象 A（初二学生）：晚上一般 11 点睡觉，考试前可能会熬到 12 点左右，早上 6 点半起床，每天也就睡 7~8 个小时，节假日也很少能睡到自然醒。

访谈对象 B（高一学生）：我晚上 10 点半下晚自习，到家再吃点东西、收拾一下，一般 11 点半上床睡觉，偶尔在学校完不成作业的话回家还要再写会儿作业，睡觉就可能超过 12 点了。

访谈对象 C（公务员）：我们工作比较忙，经常是"早睡早起"，早上睡早上起，经常加班到凌晨，往往是刚睡下就得起床开始新的工作，就仗着年轻，一般人还真吃不消。

2. 肥胖增多影响青年身心健康

近年来，随着人们生活水平的提高，饮食结构发生了很大变化，我国成年人超重肥胖率持续上升，第五次国民体质监测结果显示，2020 年，我国成年人超重率、肥胖率分别为 35.0% 和 14.6%，比 2014 年分别提高了 2.3 个和 4.1 个百分点[①]。青年的超重、肥胖也呈现上升趋势，肥胖是一种慢性代谢性疾病，已经被研究证明与心脑血管疾病、Ⅱ型糖尿病、骨关节病等多

---

① 国家国民体质监测中心：《第五次国民体质监测公报》，2021 年 12 月，https://www.sport.gov.cn/n315/n329/c24335066/content.html。

种疾病显著相关，对于青年人来说，肥胖已经成为一个严重影响身体健康、增加慢性病风险的重要因素。不仅如此，肥胖还会给青年的生活、学习、交往带来很多不便，容易使他们产生自卑、焦虑、抑郁等一系列心理障碍，严重危害青年身心健康成长。肥胖问题不容小觑，亟待采取相应策略进行干预。

3. 颈椎、腰椎疾病年轻化呈上升趋势

颈椎、腰椎疾病是由于长期劳损、骨质增生，或椎间盘突出、韧带增厚，压迫、刺激脊髓和神经，导致神经压迫、功能障碍的一种颈椎腰椎的退行性病理改变。问卷调查结果表明，20.4%的青年存在颈椎腰椎问题，颈椎腰椎疾病已经不是中老年人的"专利"，发病人群越来越年轻化。青年颈椎、腰椎疾病多发于久坐、伏案工作群体，城市青年患病率高于农村青年。调查结果显示，青年教师、公务员、管理人员、医护人员、社区工作者、专业技术人员、企业普通职员等群体颈椎腰椎患病率较高，其比例分别为 34.34%、32.75%、28.34%、30.19%、28.33%、26.47%、25.74%（见图 6）。城市青年中 23.37%的人患有颈椎腰椎疾病，农村青年中 16.15%的人患有颈椎腰椎疾病，城市比农村高 7.22 个百分点。

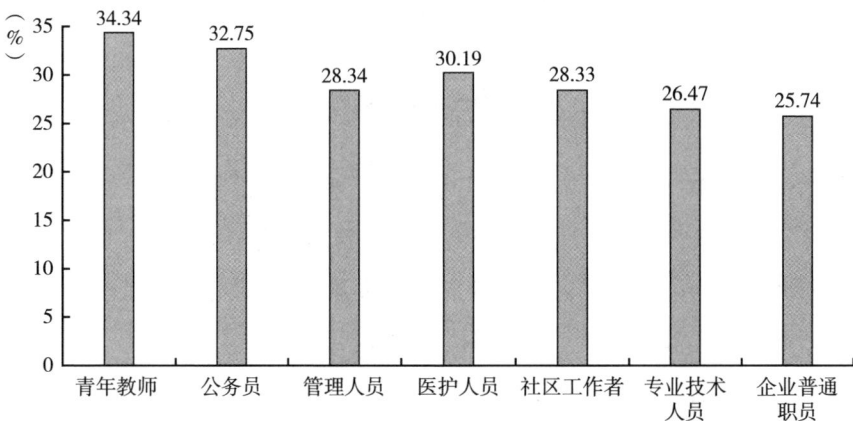

图 6　颈椎、腰椎疾病多发青年群体

4. 脱发掉发问题成为青年的新困扰

近几年,青年脱发掉发问题频上热搜,2017 年百度发布的国人热搜榜单中,"脱发 90 后"位列十大现象人群榜第一位,折射出青年群体的脱发焦虑。调查结果显示,19.19%的青年人存在脱发掉发问题,其中,管理人员、新媒体从业人员、大学生、公务员、教师、医护人员、专业技术人员等青年群体有脱发掉发问题的比例均超过 20%,分别达到 20.84%、28.13%、23.20%、21.18%、28.30%、30.19%、23.11%(见图 7)。发际线高低、头发疏密成为影响青年颜值的重要因素,青年也常用"秃头"来调侃自己工作繁忙、精神压力大的状态,"90 后已经秃了""我变强了,也变秃了"风靡线上线下,青年群体陷入"脱发危机"之中。

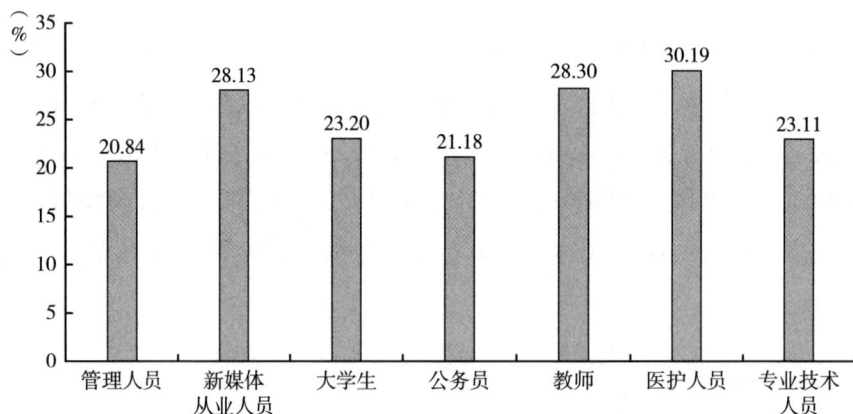

图 7 青年脱发掉发群体

访谈对象 D(大学生):正在备战考研,这两年就业形势不好,同学们选择考研的比较多,竞争压力比较大,经常熬夜,确实会掉发,真担心即便考上研究生也会由"发量富人"变成"光头强",身边有脱发焦虑的人挺多的,同宿舍的人都在备考,基本都担心脱发。

5. 脾胃问题成为青年上班族常见健康隐患

近年来胃病年轻化趋势非常明显,据有关统计数据,2000 年,我国 40 岁以下胃病患者比例不足 20%,到 2019 年,我国 40 岁以下胃病患者占胃病患者总数的比例已经超过 60%。青年群体生活节奏比较快，饮食不规律，有些人甚至长期不吃早餐，经常吃刺激性食物、冰镇饮料，暴饮暴食等长期不规律、不健康的饮食习惯，造成肠胃负担过重，胃疼、胃胀、消化不良、胃酸分泌过多等胃病发生率较高，健康状况堪忧。通过此次调查我们也发现，教师、医护人员、专业技术人员、网约车司机、快递小哥等经常加班、作息不规律群体脾胃疾病比较多发，其比例分别为 21.51%、26.42%、21.43%、50% 和 11.69%。

访谈对象 E（外卖送餐员）：我们不是在取餐就是在送餐的路上，工作起来就像打仗，送单超时会罚款，别看我们每天跟餐饮打交道，忙起来自己却顾不上吃饭，长期下来，胃就坏了。

6. 青年近视发生率居高不下

本课题组 2019 年进行的河北青年状况调查中，74.2% 的中学生表示存在不同程度的近视，其中 3.5% 是高度近视。2020 年，国家卫健委发布的《中国眼健康白皮书》指出："2018 年全国儿童青少年总体近视率为 53.6%。其中初中生为 71.6%，高中生为 81.0%，大学生超过 90%。"[①] 青少年近视早发、高发趋势明显，已成为受到广泛关注的公共卫生问题。近视一旦发生就不可逆转，不仅会给工作学习生活带来不便，甚至会限制学生升学、就业的专业选择。高度近视还容易引发白内障、视网膜脱离和青光眼等眼科疾病，导致视力严重受损，甚至老年后因此致盲。

（二）青年的健康意识和健康行为

1. 青年健康意识淡薄与焦虑并存

健康意识是机体对自身正常功能和心理状态的认识。青年时期是人一生中精力最为充沛、机体功能最为巅峰的时期，没有慢性病或重大疾病的情况下，大部分青年都觉得自己身体素质很好，拥有足够的资本可以肆意透支，身体健康意识相对淡薄。与中老年群体关心疾病预防和治疗不同，青年对自

---

① 国家卫生健康委员会：《中国眼健康白皮书》，2020 年。

我身体的危机感更集中于身材走样、容颜衰老等外在形象方面，对各种代餐、保健品、护肤品趋之若鹜。访谈中我们发现，在健康知识获取方面，相当一部分青年会主动获取健康知识，但他们获取健康知识和健康信息的途径主要是网络，互联网搜索健康信息方便快捷，但值得注意的是互联网上的健康信息参差不齐，微信朋友圈里"第一批90后已经秃了""第一批90后身体已经垮了""00后加入脱发大军"等话题广泛传播，如果真伪不辨，青年可能会被一些过分夸大甚至虚假信息误导，滋生健康焦虑，反而不利于个体身心健康。

访谈对象 C（公务员）：前两天发现胳膊上长了一颗黑痣，上网搜了搜，说可能是黑色素瘤、皮肤癌，需要到医院切除做病理，有点什么症状网上一搜肯定得给整到癌上去，奉劝心理素质不好的人少到网上搜索，否则没病倒先吓倒了。

2. 不良生活方式成为青年群体健康"杀手"

青年群体的肥胖、"三高"、颈椎腰椎病、脾胃疾病等慢性非遗传疾病都与生活方式密切相关。由于生活水平的提高和营养意识的缺乏，青年中普遍存在暴饮暴食、不吃早餐、偏食、挑食等不良饮食习惯，相当一部分工作后的年轻人由于条件限制靠快餐、外卖解决日常饮食问题，精米白面、鸡鸭鱼肉、生猛海鲜、烧烤油炸，重油重盐，很难保持饮食的科学合理，在便利了青年人群工作的同时，对他们的健康却带来严重的不良影响，甚至引发肥胖、脂肪肝、血压高、血糖高等慢性病。另外，现代社会竞争激烈，工作压力大，部分单位加班是常态，作息不规律，让青年人疲惫不堪，不但降低其工作效率，还严重危害其身心健康，"过劳肥""过劳死"经常出现在公众视野，已经不是什么新词了。随着智能手机的普及及其功能的不断升级换代，现代人特别是青年的生活在很大程度上被手机"控制"，无论是工作还是通勤、居家等场景都少不了手机，游戏、追剧、社交、购物依赖手机完成，娱乐休闲方式的电子化严重蚕食了青年群体体育健身活动的时间，最直接的影响就是引发亚健康、视力受损和颈椎病。

访谈对象 F（企业职员）：几乎每天晚上都要加班，到家还要辅导孩子作业，等孩子睡觉了，自己躺床上就 11 点多了，这一天才算有点自己的时间，一般拿手机刷刷新闻、看看朋友圈，睡着都要 12 点以后了，早上 6 点又得起床做饭、送孩子、上班。长期的疲劳让我有时候觉得情绪特别低落，做事没有热情，还会出现头晕、失眠等现象。

3. 运动不足是影响青年群体健康的重要因素

当前，大多数青年属于轻体力劳动者，日常以久坐式学习或工作为主，特别是城市青年，出行有汽车，上楼有电梯，家务劳动有电器，缺乏体力活动机会，体育锻炼时间不足，对改善体质、提高健康水平极为不利。调查结果显示，青年群体中 9.57% 的人从不锻炼，47.35% 的人每周锻炼时间在 1 小时以内，18.74% 的人每周锻炼时间在 3 小时以上（见图 8）。访谈中我们发现，中学生学习任务繁重，理应珍惜体育课机会、积极参加体育活动、放松身心，事实上，大部分学生对体育课并不感兴趣，究其原因，一是教育环境重文化轻体育，家长和社会只关心孩子成绩，不重视孩子健康素养和身体素质的提高，导致孩子不重视体育活动；二是学校体育课教学理念陈旧，受应试教育影响，运动种类单一、运动器材不足，难以调动学生运动的热情和积极性。就业创业青年则主要是因为没有参加体育锻炼的充足时间而缺乏运动。调查结果显示，就业青年和创业青年因为没有时间而未参加体育锻炼的人数分别占 54.25% 和 47.98%。

访谈对象 A（初二学生）：我们中考要考体育，男生是 1000 米、女生是 800 米，还有立定跳远和实心球，每天上午大课间要跑操，体育课上也基本是围着操场跑圈，或者是蛙跳、接力跑等，都是为了中考做准备，想玩个其他项目基本是不可能的。

（三）青年健康促进政策作用尚未充分发挥

1. 青年健康教育仍需拓展

调查中我们发现，健康河北、全民健身行动实施计划、青少年体育发展"十四五"规划、"三减三健"全民健康生活方式行动实施方案、中长期青

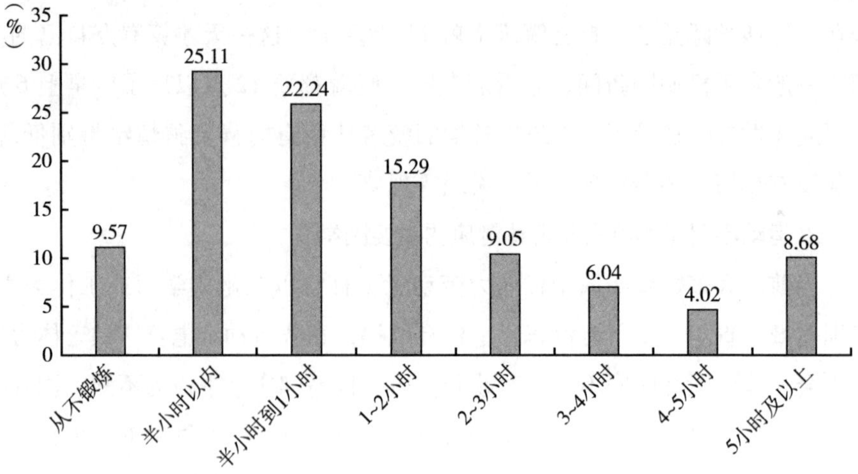

图8　青年每周运动时间

年发展规划等有关青年健康政策宣传不够广泛深入，很多青年对政策了解不多，影响政策执行效果。另外，青年健康教育体系、载体、机制还不健全，职能部门、医疗机构、学校、单位、社区健康教育的职能作用尚未完全发挥，以致青年健康知识主要来源于网络，不够系统和权威，难以在指导青年养成健康行为、健康生活方式上起到应有作用。

2. 全民健身公共服务不足制约青年参与体育健身

调查结果显示，影响青年参加体育健身活动的主要因素中，30.37%的青年认为缺少合适的运动场地，18.87%的青年认为缺乏技术指导。公共体育场地设施的可及性仍然不高，学生主要在学校和家庭进行体育活动，比例分别为77.31%和29.88%；就业、待业、创业青年主要在公园和家中进行体育活动，部分在社区公共健身场地进行体育活动，在公共体育场馆进行体育活动的比例均不超过17%（见图9）。访谈中我们也发现，大部分青年居住地附近的体育场地设施不足，距离较远，便利性不够，近两年受疫情影响，学校封闭管理，校园场地设施不对外开放，校外青年健身场地更显不足。青年选择健身房进行体育活动的比例也不高，主要是因为健身房收费较高且运营不稳定。社区公共健身场地不足，一些老旧小区没有健身设施和场地，一部分青年只能选择在家中进行体育活动。

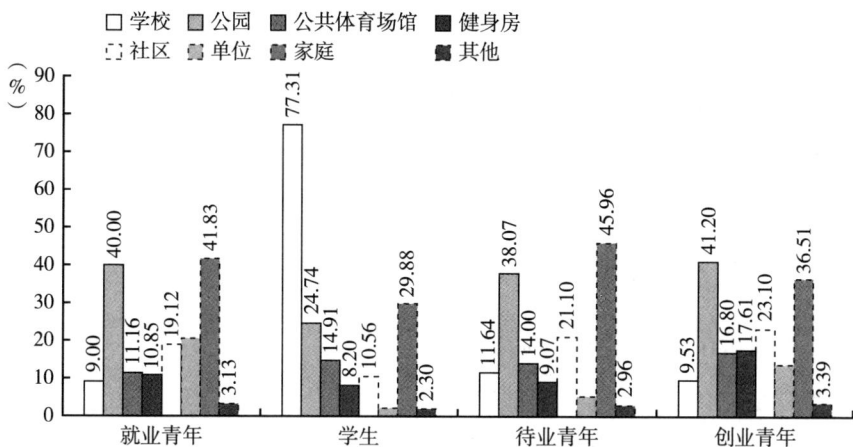

图9 不同青年群体锻炼场所

3.青年体育社会组织发育不充分

尽管近几年青年体育社会组织规模不断扩大，但相对于青年需求而言，各级各类青年体育社会组织的规模都明显偏小，而且大部分俱乐部、中心、营地等青年体育社会组织往往依托学校、体校、基层政府、体育协会等政府或事业单位，有些并不是实体化社会组织，适合非体育专业青年的民间体育社会组织严重缺乏，尤其是社区青年体育社会组织普遍缺位，各级各类草根型青少年体育社会组织严重缺乏，社区也缺乏专业的体育组织管理人才和专职人才，在组织青年体育健身方面人员力量不足、经验匮乏。调查中，23.16%的青年不参加体育健身活动的原因是缺少志同道合的朋友，12.54%的青年不参加体育健身活动的原因是没有喜欢的运动。组织化是广泛开展体育活动重要且有效的实现形式，相关研究表明，群体性的体育活动相较个体性的体育活动，更有利于保持体育活动的持续性，如果青年周围各类体育社会组织数量多、覆盖面广，青年就可以很方便地找到自己喜欢的体育项目和志同道合的朋友一起运动。

四　加强青年健康社会支持的对策与建议

青年是推动社会发展的中坚力量，其健康水平与国家、民族的命运紧密相连，为应对青年健康方面出现的新问题，政府、家庭、社会需要共同努力，重视体育、健康公共服务和生活方式改变对青年健康的影响，全面提升青年体质健康水平。

（一）完善青年健康支持政策，加强体育和卫生健康公共服务

1.完善青年健康发展支持政策

推动全社会树立青年健康战略意识，坚持青年是全民健康的重点群体、青年健康政策是健康政策的重点领域的青年健康发展理念，强化健康政策对青年群体的针对性和有效性。全面整理分析"青年健康政策"清单，有效评估当前青年健康政策整体运行效果，分析青年健康发展面临的新形势和新要求，适度超前谋划调整青年健康政策措施。创新青年健康政策和青年健康知识的宣传方式，扩大宣传渠道，拓展宣传教育深度和广度，利用共青团网络宣传矩阵加大关于青年健康发展的宣传力度。

2.强化青年体育和健康公共服务

针对此次调查中青年群体提出的便捷的医疗设施、体育运动设施、健康教育、运动指导、心理健康咨询等体育健康服务方面的需求，加强全民健身中心、社区多功能运动场等场地设施建设和基层医疗卫生体系建设，推行公共体育设施免费或低收费开放，推动符合开放条件的企事业单位、学校体育场地设施向社会开放，形成"15分钟健身圈"和便捷就医通道，增加公共体育和卫生健康公共服务供给，使得青年可以就近就地进行体育锻炼和接受健康服务。适应数字社会发展趋势和青年群体网络信息利用优势，加快建设青年健康公共服务信息网络，开发青年健康数据库和健康治理电子政务平台，完善"学生体质监测""国民身体素质监测"等数据开发应用，及时向社会公布监测数据，分析青年健康状况和变化趋势，引导青年树立健康意

识。同时，建立青年健康咨询系统，为青年提供体质健康水平评估、健身指导、运动处方、疾病分类与运动预防、运动意外伤害事故安全教育等系统服务。

3. 推进学校体育高质量发展

注重发挥学校培养青少年体育兴趣和运动技能的阵地作用，加强学校体育课和课外活动设置和安排，保障学生在校内体育课时间和课外活动时间，完善体育与健康课程标准，指导学生掌握跑、跳、投等基本运动技能和足球、篮球、排球、乒乓球、羽毛球、游泳、冰雪运动等常见项目运动技能。同时各级政府应加大对学校体育场地和设施建设的支持力度，提高体育场地和设施配置标准，对于一些校园面积较小、场地设施建设受限的学校，可积极利用周边公共体育资源，采用共建共享方式解决场地不足问题。加大体育师资培养和引进力度，配齐配强学校体育教师，师资不足时可考虑通过政府购买服务的方式引入社会专业力量，提高学校体育教学质量。加强体育特色学校建设，完善"一校一品""一校多品"模式，激发学生参与体育活动的积极性、主动性。

（二）培养健康生活方式，发挥家庭在青年健康中的基础作用

1. 培养健康理念和生活方式

家长要转变重文化轻体育的教育观念，帮助青少年树立爱运动、爱生活的思想意识，在合理补充生长发育所需要的营养物质的同时，督促青少年多进行一些体育锻炼和户外活动，促进青少年全面发展。家长要重视自我的健康素养和健康生活行为，要以身作则，身体力行，改变不良生活习惯，通过言传身教和青少年一起树立健康生活理念，培养健康生活方式。家长要重视健康家庭建设，营造良好的家庭体育锻炼氛围，促进青年健康成长。

2. 加强与学校互动沟通

目前，学校体育教育普遍缺乏与家庭教育的联系，导致对学生的体质健康关注不够，其原因可能与寄宿制和应试教育有关，寄宿制减少了青少年与家庭的联系，而应试教育则让学校普遍重视文化知识水平的提高，却忽视了

体质健康水平的提高。因此，家长应高度重视孩子体质健康，与学校进行积极沟通和交流，加强家庭与学校的互动，实时了解孩子的健康发展情况，并及时对孩子的运动和健康问题进行监控和反馈，使学校体育和家庭体育协同发展，为提高青少年的健康水平共同努力。

（三）支持社会力量参与，加强青年健康促进

1. 积极培育青年体育社会组织

降低青年体育组织注册登记门槛，放宽对会员数量和注册资金的要求，简化登记手续，为青年体育社会组织的发展壮大创造条件，对一些规模较小、发展尚不成熟的社区青年体育社会组织可采取社区备案制，在社区指导下规范发展，达到注册登记标准后再到民政部门登记。有条件的地方可以建设青年体育社会组织孵化基地，为体育社会组织提供办公场所、活动场地，并通过能力提升、项目支持、信息服务等为体育社会组织创新发展提供平台。政府可以通过购买服务、资助、补贴等形式加大对青年体育社会组织的支持力度，引导其向青年提供体育健身服务，鼓励有条件的青年体育社会组织开展品牌体育活动，激发青年自觉进行体育锻炼的意识，提高青年体育健身活动参与率。

2. 提高各类青年群体健康水平

解决农村地区、贫困地区青年学生的营养健康问题，支持贫困青年身心健康发展。引导高校学生"走下网络、走出宿舍、走向操场"，养成健康文明的生活习惯。做好青年职业病的预防和治疗工作，广泛宣传预防措施，大幅降低在职青年职业病发生率。关注进城务工青年健康状况，开展健康监测，早预防早发现早根治。鼓励社区、企事业单位组织青年开展形式多样的体育锻炼活动，引导青年爱好体育运动、提升身体素质、掌握运动技能、养成终身锻炼的良好生活习惯。动员社会力量，通过志愿服务、慈善捐助等形式为青年群体提供有针对性的健康服务。

3. 加强青年健康促进工作

开展健康社区、健康村、健康家庭、健康促进学校、健康促进医院、健

康促进机关、健康促进企业等创建活动，激发社会各界参与健康促进的积极性。全方位开展健康科普和健康教育，壮大健康科普专家队伍，完善健康科普、健康教育资源体系，丰富科普教育形式，积极引导青年尊重生命，形成健康的世界观、人生观和价值观。开展禁烟宣传，让青年成为支持禁烟、自觉禁烟的主体人群。针对重点青年群体加强艾滋病防治宣传教育，推广有效的干预措施，切实降低艾滋病发生率。加强禁毒宣传教育，强化青年群体对毒品及其危害性的认识。积极开展灾害逃生、伤害自护、防恐自救等体验式教育，定期组织青年参与公共场所安全演练，增强青年在突发性事件中的自我保护意识和防灾避险能力。

B.5
河北青年心理健康的现状、特征及心理健康素养研究

王凤丽 司 琪*

摘 要： 近年来，共青团河北省委始终高度重视全省青年心理健康问题，持续跟踪全省青年心理健康状况，并积极采取应对措施。2022年开展的"河北青年民生发展调查"即众多积极措施中的一项。本课题组参与了这次调查的问卷设计和数据采集环节，在问卷设计中重点关注全省青年心理状态。调查结果显示，全省青年普遍表现出积极向上、身心愉悦、对未来有规划、对困难有方法等健康积极的心理状态；在全省青年整体积极正向的前提下，我们也发现少数青年存在"不满意""感觉累""消极""挫败感"等负性情绪，而这些负性情绪是心理问题的诱因。本报告通过T检验和相关分析，寻找心理问题诱因，并提出建设性建议，今后要继续重视河北青年心理健康问题，更积极地发挥教育环节和专业研究的作用，加强心理健康问题疏导机制建设，为河北青年营造更好的成长和发展环境。

关键词： 河北青年 心理健康 心理疏导

一 问题的提出

心理状况在人的身心成长与发展中有极其重要的作用。在心理学中，情

---

* 王凤丽，社会学博士，河北省社会科学院社会发展所副研究员；司琪，中山大学心理学系2019级学生。

绪是个人生活中的产物，并且会反向作用于人自身的心理健康发展，影响人的认知、决策等。而负性情绪主要是消极、忧虑、焦虑、抑郁、愤怒、郁闷、恐惧、厌恶等不积极情绪，对人的身体健康有着较大影响。中国最早涉及情绪与人类关系的书《黄帝内经》指出：忧伤肺、恐伤肾、思伤脾、怒伤肝，可以发现负性情绪有影响人类身体健康的嫌疑；现代研究则发现，高负性情绪者的认知执行功能会受到更多损伤，执行任务也会更为困难[1]；负性情绪还会在家庭或学校之中"传染"，例如，家长消极情绪与孩子心理行为适应各维度之间两两显著相关，对于孩子成长产生巨大影响[2]。

青年心理健康问题是近年来人们高度关注的一个重点问题。自从心理学这一学科改革开放后在我国重建，心理学研究者就高度重视青年群体的心理健康问题。由于青年（14~35岁）尤其是青少年与大学生，处于"高"（家长、社会对这一群体的期望值高）和"低"（青年社会经验不足，适应能力和心理发展成熟程度均不足）的矛盾之中，二者如果调适不当，就易造成青年群体出现不同程度的心理问题[3]。21世纪以来，国内青年心理研究，尤其侧重以大、中学生为主的青少年群体为对象。健康的心理素质可以帮助青少年顺利度过青春期，形成健康积极的人生观和价值观，以健康积极的心态应对学业和成长路上遇到的实际问题[4]。

然而，《中国国民心理健康发展报告（2019~2020）》中的数据显示，2020年青少年抑郁检出率为24.6%，轻度抑郁率为17.2%，重度抑郁率为7.4%；轻度抑郁率较2019年提高了0.4个百分点，重度抑郁率与2019年水平一致，青少年整体的心理健康水平并无提升。如前所述，"抑郁"是负性情绪的一种，是青年群体中最常见的负性情绪之一。

---

① 陈纯、王权红、刘衔华、刘翻：《负性情绪与认知执行功能的关系研究》，《现代生物医学进展》2013年第6期，第1149~1152页。
② 邓林园、王小婷、熊玥悦、李毓檀、李蓓蕾：《二孩家庭中的父亲陪伴、母亲情绪与小学头胎儿童心理行为适应的关系》，《中国临床心理学杂志》2020年第2期，第254~260页。
③ 黄吉：《大学生心理问题浅析与对策》，《新世纪论丛》2006年第3期，第83~85页。
④ 蔡媛婷、陈永熙：《初三学生心理健康状况调查及影响因素分析》，《现代基础教育研究》2015年第4期，第93~98页。

二　研究设计

（一）数据来源

1. 主要数据来源

本报告的主要数据来源，是2022年度河北青年民生发展调查采集的数据。此次调查在"问卷星"平台向全省范围内的青年群体定点投放问卷，共收回有效问卷9509份。

2. 补充数据

本报告在2022年度河北青年民生发展调查采集的数据基础上，还使用了部分补充数据。受2022年度疫情影响，本报告无法与受访人进行面对面的深度访谈。而另一项在2022年春节期间完成的田野调查——由本课题组成员司琪担任负责人、王凤丽博士担任指导老师的研究课题"网络社交平台对Z世代负性情绪影响"（全国大学生"首届费孝通田野调查"资助项目），所采集的数据恰好能弥补这一缺憾。该课题于2022年1~2月间通过问卷调查了来自河北省、广西壮族自治区、上海市和广东省的1785名"Z世代"，在受访者中来自河北省的有1338人，占75%；并在抽样后对19名受访人进行了深度访谈。课题组经SPSS相关分析，发现地域对数据结果无显著影响，因此这一课题数据和结论基本适用于2022年度河北省的"Z世代"，可以作为2022年度河北青年民生发展调查数据的补充数据。

（二）变量设计

在2022年度河北青年民生发展调查中，除了"个人基本情况"12个选择题外，与青年心理健康有关的问题主要集中在"身心健康篇"的第11~20题。在这10个选择题中，用了五级强度量表和负性情绪量表。

（三）研究方法

对2022年度河北青年民生发展调查采集的数据主要通过SPSS做独立T

检验和相关度分析；而补充数据则主要采用 Person 相关探究"Z 世代"网络社交平台使用成瘾度与使用后负性情绪之间的相关关系；最后，再对深度访谈的结果进行编码来探究负性心理的状况及可能影响因素。

（四）其他说明

在本报告中，青年是指 14～35 岁的人群，其中包括青少年（14～18 岁），而青年又几乎完全覆盖"Z 世代"（1995～2010 年出生，即 12～27 岁）人群。为了更准确地了解全省青年的心理健康状态，本部分将对"Z 世代"单独进行分析。此外，本报告中会出现"青年"、"青少年"和"Z 世代"三种表述，但三个群体彼此间有重合，且同质化程度高，为便于分析和精准表达含义，三种表述都会出现，其轻微差异并不会造成影响结论准确性的误差。

三　统计数据结果分析

（一）心理健康数据

1. 全省青年整体心理健康，有少数青年遇到心理健康方面的问题

调查显示，全省受访青年中，认为自己身体状况非常健康的有 3486 人，占总人数的 36.66%；认为自己比较健康的有 4168 人，占总人数的 43.83%；认为自己一般的有 1563 人，占总人数的 16.44%；认为自己比较差的有 244 人，占总人数的 2.57%；认为自己特别差的有 48 人，占总人数的 0.50%。

2. 全省青年生活方式健康，睡眠充足，有少数青年存在睡眠不足现象

调查显示，全省受访青年中，平均每天睡眠时间 8 小时以上的有 2192 人，占总人数的 23.05%；7～8 小时的有 4373 人，占总人数的 45.99%；6～7 小时的有 2277 人，占总人数的 23.95%；5～6 小时的有 564 人，占总人数的 5.93%；5 小时以下的有 103 人，占总人数的 1.08%。

3. 全省青年整体积极向上，对现状持满意态度，有少数青年对自己的现状不满意

调查显示，全省受访青年中，对自己目前所处现状非常满意的人有1637人，占总人数的17.22%；比较满意的有3974人，占总人数的41.79%；感觉一般的有2839人，占总人数的29.86%；不是很满意的有871人，占总人数的9.16%；非常不满意的有188人，占总人数的1.98%。

4. 全省青年普遍对未来有明确的规划，有少数青年缺乏未来规划

调查显示，全省受访青年中，对自己未来三年规划非常明确的有2668人，占总人数的28.06%；家长做出规划的有376人，占总人数的3.95%；大致有自己方向的有5023人，占总人数的52.82%；走一步算一步的有1153人，占总人数的12.13%；完全没有规划的有275人，占总人数的2.89%；其他的有14人，占总人数的0.15%。

5. 全省学校或单位基本注重心理健康教育活动，但开展力度有待加大

调查显示，全省受访青年中，学校或单位定期举行心理健康教育活动的有2714人，占总人数的28.54%；经常开展的有1697人，占总人数的17.85%；偶尔开展的有3361人，占总人数的35.35%；从不开展的有1737人，占总人数的18.27%。

6. 全省青年的心理问题原因较分散，其中三个较为集中的诱因分别是：学业压力、工作问题、心理情绪

调查显示，全省受访青年中，目前面临的主要困境为学业压力的有3488人，占总人数的36.68%；面临身体残障困境的有284人，占总人数的2.99%；面临心理情绪问题的有2873人，占总人数的30.21%；面临工作问题的有3236人，占总人数的34.03%；面临婚恋家庭问题的有1462人，占总人数的15.37%；面临人际交往问题的有1863人，占总人数的19.59%；面临经济困难的有2710人，占总人数的28.5%；面临就业压力的有1536人，占总人数的16.15%；目前无困境的有1058人，占总人数的11.13%（见图1）。

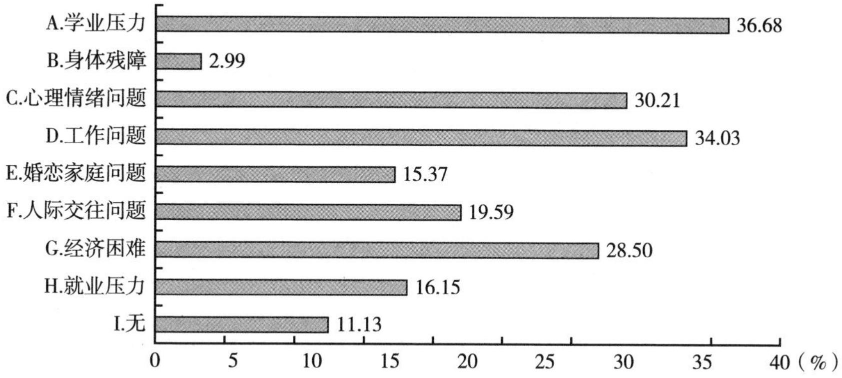

图1 全省青年的心理问题主要来源

7. 全省青年心理素质普遍较好，大多数青年能积极主动地应对所面临的困境

调查显示，全省受访青年中，面对困境选择主动想办法自己解决的有6972人，占总人数的73.32%；请亲友帮助解决的有1059人，占总人数的11.14%；备受煎熬、等待时间解决的有541人，占总人数的5.69%；悲观消极难以忍受的有230人，占总人数的2.42%；上网聊天或娱乐的有442人，占总人数的4.65%；进行体育运动或购物的有231人，占总人数的2.43%；选择其他的有34人，占总人数的0.36%。从主动应对到采取逃避态度，可以发现人数呈递减趋势（见图2）。

8. 约半数青年近半年遇到过心理方面的问题，亟待教育部门、家庭和社会高度关注

调查显示，全省受访青年中，最近半年有过焦虑不安、烦躁情绪的有4702人，占总人数的49.45%；出现打架、酗酒等现象的有374人，占总人数的3.93%；感觉精神空虚或孤独的有2312人，占总人数的24.31%；对时间无规划的有2567人，占总人数的27%；人际关系糟糕的有868人，占总人数的9.13%；感到莫名恐惧的有1132人，占总人数的11.90%；缺乏自信的有2815人，占总人数的29.6%；与友人关系紧张的有609人，占总人数的6.4%；难以适应学校或工作的有620人，占总人数的6.52%；颓废不振

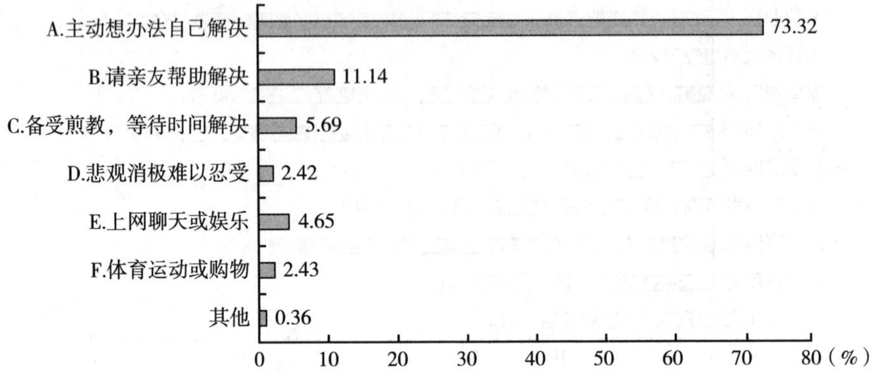

A.主动想办法自己解决　73.32
B.请亲友帮助解决　11.14
C.备受煎熬，等待时间解决　5.69
D.悲观消极难以忍受　2.42
E.上网聊天或娱乐　4.65
F.体育运动或购物　2.43
其他　0.36

0　10　20　30　40　50　60　70　80（%）

图2　全省青年心理素质表现（遇到困境时的应对方法）

的人有631人，占总人数的6.64%；沉迷网络的有624人，占总人数的6.56%；出现其他情况的有30人，占总人数的0.32%；以上情况均不存在的有2383人，占总人数的25.06%（见图3）。

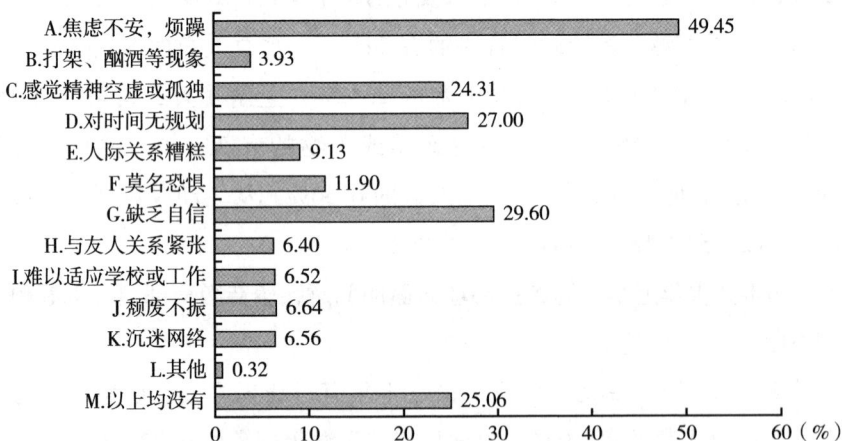

A.焦虑不安，烦躁　49.45
B.打架、酗酒等现象　3.93
C.感觉精神空虚或孤独　24.31
D.对时间无规划　27.00
E.人际关系糟糕　9.13
F.莫名恐惧　11.90
G.缺乏自信　29.60
H.与友人关系紧张　6.40
I.难以适应学校或工作　6.52
J.颓废不振　6.64
K.沉迷网络　6.56
L.其他　0.32
M.以上均没有　25.06

0　10　20　30　40　50　60（%）

图3　全省青年近半年遇到过的心理问题类型

9. 全省青年心理健康状况整体较好，但也存在一些不容忽视的问题

调查显示，全省受访青年的心理健康问题主要是"疲惫感"和"挫败感"。从"疲惫感"看，不觉得学业或工作累人的有1895人，占总人数的

19.93%；偶尔觉得累人的有 6118 人，占总人数的 64.34%；超过一半的时间都觉得学业或工作累人的有 1051 人，占总人数的 11.05%；每天都觉得学业或工作累人的有 445 人，占总人数的 4.68%。从"挫折感"看，从不觉得自己是失败者或者家庭的累赘的有 5779 人，占总人数的 60.77%；偶尔觉得自己是失败者或者家庭里的累赘的有 3203 人，占总人数的 33.68%；超过一半的时间认为自己是失败者或者家庭里的累赘的有 413 人，占总人数的 4.34%；每天都认为自己是失败者或者家庭里的累赘的有 114 人，占总人数的 1.2%（见图 4）。

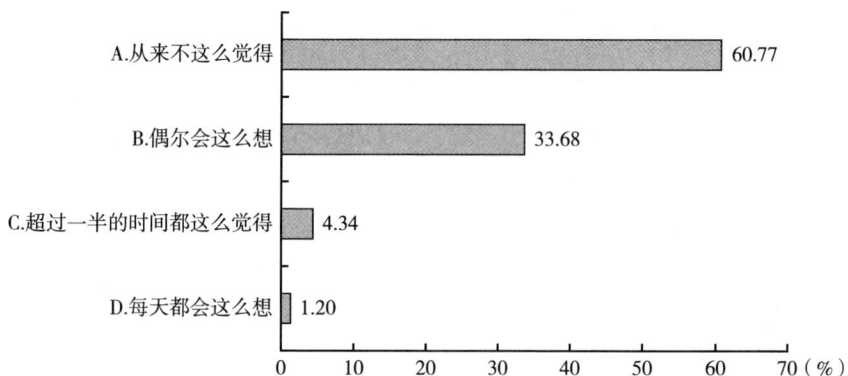

图 4 全省青年心理素质表现（觉得自己是失败者或者家庭里的累赘）

（二）对心理健康调查结果的 SPSS 数据分析

由于此次全省受访青年的年龄段跨度大（14~35 岁），受访人身份主要为学生群体和职场青年群体，但无论学生群体还是步入职场的青年群体，都是由不同年龄、不同学段，或不同行业、不同职业状态的青年构成的，因此不宜将"学生""收入""工作""行业"等含义模糊且动态变化的因子作为进一步研究的分类依据。在本报告中，独立样本 T 检验主要分析概念清晰、状态较为稳定的"性别"和"居住地"因子对心理健康的影响；同时对影响心理健康状态的其他因素做相关分析。

1. 独立样本 T 检验

（1）性别对心理健康的影响。

在回答"你对自己目前所处的现状满意吗"时，男女青年之间没有显著差异。这说明不同的性别在个体满意度方面没有显著差异。

在回答"对自己未来三年是否有明确的规划"时，男女青年之间有显著差异，t＝8.25，p<0.001，两者平均值的差值为0.188，男性对自己未来三年的规划更不明确。

在回答"怎样对待生活中的困境与问题"时，男女青年出现显著差异，t＝2.06，p<0.05，平均值差值为0.054，这说明男青年更易主动想办法解决或者请亲友帮助解决问题；而女青年则易采取消极对待的方式。

在回答"有没有感觉学业或工作令人感觉特别累"时，男女青年再次出现显著差异，平均值差值为0.058，t＝4.04，p<0.001，女性比男性更易认为学业或工作"感觉特别累"。

在回答"觉得自己是失败者或者家庭里的累赘"时，男女青年之间出现显著差异，t＝2.353，p<0.05，平均值差值为0.031，男青年更易认为自己是失败者或家庭里的累赘。

（2）居住地的城乡差异对心理健康的影响。

目前，我国各地均处于快速城镇化的进程中。截至2021年底，全国城镇化率64.7%，河北省城镇化率61.14%。尽管近年来河北省的城镇化率一直略低于全国平均水平，但河北省的城镇化率仍在逐年持续上升。其中，唐山、石家庄等城镇化率超过70%，这意味着，每年仍有大量人口由农村地区进入城市，而青年群体是进城人群的主力军。在这一大背景下，本报告着重关注城乡青年心理健康状况的差异。

在回答"你对自己目前所处的现状满意吗"时，城乡青年之间没有显著差异。这说明城乡虽物质文明和精神文明建设水平不同，但城乡青年在个体满意度方面没有显著差异。

在回答"对自己未来三年是否有明确的规划"时，城乡青年出现显著差异，t＝3.523，p<0.01，平均值差值为0.082，来自乡村的人对自己未来

三年的规划明确度比来自城市的人低。

在回答"学校或工作单位是否经常开展心理健康教育活动"时，城乡之间存在显著差异，t=4.476，p<0.01，平均值差值为0.101，农村青年所在环境开展的心理健康教育活动多于城市青年。

在回答"怎样对待生活中的困境与问题"时，城乡出现显著差异，t=2.13，p<0.05，平均值差值为0.057，乡村的人更易采取消极的应对方式。

在回答"有没有感觉学业或工作令人感觉特别累"时，城乡出现显著差异，t=3.014，p<0.05，平均值差值为0.044，城市的人更容易认为学业或工作累。

在回答"觉得自己是失败者或者家庭里的累赘"时，城乡没有显著差异。

2. 相关分析

(1) 对现状"不满意"的受访青年，表现出的其他特征。

对现状不满意与"对未来的规划不明确"正相关显著，相关值为0.395，p<0.001。对现状越不满意的人对未来的规划越不明确。

对现状不满意与"单位或学校开展的心理健康教育课少"正相关显著，相关值为0.375，p<0.001。对现状越不满意的受访青年其单位或学校开展心理健康教育课的频率越低。

对现状不满意与"消极"对待困境和问题正相关显著，相关值为0.147，p<0.001。对现状越不满意的受访青年对待生活中的困境和难题越易采取消极手段。

对现状不满意与"感觉累"正相关显著，相关值为0.332，p<0.001。对现状越不满意的受访青年越易感受到学业或工作带来的疲惫。

对现状不满意与"挫败感（觉得自己是失败者或者家庭里的累赘）"正相关显著，相关值为0.289，p<0.001。对现状越不满意的受访青年越容易认为自己是个失败者或者是家庭里的累赘。

(2) 对未来三年规划"不明确"的受访青年，表现出的其他特征。

对未来三年规划不明确与工作单位或学校开展心理健康教育活动少正相

关显著,相关值为 0.345,p<0.001。对未来的规划越不明确的受访青年其单位或学校开展心理健康教育课的频率越低。

对未来三年规划不明确与"消极"对待困境和问题正相关显著,相关值为 0.168,p<0.001。对未来的规划越不明确的受访青年对待生活中的困境和问题越易采取消极手段。

对未来三年规划不明确与"疲惫"正相关显著,相关值为 0.296,p<0.001。对未来的规划越不明确的受访青年越易感受到学业或工作的疲惫。

对未来三年规划不明确与"觉得自己是失败者或者家庭里的累赘"正相关显著,相关值为 0.246,p<0.001。对未来的规划越不明确的受访青年越容易认为自己是失败者或家庭里的累赘。

(3)单位或学校开展心理健康教育活动少的青年,表现出的其他特征。

单位或学校开展心理健康教育课少与"消极"对待困难正相关显著,相关值为 0.074,p<0.000。所在单位或学校开展心理健康教育课的频率越低,青年对待生活中的困境与问题越易采取消极手段。

单位或学校开展心理健康教育课少与"疲惫"正相关显著,相关值为 0.257,p<0.001。所在的单位或学校开展心理健康教育课的频率越低,青年越易感受到学业或工作的疲惫。

单位或学校开展心理健康教育课少与"挫败感"正相关显著,相关值为 0.14,p<0.001。所在单位或学校开展心理健康教育课的频率越低,青年越容易认为自己是失败者或家庭里的累赘。

(4)遇到困境与问题采取"消极"态度的青年,表现出的其他特征。

遇到困境与问题采取消极态度与"疲惫"正相关显著,相关值为 0.199,p<0.001。对待生活中的困境与问题易采取消极态度的人,也更易感受到学业或工作的疲惫。

遇到困境与问题采取消极态度与"挫败感"正相关显著,相关值为 0.26,p<0.001。对待生活中的困境与问题更易采取消极态度的人,更容易认为自己是失败者或家庭里的累赘。

3.T 检验与相关分析值得注意的结论

（1）性别因素对青年心理健康状态有显著影响。男女青年在心理健康方面的表现存在差异，尤其是 14~18 岁的青少年，这一阶段两性因身体快速发育而出现完全不同的性征，这使得青少年群体对性别问题比较关注，而与性别相关的一些问题，也往往是他们心理问题的一个起源。青年因性别不同，对心理问题的关注点、反应特征也存在差异。今后，应对男女青年开展不同的心理健康教育。

（2）城乡居住地对青年心理健康状态有显著影响。在深度访谈中我们进一步了解到，近年来随着"乡村振兴战略"的推进，留在农村的青年得到比城市青年相对更多的心理健康关爱。虽然这类活动开展频次多，但实际效果并不理想。调研数据无法解释为什么实际效果不理想，在下一步的研究中应加强背后原因探索。今后开展青年心理健康教育工作，应更多留意城乡青年心理问题差异，尤其是在农村地区开展青年心理健康教育工作，要注重实际效果。

（3）直接导致心理问题的各种负性情绪（如"不满意""消极""感觉累""挫败感"等），彼此是相互影响的，难以区分哪个是因、哪个是果，这几种负性情绪通常会同时出现，导致不同程度的心理问题。这说明，无论是通过量表所测量到的不同结果，还是青年日常表现（或感受到）的不同负性情绪，其深层原因往往是相通的。

四 全省青年心理健康工作整体现状

（一）全省青年心理健康工作整体向好，共青团组织发挥了积极而重要的作用

"12355"青少年服务台是共青团面向广大青少年打造的综合性、一站式服务平台，开展"12355"青少年服务台建设是共青团服务大局、服务社会、服务青少年的充分体现，该平台是提高共青团服务能力的重要载体。这项工作在河北省得到充分的推进和落实，是全省青年心理健康工作中的重要

的亮点。其中,石家庄、邯郸等市的相关工作成效尤其突出。以石家庄为例,根据青年需求,石家庄在原有心理咨询、法律咨询、就业推荐、创业支持、助学申请、校外教育等9个服务项目中,增加了婚恋交友服务、生活服务咨询等青少年迫切需求的内容,并通过"石家庄共青团"微信、微博等团属新媒体大力宣传。该市还注重发挥省会人才优势,充分整合资源,实现"12355"青少年服务台的转型升级。在"12355"心灵志愿者团队基础上,充分整合资源,建立石家庄青少年心理健康专家指导委员会,定期开展专业指导和心理督导,对心理健康工作志愿者和专业社工开展专题讲座;实施"'12355'心理健康阳光工程",化被动干预为主动预防。以"政府购买服务+志愿服务+社会化运作"为主要模式,构建社会资源整合新机制,依托专业力量,提升省会青少年心理健康服务水平。

(二)全省青年共同面临的三大烦恼:学业问题、工作问题、心理情绪

根据前文统计,全省受访青年中,目前面临的主要困境是:学业压力(占总人数的36.68%)、工作问题(占总人数的34.03%)、心理情绪问题(占总人数的30.21%)。学业压力是在校大中学生遇到的首要心理问题肇因。在深度访谈时,一位受访人表示:"我15岁,上初三,每晚作业写到凌晨1点,早晨6点起床,真的很累很累。我的同学们都差不多";另一位受访人表示"疫情后,家长工作不顺,家里经常吵架,没法安心学习,成绩下降快"。还有一位在校研究生则表示,"要发论文才能毕业,而且毕业论文要外审、要查重,压力很大"。就业压力是出校门后在求职、职场中的青年的首要心理问题来源。新冠肺炎疫情第三年,经济下行压力大,青年就业遇到很大的困难。几乎每一位接受深度访谈的青年都对就业问题表现得忧心忡忡。多位青年表示"找工作难,比想象的还难","找工作到处碰壁,现在就想在家待着,等疫情结束了再找工作"。往年,北京市和天津市是吸纳河北省大学毕业生的主要就业地,省内青年也在各地市间流动。但严格的防疫措施使得需要跨地出行的招聘面试、岗位试用及

正式入职等均无法正常进行，至调研时（2022年5月），受访者中多数应届生尚未落实工作单位，还在积极投递求职简历。学业压力和就业压力带来的烦恼是青年心理问题的主要肇因。另外，青年还面临其他类型的烦恼：恋爱与失恋、家庭矛盾、社交问题等。一位受访青年的烦恼在于，"自己不想这么早就结婚成家，但天天被家人催相亲、逼婚，现在都害怕见到家人"。

（三）全省青年群体中的"Z世代"的心理健康受网络影响深

"Z世代"（Generation Z），是当前社会学、教育学、心理学、经济学等各个学科领域都关注的热门话题。课题组重点关注了全省"Z世代"人群的心理健康特征，发现他们普遍深受网络平台影响。Z世代，指1995～2009年出生的人，他们当前处于13～27岁，绝大多数属于本报告所关注的人群。Z世代是伴随数字信息技术和即时通信设备发展而成长起来的人群，这一人群的学习方式、生活方式、工作方式、消费方式、娱乐方式等，均发生了前所未有的变化，尤其是在新冠肺炎疫情防控措施下，真实世界中的面对面近距离接触不被鼓励，这一人群的社交也主要通过网络社交平台进行。兼具真实世界和虚拟空间特点的网络社交平台，对青年心理健康带来特殊的影响。王水雄观察"Z世代"，指出作为"伴网而生"的人群，他们接触到的不仅是现实，更有和前辈不同的信息交流平台，因此，正处于可能会对当今时代的社会制度、价值观念、生活态度与行为方式及其演变趋势产生重大影响的年龄。[①] 河北省的情况和全国一致。作为与互联网相伴而成长起来的一代新人，全省"Z世代"成长的环境和接受的影响，迥异于之前所有世代中的受访青年群。此次调研数据采集主要通过线上完成，深度访谈阶段本应面对面深入交流，但"Z世代"的年轻人普遍自称"社恐"，更倾向于通过微信或QQ打字交流，而不愿意与课题组面对面线下交谈。

---

① 王水雄：《中国"Z世代"青年群体观察》，《人民论坛》2021年第25期。

（四）防疫常态化时期"线上场景"对青年心理的影响

自 2020 年初新冠肺炎疫情在全世界范围内暴发以来，视频会议、视频课堂等迅速发展。而时间长短不一的居家办公、居家上课等，使得线上工具与平台被广泛采用，迅速取代真实的线下人与人的接触场景，"线上"成为人们日常最主要的生活场景，也深刻改变了青年群体的日常工作与生活。"网络社交平台对 Z 世代负性情绪影响"课题组调查数据显示，使用线上工具或平台之前，情绪为"积极情绪"的受访人为 474 人，占总体的 26.6%；使用前"各种情绪都会存在"的受访人为 782 人，占总体 43.8%；使用前持"消极情绪"的受访青年为 135 人，占总体的 7.6%；使用前为"中性情绪"的人为 394 人，占总体的 22.1%。而在参与者使用网络社交平台后，原来持有积极情绪、中性情绪的参与者会有负性情绪的产生，包括难过、心烦、悲伤、惊恐、敌意、愤怒、羞愧、紧张、心神不宁以及害怕，都会体验到。且使用前为积极情绪的参与者，在使用网络平台后，其负性情绪总评分大于等于负性情绪总分平均值的人数占比达到 41.1%，在使用前为中性情绪的参与者，在使用后负性情绪总评分大于等于负性情绪总分平均值的人数占比达到 59.9%。这说明网络社交平台在一定程度上对受访人产生了负性情绪影响。正如一项研究强调的，人们在网络上易散布片面的、偏激的、个人主义色彩浓厚的言论。[1] 有的研究发现，社会公众提高对有害信息的辨识度可以有效治理网络社交平台有害信息的传播和泛滥。[2] 一些缺乏判断能力的人，在被动接收信息的状态而无法准确判断这些信息，更容易被这些信息所左右，影响到情绪。而本报告也发现，由于网络空间言论表达的匿名性、把关人缺失、信息传播碎片化、圈子同质化等原因，网络舆论表达较为情绪化，而情绪型舆论容易裹挟广大青年，使之产生情绪偏移，特别容易激发出负性情绪。

---

[1] 张志安、晏齐宏：《个体情绪 社会情感 集体意志——网络舆论的非理性及其因素研究》，《新闻记者》2016 年第 11 期。

[2] 樊自甫、程姣姣、田苡毓：《社交网络平台有害信息治理的演化博弈——基于社会公众辨识度视角》，《重庆邮电大学学报》（社会科学版）2020 年第 2 期。

五 今后加强全省青年心理健康工作的建议

综上，虽然河北省在青年心理健康及心理辅导工作方面取得了一定成绩，但也存在一些问题。今后应按照《"十四五"规划纲要》要求"完善心理健康和精神卫生服务体系""健全社会心理服务体系和危机干预机制"，继续加强心理健康问题疏导机制建设，为青年营造友好的成长环境，可以做好如下工作。

（一）以"12355"青少年服务台为依托，进一步发挥全省共青团组织的积极作用

共青团的基本职能包括组织青年、引导青年、服务青年、维护青年。近年来，各级各地团组织都把青年心理健康工作列为重要工作内容，并针对青少年心理健康事业中的难点和痛点，着力加强青少年心理健康机制建设。共青团河北省委在贯彻落实团中央《关于加强新时代"12355"青少年服务台建设的意见》方面做得比较成功，能够充分发挥"12355"在心理咨询方面的专业优势，助推全省青少年心理健康工作。全省各地积极开展"12355"青少年服务台建设，对青年心理健康领域较集中的问题，如大中学生厌学、青少年青春期叛逆、"Z世代"沉迷网络、青年就业带来的心理压力等问题积极应对，从心理专业领域出发为不同类型的青年群体排忧解难。持续提升"12355"专业服务水平，加大心理健康问题基础性研究，探索"12355"进校园等形式，明确对象，精准施策，发挥共青团系统优势，不断扩大道德覆盖面，让更多的青少年及其家庭和学校均能知悉且信任心理服务热线，使"12355"成为青年人真正能够及时且广泛受益的"知心热线"。此外，2020年"两会"期间，团中央向十三届全国人大三次会议提交了《关于加强重大突发公共事件青少年心理援助服务的建议》，全国青联向全国政协十三届三次会议提交了《关于建设国家级心理健康服务平台，有效应对突发公共卫生事件的提案》；河北省各级团组织也应更好地与党委、人大、政府、政

协等部门加强信息沟通，从政策层面与制度保障角度为全省青年心理健康建设工作争取各方的更多关怀与更大支持。

（二）进一步发挥线上心理辅导优势，帮助青年鉴别线上心理类平台优劣

线上心理辅导的优势主要体现在两个方面。一方面，受疫情影响，线上沟通与交流成为青年学业、工作和生活的主要方式，而心理求助方式也从面对面的心理咨询向线上咨询转移。另一方面，青年的心理问题往往属于"难以启齿"型，尤其不愿意向熟悉的人（老师、家长、亲友等）倾诉，而更愿意求助虽然陌生但有安全感的心理咨询专业人士。在青年中认可度比较高的哔哩哔哩网站（B站），有不少"UP主"发布一些自发的心理互助类视频节目，可以帮助年轻人疏导心理问题。以B站专门为青年提供倾诉入口的"能量加油站"为例，仅2021年"能量加油站"服务量达到86217次，其中紧急救援数量达到25159次。团中央"12355"中心与B站建立了咨询服务合作机制。由B站"能量加油站"客服根据青少年心理咨询的内容及时作出研判，对需要专业介入的个案，转接给"12355"平台的专业心理咨询师志愿者，提供及时、专业的帮助，给予情绪舒缓、危机干预等服务。包括B站"能量加油站"在内的这些开放式平台，河北青年也可以充分使用。建议全省各级团组织整理较高质量的青年心理咨询和互助平台，帮助青年人鉴别网站平台的优劣，再及时向青年人推介。

（三）面向青年的心理辅导应标本兼治，帮助解决诱发心理问题的"病根"

针对此次调研发现的全省青年的三大心理问题来源："学业压力""就业压力""心理情绪"，而这三类问题并非彼此独立，而是互有交织，集中体现为部分青年的"不满意""感觉累""消极""挫败感"等负性情绪。今后，面向青年的心理咨询或辅导工作，既要治标又要治本。青年人正值

人生关键时刻，他们对人生充满好奇和困惑，既奋进又敏感脆弱，心理情绪起伏大。当有青年陷入消极甚至抑郁而向团组织或心理咨询机构求助时，他们想得到情绪的疏导、真诚的帮助和有建设意义的启发，而不是来听空洞的"建议"，诸如"你的烦恼都不叫事，要树立远大理想""我们也年轻过，都是这么过来的""给你吃喝，给你钱花，你还有啥可烦恼的"，等等；对于病症并不严重可以通过心理辅导解决的困难，也不能象征性地问三言五语，做一堆收费的心理测试量表，然后便匆匆开出类似草酸艾司唑仑之类的抗抑郁药物。关心青年，就要认真分析青年人负性情绪的来源，究竟是学业、就业还是家庭中的其他压力。如果是来自学业压力，还要进一步分析是个人的学习方法不对，还是家长或学校期望值过高所致？如果是就业压力，是个人找不到工作机会或达不到工作要求，还是市场大环境压缩就业岗位所致？如果来自家庭，是家庭教育问题、亲子关系问题，还是家长造成的其他原因？在摸清楚心理问题的根源之后，再应对施策，或帮助指导学习方法，或帮助提升就业技能或提供求职资讯，等等。只有解决了诱发心理问题的"病根"，许多困扰青年的心理烦恼才会有效缓解甚至自行消失。

（四）充分使用此次调研数据，借助社会力量，根据不同青年群体精准施策、对症"下药"

根据此次调查数据结果及成果，要切实用于今后的实践工作中。比如，前文使用 SPSS 工具作 T 检验及相关分析曾得出结论，"性别因素对青年心理健康状态有显著影响"和"城乡居住地对青年心理健康状态有显著影响"。今后在开展面向青年群体的心理健康教育课，或向青年群体提供心理咨询与辅导时，应特别注意两点：一方面，针对青年性别不同，在课程内容或咨询内容方面进行深度调整，使之更有针对性和实用性；尤其是对 14~18 岁的青年群体，开展与身心健康相关的心理健康教育或辅导课程应更富针对性。需要注意的是，性别话题在世界各个国家都是带着政治权利意味的重大话题，因此在针对女性青年的相关教育或辅导，要特别留意不得包括任何歧视女性的内容。另一方面，调查显示城乡青年因生活环境、生活方式等不同会造成心理问题存在差异：在城市，较多体现为职场竞争、购房购车、多元文化环境与多元生活方式等带来的心理压力和负性情绪；在农村，较多体现为婚恋与家庭问题，现代法律与传统伦理的矛盾，落后的传统农业种植与"乡村振兴"战略背景下新农村建设出现的新问题等。今后，在城市社区和农村地区开展青年心理健康工作，也应因地制宜采用不同的工作思路与工作方法，这样才能取得较好的效果。

参考文献

Social Media Use and Paranoia："Factors That Matter in Online Shopping". Ignas Zimaitis，Mindaugas Degutis，Sigitas Urbonavicius. *Sustainability*. 2020（3）.

Young，K. S.（1998）."Internet Addiction：The Emergence of a New Clinical Disorder". *Cyberpsychology & Behavior*，1（3），237-244.

陈春宇、连帅磊、孙晓军、柴唤友、周宗奎：《社交网站成瘾与青少年抑郁的关系：认知负载和核心自我评价的中介作用》，《心理发展与教育》2018 年第 2 期。

国家互联网信息办公室：第 44 次《中国互联网络发展状况统计报告》。

王印红、李宁：《网络公共危机事件的网络化治理研究——以"蓝鲸游戏"事件为例》，《山东科技大学学报》（社会科学版）2019 年第 1 期。

B.6
河北青年就业发展状况研究报告

郭雅欣　叶曼*

摘　要： 青年是最朝气蓬勃、最具奋发精神的群体。青年的就业状况不仅
关乎青年的职业发展和经济状况，而且关系到整个社会的经济运
行与全面发展。为深入了解河北青年就业现状及问题，课题组通
过问卷调查与深入访谈，发现河北青年就业基本特点为：部分青
年求职较难、收入偏低、工作时间较长，对就业政策知晓度低，
参与职业规划培训比例较低，工作适应度、满意度较高，青年追
求收入高、稳定度高、省会城市的工作，农村对青年吸引力较弱。
青年的就业行为与就业预期也存在性别、城乡、年龄、学历、地
区差异等。基于此，本报告提出五方面的针对性对策建议：完善
青年就业制度体系，多管齐下开发就业岗位，多措并举加强就业
培训，用心用情开展就业服务，贯彻落实乡村振兴战略。

关键词： 就业状况　工作预期　河北青年

一　引言

2022年5月，国务院办公厅发布《国务院办公厅关于进一步做好高校
毕业生等青年就业创业工作的通知》，指出要把高校毕业生等青年就业作为
就业工作重中之重。青年的高质量就业关乎社会和谐稳定的大局，对整个经

---

* 郭雅欣，河北省社会科学院科研组织处，研究方向为社会工作、社会救助、社会政策；叶
曼，清华大学研究生，共青团河北省委办公室，研究方向为马克思主义中国化、青年发展等。

济社会的发展具有重要的现实意义。青年与其他年龄劳动力就业具有不同的特征，面临的挑战也存在差异，因而需要准确把握青年就业的独特性与存在的问题。本报告利用河北青年民生发展调查得到的数据，对9509份有效问卷进行数据分析①，并通过对10位不同行业、不同年龄青年的深度访谈，深入剖析河北青年就业的现状与问题，并提出针对性对策建议。

二 河北青年就业现状

通过问卷调查与深度访谈，课题组对青年培训状况、求职过程、工资收入、工作时间、工作适应状况、工作满意度、工作预期等内容进行了调研，调研结果如下。

（一）青年接受职业规划培训比例较低，近半数青年没参加过职业规划培训

如图1所示，49.36%的青年表示在就业前没接受过职业规划培训，接受职业规划培训比例不高。接受学校组织的专业课程学习、参加政府组织的公益培训、参加社会培训班的比例分别为35.52%、15.79%、14.43%。关

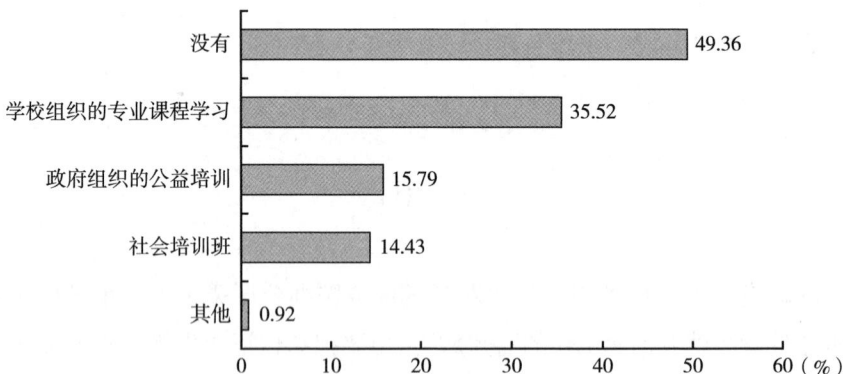

图1 青年就业前接受职业规划培训情况

---

① 本报告数据来源于河北青年民生发展调查，调查的具体情况见本书总报告。

于学校组织的专业课程学习，访谈发现，学校开设的职业生涯规划课程虽是必修课，但存在三方面的问题：师资力量薄弱，多为辅导员讲授；讲授内容空洞、针对性差，指导学生就业的实效甚微；课堂讲授形式单一枯燥，学生对上课存在敷衍应付心态。

分学历来看，大学本科、硕士/博士研究生学历的青年无职业规划培训经历的占比分别为45.64%、38.26%，均低于50%，而大学本科以下学历的青年无职业规划培训经历的占比均高于50%，整体而言，学历较高的青年群体接受职业规划培训比例高于学历低的青年群体。学历从低到高，接受过学校组织的专业课程学习的比例分别为 19.77%、12.27%、22.33%、35.12%、43.32%、56.27%，基本呈现学历越高，接受学校组织的专业课程学习的比例越高的趋势（见表1）。

表1　青年学历与职业规划培训经历交互情况

单位：%

学历	没有	学校组织的专业课程学习	政府组织的公益培训	社会培训班	其他
小学及以下	51.16	19.77	23.26	11.63	1.16
初中	62.99	12.27	14.52	21.27	1.84
高中/职高/中专	53.86	22.33	18.84	20.85	1.27
高职/大专	50.37	35.12	15.01	15.07	1.11
大学本科	45.64	43.32	15.05	10.88	0.56
硕士/博士研究生	38.26	56.27	16.40	9.97	0.32

外资企业青年中未接受过职业规划培训的占比为37.88%，比例在所有单位类型中最低，比例低于50%的还有党政机关、事业单位、国有企业，即外资企业、党政机关、事业单位、国有企业青年接受过职业规划培训的比例更高，且这些单位在三类培训中接受最多的是学校组织的专业课程学习。

表2 青年单位类型与职业规划培训经历交互情况

单位：%

类　　型	没有	学校组织的专业课程学习	政府组织的公益培训	社会培训班	其他
党政机关	44.84	39.46	21.19	10.54	0.34
事业单位	45.28	42.28	16.04	11.24	0.90
国有企业	49.20	44.65	9.91	10.25	1.03
社会组织	60.10	25.96	16.35	13.94	0.48
民营企业	53.51	32.03	11.50	16.55	1.07
混合制企业	56.94	25.00	6.94	18.06	1.39
外资企业	37.88	51.52	9.09	9.09	1.52
农　　业	56.59	22.09	19.38	17.83	0.39
其　　他	56.06	32.32	9.60	17.17	2.02

（二）青年求职较难，受疫情影响较大

在访谈中，多数受访者表达了求职难的看法，在世界百年未有之大变局下，全球经济萎靡，国内经济增速放缓，就业环境不容乐观。在此背景下，疫情更是加大了青年求职的难度，具体表现在以下几个方面。

一是求职机会减少与求职竞争激烈。疫情导致诸多企业经济效益不佳，部分企业通过缩减招聘人数来压缩用人成本，导致招聘岗位大幅减少，就业机会锐减；需求减少的同时，劳动力市场的供给增加。受疫情影响，原本计划出国深造的毕业生转而投向就业市场或加入考研大军，在岗位有限的前提下参与竞争的青年增多，导致求职"内卷"严重，以往本科生即可胜任的岗位开始由众多研究生竞聘等学历贬值现象大幅提升了青年求职难度。

二是求职渠道不畅。在招聘渠道方面，学校招聘会以线上为主，河北省内企业参加河北高校招聘会的较多，外省企业参加的较少，且参与河北省招聘会的大型企业少，中小型企业居多。针对理工科专业的就业岗位相对较

多，其他专业较少，非理工科类学生大多无法通过学校招聘会求职成功，多以 boss 直聘、智联招聘、微信群等方式找到工作。在求职面试方面，疫情下倡导非必要不流动，青年难以赴外地参加线下面试，可能错失宝贵的工作机会。与此同时，受疫情影响，诸多用人单位采用线上面试的方式，众多青年不习惯、不适应、不熟练线上面试的方式，影响求职效果，易导致错失"offer"。

三是提升求职能力受阻。第一，网课的普及导致青年知识与技能学习效果有所下降。如访谈对象表示，上网课容易分神，虽然报了培训班，但由于考试一再推迟，培训班难以持续投入资金邀请老师线下授课，因而只能为学生提供录播网课学习，这导致学生学习效率低下，学习效果不如人意，削弱了其在求职过程中的自我竞争力，进一步加剧求职难。第二，疫情减少了青年线下实习见习或参与社会实践的机会。众多校外实践活动因疫情而改为线上方式，或延期或取消，导致社会实践课程效果不佳，这进一步加剧了学校教育与社会需求脱节程度，造成理论和实践差距大，毕业生求职易受挫。第三，疫情导致众多考试推迟。为做好疫情防控，大学四/六级考试、计算机等级考试、公务员考试、教师编制考试等不同程度地推迟，考试的不确定性在一定程度上影响了青年求职的节奏，进而加剧就业难。

四是求职心态更消极。疫情带来的不确定性加大、青年求职过程中竞争更为激烈、求职过程中受挫概率增大等，导致青年在求职过程中易产生焦虑、自我怀疑、自我否定、烦躁甚至抑郁的心理或情绪，这危害青年心理健康，并进一步影响青年求职与就业。

（三）青年收入偏低，对就业政策知晓度低

根据对受访青年月收入的调查，占比前三的依次是无固定收入、3001～5000 元、2001～3000 元，受访青年工资相对较低。且有访谈对象表示，其所在公司不为员工缴纳公积金，这无疑进一步降低了青年收入。

无固定收入青年的占比高达 40.61%，究其原因在于各类新就业形态已

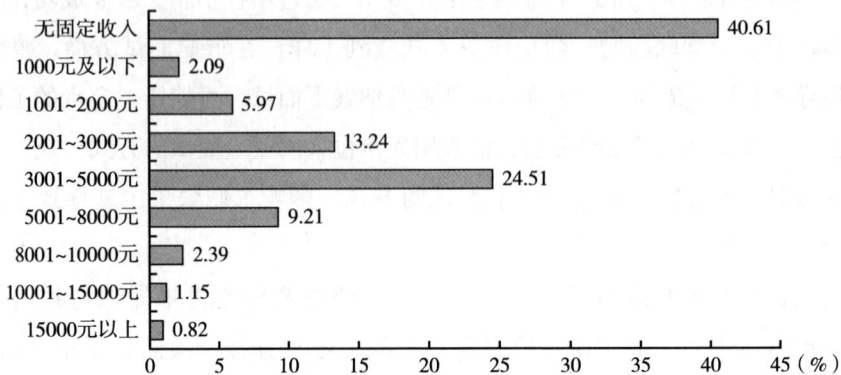

图 2　青年收入分布

经成为青年劳动者的重要就业选择，并带来了劳动价值交换平台化、劳动参与灵活化、工作安排"去雇主化"等一系列重要变化[①]，出现了网约配送员、网约车司机、独立戏剧人、独立电影人、独立音乐人、街头文化人、自由美术创作者等职业[②]；此外，青年就业还呈现"慢就业"趋势，"慢就业"指毕业生在毕业后以游历游学、继续深造、反复备考、尝试创业、等待就业等各种方式暂时不就业的状态或经历[③]，而"慢就业"青年也存在收入不固定的现象。

　　根据访谈可知，虽然政府制定了相关就业扶持政策，但推广与宣传力度不够，导致诸多青年对政策方针知晓度低，访谈对象表示政策虽多但落实到每个人身上优惠甚微。

　　分性别来看，女性月收入为无固定收入、3000 元及以下的占比均高于男性，月收入为 3001 元及以上的占比均低于男性，整体来看，女性收入低于男性；分居住地来看，农村青年月收入为无固定收入、3000 元及以下的

---

① 关博、王哲：《新就业青年权益保障：困局、调适与破题》，《中国青年研究》2021 年第 4 期，第 22~28 页。

② 李春玲：《青年群体就业心态演变新趋势》，《人民论坛》2022 年第 8 期，第 24~27 页。

③ 宋健、胡波、朱斌辉：《"慢就业"：青年初职获得时间及教育的影响》，《青年探索》2021 年第 6 期，第 25~34 页。

占比均高于城镇青年，月收入为 3001 元及以上的占比均低于城镇青年，整体来看，农村青年收入低于城镇青年（见表3）。

表3 分性别、分居住地的青年月收入情况

单位：元，%

月收入	性别		居住地	
	男	女	农村	城镇
无固定收入	39.74	41.47	50.24	33.90
≤1000	1.87	2.31	2.82	1.59
1001~2000	4.17	7.74	7.35	5.02
2001~3000	11.67	14.77	13.39	13.14
3001~5000	26.07	22.99	18.17	28.94
5001~8000	10.53	7.93	5.68	11.67
8001~10000	2.98	1.81	1.33	3.12
10001~15000	1.76	0.54	0.54	1.57
>15000	1.21	0.44	0.49	1.05

6种学历的青年月收入中占比最高的均为无固定收入，其中硕士/博士研究生无固定收入占比与月收入 5001~8000 元的占比一样。仅次于无固定收入占比的是 3001~5000 元。学历从低到高，月收入为 5001 元及以上的占比之和依次为 16.16%、6.16%、7.36%、10.12%、17.97%、39.17%，占比从高往低排序为硕士/博士研究生、大学本科、小学及以下、高职/大专、高中/职高/中专、初中，即整体而言，学历较高青年月收入为 5001 元及以上的占比高于学历较低青年的占比，学历为硕士/博士研究生的青年月收入为 5001 元及以上的占比约高出学历为初中青年的占比 33 个百分点，差距较明显。但值得关注的是，小学及以下学历的青年月收入为 5001 元及以上的占比也较高，即学历并非决定收入的唯一因素（见表4）。

表4　青年学历与月收入交互情况

单位：元，%

月收入	小学及以下	初中	高中/职高/中专	高职/大专	大学本科	硕士/博士研究生
无固定收入	45.45	65.10	57.55	28.84	32.31	23.96
≤1000	7.07	2.81	3.01	1.84	1.08	4.17
1001~2000	5.05	4.44	5.11	9.93	4.89	4.17
2001~3000	12.12	9.25	11.56	20.66	12.00	6.67
3001~5000	14.14	12.24	15.43	28.61	31.76	21.88
5001~8000	12.12	4.08	4.39	7.71	12.41	23.96
8001~10000	3.03	1.18	1.72	1.09	3.29	6.88
10001~15000	1.01	0.54	0.53	0.66	1.30	6.25
>15000	0.00	0.36	0.72	0.66	0.97	2.08

从事农业的青年无固定收入的占比为17.44%，在所有单位类型中占比最高，这与农业易受天气、气候、灾害等影响有关。党政机关、事业单位、国有企业、社会组织、民营企业、混合制企业、外资企业中月收入占比最高的均为3001~5000元，而农业、其他单位中月收入占比最高的为2001~3000元。各单位青年月收入为5001元及以上的占比之和分别为15.92%、16.49%、40.66%、14.91%、18.95%、22.23%、19.71%、7.76%、11.63%，农业、其他单位的占比低于12%，而其余单位均高于14%。综合而言，农业、其他单位的青年收入低于其余单位的青年。

表5　青年单位类型与月收入交互情况

单位：元，%

月收入	党政机关	事业单位	国有企业	社会组织	民营企业	混合制企业	外资企业	农业	其他
无固定收入	3.70	1.65	1.59	7.69	3.41	6.94	0.00	17.44	8.08
≤1000	0.78	1.05	0.00	3.85	0.44	0.00	1.52	4.65	2.02
1001~2000	13.68	10.04	2.96	13.94	3.47	11.11	7.58	19.38	18.18
2001~3000	20.07	18.74	17.31	28.85	24.64	18.06	21.21	27.91	34.85

续表

月收入	党政机关	事业单位	国有企业	社会组织	民营企业	混合制企业	外资企业	农业	其他
3001~5000	45.85	52.02	37.47	30.77	49.08	41.67	50.00	22.87	25.25
5001~8000	13.90	14.39	25.74	9.62	14.59	16.67	13.64	6.59	7.58
8001~10000	1.01	1.35	9.00	3.37	2.40	4.17	4.55	0.78	3.03
10001~15000	0.45	0.45	5.35	1.44	0.82	0.00	1.52	0.00	0.51
>15000	0.56	0.30	0.57	0.48	1.14	1.39	0.00	0.39	0.51

（四）青年工作时间较长，超六成青年每周工时大于45小时

总体而言，受访青年中每周工作时长占比最高的是 45~51 小时，其次为 34~44 小时。工时超过 45 小时的占比之和达到 64.18%，超六成青年每周工作时间超过 45 小时。根据访谈可知，部分企业会变相鼓励员工加班，虽未明文规定强制加班，但会定期对员工进行加班时间统计，并依此分级定绩效额度，加班时间越长，绩效越高，加班时间越短，绩效越低，由此导致公司加班严重，如河北某公司某员工一个月加班近 100 小时，这种加班文化无疑严重影响了青年的身体健康与生活质量。

表6 青年每周工作时长

单位：小时，%

工时	总体	性别		居住地	
		男性	女性	农村	城镇
<37	9.74	9.68	9.81	10.32	9.43
37~44	26.08	22.76	29.57	22.05	28.26
45~51	27.66	24.77	30.71	25.09	29.05
52~58	16.32	17.31	15.28	18.12	15.35
>58	20.20	25.48	14.64	24.41	17.92

分性别与居住地来看，男性、农村青年每周工时为 52~58 小时、58 小时及以上的占比均分别高于女性、城镇青年，其中男性青年每周工作 58 小

时以上的占比高出女性青年约 11 个百分点，农村青年每周工作 58 小时以上的占比高出城镇青年 6.5 个百分点。整体而言，男性工作时间长于女性，农村青年工作时间长于城镇青年。

表7　青年单位类型与工时交互情况

单位：小时，%

工时	党政机关	事业单位	国有企业	社会组织	民营企业	混合制企业	外资企业	农业	其他
<37	12.67	9.30	8.88	11.06	6.89	9.72	6.06	13.57	8.59
37~44	30.72	36.58	33.03	24.52	18.57	22.22	31.82	22.87	16.67
45~51	22.20	26.09	28.82	26.44	32.79	38.89	39.39	24.03	23.74
52~58	15.25	13.94	12.07	10.58	21.10	12.50	10.61	16.28	18.69
>58	19.17	14.09	17.20	27.40	20.66	16.67	12.12	23.26	32.32

对比不同单位类型的青年工作时长，社会组织、民营企业、农业、其他单位类型的青年工作时间较长，每周工作超过 58 小时的青年占比分别为 27.40%、20.66%、23.26%、32.32%，均高于 20%，而党政机关、事业单位、国有企业每周工作超过 58 小时的青年占比均低于 20%，且党政机关、事业单位、国有企业每周工作少于 45 小时的占比之和分别为 43.39%、45.88%、41.91%，即超过 4 成的党政机关、事业单位、国有企业青年每周工作时间少于 45 小时。即相对而言，体制内青年的工作时间短于体制外青年的工作时间。

表8　不同学历青年的工时对比

单位：小时，%

工时	小学及以下	初中	高中/职高/中专	高职/大专	大学本科	硕士/博士研究生
<37	28.99	10.62	9.33	9.63	9.31	9.27
37~44	14.49	14.51	18.40	25.32	30.58	32.78
45~51	26.09	17.36	25.77	29.83	28.76	26.82
52~58	15.94	20.98	19.26	16.61	14.68	13.91
>58	14.49	36.53	27.24	18.60	16.67	17.22

分学历来看，小学及以下、初中、高中/职高/中专、高职/大专、大学本科、硕士/博士研究生6类学历对应的青年，工时占比最高的分别为<37小时（28.99%）、>58小时（36.53%）、>58小时（27.24%）、45~51小时（29.83%）、37~44小时（30.58%）、37~44小时（32.78%），即拥有初中、高中/职高/中专学历的青年中每周工时超过58小时的占比最高，拥有大学本科、硕士/博士研究生学历的青年中每周工时37~44小时的占比最高。整体而言，青年学历越高，每周工时相对越少。

（五）青年工作适应度较好，近九成青年表示对工作适应

根据问卷调研结果，受访青年表示对工作"完全适应"与"比较适应"的占比分别为37.55%、48.61%，二者之和为86.16%，即近九成青年表示对工作适应。根据访谈资料，青年会通过自我反思与调节、提升工作能力、向朋友倾诉、找前辈求教等多种方式适应工作，并取得了良好效果。

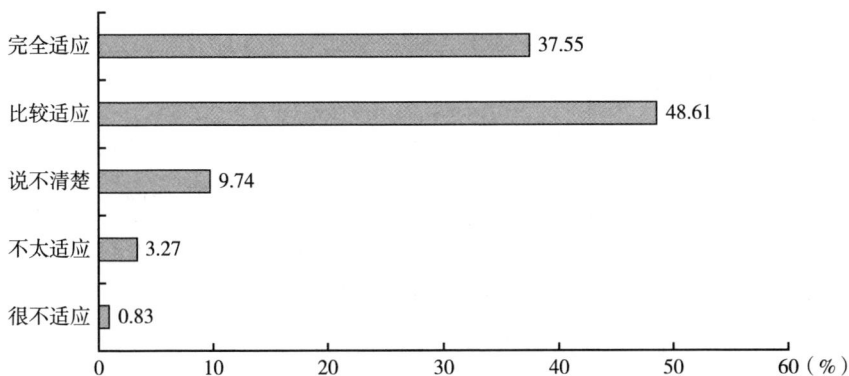

图3　青年工作适应情况

分城乡而言，农村青年中对工作"完全适应"与"比较适应"的青年占比分别为35.25%、47.98%，而城镇青年中的占比分别为38.79%、48.95%，城镇青年的两个比例均高于农村青年，说明整体而言农村青年工作适应度不及城镇青年。

表 9　青年工作适应情况的城乡对比

单位：%

工作适应情况	农村	城镇
完全适应	35.25	38.79
比较适应	47.98	48.95
说不清楚	11.58	8.75
不太适应	4.30	2.72
很不适应	0.89	0.79

表 10　不同学历青年的工作适应情况

单位：%

工作适应情况	小学及以下	初中	高中/职高/中专	高职/大专	大学本科	硕士/博士研究生
完全适应	44.93	39.90	41.35	38.07	35.58	35.43
比较适应	30.43	38.08	40.37	49.24	52.83	52.32
说不清楚	14.49	14.51	11.90	9.44	8.63	6.95
不太适应	7.25	6.22	5.28	2.92	2.07	4.30
很不适应	2.90	1.30	1.10	0.33	0.89	0.99

不同学历的青年工作适应程度相异。学历从低到高，青年表示对工作"完全适应"与"比较适应"的占比之和依次为 75.36%、77.98%、81.72%、87.31%、88.41%、87.75%，其中，高中及以上学历的青年对工作适应的占比均超过 80%，而初中及以下学历的青年对工作适应的占比均低于 80%。相对而言，学历较高的青年群体工作适应度高于学历较低的青年群体。

（六）青年工作满意度较高，近七成青年对工作表示满意

在工作满意度上，51.28% 的受访者表示对工作比较满意，表示对工作非常满意的占比为 16.41%，加总为 67.69%，整体而言，受访青年对工作满意度较高。

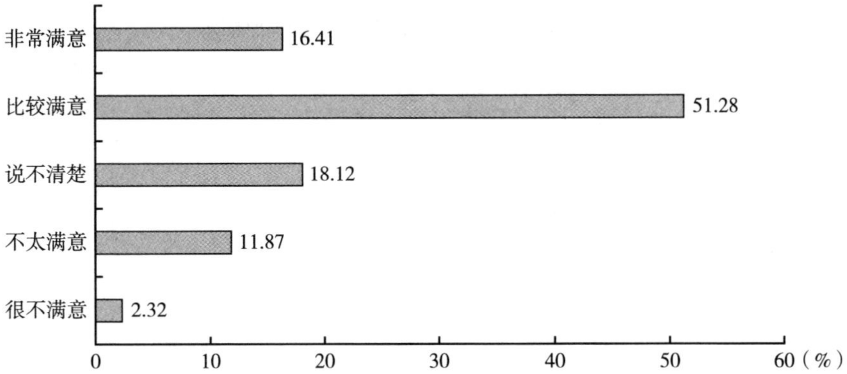

非常满意　16.41
比较满意　51.28
说不清楚　18.12
不太满意　11.87
很不满意　2.32

图4　青年的工作满意度

不同学历青年的工作满意度有较大差别。学历从低到高，对工作表示"非常满意""比较满意"占比之和依次为 62.32%、61.65%、62.94%、67.37%、69.96%、73.18%，基本呈现学历越高、工作满意度越高的趋势。

表11　不同学历青年的工作满意度对比

单位：%

学历	非常满意	比较满意	说不清楚	不太满意	很不满意
小学及以下	33.33	28.99	17.39	17.39	2.90
初中	21.24	40.41	18.91	16.84	2.59
高中/职高/中专	17.79	45.15	18.53	15.71	2.82
高职/大专	13.82	53.55	20.60	10.70	1.33
大学本科	15.65	54.31	16.88	10.49	2.66
硕士/博士研究生	21.52	51.66	13.58	10.60	2.65

党政机关、事业单位、国有企业、社会组织、民营企业、混合制企业、外资企业、农业、其他单位的青年对工作"非常满意""比较满意"占比之和依次为 73.21%、74.21%、66.86%、61.54%、63.93%、52.77%、63.64%、59.69%、67.68%，比例较高的为党政机关、事业单位、国有企业等，体制内的青年工作满意度更高。

表 12　青年单位类型与工作满意度交互情况

单位：%

单位类型	非常满意	比较满意	说不清楚	不太满意	很不满意
党政机关	21.64	51.57	15.58	9.08	2.13
事业单位	17.24	56.97	15.89	7.80	2.10
国有企业	14.58	52.28	17.20	13.33	2.62
社会组织	19.23	42.31	18.75	17.31	2.40
民营企业	12.19	51.74	20.15	13.46	2.46
混合制企业	8.33	44.44	31.94	12.5	2.78
外资企业	12.12	51.52	18.18	16.67	1.52
农　　业	18.60	41.09	19.77	17.83	2.71
其　　他	17.17	50.51	15.15	14.14	3.03

（七）青年预期工作倾向于行政事业单位人员

41.51%的青年预期工作岗位为行政事业单位人员，疫情带来的就业不稳定性增强了青年对"体制内"稳定工作的偏好，且河北省整体上大型企业相对较少，故河北青年更青睐"体制内"的工作。

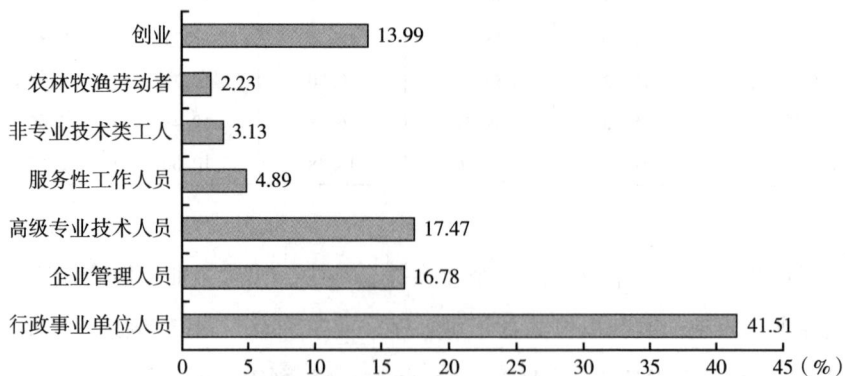

图 5　青年的预期工作岗位

表 13　青年年龄与预期工作岗位交互情况

单位：%

预期工作岗位	14~17 周岁	18~24 周岁	25~29 周岁	30~35 周岁
行政事业单位人员	38. 37	46. 02	42. 22	37. 10
企业管理人员	14. 65	14. 64	19. 05	18. 84
高级专业技术人员	22. 01	19. 85	15. 57	13. 38
服务性工作人员（客服、销售员等）	5. 52	4. 44	4. 73	5. 22
非专业技术类工人	3. 81	2. 90	3. 06	3. 09
农林牧渔劳动者	1. 97	1. 82	2. 04	3. 06
创业	13. 67	10. 33	13. 35	19. 30

不同年龄青年的预期职业有所区别，18~24 周岁青年预期职业为行政事业单位人员的占比高达 46.02%，即近半数 18~24 周岁的青年希望未来进入"体制内"单位。不同年龄青年中预期创业占比最高的是 30~35 周岁青年，有 19.30% 的 30~35 周岁青年预期创业，这与其工作经验积累相对丰富、社会资源更为多元、中年危机等因素有关。

表 14　不同性别、居住地的青年预期工作岗位对比

单位：%

预期工作岗位	性别		居住地	
	男	女	农村	城镇
行政事业单位人员	37. 02	45. 90	37. 11	44. 57
企业管理人员	17. 03	16. 54	14. 59	18. 31
高级专业技术人员	20. 56	14. 44	17. 58	17. 39
服务性工作人员（客服、销售员等）	3. 95	5. 81	5. 99	4. 12
非专业技术类工人	3. 38	2. 89	4. 38	2. 27
农林牧渔劳动者	2. 32	2. 14	4. 30	0. 79
创业	15. 73	12. 28	16. 05	12. 55

分性别而言，虽然不同性别青年预期工作岗位占比最高的均为行政事业单位人员，但女性希望成为行政事业单位人员的占比约高出男性 9 个百分

点，即女性比男性更渴望成为行政事业单位人员，而男性则比女性更希望成为高级专业技术人员，比例高出约 6 个百分点；分居住地而言，城镇青年相比于农村青年，更青睐于行政事业单位人员、企业管理人员，农村青年更倾向于服务性工作人员、非专业技术类工人、农林牧渔劳动者、创业。

分学历而言，预期职业为行政事业单位人员占比较高的是大学本科、硕士/博士研究生学历的青年，分别为 51.96%、50%，远高于其他学历的青年。与此同时，预期创业占比较高的是本科以下学历的青年，即不同学历呈现两极分化的态势，学历较高的青年比学历较低的青年更青睐"体制内"工作岗位，学历较低的青年比学历较高的青年更青睐创业。

表 15　青年学历与预期工作岗位交互情况

单位：%

预期工作岗位	小学及以下	初中	高中/职高/中专	高职/大专	大学本科	硕士/博士研究生
行政事业单位人员	29.29	26.02	31.76	40.00	51.96	50.00
企业管理人员	5.05	14.05	14.90	19.34	17.72	15.42
高级专业技术人员	13.13	15.50	18.96	15.27	17.63	24.79
服务性工作人员	11.11	7.98	7.64	5.15	2.29	2.92
非专业技术类工人	14.14	6.71	4.54	2.70	1.38	1.67
农林牧渔劳动者	13.13	5.98	2.82	1.61	1.00	0.83
创业	14.14	23.75	19.39	15.93	8.02	4.38

表 16　青年目前从事行业与预期工作岗位交互情况

单位：%

预期工作岗位	党政机关	事业单位	国有企业	社会组织	民营企业	混合制企业	外资企业	农业	其他
行政事业单位人员	81.39	70.91	26.08	46.63	28.55	40.28	28.79	26.74	35.86
企业管理人员	4.60	6.00	37.70	12.98	25.84	13.89	18.18	10.08	11.11
高级专业技术人员	6.17	12.14	23.01	8.17	16.74	19.44	25.76	7.75	12.63
服务性工作人员	0.90	3.60	2.16	5.77	7.52	5.56	12.12	5.43	8.59
非专业技术类工人	0.78	1.05	3.08	5.77	2.91	8.33	4.55	6.59	4.04
农林牧渔劳动者	0.67	0.30	0.80	2.88	1.77	0.00	0.00	21.71	0.51
创业	5.49	6.00	7.18	17.79	16.68	12.50	10.61	21.71	27.27

预期成为行政事业单位人员占比最高的是党政机关、事业单位的青年，分别为81.39%、70.91%，说明这两个群体工作满意度较高。值得关注的是，希望成为农林牧渔劳动者的占比非常低，除了本身从事农业的青年占比为21.71%以外，其他的占比均低于3%，甚至出现了0%，即农林牧渔行业吸引力较低。

（八）青年更青睐选择省会城市作为工作地点，农村对青年吸引力弱

40.74%的青年希望工作地点在省会城市。这是由于青年在选择就业地点时存在向上空间流动与社会流动的意愿与动机，会更倾向于选择发展更好的城市。省会城市的环境、经济、政策与文化整体上均好于其他地区，即就业机会、工资水平、公共文化设施、社会舒适程度、交通便利程度、卫生服务设施、城市自然环境以及居住环境等优于其他地区，且人才引进政策、住房补贴政策、城市发展政策等更吸引人，因而青年会更愿意将省会城市作为预期工作地点。[①]

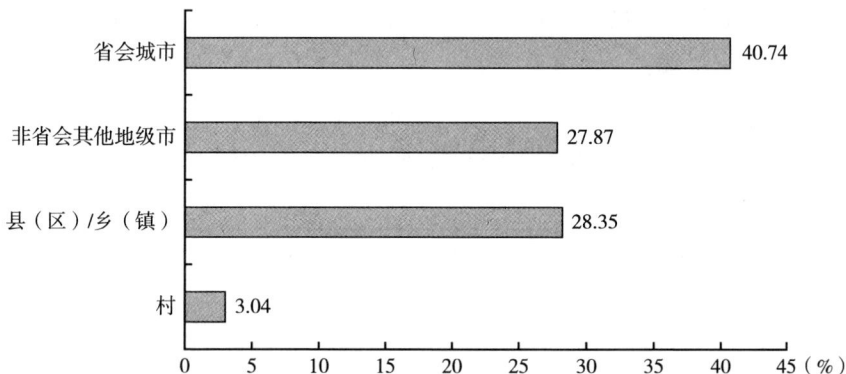

图6 青年的预期就业地点

仅有3.04%的青年期望能够在农村就业，这体现出乡村振兴中的人才振兴仍有漫长的路要走，农村对青年吸引力非常弱，这不利于我国乡村振兴战略的实施。访谈中有受访者表示，其实有很多农村青年希望融入乡村振兴

---

① 谢圆圆、李锦昊、马凌：《青年知识移民就业城市选择及其影响因素——以广州市高校大学生为例》，《热带地理》2022年第3期，第385~395页。

中，但苦于找不到具体的切入点与入手点，以致空有一腔热血而不知如何施展才华，体现了他们的"心有余而力不足"。

表17 青年预期工作地点与年龄组交互情况

单位：%

预期工作地点	14~17周岁	18~24周岁	25~29周岁	30~35周岁
省会城市	62.81	44.51	33.36	29.17
非省会其他地级市	18.20	32.34	31.56	24.87
县(市、区)/乡(镇)	16.03	21.64	33.04	40.12
村	2.96	1.51	2.04	5.84

不同年龄青年对预期地点的偏好不一致，随着年龄的升高，预期工作地点为省会城市的比例降低，即省会城市对年龄较小的青年人吸引力更大，14~17周岁、18~24周岁、25~29周岁3个年龄层次青年中预期工作地点为省会城市的比例均为最高，而30~35周岁青年中预期地点比例最高的是县（市、区）/乡（镇）。

表18 不同居住地的青年预期工作地点对比

单位：%

预期工作地点	农村	城镇
省会城市	38.96	41.99
非省会其他地级市	23.34	31.02
县(市、区)/乡(镇)	31.92	25.87
村	5.78	1.12

农村青年预期工作地点为县（市、区）/乡（镇）、村的占比分别为31.92%、5.78%，分别高出城镇青年约6个百分点、4.5个百分点，而城镇青年预期地点为省会城市、非省会其他地级市的占比分别为41.99%、31.02%，均高于农村青年。相对而言，城镇青年更青睐于留在城市，其流动成本较低。

整体而言，52.29%的硕士/博士研究生预期在省会城市工作，且学历从低到高，预期工作地点为村的比例依次为 14.14%、6.80%、5.01%、2.32%、1.13%、1.04%，比例逐渐降低，充分体现出农村对高学历人才的吸引力不足。

表19　青年学历与预期工作地点交互情况

单位：%

预期工作地点	小学及以下	初中	高中/职高/中专	高职/大专	大学本科	硕士/博士研究生
省会城市	41.41	44.88	42.84	33.00	41.24	52.29
非省会其他地级市	12.12	15.78	22.78	27.94	34.16	33.33
县(市、区)/乡(镇)	32.32	32.55	29.37	36.74	23.47	13.33
村	14.14	6.80	5.01	2.32	1.13	1.04

（九）青年预期高回报工作，超半数青年预期月薪为6001元及以上

预期月薪为 6001 元及以上的青年占比达 53.92%，本次调查对象是在市场经济环境下成长的一代，房价高企、生活压力加大，追求个人发展和经济收益已成为青年群体就业、择业的主要考量因素[①]，因而较多青年预期高回报的工作（见图 7）。

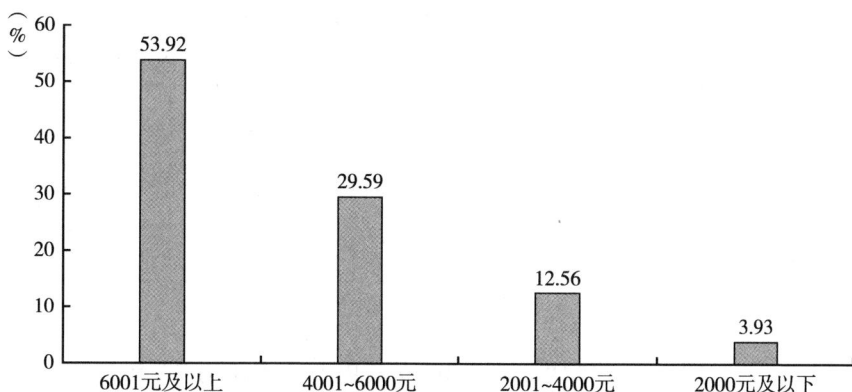

图7　青年的预期月薪

---

①　孙妍：《青年就业特征及变动趋势研究》，《中国青年研究》2022 年第 1 期，第 5~10 页。

不同性别的预期月薪有所不同，男性预期月薪为6001元及以上的占比高达60.37%，高出女性约13个百分点，男性对自身收入预期更高；分城乡而言，城镇青年预期收入为6001元及以上的占比为58.07%，比农村青年高出约10个百分点，城镇青年预期收入更高（见表20）。

表20 青年性别、居住地与预期月薪交互情况

单位：元，%

预期月薪	性别		居住地	
	男	女	农村	城镇
≤2000	4.49	3.39	5.02	3.18
2001~4000	9.59	15.46	15.46	10.53
4001~6000	25.56	33.54	31.56	28.22
≥6001	60.37	47.61	47.97	58.07

不同年龄段的青年预期收入为6001元及以上的占比均超过了50%，其中25~29周岁和30~35周岁两个年龄段的青年预期为6001元及以上占比高于14~17周岁、18~24周岁的占比，整体而言，年龄越大，预期收入越高（见表21）。

表21 青年预期月薪与年龄组交互情况

单位：元，%

预期月薪	14~17周岁	18~24周岁	25~29周岁	30~35周岁
≤2000	8.48	3.64	2.87	2.51
2001~4000	14.72	13.32	11.03	11.61
4001~6000	24.64	32.95	31.09	27.04
≥6001	52.17	50.09	55.00	58.84

硕士/博士研究生预期收入为6001元及以上的占比为72.50%，比小学及以下、初中、高中/职高/中专、高职/大专、大学本科预期收入为6001元及以上的占比分别约高出41个、23个、24个、24个、13个百分点，整体呈现学历越高，预期收入越高的趋势（见表22）。

表 22　青年学历与预期月薪交互情况

单位：元，%

预期月薪	小学及以下	初中	高中/职高/中专	高职/大专	大学本科	硕士/博士研究生
≤2000	27.27	5.89	6.11	2.51	2.40	2.92
2001~4000	20.20	18.31	15.66	14.56	8.51	5.83
4001~6000	21.21	26.29	29.56	34.89	29.19	18.75
≥6001	31.31	49.50	48.66	48.04	59.89	72.50

从事农业青年的预期收入占比最高的是 4001~6000 元，其余单位类型的青年预期收入占比最高的均是 6001 元及以上，其中国有企业青年预期收入为 6001 元及以上的比例为 72.55%，远高于其余单位类型（见表 23）。

表 23　青年单位类型与预期月薪交互情况

单位：元，%

预期月薪	党政机关	事业单位	国有企业	社会组织	民营企业	混合制企业	外资企业	农业	其他
≤2000	5.04	2.85	1.71	5.29	1.52	0.00	0.00	5.04	1.52
2001~4000	12.56	14.24	5.35	15.87	9.54	5.56	12.12	23.26	19.19
4001~6000	34.87	33.43	20.39	33.65	31.90	40.28	28.79	38.76	38.38
≥6001	47.53	49.48	72.55	45.19	57.04	54.17	59.09	32.95	40.91

三　河北青年就业基本特点与存在的问题

（一）河北青年就业的基本特点

综合上述分析，可以概括出河北青年就业的基本特点是：部分青年求职较难、收入偏低、工作时间较长，对就业政策知晓度低，参与职业规划培训比例较低，工作适应度、满意度较高，青年追求收入高、稳定度高、省会城市的工作，农村对青年吸引力较弱。分群体而言，青年的就业行为与就业预期存在性别差异、城乡差异、年龄差异、学历差异、单位类型差异、地区差异。

性别差异主要体现在工作时长、收入、预期工作岗位、预期收入上，男性比女性工作时间更长、收入更高，女性希望成为行政事业单位人员比例高于男性，男性希望成为高级专业技术人员比例高于女性，男性对自身收入预期更高。

青年的工作时长、收入、工作适应度、预期工作岗位、预期工作地点、预期收入存在明显的城乡差异。农村青年比城镇青年工作时间更长、收入更低、工作适应度更低。城镇青年相比于农村青年，更青睐行政事业单位人员、企业管理人员，农村青年更倾向于服务性工作人员、非专业技术类工人、农林牧渔劳动者、创业，城镇青年更青睐于选择城市作为工作地点且预期收入更高。

不同年龄层的预期工作岗位、预期工作地点、预期收入有所区别。近一半的18~24周岁的青年希望未来走入"体制内"，30~35周岁青年预期创业比例较高。随着年龄的升高，预期工作地点为省会城市的比例降低，省会城市对年龄较小的青年吸引力更高；年龄越大，预期收入越高。

不同学历的青年在工作时长、收入、工作适应度、工作满意度、接受职业规划培训、预期工作岗位、预期工作地点、预期工作收入上存在差异。整体而言，相比于学历较低青年，学历较高的青年工时更短，当前收入、预期收入、工作适应度、工作满意度更高，接受职业规划培训比例也较高，更青睐体制内工作。学历较低的青年则比学历较高的青年更青睐创业，农村对高学历人才吸引力更弱。

不同单位类型的青年的工作时长、收入、接受职业规划培训、工作满意度、预期工作岗位、预期收入上有所不同。党政机关、事业单位、国有企业"体制内"单位青年的工作时间较短、工作满意度更高，农业、其他单位的青年收入低于其余单位，党政机关、事业单位的青年更青睐成为行政事业单位人员，国有企业青年的预期收入高于其余单位类型青年的预期收入，外资企业、党政机关、事业单位、国有企业青年接受过职业规划培训的比例更高。

（二）河北青年就业存在的问题

结合河北青年就业的基本特点、综合问卷调查与深入访谈资料来看，河北青年就业中存在的主要问题为：一是青年对就业政策知晓度不足，政策宣传不到位；二是青年求职较难，受疫情影响青年求职过程更为坎坷；三是青年接受职业规划培训比例较低，不利于青年更好地规划自身就业成长路径；四是青年收入较低、工时偏长，部分劳动权益未能得到保障；五是农村对青年吸引力弱，不利于乡村振兴战略的贯彻落实。这五大问题制约着河北青年就业的高质量发展，同时掣肘着河北省经济社会全面发展，对此需高度重视。

四 推进河北青年高质量就业的对策建议

针对河北青年就业中存在的五大问题，借鉴先进省市经验，基于省情和青年就业发展趋势，本报告提出推进河北青年高质量就业的五方面对策建议。

（一）研判新形势，完善青年就业制度体系

一是健全政策制度体系。河北省人社厅制定了 19 条政策措施以进一步促进高校毕业生等青年就业创业，而江苏省、辽宁省、吉林省分别发布《关于促进高校毕业生等青年就业创业的若干政策措施》《辽宁省进一步促进高校毕业生等青年群体就业创业若干政策措施》《关于积极应对疫情影响全力做好高校毕业生等重点群体就业工作的若干措施》。建议河北省统筹相关部门，并规定每条措施对应的责任部门，完善就业制度体系。

二是加强部门协同联动。青年就业涉及人社、财政、民政、教育、乡村振兴、科技等部门，需要各部门之间加强协同联动以形成政策合力。在疫情防控常态化背景下，应考虑疫情对青年就业的影响，发动各方力量尽最大可

能为青年就业扫除障碍。此外，需要构建完善政府、学校、企业三位一体的就业扶持机制，充分保障青年高质量就业。

三是加大政策宣传力度。鉴于青年对就业相关政策知晓度低，建议加大就业政策宣传力度，通过青年喜闻乐见的抖音、微信、微博等渠道，以图文结合、短视频的方式进行宣传，同时发动青年的主体作用，发挥青年自身内部的宣传作用，提升就业政策知晓度与满意度，让青年"知政策""懂政策""用政策"，为青年营造良好就业氛围。

（二）拓宽新渠道，多管齐下开发就业岗位

一是稳定公共部门岗位规模。鼓励各级机关事业单位利用编制存量，统筹自然减员因素，加大补员力度，充分开发公共管理、公共服务、社会事业和社会治理等公益性岗位，适度向应届毕业生倾斜。

二是发挥中小微企业带动就业作用。中小微企业构成了吸纳青年就业的汪洋大海，需要充分发挥中小企业带动就业的作用。建议为积极吸纳青年职工的中小企业，提供贷款优惠、税收优惠、就业补助，以此促进青年群体向中小企业分流。对于向青年职工占比较高的中小企业提供贷款服务的金融机构，可免除一定比例的增值税，以缓解中小企业融资压力，进而提高中小企业吸纳青年就业的积极性。[①]

三是多渠道多方式开发新岗位。统筹开发基层就业岗位，对通过市场渠道确实难以就业的困难高校毕业生进行兜底安置。挖掘新兴就业机会，拓展信息技术产业、电子商务、共享经济等新产业、新业态的就业新空间，支持高校毕业生发挥专业所长灵活就业，鼓励学校利用教师和校友的社会资源，为毕业生提供丰富的、针对性强的就业信息和就业机会，助力青年就业工作。

（三）探索新途径，多措并举加强就业培训

一是加大培训力度，针对培训对象分类施策。需要做好大学毕业生群体

---

① 郭宇：《以健全的财税政策保障青年就业》，《人民论坛》2019年第10期，第78~79页。

从学校到就业市场的过渡，关注已就业青年的在职培训和技能提升，帮助处于非教育非就业状态的青年增长能力。[①] 加大职业规划培训力度，鼓励邀请专业的就业导师进行课程讲授，增强讲授内容的针对性，分行业、分职业、分专业开展培训，丰富课堂讲授形式。建议分学科开展有针对性的就业招聘服务，为青年组建求职微信群、就业小组，促进就业信息共享共用。

二是丰富培训内容，综合提升青年就业技能。就业服务机构也应给予青年更前沿的指导，应更重视将技能培养与劳动力市场需求相匹配，培养青年跨学科的综合技能、变革与创新能力等。[②] 此外，应从青年需求出发，设计丰富的培训内容和服务方式，如面向青年开展简历设计分享会、面试辅导培训班、求职经验交流会等，建议高校积极与企业达成学生实习合作项目，为青年提供更多实践机会。

三是加强师资队伍建设，配优配强培训主体。应建立一支数量充足、素质过硬、结构合理、相对稳定的师资队伍。第一，建立若干国家级高校创新创业教育师资培训和研修基地，通过基地开展全国培训，提高队伍专业化水平。第二，研发系统、科学、本土化的就业创业师资培训体系，推出适应时代需求、具有中国特色、体现河北特点的师资培训精品课程。第三，出台并完善高校就业创业教师职业能力标准，规范准入条件、上岗资格和工作内容，建设优秀创新创业教育名师库。[③]

（四）聚焦新需求，用心用情开展就业服务

一是完善招聘服务。针对疫情常态化防控的就业新需求，推动高校开展网上面试、网上签约，以及网上办理就业手续，鼓励河北省高校组织更多大型企业参与校招，为毕业生提供更丰富的就业机会；适当延长高校毕业生的

---

① 宋佳、张培菡、白宇、叶丹楠：《全球青年就业：趋势、挑战与应对》，《中国青年研究》2020年第9期，第98~106页。

② 窦畅宇、肖峰：《对立抑或超越：人工智能引发的青年就业效应及其前景》，《中国青年研究》2020年第10期，第94~99页。

③ 盛红梅、栾宇、王占仁：《改革开放以来共青团服务青年就业创业的运作逻辑》，《中国青年研究》2020年第4期，第13~20页。

择业时间，针对"慢就业"青年，可按规定将离校时未落实工作单位的高校毕业生的户口档案在校保留两年，待毕业生落实工作单位后再及时办理相关手续。[1]

二是完善困难援助。第一，做好困难青年就业补助工作，对来自收入较低的农村贫困家庭以及城市最低生活保障家庭的青年给予生活补贴，为就业困难青年提供租房或住房优惠；第二，做好困难青年就业指导，建议高校对家庭经济困难学生、身体残疾学生等群体提供一对一的帮扶，针对性开展就业岗位推送工作；第三，做好青年就业心理援助，建议开通相关就业咨询热线，鼓励高校开展心理健康主题活动，做好青年的心理辅导工作。

三是完善权益保障。一方面，加强劳动保障法制宣传，营造良好法制氛围，提高用人单位和劳动者的懂法守法意识，监督企业按时足额缴纳五险一金，坚决防止和纠正性别、年龄、学历等就业歧视，保障员工工作时长合理合规，避免超长时间加班；另一方面，严厉打击拖欠工资、违规违法扣除工资等行为，全方位保障青年就业权益。

（五）立足新阶段，贯彻落实乡村振兴战略

一是加大对乡镇企业的财政支持力度。建议各地方政府为开展农业产业化经营的乡镇企业提供一定的财政支持，鼓励其完善健全产业链条，为农村青年创造更多就近就业的岗位。[2] 鼓励广大青年发挥专长返乡创业，带动乡村产业振兴、人才振兴，结合调研结果，可重点关注 30~35 周岁有意愿选择在基层工作的青年，这类青年相比其他年龄段青年而言更有创业热情。

二是深入推进农村基础设施建设。聚焦"硬件"优化，推进农村路网、水利、物流、网络升级；突出"软件"完善，切实加快农村教育、医疗、养老事业发展，让广大有志青年"愿意来""留得下""干得好"，扎实推动乡村振兴战略贯彻落实，为服务巩固拓展脱贫攻坚成果同乡村振兴有效衔

---

[1] 侯艺：《保就业背景下青年就业现状研究》，《中国青年研究》2020年第9期，第107~112页。
[2] 郭宇：《以健全的财税政策保障青年就业》，《人民论坛》2019年第10期，第78~79页。

接、助力农民农村共同富裕提供坚实保障。

三是建立农村青年服务中心。鼓励各地建立农村青年服务中心或人才数据信息库，为农村吸引青年优秀人才提供服务平台与信息支撑，实施动态管理，打造优秀人才"聚集地"，搭建起青年与农村之间的桥梁，让广大青年在乡村振兴的舞台上展现青春的风采。

参考文献

王美艳：《当前青年就业新态势及应对策略》，《人民论坛》2021 年第 15 期。

王朝彬：《习近平总书记关于青年就业重要论述的时代意蕴》，《学校党建与思想教育》2020 年第 4 期。

方长春：《新经济形态下的"两栖青年""斜杠青年"——兼论新就业形态》，《人民论坛》2021 年第 24 期。

冯娜娜、连智华、龙堂展：《经济新常态下青年就业力评价指标构建研究》，《技术经济与管理研究》2019 年第 2 期。

宋佳、张培菡、白宇、叶丹楠：《全球青年就业：趋势、挑战与应对》，《中国青年研究》2020 年第 9 期。

侯立文：《长期失业青年就业状况分析及对策》，《当代青年研究》2020 年第 6 期。

徐明、陈斯洁：《新冠肺炎疫情影响下青年就业政策研究——基于省级层面的政策文本分析》，《人口与经济》2022 年第 1 期。

黎淑秀编译《全球青年就业趋势研究——为青年提供优质的就业政策》，《中国青年社会科学》2020 年第 1 期。

B.7

河北青年创业的特征分析
及发展策略研究

王依娜　张义日*

摘　要：　青年富有想象力和创造力，是创新创业的有生力量。当前，
　　　　　受新冠肺炎疫情影响，经济下行压力加大，民营经济受到冲
　　　　　击，青年创业受到社会各界普遍关注。鉴于此，本报告针对
　　　　　河北青年创业展开调查，从市场环境、创业意愿、创业实践、
　　　　　政策环境等四个维度进行分析，并结合河北实际提出完善青
　　　　　年创业政策体系、建立健全青年创新创业协调机制、搭建创
　　　　　业青年实践平台、分层次加大青年创业扶持力度、发挥创业
　　　　　孵化基地"桥梁作用"的发展策略，为进一步优化青年创业
　　　　　环境提供参考。

关键词：　青年创业　创业特征　青年发展友好型城市　河北青年

一　引言

青年创业有利于激发全社会创新潜能，促进经济社会发展，对青年就业
具有重要推动作用。习近平总书记指出："青年是国家和民族的希望，创新

---

*　王依娜，河北人，北京大学社会学系博士，研究方向为社会工作理论与实践、社会保障；
张义日，安徽人，北京大学硕士，河北省中长期青年发展规划联席会议办公室秘书处规
划专员。

是社会进步的灵魂，创业是推动经济社会发展、改善民生的重要途径。青年学生富有想象力和创造力，是创新创业的有生力量。"[1] 2015 年 6 月，国务院出台《关于大力推进大众创业万众创新若干政策措施的意见》，强调"以创业带动就业、创新促进发展"。2018 年 9 月，国务院印发《关于推动创新创业高质量发展打造"双创"升级版的意见》，提出"大幅降低创新创业成本，提升创业带动就业能力"。2021 年 3 月，国家"十四五"规划提出"推进创新创业创造向纵深发展"。河北省委、省政府高度重视青年发展，将"青年就业创业"作为省委、省政府顶格出台的《河北省中长期青年发展规划（2018~2025 年）》十大青年发展领域之一，多措并举推进青年创业高质量发展，河北青年创新能力、创业活力不断增强，青年人才队伍不断壮大，在服务全省经济社会发展中实现自身成长，为河北省经济社会发展贡献了青春力量。

2020 年以来，受新冠肺炎疫情影响，国内经济下行压力加大，就业创业形势严峻复杂。2022 年 5 月全国城镇调查失业率为 5.9%，其中 16~24 岁青年人群的失业率达 18.4%[2]，创有历史数据以来最高。据河北省统计局网站数据，河北省私营经济增速从 2021 年 1 季度的 19.8% 下滑至 2022 年 1 季度的 3.3%[3][4]，已经低于总体增速，许多中小微企业经营困难、业务停摆，给青年创业带来巨大压力。在此背景下，摸清河北青年创业的现实状况，反映创业青年的困难与诉求，采取积极有效措施化危为机，对促进河北青年创业健康发展具有重要的现实意义。

---

[1] 《致二〇一三年全球创业周中国站活动组委会的贺信》（2013 年 11 月 8 日），《人民日报》2013 年 11 月 9 日。

[2] 《国家统计局新闻发言人就 2022 年 5 月份国民经济运行情况答记者问》，2022 年 6 月 15 日，http：//www. stats. gov. cn/xxgk/jd/sjjd2020/202206/t20220615_ 1858330. html。

[3] 《2022 年一季度河北省经济形势新闻发布稿》，河北省统计局（2022-4-21），http：//tjj. hebei. gov. cn/hetj/xwfb/101647928145093. html。

[4] 《一季度全省经济运行实现良好开局》，河北省统计局（2022-04-21），http：//tjj. hebei. gov. cn/hetj/app/xwfb/101615278446465. html。

通过梳理既有青年创业研究发现，市场环境①、创业意愿②③、创业实践④与政策环境⑤是创业过程中的关键因素，对创业行动的实际效果产生决定性影响，本文由此建立起河北青年创业特征分析框架，并尝试对以下问题进行回答：河北青年创业意愿如何？青年创业群体的现状如何？创业政策环境如何？如何促进河北青年创业的健康发展？

本文所指"青年创业"是青年个体或群体共同发掘市场信息、投入资金与技术、组织与管理经济体并合法建立盈利模式的过程。本报告所使用的调查数据来自河北青年民生发展调查（14~35 岁年龄段人数 N = 9509），并辅以调研组于 2022 年 6 月中下旬对河北省北方创业孵化园、新华创业创新孵化基地、井陉县文旅产业园、赵县鑫农创业孵化基地等 4 家不同业态创业园区进行的实地调研成果，以及访谈 100 名青年的资料。

二　河北青年创业市场环境特征分析

创业市场环境是影响创业者创业意愿与创业实践的外部要素，也是创业政策需要考量的重要方面，主要包括市场主体数量、市场活跃程度、创新能力、市场资源等几个方面。

（一）市场主体数量实现快速增长，各地市场活跃度差异明显

2018 年底至 2021 年 4 月底，河北省市场主体从 525.77 万户上升至 780.4 万户，增幅达 48.4%，呈现快速增长态势；从业人员从 1261.34 万人

① 叶琴等：《上海浦东新区、北京海淀区、深圳市创新创业环境比较研究》，《上海经济研究》2016 年第 4 期，第 117~124 页。
② 黄江波、陈沙麦：《青年成功创业者动机与素质探析》，《当代青年研究》2006 年第 7 期，第 61~64 页。
③ 张珺：《青年创业意愿、困境与对策》，《中国青年研究》2013 年第 3 期，第 80~84 页。
④ 人力资源和社会保障部劳动科学研究所课题组：《中国青年创业现状报告——青年创业跟踪调查与分析》，《中国劳动》2017 年第 5 期，第 48~54 页。
⑤ 郗杰英、胡献忠：《当代青年创业与社会的制度安排》，《中国青年研究》2008 年第 1 期，第 24~27 页。

增加到 1413.38 万人，其中，民营从业人员占全省二、三产业从业人员比重
达 79.6%，民营经济占全省 GDP 比重达 63.5%，税收收入占比超过
62.5%①，表明河北省近年来推动的"大众创业、万众创新"取得了明显
成效。

从私营企业法人单位保有数量来看（见表 1），石家庄市每万人私营企
业数量在 200 个以上，领跑全省；廊坊、衡水、秦皇岛等地的市场活跃度也
较高，每万人私营企业数量均在 160 个以上；张家口、承德等地的市场活跃
度最低，每万人私营企业数量不足 130 个。从侧面反映出，石家庄、廊坊、
衡水、秦皇岛等地积极融入国家京津冀发展战略，活跃市场的政策优势突
出；张家口等地由于经济区位上的劣势，市场活跃度处于相对偏低水平。

表 1　河北省每万人私营企业数量

城　市	人口（万人）	私营企业（个）	万人拥有私营企业（个）	备注
全　省	7463.84	1160391	155.47	
石家庄	1124.15	253044	225.10	含辛集
石家庄[1]	1064.71	245345	230.43	不含辛集
承德市	335.15	40818	121.79	
张家口市	411.86	48326	117.34	
秦皇岛市	313.98	53007	168.82	
廊坊市	548.59	93314	170.10	
唐山市	771.85	102738	133.11	
保定市	1154.63	166758	144.43	含定州
保定市[1]	942.39	137556	145.97	不含定州
沧州市	730.22	107016	146.55	
衡水市	421.08	72002	170.99	
邢台市	710.85	100940	142.00	
邯郸市	941.49	122428	130.04	
定州市	109.45	11866	108.41	
辛集市	59.44	7699	129.53	

资料来源：据《河北统计年鉴 2021》计算所得。

---

① 《河北省 2021 年国民经济和社会发展统计公报》，http://tjj.hebei.gov.cn/hetj/tjgbtg/
101642400676357.html。

（二）市场主体创新能力不强，城市青年创业发展在全国处于劣势地位

河北省民营市场主体数量居全国第七位，呈现"多而不强"的特征。90.28%的市场主体集中在批发零售、住宿和餐饮、教育文化、娱乐旅游、居民服务等传统行业，新能源、工业机器人、电子元件等新产业、新业态主体数量虽有所增长，但总体质量不高，与其他市场活跃的省市相比存在差距。创业板和科创板主要面向有较强创新能力和高成长型企业，是衡量一个地区创业市场活力和表征创业企业质量的重要指标，在2020年我国871家创业板上市公司中，河北仅13家入围，科创板上市企业145家，河北无一入选。长城战略咨询发布的《2021中国潜在独角兽企业研究报告》显示，2020年中国潜在独角兽企业数量达到425家，河北仅3家上榜。[①]

河北城市青年创业发展在全国排名中也处于劣势地位，在2020年中国城市青年创业发展前50名中，河北省仅石家庄位列第46名，城市创业环境、企业家精神、创业结果等榜单的前30名均无河北省城市入选。[②]

（三）市场主体面临产业升级、疫情、周边省市竞争的"多重压力"

创办民营企业是青年创业的主要方式，民企是最易受到外部环境冲击的经济体。当前，河北省经济发展正处于由传统"煤钢电"等资源消耗型向绿色新兴产业高质量发展转变的关键期，能耗"双控"向碳排放总量和强度"双控"转变的任务十分艰巨。以黑色金属冶炼和压延加工业等为主体的固定资产投资曾是河北省投资的重点领域，随着经济转型和产业升级，工业经济投资持续下滑，人才、技术、设备积淀不足造成河北省传统产业向战略性新兴产业转型升级遭遇瓶颈，旧的产业支柱被"打破"，新兴产业地位

---

① 《2021中国潜在独角兽企业研究报告》，长城战略咨询（2021-06-29），http://www.gei.com.cn/yjcg/8344.jhtml。

② 熊柴、任泽平、裴桓、王松山：《中国青年创业发展报告（2020）》，《中国青年研究》2021年第2期，第58~67页。

并未"确立",短期内难以实现"弯道超车"。河北省经济生产总值在全国的占比已经从 2018 年的 4% 下降到 2021 年的 3.5%[1],在各省市的排名也逐年下降,民营经济发展基础并不稳固。

从宏观发展环境看,疫情和经济社会的不确定所带来的风险越来越难以避免,社会消费持续趋弱,经济增速放慢,民营经济发展动能不足。河北省社会消费品零售总额增速由 2021 年 1 季度的 24.3%,降至 2022 年 1 季度的 7.1%。2022 年 3~4 月,全省限额以上单位消费品零售额下滑明显,分别下降了 6.9% 和 15.1%,为历年来最低。以中小微企业和个体户为主体的创业经济体受疫情冲击更严重且恢复速度较慢,2022 年 1 季度经济增速已低于整体增速,民营经济动能明显不足。与此同时,河北省的创业环境不仅受到来自北京、山东、河南等周边省市的强势挤压,而且面临正在崛起的中部、西南以及华中地区的严峻挑战。

三 河北青年创业意愿特征分析

创业意愿是"潜在创业者"对是否从事创业活动的一种主观态度,反映了某一地区未来的创业发展潜力。通过对线上 8890 名和线下 79 名未从事创业活动的青年进行调查分析,发现青年创业意愿呈现以下特征。

(一)河北青年创业意愿总体下降

与 2019 年所做的调查相比,河北青年打算创业的比例从 26.4%[2] 下降到 13.99%(见图1),虽仍高于全国平均水平(10.4%),但与广东(28.88%)[3] 等创业活力强劲的省市相比差距明显,大部分青年倾向于选择"行政事业

---

① 根据 2018~2021 年《中国统计年鉴》与《河北统计年鉴》相关数据整理计算所得。
② 张齐超:《河北省青年就业创业发展状况研究报告》,《河北青年发展报告(2020)》,社会科学文献出版社,2020。
③ 熊柴、任泽平、裴桓、王松山:《中国青年创业发展报告(2020)》,《中国青年研究》2021 年第 2 期,第 58~67 页。

单位人员"（41.51%）、"高级专业技术人员"（17.47%）等相对"稳定"的岗位。

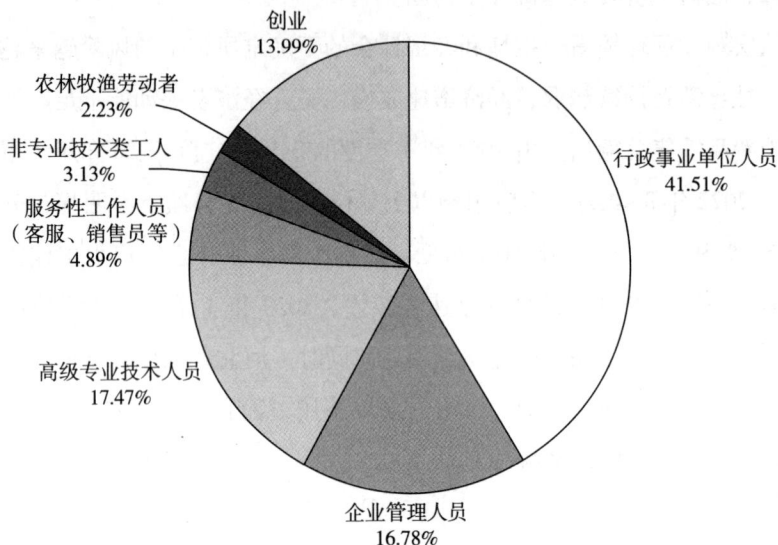

图1 2021年河北青年预期工作岗位

资料来源：本次调查统计。

通过访谈发现，追求"稳定"、"信心"不足、负面"认知"是造成河北青年创业意愿降低的主要原因。

"稳定"是许多青年在择业过程中考虑的首要因素。出于国际形势的不确定性和新冠肺炎疫情反复等原因，社会环境和经济环境所面临的风险有所增加，很多企业停工停产，民营企业收入在整体上或多或少受到影响。据河北省统计局统计，2021年全省城镇非私营单位就业人员平均工资82526元，城镇私营单位就业人员平均工资48185元①，相差很多。基于履行家庭责任、稳定生存保障与改善生存环境的需要，重视工作"稳定、舒适"的价值观在青年群体中回暖，青年群体在选择工作时更希望求得一份"稳定"

---

① 《2021年全省城镇单位就业人员平均工资》，http://tjj.hebei.gov.cn/hetj/tjxx/101653446354684.html。

的工作。访谈中发现，不少青年不打算创业主要与当前不稳定、不明确的市场环境有关，他们更倾向于选择体制内或国企单位等待遇稳定的工作。

"信心"是影响青年创业意愿的重要因素。调查显示，认为创业能够"拓宽发展空间"的青年比例虽然高达52.5%，但"相信我创业能取得成功"的仅占17.6%，反映出河北青年普遍缺乏对创业的自信心。经济复苏缓慢增大了社会就业的压力，这也相应地向创业方向传导，自我发展的不确定和不自信有所上升，对自我的创业效能感产生了一定的负面影响。调查青年中，32%认为自身能力不足，27%认为不能筹措到所需的资金，19%认为承担不起失败的后果。在座谈中，许多青年表示由于自己缺乏经验和行业人脉资源，更缺少原始创新能力，产生了一种对于自身能力质疑的"焦虑"情绪，担心自己难以在竞争激烈的市场上立足，由此降低了整体的创业意愿。

"负面认知"对青年创业意愿产生了一定影响。在座谈中，很多青年对创业还存在一些较为负面和保守的认知：一些青年认为创业主体多为中小微企业和个体户，成长空间不大；还有一些青年认为创业企业抗风险能力差、缺乏相应的社会保障。

（二）不同社会经济特征的青年创业意愿存在差异

如表2所示，不同性别、年龄组、文化程度、当前职业以及家庭经济状况的青年群体之间的创业意愿存在明显差异。

在性别分布上，男性的创业意愿（16.85%）明显高于女性（11.63%）。男性青年更希望通过创业来"成就梦想"、提高家庭收入以及缓解"养家糊口"的压力。

随着年龄的增长，青年创业的意愿呈现"U"形分布，14~25岁青年的创业意愿最高（17.41%），其次是31~35岁的青年（15.36%），26~30岁的青年最低（11.48%）。访谈发现，18~25岁的青年处于就学或刚毕业期，对未来有多种憧憬且对困难考虑较少，创业意愿最强；26~30岁的青年多处于工作试用阶段或社会定位期，创业意愿稍弱；31~35岁的青年一般都有一定的工作经历，具有一定市场经验和抗风险的能力，调换工作的愿望逐渐强烈，创业意愿也有所增强。

在学历分布上，高中及以下学历的青年创业热情最为高涨（27.85%），其次是大专（16.05%）与本科（11.45%），研究生及以上学历的青年人群创业意愿最低（6.3%）。对于青年群体来说，学历越高，其在就业市场上的竞争力越强，在社会上越可能获得更多的机会和更为优质的就业岗位；学历越低，其获得优质就业岗位的机会就越少，他们对新兴职业的接受度就更高，更有可能"另辟蹊径"而选择"创业"赛道。

家庭经济状况与创业意愿相关，家庭经济状况处于上层与下层的青年创业意愿最强，分别达到21.22%与25.57%；家庭经济状况处于中下层与中上层的青年创业意愿次之，分别为14.88%与11.11%；家庭经济状况处于中层的青年创业意愿最低，仅为8.08%。调查发现，经济状况处于上层的家庭能够为子女提供创业所需资金、人脉关系以及生意网络，因此子女更容易实现创业的愿望；经济状况处于中层的家庭，由于资金支持和风险抵抗力一般，在职业选择上可能更保守；对于社会下层的家庭而言，创业可能意味着获得"跨阶层"流动的机会，因此他们具有较强的创业动机。

表2　不同特征青年群体的创业意愿差异

单位：%

变量	类别	没有打算	打算创业	没有想好
性别	男	29.24	16.85	53.91
	女	39.34	11.63	49.03
年龄组	14~25岁	29.25	17.41	53.34
	26~30岁	37.58	11.48	50.94
	31~35岁	35.49	15.36	49.15
婚姻状态	未婚	33.24	11.41	55.35
	已婚	34.58	16.29	49.13
文化程度	高中及以下	19.2	27.85	52.95
	大专	26.03	16.05	57.92
	本科	30.9	11.45	57.65
	研究生及以上	59.9	6.3	33.8

变量	类别	没有打算	打算创业	没有想好
当前职业类型	失业	10.57	33.56	55.87
	在校大学生	29.39	16.14	54.47
	公务员、事业单位管理人员和专业技术人员	42.38	7.44	50.18
	企业管理人员	34.67	9.13	56.2
	新兴商业和服务业人员	22.81	25.27	51.92
	传统商业和服务业人员	29.28	14.06	56.66
	产业工人或务农	39.45	9.81	50.74
	其他行业从业人员	37.67	13.55	48.78
家庭经济状况*	上	26.69	21.22	52.09
	中上	38.84	11.11	50.05
	中	36.78	8.08	55.14
	中下	33.07	14.88	52.05
	下	19.74	25.57	54.69

* "家庭经济状况"划分标准依据《疫情后时代中国家庭的财富变动趋势——中国家庭财富指数调研报告（2021Q1）》，西南财大和蚂蚁集团研究院联合发布。其中第三、四档合并为中档。

资料来源：本次调查统计。

（三）创业目标趋向大城市和新兴产业

河北青年在创业地点的选择上表现出较强的倾向性和方向性。如图2所示，选择在省会城市创业的青年最多（40.74%），其次是选择在县乡（28.35%）和非省会的其他地级市（27.87%）创业。在访谈中，很多青年认为大城市具备良好的经济社会环境、丰富的就业创业机会以及完备的城市基础设施等优势，"去大城市创业"是首选；而表示愿意去小城镇、农村和特殊地区创业的青年比例与往年相比仍然偏低。值得注意的是，硕士或硕士以上学历的有创业意愿的青年倾向于到国内一线城市的比例高达84.6%，这也从侧面表明，河北省高学历青年人才流失的风险较高。

"互联网+"新兴职业（主播/网红/新媒体运营等）是青年最向往的创

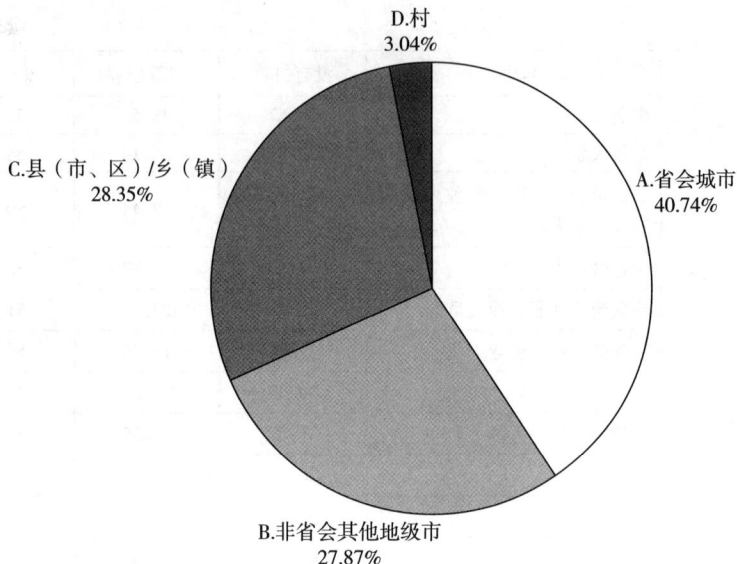

图2　创业地点选择

资料来源：本次调查统计。

业领域。既有研究发现，大部分的青年创业蕴含了新科技的运用①，本次访谈也发现，青年更容易接受新鲜事物，更倾向于选择技术和资金门槛不高的行业进行初始创业，这也符合大多数青年创业者缺乏资金和社会资源的现状，同时由于疫情的影响，线上经济迅速发展，很多青年表示希望通过直播带货、B站与抖音宣传、网络教育、开淘宝店等方式创业。值得一提的是，"双减"政策出台后，线上教育市场规模有所缩小，该行业的创业发展受到一定限制。

四　河北青年创业实践特征分析

河北省持续推进中长期青年发展规划，五年来催生了一个规模较大的青

---

① 曹文宏：《"双创"背景下当前青年创业问题探析》，《中国青年研究》2016年第4期，第5~9页。

年创业群体，他们成为创业发展的主要力量。通过对线上 619 名和线下 21 名从事创业活动的青年所做的调查发现，青年创业实践呈现以下特征。

（一）大学在校生、应届毕业生、毕业后待业人员综合占比最高，创业规模普遍较小

如表 3 所示，从年龄分布看，26~30 岁青年创业者占比最多（42.57%），31~35 岁青年创业者（29.70%）与 20~25 岁青年创业者（27.72%）次之。这组与创业意愿年龄分布截然相反的数据引起了调研组的兴趣，通过进一步研究发现，由"创业意愿"到"创业行动"一般要有 1 年左右的心理、物质上的准备期，同时，疫情使许多创业行动又产生了 2~3 年的滞后期，因而意愿与行动之间有 3~4 年的时间差。

表 3　河北省创业青年基本特征

单位：%

变量	类别	比例	变量	类别	比例
年龄	20~25 岁	27.72	创业形式	合伙创业	42.10
	26~30 岁	42.57		家庭创业	21.20
	31~35 岁	29.70	所属行业	居民服务	21.20
性别	男	63.29		批发零售	19.50
	女	36.71		住宿和餐饮业	7.90
受教育程度	高中及以下	34.66		交通运输、仓储邮政	5.10
	大专	22.24		文化、体育和娱乐业	9.40
	本科	38.05		租赁和商业服务	4.90
	研究生及以上	5.05		信息传输、IT 和软件业	6.40
创业前职业	大学在校生	5.7		建筑业和制造业	15.10
	应届毕业生	13.36		主播/网红/新媒体运营	4.90
	毕业后待业	21.44		技术服务	5.60
	产业工人及农民	11.20	吸纳就业人数	10 人以下	71.80
	进城务工	23.41		10~29 人	11.95
	城镇待业人员	11.07		30~49 人	9.85
	城镇在职人员	13.82		50~99 人	3.88
创业形式	个人独资	36.70		100 人及以上	2.42

资料来源：本次调查统计。

从性别分布看，男性创业比女性更加普遍，前者占比达63.29%。从受教育程度分布看，专科及以上学历的创业者占比之和超过了65%，比2019年提高了4.1个百分点，在一定程度上也说明河北省近年来鼓励大学生创业的措施有所成效。从创业前的职业分布看，大学在校生、应届毕业生、毕业后待业人员占比之和，达到40.5，进城务工青年占比23.41%，城镇在职人员占比13.82%，产业工人及农民占比11.2%，城镇待业人员占比11.07%。从创业形式看，接近八成的创业者选择个人独资、合伙创业形式，有约两成的创业者选择家庭创业的形式。从所属行业看，一半的创业企业集中在居民服务、批发零售和文体娱乐行业。从创造就业岗位看，创业者所在创业主体吸纳就业人数在10人以下、10~29人、30~49人、50~99人、100人及以上的比例分别为71.8%、11.95%、9.85%、3.88%、2.42%，说明河北省青年创业规模普遍较小。

（二）创业者更习惯于自主独立思考，认为创业是"追求理想的生活方式"

从创业想法来源看，如图3所示，40.71%的被调查者认为最初创业的意向主要来源于"对经济社会的独立观察"，反映出河北青年创业群体更习惯于自主独立思考，具备一定的对趋势和机会的敏感性和分析判断能力。同时，行业圈子或朋友、校友交流（34.89%）和专业技术积累（25.53%）也让许多创业者有了创业的初始意向。相比之下，创业想法较少来源于社会创业氛围的影响（18.9%）、学校或创业教育的培训（11.31%），说明河北省在创业宣传和教育培训方面还有较大提升空间。

从创业动机来看，如图4所示，"追求理想的生活方式"是最受青年认可的创业动机，占比达33.12%；其次是为"获取财富"（32.31%）和"挑战自我"而创业（30.69%），也有部分青年由于"就业压力大"（23.26%）、希望"学以致用"（21.00%）、"贡献社会"（21.00%）或"获得名誉"（3.55%）而选择创业。与2019年相

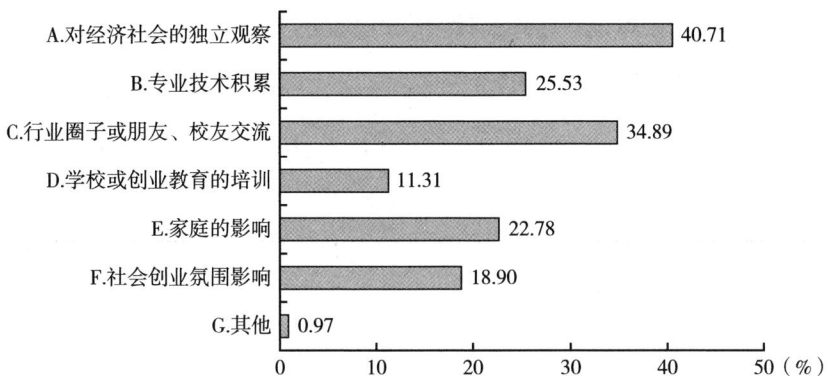

图3 创业想法来源（限两项）

A.对经济社会的独立观察 40.71
B.专业技术积累 25.53
C.行业圈子或朋友、校友交流 34.89
D.学校或创业教育的培训 11.31
E.家庭的影响 22.78
F.社会创业氛围影响 18.90
G.其他 0.97

图3 创业想法来源（限两项）

资料来源：本次调查统计。

比，"追求理想的生活方式"超过"获取财富"成为青年创业的主要动机，反映出年轻一代价值取向的细微变化；选择"就业压力大"的比例相比上年增大了。[①]

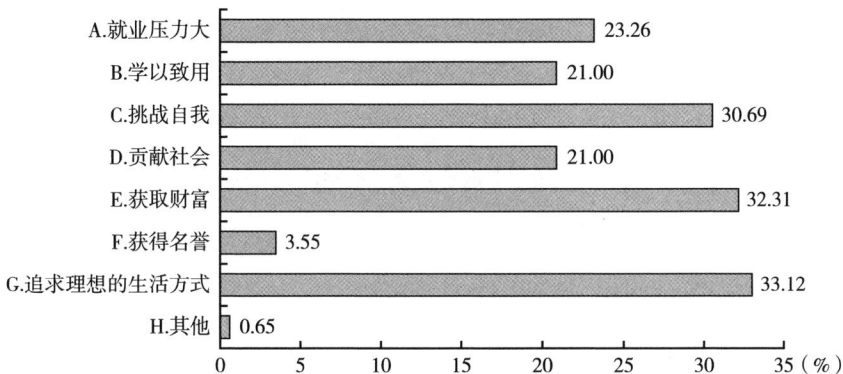

A.就业压力大 23.26
B.学以致用 21.00
C.挑战自我 30.69
D.贡献社会 21.00
E.获取财富 32.31
F.获得名誉 3.55
G.追求理想的生活方式 33.12
H.其他 0.65

图4 创业目的（限两项）

资料来源：本次调查统计。

---

① 张齐超：《河北省青年就业创业发展状况研究报告》，《河北青年发展报告（2020）》，社会科学文献出版社，2020。

（三）本人和家庭积蓄是青年创业资金的主要来源，创投公司和其他企业的投资较少

据统计，河北青年创业者的启动资金较少，10 万元以下者占比 53.91%，50 万元以下者占比 85.47%，100 万元以下者占比 92.74%。在启动资金来源方面，如图 5 所示，整体来源相对单一，将"本人和家庭积蓄"作为资金来源的青年创业者占比 70.76%，远远高于其他来源。从其他来源来看，合伙人共同出资占比 28.59%，亲友借贷、银行贷款、政府支持在 9%~19%，而来自创投公司和其他企业的投资均在 3% 以下，反映出河北省直接融资体系对青年创业投资的支撑较为薄弱。

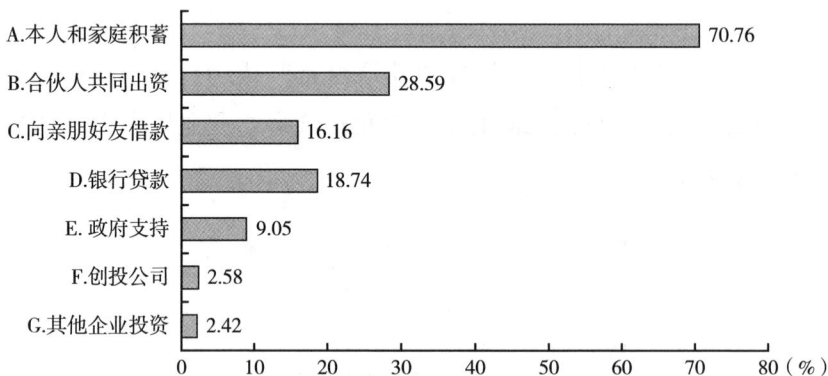

A.本人和家庭积蓄　70.76
B.合伙人共同出资　28.59
C.向亲朋好友借款　16.16
D.银行贷款　18.74
E.政府支持　9.05
F.创投公司　2.58
G.其他企业投资　2.42

0　10　20　30　40　50　60　70　80（%）

图 5　初期创业启动资金主要来源（多选）

资料来源：本次调查统计。

在后续资金来源方面，"本人和家庭积蓄"是主要构成（62.9%），但相比启动资金来源，"本人和家庭积蓄"的占比有所下降；银行贷款占比显著提升，占比达 25.7%；创投公司资金也有一定提升，占比 4.9%。在创业融资方式方面，八成以上的创业者通过"银行贷款"和"合作入股"的方式融资，选择"抵押担保"等方式融资的创业者较少。

（四）创业青年工作强度较大，创业所带来的成就感和幸福感较高

创业青年的工作强度较大，表现在三个方面：在工作时长方面，

64.18%的青年创业者每周工作超过 45 个小时，20.2%的创业者每周工作 58 小时以上，整体每周平均工作 45 小时；在出差方面，约 72%的创业者需每月出差，每月平均出差次数为 2 次，出差以 1~3 天的短期出行为主，每月平均出差天数约 4 天；在工作压力方面，80%的青年创业者表示有一定的心理压力，其中 1/3 的青年创业者表示"心理压力很大"，但超过 67%的创业者认为创业带来了成就感和幸福感，仅有 2.32%的创业者完全没有感受到创业带来的成就感和幸福感。在与青年座谈分析"创业压力大，成就感强"这一现象时，不少人认为"能够为自己打拼""逐渐提升自己，很有成就感"。

（五）七成创业者表示在三年内可以实现盈利，26.5%的企业遭遇人力资源管理难题

从盈利状态看，近半数创业企业处于"盈亏持平"的不稳定期，有 14.7%的创业企业处于亏损状态，在一定程度上反映出创业所面临的经营风险。七成创业者表示在三年内可以实现盈利，其中创办一年以内、两年以内、三年以内开始盈利的比例分别为 38.4%、22.1%、10.9%，呈现递减态势，三年以上开始盈利的创业者仅占 5.1%，说明大部分创业者能够在创业早期实现盈利。从创业人力来看，创业以来人员较为稳定的创业企业占比 59.0%，有 26.5%的创业企业还存在人员数量稳定但变动较大或人员数量不稳定的情况，反映出部分初创企业在经营过程中人力资源管理上面临一定困难。

（六）业务来源单一、市场竞争激烈、创新能力不足是青年创业企业的主要困难

如图 6 所示，50.24%的创业者将"业务来源单一"列为创业主要困难，32.63%的创业者认为行业激烈的"竞争环境"是企业生存和发展的重大威胁，30.69%的创业者认为"创新能力不足"制约企业发展，22.29%的创业者认为"人才招聘难"，19.87%的创业者认为"创业融资难"。

访谈发现，创业青年主要面临两方面困难：一是多重的行业竞争压力，其不仅面临省内同行的竞争，还面临省外大型企业的竞争，尤其是平台经济的垄断。二是自身积累的不足，表现为在创业前期缺乏个人经验与行业人脉，不受风险资本的青睐；在创业中期，缺乏现金流保障、其产业价值链处于低端、业务拓展困难；在创业后期，缺乏创新人才的支撑与产品更新能力。因而大部分创业企业不得不面对产品附加值小、市场认可度低、沉没成本和转换成本高等问题。

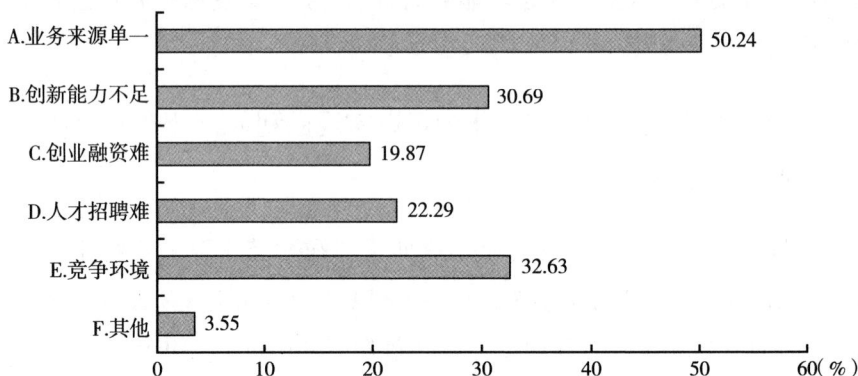

图6 创业困难（限2项）

资料来源：本次调查统计。

（七）创业青年对融资、创业培训、产业资源的诉求呼声最高

如图7所示，38.45%的创业者希望政府帮助解决融资难问题，31.34%的创业者希望政府组织更多的创业培训，23.59%的创业者认为政府应多为创业企业提供产业资源，21.00%的创业者呼吁加大创业税收优惠政策力度。同时，青年创业者对为企业提供办公场所（15.83%）、技术研发咨询（11.15%）、创业基地设施（8.89%）、改善基础设施（6.79%）和简化注册审批程序（5.65%）等方面也有一定的诉求。

在访谈中，青年创业者希望对政府表达的诉求主要包括三个方面：一是提供启动资金的支持，解决创业者频频遇到的"融资渠道受限"和"融资成本偏高"等问题；二是拓展基于青年创业企业需要的创业管理模式、市场开拓模式、人才培养模式，破解中小创业企业在大型和超大型企业"夹缝中生存"的窘境；三是加大税收优惠力度和简化注册审批程序，降低创业企业的运行成本，提升其运营效率。

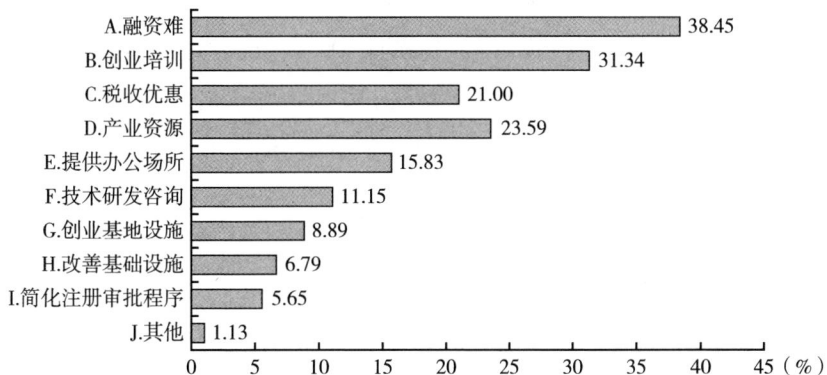

图 7 创业诉求

资料来源：本次调查统计。

五 河北省青年创业政策分析

河北省委、省政府高度重视青年创新创业工作，以贯彻新发展理念为主线，以激发市场主体活力为导向，以培育经济发展新动能为目标，使得创业政策体系进一步完善、创业平台功能进一步增强、创业带动就业倍增效应进一步显现，推进大众创业工作取得积极成效。[①] 但在加大青年创业政策措施力度、不断完善青年创业培训服务和政策指导体系建设方面还存在不同程度的欠缺。

[①] 《答记者问：请问今年前三季度我省在推进大众创业方面都做了哪些工作，下一步有何安排？》，河北省人社厅（2021-10-28），https：//rst. hebei. gov. cn/a/redianzhuanti/2021/qsjdzdmsgz/djzw/2021/1028/11150. html。

（一）出台多项优惠措施，以政策促创业

据不完全统计，2012 年以来，河北省政府、财政、人社、税务等部门印发创业扶持政策文件 30 多个[①]，涉及免收行政事业性收费、税收优惠、担保贷款、初次创业社会保险、高校毕业生社会保险、创业补贴、场地租金和孵化基地房租物业水电补贴等 8 个方面 100 多项，创业带动就业成效明显，仅 2021 年，优化升级创业孵化基地 150 家，评选河北创业大学 10 家，完成创业服务 143.5 万人次，发放创业担保贷款 19 亿元，直接扶持 7100 多人自主创业，带动（吸纳）1.9 万多人实现就业。[②]

（二）加强创业基地建设，以活动促创业

在政策保障的同时，各地各部门强力推进大众创业工作，举办创业引领者专项活动暨"马兰花"全国创业培训讲师大赛河北省分赛、河北省创新创业大赛、全省农村创新创业项目创意大赛、河北省"互联网+"大学生创业创新大赛等系列创业大赛，以及河北省创业就业服务成果参加全国"双创周"河北分会场展示交流、农业产业化创新创业对接等系列活动，大力营造全社会支持创业创新、积极参与创业创新的浓厚氛围。2018~2020 年，全省共建成创业就业孵化基地 453 家，其中省级达 219 家[③]；2021 年 1~9月，评选河北创业大学 10 家，全省创业大学达到 30 家；全省高校建成 164个众创空间，实际入驻创业项目 2571 个；新增省级培育库基地 36 家，全省小微企业培育库基地达到 133 家，入驻企业 1 万余家。[④]

---

① 《河北省就业创业扶持政策清单》，https：//www. aisoutu. com/a/1282614。
② 《2021 年重点民生工作推进情况新闻发布会》，https：//rst. hebei. gov. cn/a/redianzhuanti/2022/2021zdmsgz/fabuci/2022/0125/11540. html。
③ 《河北省三年建成 453 家创业就业孵化基地》，https：//www. sohu. com/a/435941243_115402。
④ 《答记者问：请问今年前三季度我省在推进大众创业方面都做了哪些工作，下一步有何安排?》，河北省人社厅（2021-10-28），https：//rst. hebei. gov. cn/a/redianzhuanti/2021/qsjdzdmsgz/djzw/2021/1028/11150. html。

（三）发挥共青团组织作用，以平台促创业

共青团河北省委广泛组织动员青年创新创业创优，激发青年活力，涌流青年才智。2009 年，首届河北省青年创业大赛在邯郸举办。2014 年，首个青创基地——河北省青年创业就业服务中心揭牌成立，成为服务青年双创工作的平台阵地。2015 年，京津冀青年创业服务中心成立，成为贯彻落实中央京津冀协同发展战略规划要求的重要载体。2016 年，团河北省委与北京大学创业训练营共同推动建设"京冀青年协同创新创业云平台"，开展线上线下青年创客培训工作。2018 年，由学生创客、自由创客、职工创客组成的河北省青年创客联盟成立，创业导师、投资人组成河北省青年创业导师联盟。2019 年，团中央正式复函河北省政府，同意建设中国青年创新创业板区域中心。2020 年，青创板区域中心建设持续深化，进一步将优质青创企业项目推向全国更高层次资本市场。[①] 2021 年以来，省中长期青年发展规划联席会议办公室（设在团省委）建设"冀青政策·一键查询"青年政策信息平台，对各级各领域青年发展相关政策进行收集、梳理、汇总，并进行集中发布和广泛宣传，加大青年创业等领域政策解读力度，提升青年知晓度和政策受益覆盖率。同时，将"青年创新创业行动计划"连续两年列入河北共青团 10 项青年民生实事项目，截至 2022 年 8 月，通过培训、路演等联系服务青创项目 5000 余个；持续深化青扶贷项目，为扎根脱贫地区创业青年发放贷款 246 笔，总计 2769 万元。

（四）创业政策措施对青年缺乏足够吸引力

为应对当前复杂严峻的就业形势，国务院办公厅于 2022 年 5 月 5 日发布通知，就进一步做好高校毕业生等青年就业创业工作提出要求。许多省市以此为契机陆续出台抢挖人才政策和更有吸引力的支持青年自主创业政策。上海、杭州放宽落户条件，让符合条件的大学毕业生享受先落户后就业的政

---

① 王碧清：《青年创业就业：将提供精准温情服务进行到底》，《中华儿女》2021 年第 Z1 期，第 54~60 页。

策,广西、四川、广东均出台高于国务院办公厅通知标准的创业扶持政策,山西省对高校毕业生首次创业并带动 1 人以上就业,在工商注册且有纳税行为或缴纳社会保险费者,给予 1.5 万元的扶持。在 2022 年 4~5 月河北省中长期青年发展规划联席会议办公室开展的河北省青年发展友好型省会城市问卷调查中,1.4 万余名青年参与"(青年发展十大领域中)您最期待出台哪个领域的青年发展相关政策"多项选择题答题,结果显示青年最期待在就业创业领域出台青年政策,占比高达 68.95%。面对疫情防控常态化时代全国各地抢挖人才、提升城市人口数量的发展战略,河北省出台的"十九条"政策措施在促进青年创业方面还缺乏足够的吸引力。

(五)青年创业培训服务和政策指导仍需加强

如图 8、图 9 所示,在 7987 名调查青年中,有 49.36% 的青年在创业就业前"没有接受过职业规划方面的指导培训";47.5% 的青年认为政府在推动青年创业方面"并不了解""做得一般"或"远远不够",与 2019 年所做的调查差距不大。座谈发现,不少青年表示"条条框框看不懂""想干不知道怎么干",对创业政策一知半解。这一方面表明广大青年渴望通过创业培训提升创业企业"内功",提升经营质量;另一方面也表明河北省青年创业培训服务和政策指导仍需加强。

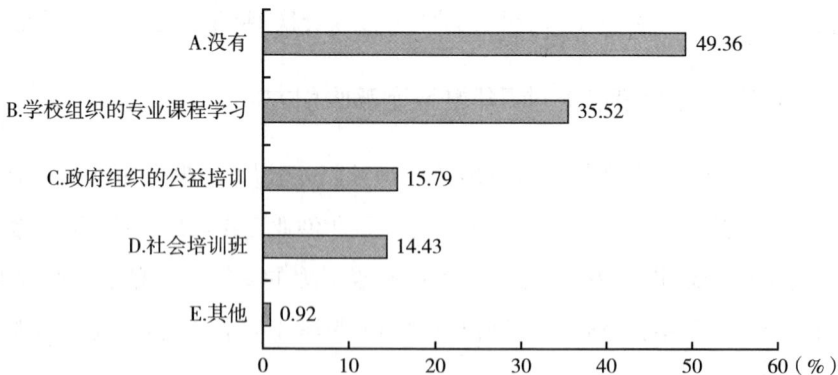

图 8　创业就业前,您接受过职业规划方面的指导培训吗?(多选)

资料来源:本次调查统计。

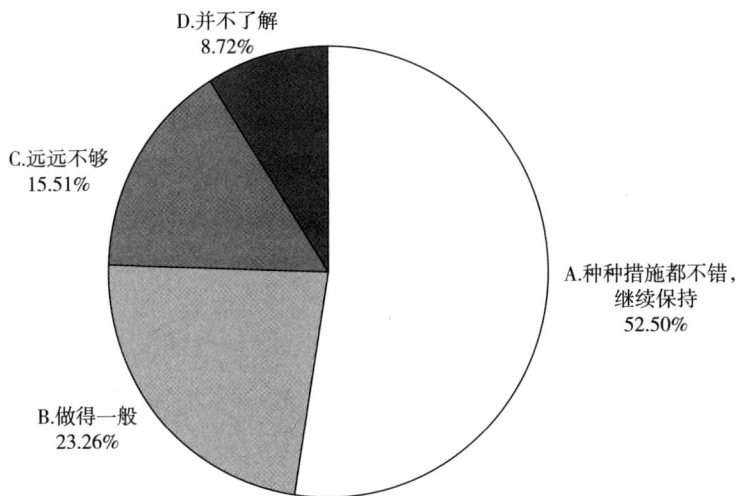

图 9 您认为政府在推动青年创业方面做得如何？

资料来源：本次调查统计。

六 促进河北省青年创业健康发展的对策

当前，随着一揽子稳增长政策措施的落地见效，河北省经济运行进一步改善，生产加快恢复，为青年创业健康发展提供了良好契机。随着新型城镇化战略的深入推进，城市越来越成为青年创业的重要基地。2022 年五四期间，共青团河北省委、省委宣传部、省发改委、省住建厅等 22 家省直部门联合出台《关于开展河北省青年发展友好型城市建设的意见》，从城市对青年更友好和青年在城市更有为两个维度，围绕促进青年高质量发展，提出优化助力青年价值实现的就业创业环境等 7 项举措，围绕建功城市高质量发展，提出组织动员青年投身创新创业实践等 5 项举措，着力营造更适合青年创新创业的城市经济社会发展环境。调研组经过分析认为，在国际环境复杂严峻、国内疫情冲击超预期等市场环境下，统筹各相关部门，着力改善政策环境、加大创业指导服务力度、打好政策"组合拳"、建设青年发展友好型城市、助力创业青年轻装上阵，是提升河北青年创业意愿、促进创业实践发展的必由之路。

（一）不断完善符合河北实际的青年创业政策体系

政策是支持青年创业的有效手段，解决青年创业中遇到的"急难愁盼"问题，关键要靠党委政府的好政策。建议：一是深入实施《河北省中长期青年发展规划（2018~2025年）》，以青年发展友好型城市建设为载体，不断推动出台普惠暖心的河北青年创业政策，出台扶持青年创业的政策措施。二是研究出台青年创新创业相关法律法规。基于青年发展友好型城市建设的实践积累，有条件的市县可结合本地实际探索出台青年创新创业促进条例等相关法律法规，通过立法不断优化青年创新创业环境。三是营造青年创业友好的社会氛围，线上线下结合，把党委政府出台的惠及青年创新创业的政策项目进行打包宣传和解读，提升知晓度和扩大受益面。

（二）建立健全符合河北实际的青年创新创业协调反馈机制

与上海、广东等先进地区相比，河北省青年创业组织体系有待进一步完善，协同反馈机制有待进一步提高。建议：一是充分发挥河北中长期青年发展规划联席会议省市县三级全覆盖的机制优势，积极探索召开省市县三级联席会议专题会议，不定期召开成员单位联络员会议，分领域"小切口"式研究青年创新创业问题。二是成立河北省青年创新创业协调机构或专项工作小组，加强教育、人社、科技、农业、民政、财政、税务、市场监管、共青团等多个部门的工作协同，统筹推进青年创新创业促进工作。三是成立覆盖青年创新创业领域的河北省青年发展研究中心，发挥专家学者、企业家、投资人等智库作用，加强青年创新创业研究，科学有效指导青年创业实践。四是探索设立青年创业监测指标。基于河北省青年发展状况统计监测指标体系，由相关职能部门牵头，设立青年创业发展情况相关监测指标，逐年统计分析，为动态调整青年创业政策、不断增强青年创业政策有效性提供必要参考。

（三）搭建青年创业实践平台，完善创业培训体系

针对当前青年创业意愿不高的问题，加强创业理念培养，引导青年学习各类行业知识，深入开展社会实践，提升青年创业意愿。建议：一是普及创业教育，将"创业理念、企业家精神和社会责任"融入河北省中小学社会实践课程，做好大中小学创业教育体系相互衔接。二是建设专业化创业教育师资队伍，设计一套操作性强、系统全面的创业教育课程，打造河北省自身的"创培"品牌。三是搭建高校、研发机构与有志创业者共享创新资源与成果的产学研平台，适时发布创业项目信息，建立政府、高校、科研、潜在创业者友好合作机制，实现"多元融通发展"。四是鼓励专业社会工作等社会力量参与创业培养，以"一对一"或"一带多"的方式切实帮助有志创业的青年解决前期困难，并给予相应的创业培训补贴。

（四）分层次加大青年创业扶持力度，鼓励以创业带动就业

针对初创企业处于竞争劣势的问题，应当分层次加大扶持，进一步加大初创企业三年内税费、场地、社保等方面的优惠力度。建议：一是加大对科技创新型初创企业融资的支持力度，由政府牵头以"风险共担"的方式吸引投资人共同投资，并提供场地、设施等基础服务条件。二是加大对中小城镇创业者的扶持力度，在车站、市场、公园等公共服务区提供青年创业专用经营场地，供创业者在一定年限内无偿或低价使用。三是优化农村创业环境，成立农村返乡青年创新创业中介机构，通过免税、房租优惠减免等形式，帮助解决返乡创业遇到的实际问题，调动青年返乡创业的积极性。四是完善青年就业创业公共服务体系，聚焦高校毕业生、失业青年等群体，大力促进创业带动就业，扩大就业创业空间。五是对带动就业起到明显作用的初创企业，以减免税费、发放服务补贴、定期培训或资金奖励的方式鼓励其发展。

（五）发挥创业孵化基地的"桥梁作用"，推进"特色促产业、产业促创业"良性发展

创业孵化基地是青年初创企业的重要载体和综合服务平台，对于初创企业的孕育和成长发挥着不可替代的作用。基地应当进一步增强市场主体意识和"培创能力"，充分发挥行业服务和产业发展的桥梁和纽带作用。建议：以园区为媒体，沟通初创企业与本地的优势资源与政策服务，形成"特色促产业、产业促创业"良性发展的新型孵化模式。例如，以城市业态和服务为主的孵化园区可以引导初创企业进社区、进街道，将产品与服务直接面向消费者，不断改进企业的经营方式与经营品种，逐步完善企业的经营策略；以区域特色为主的文旅产业等园区可以鼓励初创企业与当地乡镇建立起"企业+基地"的孵化关系，带动土特农产品和泥塑、剪纸、陶艺、烫画等特色手工艺走出大山，在促进本地"一乡一品"发展的同时，不断壮大初创企业；在以农业为主要业态的园区可以促进初创企业加强与周边农民的业务对接，以"企业+农户"的模式，发挥企业销售辐射面广的优势，带动本乡、本县农副产品生产和深加工，以创业企业的良性发展助力乡村振兴。

B.8
河北青年住房状况与住房满意度研究报告[*]

朱峰 范娟 陈思佳[**]

摘 要: 当代河北青年以自购商品房或住在父母亲友房子里为主要居住方式,住在政府或单位普惠性或福利性住房的比例较低,河北青年普遍享有较大的居住面积。"归属感、安全感"及其对婚恋成家的独特意义构成了河北在职青年购买自有住房最重要的影响因素。居住关系受到家庭关系的影响,与父母同住或与配偶子女同住构成了河北青年主要居住方式。河北青年居住满意度总体较高,青年租房过程中遭遇的最主要困扰是无法按照自己的意愿需求使用房子、户型不合理或租不起心仪的房子以及租房没法享受落户、子女上学等福利权益等。河北青年对居住小区的不满主要集中于物业服务质量差,缺乏健身及儿童设施配套,老旧小区缺少电梯等问题。未来,需坚持房住不炒,进一步关注新市民、毕业生等处于"过渡期"青年的周转性阶段性住房需求,同时加大政府及单位普惠性或福利性住房供给力度,加强对住房租赁市场及物业企业的规范与监管,盘活各方资源为青年提供更丰富更高品质

* 本文系国家社科基金资助课题"国际比较视野下青年发展型城市建设理论与实践研究"(批准号:22STA047)的阶段性成果。

** 朱峰,河北大学工商学院教授,博士,深圳大学粤港澳大湾区青年发展法律研究所研究员,主要研究方向为公共政策与青年发展、代际政治与族群政治、青年友好型城市研究与评估;范娟,保定学院副研究员,博士,主要研究方向为青年友好型城市研究与评估;陈思佳,河北大学青年理论研究会研究助理,主要研究方向为青年友好型城市研究与评估。河北大学青年理论研究会孙雨晨、谭伊傑、张泽森、何龙川、马敬霞、曹柏杨也参与了本专题研究工作。

的安居保障，等等。

关键词： 青年发展　住房状况　青年住房保障　河北青年

一　民生之要：住房在青年发展结构和公共政策过程中的意义

（一）青年住房问题既是重要的民生问题，又是重要的社会问题和政治问题

第一，住房具有重要的民生属性，住房是青年发展的重要资源。"安得广厦千万间，大庇天下寒士俱欢颜"。国人安土重迁，喜欢把住房作为安身立命的起点，把"安居"视为"乐业"的重要前提。住房是人的最基本的生存和发展的资源，住房权利是人的一项最基本的生存和发展权利，关乎人的幸福感、获得感、安全感、认同感。而正是由于住房在人的心灵秩序中具有此种重要作用，因此，住房问题不仅关系到个体的人生幸福和生活品质，也关系到社会和谐、政治安全和秩序稳定。心理学、社会学、人类学的研究显示：青年住房问题不是孤立的问题，它与青年就业和组建独立家庭的步骤是联系在一起的。[1] 国内诸多研究也都验证了这样一个事实：从青年走出学校步入社会的那一刻开始，住房、就业、婚恋就构成了影响青年幸福感的最重要的三大因素，择居、择业、择偶也成为青年期最重要的三项实践任务。坚持人民立场，有效解决住房问题，实现包括青年在内的全体国人"住有所居""住有宜居"是实现"共同富裕"目标的重要内容。习近平总书记在党的十九大报告和二十大报告中两次强调"坚持房子是用来住的，不是用来炒的定位，加快建立多主体供给、多渠道保障、租购并举的住房制度"。

---

[1]　Judil Rugg: *Young People, Housing and Social Policy*, Taylor & Francis Group, 1999: pp. 100-103.

第二，更好解决青年安居问题有助于激发青年创新创造活力，促进经济社会高质量发展。青年住房问题，与我国城镇化发展进程同步。2020年，外出农民工总数近1.7亿人，其中多数为青年。[①] 随着以人为核心的新型城镇化进程持续推进，青年流动人口规模的扩大，大量青年继续进城工作和定居，青年住房问题日益凸显。统计显示，到2020年第七次人口普查时，我国青年人口城镇化水平已经达到了71.1%，比2010年增长了15.3个百分点，高于整体常住人口城镇化率7.2个百分点。而随着户籍制度改革的深度推进以及以县城为重要载体的县域城镇化步伐加快，青年城镇化也将由个体城镇化步入家庭城镇化的新阶段，将有更多青年及青年家庭通过城乡之间的发展流动更好地融入城市生活、实现发展跃迁。"青年是整个社会力量中最积极、最有生气的力量，国家的希望在青年、民族的未来在青年"，"实践充分证明，中国青年是有远大理想抱负的青年！中国青年是有深厚家国情怀的青年！中国青年是有伟大创造力的青年！无论过去、现在还是未来，中国青年始终是实现中华民族伟大复兴的先锋力量"。[②] 青年在改革发展中的作用越来越突出，新时代的中国青年理想信念更为坚定、社会参与积极主动，他们在平凡的岗位上奋斗奉献，在急难险重任务中冲锋在前，在基层一线经受磨砺，在创新创业中走在前列，在社会文明建设中引风气之先，他们用自己的奋斗践行了生力军、突击队和先锋力量的光荣使命。这些都意味着青年更好成长、更快发展的基础性、战略性作用日益凸显，关心、关注、关爱青年就是关心国家的前途和民族的未来。从青年视角补齐包括住房问题在内的基本公共服务均等化短板，优先解决影响青年健康成长、分散青年干事精力的"急难愁盼"问题，才能真正解决好青年的"后顾之忧"，努力为他们干事创业创造良好条件，进一步促进和激发青年的创新创造活力。这一点已经被诸多地区和城市的政策实践所验证。例如武汉自2017年以来在实施百万大学生留汉就业创业工程过程中，率先举起了通过创建"大学生最友好城

---

① 国务院新闻办公室：《新时代的中国青年》，人民出版社，2022，第11页。

② 习近平：《在纪念五四运动100周年大会上的讲话》，2019年4月30日。

市"推动城市转型的大旗,通过建设长江青年城,新建、改建、扩建、盘活及鼓励园区单位筹建等方式筹集青年租购住房,通过青年购房租房价格折扣、购房租房补贴、筹集大学生住房公积金等解决青年住房问题,到"十三五"末顺利完成了百万大学生留武汉任务。在此基础上,武汉进一步提出争取"十四五"时期每年实现30万青年留武汉,到"十四五"末累计实现150万青年留武汉就业创业的目标。此外,深圳、宁波、杭州、成都、保定、石家庄鹿泉区等则先后启动了覆盖市区和郊区的青年人才驿站服务,以降低毕业生的求职创业初期成本。青年人才驿站借鉴了青年旅社的运行机制和原理设计了开放式的居室和公共空间,为前来本地求职毕业生提供短期住宿、就业咨询、信息服务、生活服务、人才交流、城市融入、创业孵化等普惠性、综合性服务。① 这些都说明,在城市"安身安居"是青年城市融入乃至创业建功、发挥先锋力量的基本性生存保障。科学、合理有效解决好青年的住房问题具有发展撬动效应。

第三,住房问题解决得不好容易导致青年发展异化,并引发严重社会问题。关于住房资源供给和配置,政治光谱中不同的观念和流派提供了不同解决方案,例如古典自由主义更倾向于通过市场机制即价格机制调控住房,新自由主义则更加强调政府干预,即通过建设社会福利国家、提供青年住房福利化解问题,而前者往往导致了大量的事实上的机会不公平,后者则滋生了"福利依赖"的惰性,导致了效率的下降。当代重要的马克思主义者大卫·哈维则结合时代特点对马克思、恩格斯关于城市地租理论进行了发展,认为住房金融化目前已经成为资本控制住房问题的重要逻辑,从而导致资本主义下的房屋供给,已经从追求使用价值为主,变成以追求交换价值为主②,这在20世纪80年代以来福利国家模式遭遇挑战的情况下更加凸显。事实上,市场逻辑与民生属性始终是住房资源调控中面临的一个显著张力问题。住房市场变化和劳动力市场变化往往导致青年可获得、可负担的住房类型减少,

---

① 朱峰:《新时代青年发展政策与青年社会组织》,现代出版社,2018,第81~85页。
② 〔美〕大卫·哈维:《资本社会的17个矛盾》,许瑞宋译,中信出版社,2016,第3~15页。

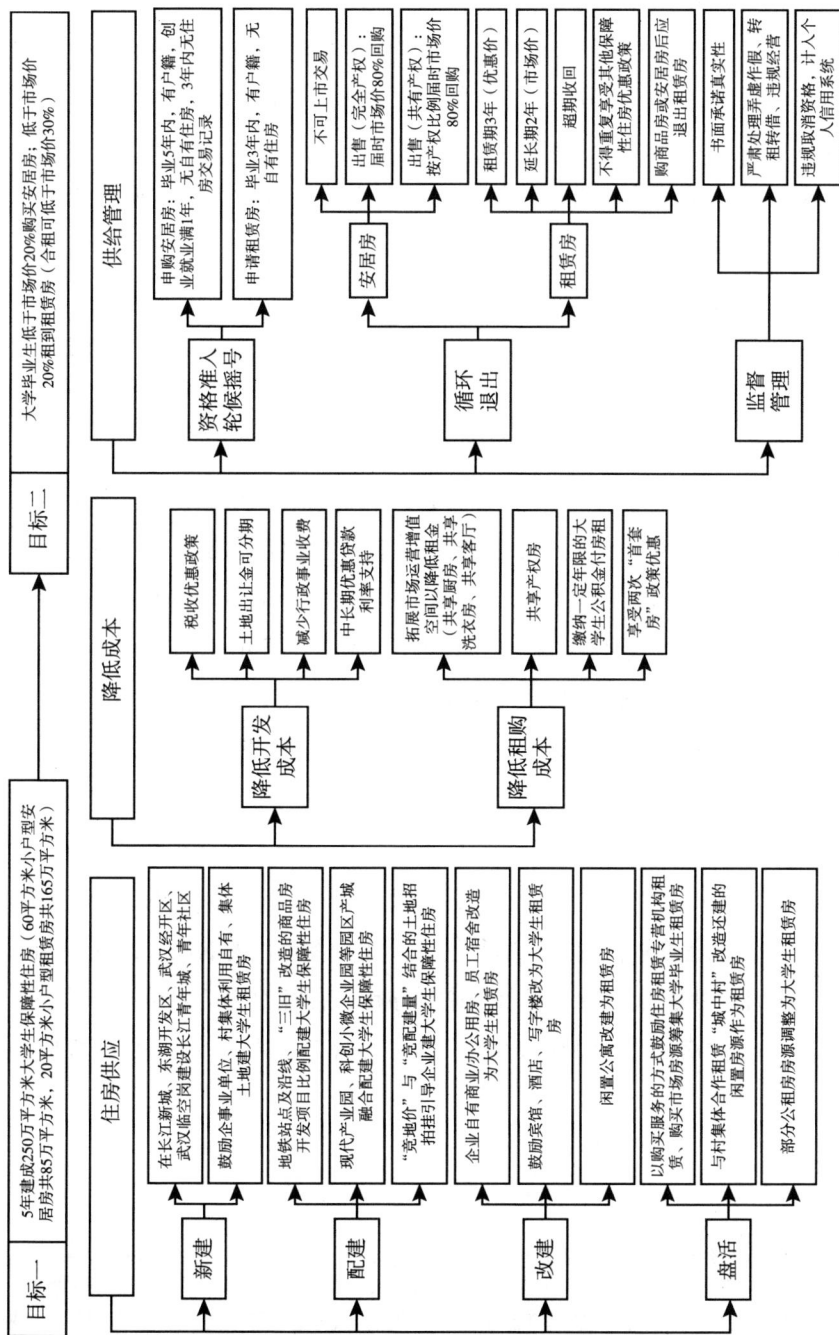

图 1 武汉市大学生住房保障体系的运行逻辑

而大多数青年没有优先获得社会住房的权利，且适合单身青年的住房越来越少，如果青年住房问题无法妥善解决，将导致青年过渡期模式由传统过渡模式转向延长过渡或断层过渡。① 城市化进程与房价变动具有密切联系，改革开放以来随着现代化、城市化进程的加快，我国启动了以市场化为导向的住房制度改革，而住房市场的完善是一个持续的过程，因此住房市场出现了资本急剧扩张的态势，而且由于房地产行业的产业关联链条较长，一些城市政府为促进地方经济发展以及汲取地方各项事业发展的财政资源，而选择了大力发展房地产业，种种因素导致相当长一段时间内城市房价屡攀高峰，从而出现了青年买房难和租房难的状况，导致了青年住房社会分层和分配不公问题。住房资源的稀缺使其具有了更多的投资品属性，获得稀缺资源的途径不同，不同人群因为不同的住房状态而表现出不同的社会形态，形成了新的社会分层格局。② 青年住房问题已逐步转变为影响社会发展和政治安全的重要问题，这一点已经被国外诸多破坏性青年社会运动所验证。③ "蚁族"青年、"北漂"青年、"洄游"青年等"夹心层"的住房问题先后进入公众视野、舆论议程和政策议程，由"蜗居""房奴""蚁族""夹心层"导致的"逃离北上广""90后中年危机""佛系""空巢""躺平""内卷""摆烂"都反映了青年面对压力时的焦虑感，这些都引发了公众对当代青年尤其是大城市青年住房问题的极大关注，并引发了各级党委政府对房地产市场发展过程中的异化以及青年住房压力问题的持续关注和回应。而接受过高等教育的高校毕业生以及作为新市民的农民工的住房问题尤其受到关注。因为他们留在城市和来到城市，往往对生活质量改善的心理预期更高，在住房问题上的相对剥夺感、心理落差与不满意度也相应地较大。

---

① Judil Rugg：*Young People, Housing and Social Policy*, Taylor & Francis Group, 1999：pp. 100-103.
② 杜本峰、黄剑焜：《城市青年住房分层形成机制研究》，《北京社会科学》2014年第9期，第67~77页。
③ 朱峰：《青年性、暴力结构与青年膨胀：从现代到当代冲突世界中的青年问题考察》，《中国青年研究》2018年第2期。

（二）国家和河北省为回应和解决青年住房问题出台的政策

第一，由福利性分房转向住房商品化市场化阶段（1978～1998 年）：新中国成立以后的"计划经济"时期，也就是从 1949 年到 1977 年是公有制福利分房时期，住房主要通过国家住房实物福利分配体制供给，这一时期城镇居民的住房问题主要由所在单位解决，各级政府和单位的住房建设资金绝大部分来自政府财政拨款，少量由单位自筹。供给不足在客观上导致城镇居民住房难问题日益突出，居住面积始终较小，住宅房间设计以"住得下"为原则，基本标准是放得下床，在相当一段时期里城镇人均居住面积仅为 3.6 平方米。1978 年改革开放之后，关于住房属性的讨论使得"住房商品论"取代"住房福利论"成为主流认知，城镇住房商品化改革使得市场机制调配取代福利分配成为住房资源配置途径。我国自 1998 年 7 月 1 日起停止住房实物分配，福利房从此退出历史舞台。1978～1998 年作为过渡时期，尽管主体制度依然是福利分房制度，但部分环节渐次展开的市场化商品化改革试点，如提高租金、公房出售、单位住房占比上升、集体住房和个人自建房开始出现、一定比例的商品房开发都使得这一时期住房领域呈现百花齐放的局面，这段时期人均住房面积提升到了 9 平方米，人民居住条件有了明显改善。

第二，青年住房保障的"边缘"时期（1999～2009 年）：随着我国经济社会的深刻转型，流动人口规模空前扩大，青年人口由乡村向城市、由西部向东部、由欠发达地区向发达地区流动的趋势日趋明显，青年向更高能级城市聚集的趋势会导致巨大的住房需求。随着住房商品化、市场化逐渐深入，房地产资本获得了空前的"权利"，它们在各大城市疯狂圈地盖楼，并持续营造社会焦虑，公众除了满足居住需求外，对购房的投资和投机性需求也逐步被释放出来。住房问题作为影响青年发展的重要民生问题日益凸显出来。而与此同时，城镇廉租房制度建设相对滞后，经济适用房制度尚不完善，整体性住房保障政策体系的滞后与飞速上涨的房价形成了鲜明对比，以至于房价上涨逐渐超出了普通民众的可负担水平，导致广大群众望房兴叹，而刚刚步入社会的青年群体，如果无法得到家庭的有力支持，在住房获得方面更是处于边缘化地带。其中，在人口流动大潮中从乡村流向城市的青年农民工群体，更是因为"经济接纳、社会排斥"的城市管理政策取向和户籍身份区隔，处于住房保障体系最为"边缘"地位①，只能蜗居在城中村、棚户区、工棚之中。② 随着社会管理领域中以人为本理念的贯彻和增强，加之人口红利衰减下的"民工荒"问题逐步显现，农民工群体对城市发展的贡献日益获得广泛承认，面向农民工等流动人口的社会政策开始从社会管制、治安管理转向社会服务、权益维护，并开始在政策层面关注和积极回应农民工在城市的居住问题，明确了"农民工生活居住等方面存在诸多困难"，提出要"多渠道改善农民工居住条件"③，强调改善农民工居住条件是解决城市低收入家庭住房困难的重要组成部分之一，并逐步开启了新生代农民工的"市民化"进程。但由于这些政策强调单位的保障责任和城镇户籍的资格门槛，在客观上对于青年农民工群体产生了难以有效获得政策保障的制度性排斥效应。

第三，青年住房保障的政策和服务供给增加时期（2010~2016年）：这一时期，在多源力量汇聚之下，农民工与大学毕业生群体的住房问题先后进入公众和决策视野。这一时期，以"北漂""蚁族"④ 为代表的大城市大学毕业生群体受到了社会舆论、决策领域和学术精英的广泛关注。"蚁族"努力奋斗却弱小、生活艰苦、居住困难、游离于城市主流之外的形象获得了社会同情和高层关注，《人民日报》《中国青年报》等媒体主动建构毕业生群体的"夹心层"形象，刘洪辞、张建坤等学者也纷纷为"蚁族"住房问题开出药方⑤。

---

① 1999年5月出台的《城镇廉租住房管理办法》明确指出其保障对象主要为"城镇户籍低收入住房困难家庭"。

② 丁淑娟、朱亚鹏：《改革开放以来城市青年住房政策的演变及其动力机制研究》，《青年探索》2022年第4期。

③ 这一时期出台的《关于解决农民工问题的若干意见》（2006）、《关于改善农民工居住条件的指导意见》（2007）等政策文件均对农民工住房问题进行了回应。

④ 这一概念是由对外经济贸易大学廉思教授在北京唐家岭社区开展的长期田野调查基础上提出的，它指向的是"高校毕业生低收入聚居群体"。

⑤ 刘洪辞提出了"蚁族"群体住房的CMAT模式，张建坤提出了通过PPP模式等建设"蚁族"保障房的建议。

与农民工权益保障思路的整体调整相同步，城镇住房保障政策覆盖范围的变化，使得新生代农民工逐渐被纳入城镇住房保障制度范围。"新生代农民工"身上与传统农民工不同的时代特征引起了决策层的关注，使得"采取有针对性的措施，着力解决新生代农民工问题"逐渐被放在了公共政策和公共治理议程中更加突出的位置①。2010 年 6 月，中央七部委出台《关于加快发展公共租赁住房的指导意见》，首次提出有条件的地区"可以将新就业职工和有稳定职业并在城市居住一定年限的外来务工人员纳入供应范围"，这也是首次在国家政策层面将包括新就业大中专毕业生在内的新就业职工和包括新生代农民工在内的外来务工人员纳入保障范围。上述这些政策新表述和新取向使得 2010 年成为城市青年住房保障政策变迁中具有分水岭意义的关键节点。在此之后，受到政策关注持续增强的影响，新生代农民工群体的居住条件日渐改善。② 这一时期，习近平总书记多次在讲话中就坚持住房民生属性作出指示，2016 年，中央经济工作会议明确将"坚持房子是用来住的、不是用来炒的"作为住房市场发展的定位。2019 年，住建部在对全国 71 个大中城市的深入调研中发现了非户籍常住人口和新落户的大学毕业生等新市民住房痛点问题突出的现实情况③，并针对新市民住房痛点难

---

① 参见 2010 年中央一号文件《中共中央国务院关于加大统筹城乡发展力度　进一步夯实农业农村发展基础的若干意见》。

② 2013 年 2 月，国务院办公厅发布的《关于继续做好房地产市场调控工作的通知》要求"2013 年底前，地级以上城市要把符合条件的、有稳定就业的外来务工人员纳入当地住房保障范围"。2013 年，习近平总书记在济南市外来务工人员综合服务中心调研考察时指出："为农民工服务工作要广覆盖，在实践中不断完善。"2014 年 9 月，国务院出台《关于进一步做好为农民工服务工作的意见》提出"逐步改善农民工居住条件"，要求"统筹规划城镇常住人口规模和建设用地面积，将解决农民工住房问题纳入住房发展规划"，提出了包括支持符合条件的农民工购买或租赁商品住房，将符合条件的农民工纳入住房保障，加强城中村、棚户区整治管理，集中建设面向农民工的宿舍型或单元型小户型公共租赁住房，利用企业办公及生活服务设施用地建设农民工集体宿舍，将在城镇稳定就业的农民工纳入住房公积金制度等一系列具体政策举措。

③ 《让新市民安居乐业（政策解读）》，《人民日报》2020 年 6 月 5 日第 2 版。这种供需结构性失衡表现为："一方面这部分群体自购房比例低，以租房为主；另一方面，目前市场供应的租赁住房普遍户型大、租金高，缺少小户型、低租金住房供给。大量新市民只能租住在城中村或进行合租群租。"

点，开出了建设"政策性租赁住房"的精准药方。①

这一时期，河北省也于 2010 年出台了《河北省廉租住房保障办法》②，要求市、县两级政府"应当把为城市低收入住房困难家庭提供廉租住房保障作为重要职责"，而具体形式则主要包括货币补贴和实物配租两种③。2011 年，《河北省人民政府关于加快保障性安居工程建设的实施意见》和《河北省公共租赁住房管理办法》先后印发，明确了公共租赁住房是政府投资建设，或者政府提供政策支持，由企事业单位等各类主体投资建设，限定建筑套型面积和租金标准，面向符合条件的城镇住房困难家庭、新就业职工、外来公务人员，实行有限期承租和有偿居住的保障性住房。④ 同年，河北省整合了有关保障性住房的各类政策，印发了更具集成性的《河北省城镇住房保障办法》，该办法聚焦于"符合条件的城镇住房困难家庭及新就业职工、外来务工人员"，将城镇保障性住房定义为"政府投资建设、给予政策支持或者通过其他途径筹集，限定面积、租金标准和销售价格，向符合条件的城镇住房困难居民出租、出售的具有保障性质的住房，包括廉租住房、公共租赁住房、经济适用住房和限价商品住房等"，将保障形式定义为"出租、出售保障性住房及发放住房租赁补贴和给予政策支持"。但总的来看，这一时期河北省的廉租住房和公共租赁住房总体供给规模较小，而其政策供给的对象

---

① 政策性租赁住房主要利用存量闲置土地和闲置房屋建设，支持将不适宜继续在中心城区发展的产业项目外迁，利用腾空土地或房屋建设，确保建在交通便利、公共设施齐全的中心城区等区域内，实现职住平衡，与针对户籍人口的公租房、廉租房政策相比，政策性租赁住房更有助于促进住房保障对象从以户籍家庭为主转向覆盖包括新市民在内的城镇常住人口。

② 参见河北省住房和城乡建设厅《关于印发〈河北省廉租住房保障办法〉的通知》（冀建保〔2009〕634 号）。河北省廉租房的标准是"家庭人均建筑面积 15 平方米，每户建筑面积最低 30 平方米，最高 50 平方米"。

③ 前者是指由政府向申请廉租住房保障并符合条件的家庭发放廉租住房租赁补贴，由其自行承租住房，后者则是指政府向申请廉租住房保障并符合条件的家庭提供廉租住房并按规定标准收取租金。

④ 参见河北省人民政府《河北省人民政府关于印发河北省公共租赁住房管理办法的通知》（冀政〔2011〕68 号）。河北省公共租赁住房的标准为"单套建筑面积控制在 60 平方米以内，套型以一室一厅、两室一厅小户型为主"，企事业单位利用自有土地新建的公共租赁住房"单套建筑面积以 40 平方米为主，套型以集体宿舍、一居室公寓为主"。

在最初的城镇低收入家庭的基础上，进一步将新就业群体、外来务工人员等青年群体尤其是青年独居群体以及缴纳社保满一定年限的青年常住人口纳入政策关注范围，为进一步推动青年住房政策普惠性发展打下了基础。

第四，青年发展规划纵深实施与城市"抢人大战"双重动力驱动下的青年住房政策密集推出时期（2017年以来）：2017年可以看作青年群体获得《中长期青年发展规划（2016—2025年）》纵深实施和城市为"抢人大战"而推出普惠性青年发展新政双重政策红利的叠加利好之年，而国家顺应两种动力来源，适时推动青年发展型城市（县域）创建，进一步汇聚促进青年住房问题解决的强大"关注力"和"保障力"。而随着"90后""95后""00后"成为青年主体，当代青年对于居住品质的要求也进一步提升，这种新需求与住房市场、保障结构的互动互构或将带来住房市场发展的第三次大转型。①

从"自上而下"的中长期青年发展规划纵深推进路径看，2017年"五四"前夕，由习近平总书记亲自提议、亲自指导、亲自推动制定的《中长期青年发展规划（2016—2025年）》正式印发。作为具有集成性、系统性、专项性、连贯性、衔接性的整体性青年发展规划，它是国家关于青年发展的顶层设计，是全党全国人民在青年发展领域的行动指南，使得青年在"注意力政治"中获得了空前关注，青年发展日益成为摆在各级党委政府工作中更加突出的战略性位置，需要整体思考、科学谋划、全面推进的一项任务。"党委领导、政府主责、共青团协调、各部门齐抓共管、社会各界协同施策"的青年工作格局日渐形成。《中华人民共和国国民经济和社会发展第十四个五年规划和2035年远景目标纲要》明确提出"推进以人为核心的新型城镇化"，"扩大保障性租赁住房供给"的要求。同年12月21日召开的全国住房和城乡建设工作会议进一步提出将"大力发展租赁住房，解决好大城市住房突出问题"列为2021年重要工作内容。2022年，《住房租赁条例》进一步对住房租赁市场进行了规范。

① 贝壳研究院、空白研究院：《第三次大转型——中国住房新十年》，第38~41页。

可见，中长期青年发展规划的出台、部际联席会议机制的建立，是我国青年发展体制机制的一次深刻变革，青年发展事务治理体系和治理能力现代化得以持续推进。在规划纵深实施的六年里，青年发展的利好政策不断推出，"中国青年不仅能在步入社会之初就享受到社会保障的'遮风挡雨'，也能在拼搏奋斗时免除各种'后顾之忧'，生活得更舒心、工作得更安心、对未来更放心"①的愿景正在不断照进现实。《河北省中长期青年发展规划（2018—2025 年）》是国家规划出台之后印发的首个省级中长期青年发展规划。河北省实施中长期青年发展规划工作联席会议办公室多次联络省住房和城乡建设厅等相关联席会议成员单位研究青年住房问题，并通过协调协商、政策倡导、社会倡导等方式推动关注和解决青年住房问题。2021 年 11 月 26 日，河北省人民政府办公厅印发《关于加快发展保障性租赁住房的实施意见》，明确提出将人口净流入的石家庄、邯郸、唐山、保定、秦皇岛、张家口和雄安新区作为重点发展城市，加快发展以建筑面积不超过 70 平方米的小户型为主的保障性租赁住房，按照"租赁户收入可负担、租赁企业经营可持续"的原则，以低于同地段同品质市场租赁住房租金价格的合理租金价格出租，主要解决符合条件的新市民、青年等群体的住房困难问题。2022 年，河北省印发《2022 年河北省城镇住房保障工作要点》，提出"加快完善以公租房、保障性租赁住房和共有产权住房为主体的城镇住房保障体系，狠抓棚户区改造、安置房建设，大力发展保障性租赁住房，优化公租房服务，探索发展共有产权住房，推动城镇住房保障工作高质量发展"。②

从"自下而上"的城市"抢人大战"青年新政迭代升级路径看，以"新一线"城市"抢人大战"和传统一线城市政策为标志，人口拐点与城市转型叠加效应下的城市争夺青年人口进入一个火热阶段。③ 尤其是经济体量

---

① 国务院新闻办公室：《新时代的中国青年》，人民出版社，2022，第 14 页。
② 李会嫔、王宝松：《河北省加快完善城镇住房保障体系 这些地区和城市探索发展共有产权房》，《燕赵都市报》2022 年 3 月 17 日。
③ 朱峰、单耀军：《以人为核心的新型城市化与新时代青年发展》，《青年发展论坛》2018 年第 4 期。

过万亿元的"新一线"城市面临着城市转型、新旧动能转换、传统产业升级、战略性新兴产业和未来产业布局的艰巨任务。这些城市相对具有较好的基础设施和公共服务条件，其中如武汉等城市更是在住房保障等城市治理方面能力突出，他们深入研判挖掘与北上广深等"一线"城市相对而言的比较优势，针对青年面临的户籍、住房、通勤等痛点和难点问题推出系列新政，向青年伸出了橄榄枝，使得在"一线"城市苦苦挣扎的青年看到了另外一种人生选择的可能性。作为青年发展型城市（县域）国家级试点和省级试点的保定市、石家庄鹿泉区、肃宁县、高碑店市等都因地制宜地探索青年住房问题破解之道。从河北省看，石家庄提出了万亿城市的发展愿景，保定提出了重返全省第一方阵的城市转型目标，鹿泉区提出了千亿新一代信息技术产业集群的宏伟蓝图，肃宁县提出建设中国北方电商产业中心的目标，城市因体量的大幅提高而对青年人口的需求规模空前扩大，保定、石家庄鹿泉区、肃宁、高碑店、保定莲池区等地方党委政府在本地青年发展专项规划中均提出了符合地级市、省会城市新区、县域、县级市、城市主城区等不同类型城市（县域、城区）特点和实际的差异化青年住房解决策略，并积极推动相关规范性、配套性、可操作性政策出台，推动青年住房保障措施落地落细。可以说上述这几个地方规划很好地把握了"自上而下"和"自下而上"的两种动力机制，通过编制实施青年发展规划、创建青年发展型城市（城区、县域）的探索实现了两种动力的耦合汇聚。石家庄鹿泉区将青年人才公寓、青年驿站建设与"万亿城市·青年建功"行动紧密结合，近四年来，它以优厚的政策和贴心的服务为驻区企业引进高学历的青年人才7000余人，为经济社会高质量发展提供有力的人才支撑和智力保障，使得青年住房小切口引发撬动产业转型、城市转型的大作为。保定市则把青年住房保障作为构建"7+18+N"现代产业体系的重要举措，以此吸引10万大学生留保返保来保就业创业。例如2022年，保定市正式印发《保定市加快发展保障性租赁住房实施办法》，将发展主要面向符合条件的新市民、青年的保障性租赁住房作为"十四五"期间重要工作，全市计划建设、筹集保障性租赁住房1.2万套，并采取实物配租与租赁补贴相结合的方式，多渠道解决新市民、青年的阶段性住房困难问题。① 为了保障这一措施有效落地，保定市还出台了《保定市保障性租赁住房项目认定书管理办法》等配套的政策措施，使得政策能够有效操作、精准落地。此外，邯郸、秦皇岛等地也先后出台了《邯郸市关于加快发展保障性租赁住房的实施办法》《秦皇岛市人才安居工程实施办法（试行）》，提出实施安居工程，以产权型和租赁型"人才公寓"为主要载体，为人才安居乐业提供全方位保障。为了回应两种动力机制汇聚的形势，指导市县层级更好地落实青年规划、回应青年期待，2022 年 4 月 6 日，17 部委联合印发《关于开展青年发展型城市建设试点的意见》，其中提及要"着力优化保障青年基本住房需求的青年发展型城市居住环境"，政府正着力统筹规划解决青年在城市的居住问题，让他们住得更有尊严、更有归属感、更有幸福感。城市青年住房政策的转变与政策目标群体即外来务工青年以及新就业青年等群体的社会形象建构是相协调的。可以说，这一时期，除了毕业生、农民工之外，青年创客、技能人才等其他青年人才也逐步被纳入住房保障体系，青年住房的保障性、普惠性、发展性特征越来越突出。

表 1　青年住房保障政策工具类型一览

类型	政策工具	内容	评价
实物型	廉租房	廉租房具体形式主要包括货币补贴和实物配租两种。前者是指由政府向申请廉租住房保障并符合条件的家庭发放廉租住房租赁补贴，由其自行承租住房。后者则是指政府向申请廉租住房保障并符合条件的家庭提供廉租住房并按规定标准收取租金。河北省廉租房的标准是"家庭人均建筑面积15 平方米，每户建筑面积最低 30 平方米，最高 50 平方米"	主要面向具有户籍的城镇困难家庭，把很多真正有需求的青年尤其是非户籍常住青年、单身青年、独居青年排除在外

① 参见《解决新市民、青年人阶段性住房困难！河北 1 市最新发布》，《保定晚报》2022 年 6 月 2 日。根据这一政策，政府产权的保障性租赁住房，优先向符合公共租赁住房保障条件的新市民、青年人配租，并按照公共租赁住房租金标准执行。企事业单位产权的保障性租赁住房，优先向本单位职工中符合条件的人员分配，剩余房源可向社会符合条件的保障对象出租。符合相关现行政策规定的新市民、青年人，可按照保定市引进人才、高校毕业生、燕赵英才卡持卡人等群体的优惠政策规定的标准和程序领取租赁补贴。

类型	政策工具	内容	评价
实物型	公共租赁住房	公共租赁住房是政府投资建设,或者政府提供政策支持,由企事业单位等各类主体投资建设,限定建筑套型面积和租金标准,面向符合条件的城镇住房困难家庭、新就业职工、外来务工人员,实行有限期承租和有偿居住的保障性住房。河北省公共租赁住房的标准为"单套建筑面积控制在60平方米以内,套型以一室一厅、两室一厅小户型为主",企事业单位利用自有土地新建的公共租赁住房"单套建筑面积以40平方米为主,套型以集体宿舍、一居室公寓为主"	将新就业职工、外来务工人员等青年群体尤其是青年独居群体、非户籍常住青年等纳入政策范围,具有很强的积极政策价值导向作用
	经济适用房	根据国家经济适用住房建设计划安排建设的住宅。由国家统一下达计划,用地一般实行行政划拨的方式,免收土地出让金,对各种经批准的收费实行减半征收,出售价格实行政府指导价,按保本微利的原则确定,具有经济性、保障性、实用性特征	经济适用房使得真正需要住房的中低收入家庭需求不能满足,部分高收入者却进入了购房者行列。且容易导致房屋面积失控,房屋质量提低,寻租腐败滋生等问题
	共有产权住房	一种有限产权住房。政府与购房者共同承担住房建设资金,分配时在合同中明确共有双方的资金数额及将来退出过程中所承担的权利义务;退出时由政府回购,购房者只能获得自己资产数额部分的变现,从而实现保障住房的封闭运行。河北省拟在雄安新区率先探索共有产权住房建设	政府和购买者将共同分享土地和房屋的增值收益,也共同承担土地和房屋贬值带来的风险。通过共有产权的方式,使得有条件的青年自己支付一部分钱解决自有住房问题,另一个是规范经济适用房和限价商品房制度,遏制在购置型的保障房里的牟利空间,使得买房子回归居住属性,而非投机牟利,在一定程度上平抑高房价,避免了"开宝马住经适房"和"经适房抽签六连号"等问题
	人才公寓政策	人才公寓是有条件的城市主要为改善青年科技人才生活条件,在国家保障性住房建设中优先解决人才住房保障问题而建设的专门的人才公寓,或租或售方式多元,投资主体—国有资本为主,往往采取分级建设和分级配置,对学历、技能不同的青年人才分配不同大小和户型的人才公寓	专门为人才打造,住户年轻化,喜爱追求较高品质生活方式和环境,带动公寓配套设施、公共空间打造、服务设施提档升级,这类公寓往往在产业园区、科技园区、创新创业园区附近,集工作和生活于一体,方便减轻青年人才通勤压力

续表

类型	政策工具	内容	评价
实物型	单位周转房	单位利用自有土地筹资建设,或盘活改造废旧或闲置房屋等方式筹集的面向青年职工或新就业职工的周转性、过渡性住房,以便于新入职、家乡较远的职工解决阶段性住房困难的一种住房保障类型	住房商品化改革后,大多数单位缺乏相应的动力和条件
货币型	住房公积金政策	住房公积金指国家机关和事业单位、国有企业、城镇集体企业、外商投资企业、城镇私营企业及其他城镇企业和事业单位、民办非企业单位、社会团体及其在职职工,对等缴存的长期住房储蓄。武汉等五个城市还推出了面向在校大学生的住房公积金缴纳的政策创新探索	使用住房公积金来进行购房、租房或房屋装修有助于调动政府、单位、个人三方的积极性进行长期积累,减轻住房压力
	住房贷款政策	住房贷款是银行及其他金融机构向房屋购买者提供的任何形式的购房贷款支持,通常以所购房屋作为抵押。按贷款款项来源分为公积金贷款和商业贷款两种。按还款方式又分为等额本息还款方式和等额本金还款方式两种	既可以缓解青年购房压力,也可以通过首付比例、利率等进行房地产市场调控
	住房贷款贴息	个人住房政策性贴息贷款,它是指住房公积金管理中心与有关商业银行合作,对商业银行发放的商业性个人住房贷款,凡符合中心贴息条件的借款人,由中心根据借款人可以申请的贴息额度给予利息补贴	按照商业贷款和住房公积金贷款的利息差向借款人补贴利息
	租购房补贴政策	住房保障的货币化方式,相对容易落实。与有限实物保障房相比,其可以覆盖面更大,并提供给青年自有选择住房的自由度	相对容易落实,解决了实物保障房和人才公寓建设慢、花费大的问题,帮助地方较快引进人才,实现青年人才住房应保尽保。货币化形式也有利于青年自由租房,但市场不完善问题值得关注
	单位住房补贴	单位为吸引人才而发放的货币化方式的租房或购房补贴或一次性补贴	在单位无法提供周转住房等条件下,为职工提供租房或购房的补贴或一次性补贴,有利于减轻职工的居住成本,缓解住房压力

类型	政策工具	内容	评价
配套型	落户政策	户籍往往与社会福利保障相挂钩。目前,除了少数超大城市外的城市正在落地放开宽放落户限制的要求,加快消除城乡区域间户籍壁垒,同时尽快补齐基本公共服务短板,促进各类城市公共服务逐步向全体常住人口覆盖	符合条件的各类青年人才(毕业生、技能型、专业型、创业型、文创型、乡村振兴型)直接落户,可以避免积分落户时间长、要求高等问题,让青年更好地享受城市福利和公共服务
	通勤问题	基于整体居住社区的理念推动青年社区、人才社区、青春社区营造,充分考虑社区选址、生活配套、交通配套,实现青年的"职住平衡",将青年居住需求与生活、交通、出行、社交、就业、创业等统筹考虑	把城市最好的空间留给人民,打造整体社区和15分钟职业生活圈,做好交通基础设施配套,有利于青年降低通勤压力和成本,释放青年干事创业潜能

二 居以安身:河北青年住房的实然状态

为深入了解河北青年住房获得的实际状况、住房之于青年的独特意义、青年住房满意度评价、青年住房痛点与期望等问题,为河北省及各级城市在"十四五"时期面向青年群体进一步增强高质量住房保障政策、项目和相关公共服务供给,提供精准施策的政策建言,我们在河北青年民生调查(2022)中专门安排了青年住房专题调查,调查测度的逻辑主要从结构、意义和期待三个维度展开。

表 2 河北青年住房调查的维度逻辑

维度	一级指标	二级指标
青年住房的实然结构状态	住房类型	目前的住房状况
	住房面积	本人目前享受的人均居住面积
	住房消费	筹集住房资金来源
		居住及相关费用消费情况
		家政服务及相关费用消费情况
	居住关系	与谁同住

续表

维度	一级指标	二级指标
青年对于住房的意义建构	购房原因	买房的原因
	住房对婚恋生育的影响	选择对象时把有房有车作为标准的情况
		对"高房价、高物价"导致"择偶"难问题的看法
		对"税收、住房等政策支持"有利于生育的看法
青年住房满意度与期待	居住满意度	对现在的居住状况的满意度
	购房意愿	渴望未来3年实现(再)买套房
	居住小区不满意原因	对居住小区不满意的原因
	租房满意度影响因素与期待	租房过程中遇到的最烦心事情
		渴望未来3年实现房租下降

（一）青年住房总体状况

河北青年住房自有率较高，自有住房偏好明显，受访青年近半数拥有自有住房且呈现年轻化态势，拥有自有住房的青年中以购买商品房为主，也有部分青年运用宅基地自建住房，在获得保障性或福利性住房者中，以获得单位集体宿舍为主，租房比例较低，租购政府保障性住房比例总体较低，当然不同性别、年龄、学历、职业等群体的住房状况也存在一定差异，女性和低年龄段青年自有住房比例正在不断上升。

调查结果显示，45.66%的河北青年拥有属于自己的住房（包括购买单位福利住房、自购商品房、自建住房和自购政府经济适用房、共有产权房、人才房等），其中自购商品房比例仅为28.65%，另有13.15%的青年选择自建住房。就其他解决住房问题的途径来看，24.06%的受访河北青年仍住在父母或亲友的房子里，这与我们自2017年以来在河北省开展的历次青年发展综合性调查的数据所显示的河北青年有较强的家庭观念相互印证。仅有17.55%的受访青年选择租房解决住房问题（包括14.93%租房和2.62%租住政府公租房、廉租房）。就单位的青年住房保障效果看，10.27%的受访青年住在单位集体宿舍，0.99%购买单位福利住房。就政府的青年住房保障效果来看，仅有5.49%的受访青年最终能够通过政府扶持解决住房问题，其中包括2.62%的受访河北青年租住政府公租房、廉租房，2.87%的河北青年购买政府经济适用房、共有产权房、人才房等（见图2）。

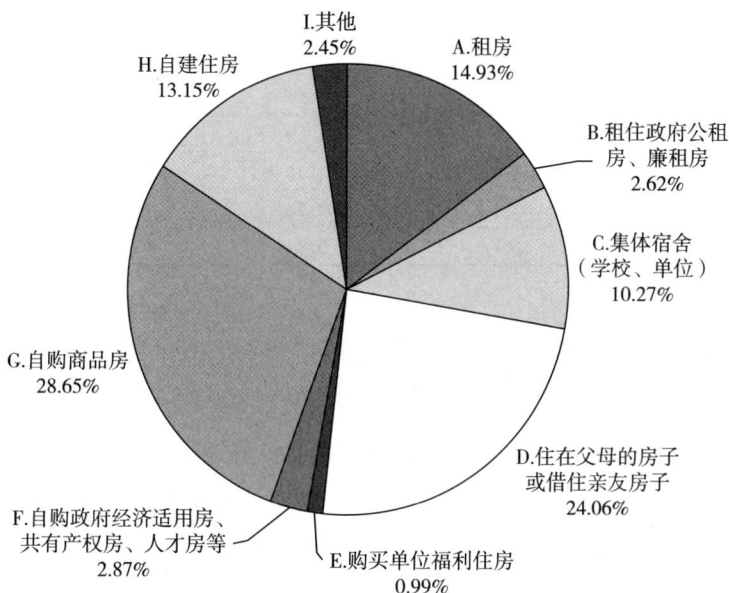

图 2　河北青年总体居住情况

从性别来看，女性住在父母的房子或借住亲友房子的比例（25.25%）比男性（22.87%）高出2.38个百分点。男性自购商品房的比例（29.48%）比女性（27.82%）高出1.66个百分点。值得注意的是与以往认为男性在住房方面责任更大的传统认识不同的是，本次调查显示女性拥有自有住房比例越来越高。在所有选择自购商品房的青年中，男性占51.58%，女性占48.42%，女性购房者占到了受访青年总数的近一半。而自建住房者中女性占比（50.90%）已经略微超过了男性（49.10%），购买单位福利住房和自购政府经济适用房、共有产权房、人才房等的青年中，男性（50.85%、53.22%）与女性（49.15%、46.78%）的比例也相差不大（见表3）。

表3 河北青年拥有自有住房的年龄/性别分析

单位：%

年龄性别分析		购买单位福利住房	自购政府经济适用房、共有产权房、人才房等	自购商品房	自建住房
14~17周岁	男	6.45	1.61	4.84	11.29
	女	5.26	0.00	15.79	15.79
18~24周岁	男	1.16	1.66	7.99	7.49
	女	0.99	1.55	5.21	6.48
25~29周岁	男	1.11	2.50	26.71	9.15
	女	0.76	2.16	21.06	10.58
30~35周岁	男	0.57	4.28	43.57	18.84
	女	1.07	3.74	45.00	19.15

　　从年龄来看，随着年龄增加租房比例持续下降，14~17周岁群体租房比例最高为32.10%，而18~24周岁、25~29周岁、30~35周岁群体该比例依次为20.82%、17.73%、9.14%。居住在单位集体宿舍的比例也呈现类似趋势，从低年龄组到高年龄组依次为22.22%、19.60%、12.75%、3.14%。而自购商品房的趋势则相反，从低年龄组到高年龄组拥有自购商品房的比例依次为7.41%、6.48%、24.10%、44.31%，自购政府经济适用房、共有产权房、人才房等的比例依次为1.23%、1.60%、2.34%、4.00%。但是利用宅基地自建住房的比例则呈现两端高、中间低的倒U字形趋势，18~24周岁群体为12.35%，30~35周岁群体为44.31%，而18~24周岁和25~29周岁群体分别为6.94%和9.81%，这或许意味着在农村男性婚恋困难加剧的背景下为结婚早做准备的情况在乡村有所增加。说明随着年龄增长，随着恋爱、婚姻、成家及生育等生命事件的到来，青年对于相对私密的个人家庭空间和稳定的居住环境的诉求逐渐提升，也说明更年轻的一代对于租房的接受程度也相对较高。当然，年龄效应里特别值得关注的是，"95后""00后""05后"当中已经有一批青年拥有自有住房，出生于1993~1997年的25~29周岁青年群体中自有住房比例为37.2%，而自有商品房比例为24.10%，也就是说这一年龄段的青年大约每三人中就有一人拥有自有住房，每四人中

就有一人拥有自有商品房，而对于出生于 1998~2004 年的 18~24 周岁青年群体、出生于 2005~2008 年的 14~17 周岁群体这一数字分别为 16.09%（商品房 6.48%）和 27.16%（商品房 7.41%）。出生于 1987~1992 年的 30~35 周岁群体该比例更是达到了 68.13%（自购商品房占 44.31%）。这说明青年群体对于自有住房的偏好依然非常强烈，且即使相较于其他发达省份，河北青年自有住房比例也依然相当高①，这或许说明青年的父母更希望将房产作为一种父辈财富代际传承给下一代。

此外，进一步的分析还显示，不同学历青年的住房状况也存在一定差异，小学及以下学历者租房（32.56%）以及租住政府公租房、廉租房（9.30%）比例更高。硕士/博士研究生学历（18.01%）和大学本科学历者（12.44%）能够享受单位集体宿舍的比例更高，大学本科和高职/大专学历者住在父母的房子或借住亲友房子的比例更高。学历越高者购置自有商品房的比例越高，小学及以下、初中、高中/职高/中专、高职/大专、大学本科、硕士/博士研究生的自有住房比例分别为 6.98%、20.25%、24.13%、27.43%、33%和 33.12%。

从户籍来看，农村青年（47.03%）自有住房比例略高于城镇青年（44.83%），具体来说，城镇青年主要选择自购商品房和住在父母的房子或借住亲友房子，农村青年主要选择自建住房和住在父母的房子或借住亲友房子。城镇青年（37.66%）自购商品房的比例则显著高于农村青年（13.74%），农村青年（29.90%）自建住房的比例显著高于城镇青年（3.02%）。来自农村的青年（13.39%）比城镇青年（8.39%）更倾向于居住于单位集体宿舍，两者相差 5 个百分点。城镇青年（25.71%）住在父母的房子或借住亲友房子的比例比农村青年（21.33%）高 4.38 个百分点。

从不同职业状态来看，待业青年住在父母的房子或借住亲友房子（32.54%）、自建住房（26.63%）的比例更高，创业青年（35.54%）和工

---

① 例如，2021 年浙江省"85 后"青年拥有自有房产的比例约为 70%，"90 后"为 42.20%。

作青年（29.74%）自购商品房比例显著高于待业青年（9.86%）。

从不同单位性质看，国企青年（18.45%）和民企青年（16.87%）租房比例最高，外资企业青年（6.06%）租住政府公租房、廉租房的比例最高，国企青年（19.59%）和外企青年（12.12%）居住在单位集体宿舍者最多，党政机关青年（31.28%）和混合所有制企业青年（29.17%）住在父母的房子或借住亲友房子比例最高，外企青年（3.03%）和社会组织青年（2.40%）购买单位福利住房比例最高，混合所有制企业青年（5.56%）和事业单位青年（4.20%）购买政府经济适用房、共有产权房、人才房等的比例最高，事业单位青年（34.18%）和外企青年（33.33%）拥有自购商品房的比例更高，农林牧副渔业青年（44.96%）则在自建住房方面占有绝对多数。从收入情况看，收入与自购商品房呈正相关关系，与自建住房呈负相关关系。

从婚恋生育状况与住房状况关系看，在选择租房、住在单位集体宿舍、住在父母的房子或借住亲友房子的青年中，单身者占比最大，分别为46.73%、50.08%、40.39%。而在选择购买住房的青年中已婚者占有绝对多数，其中购买单位福利住房，自购政府经济适用房、共有产权房、人才房等，自购商品房，自建住房者中的已婚青年占比分别达到了45.76%、75.44%、85.50%、75.19%。选择租住政府公租房、廉租房的青年已婚比例（38.46%）也略高于单身（32.05%），如果换一个视角看，单身（24.88%）与恋爱中（23.28%）的青年租房比例更高，再婚（10.81%）和丧偶（17.39%）的青年租住政府公租房、廉租房比例更高，丧偶（30.43%）与恋爱中（19.62%）的青年住在单位集体宿舍比例更高，单身（34.65%）与恋爱中（33.48%）的青年住在父母的房子或借助亲友房子的比例更高，丧偶（8.70%）与离异（4.27%）青年购买单位福利住房比例更高，丧偶（4.35%）与已婚（4.03%）青年购买经济适用房、共有产权房、人才房等的比例更高，已婚青年在自购商品房（45.52）或自建住房（18.37%）方面比例最高。单身青年理想子女数越多则租房比例越低，自购商品房比例越高。

（二）青年享受的人均居住面积

河北青年人均居住面积相较于过去更大，近八成的青年人均居住面积在20平方米以上，不同群体之间的住房条件在客观上存在一定差距，相较于全国人均水平，河北省青年的居住品质仍有一定的提升空间。

调查结果显示，河北青年居住面积总体较为宽松，仅有6.25%的河北青年人均居住面积不足10平方米，17.01%的河北青年人均居住面积在10~20平方米，两者相加也就是说在人均居住面积20平方米及以下的青年比例仅两成多，换言之，近八成的青年获得了人均20平方米以上的住房，25.54%的青年人均住房面积在20~30平方米，21.72%的青年在30~50平方米，人均居住面积在50平方米以上的青年占29.47%（见图3）。

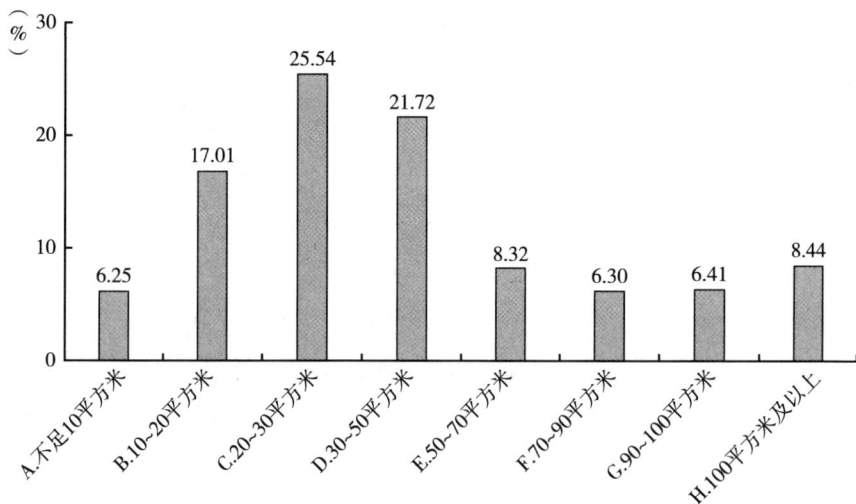

图3　河北青年人均居住面积

从年龄效应看，随着年龄增长，青年基本居住面积是在不断增大的，居住面积不足10平方米的青年中，14~17周岁年龄段的占25.93%，18~24周岁年龄段的占8.77%，25~29周岁的占6.32%，30~35周岁的只占

4.28%。而居住面积在 30 平方米以下者各年龄段则分别占 58.03%、50.11%、44.27%、51.41%。到 2021 年，我国家庭户均住房面积为 118.18 平方米，人均住房面积为 41.76 平方米，因此各年龄组人均居住面积在 30 平方米以上的比例，从低龄组到高龄组依次为 41.97%、49.89%、55.73%、48.59%，呈现先升后降的态势，说明青年居住环境随着年龄增长不断改善，但随着子女的出生，到 30 多岁也面临人均居住面积下降的情况。

我们进一步分析子女数与居住面积的关系后可以看出，没有子女、1 个子女、2 个子女、3 个子女、4 个及以上子女的青年人均居住面积在 30 平方米以上的比例分别为 54.55%、52.81%、42.93%、48.72%、60.52%，总体呈现子女数与居住面积成反比的态势。除此之外，婚恋状况与居住面积也具有一定的关系，单身、恋爱、已婚、离异、再婚、丧偶者拥有人均 30 平方米以上居住面积的比例分别为 48.62%、52.33%、52.17%、57.26%、37.84%、47.47%，其中再婚者比例最低，这与再婚者需要抚养两段婚姻的子女有关。

从职业看，在外企和国企工作的青年人均居住面积在 30 平方米以上的比例更高，分别为 56.06% 和 50.57%。说明外企和国企工资收入和房补等福利待遇更好、收入更高，在这两类企业工作的青年可以享受到在工资之外的很多福利待遇。而农业从业青年（39.14%）和混合所有制企业青年（41.67%）人均居住面积在 30 平方米以上的比例最低，农业行业收入水平相较于第二产业、第三产业更低，而目前很多混合所有制企业往往在以止亏止损为目标进行改革，因此尚处于通过改革来提高经济效益的过渡期，青年职工的待遇普遍比不上其他效益更好的外企和国企。

而收入与居住面积的相关关系也就显而易见了，无固定收入、1000 元及以下、1001～2000 元、2001～3000 元、3001～5000 元、5001～8000 元、8001～10000 元、10001～15000 元、15000 元以上等不同收入群体拥有人均 30 平方米以上居住面积的比例依次为 44.94%、53.01%、45.26%、49.45%、51.28%、54.08%、65.88%、68.93%、75.75%，说明对于以

"自己的工作或收入"为筹集住房资金主要渠道（73.23%）的河北青年来说，个人的收入增加对于住房条件的改善具有显著的促进作用，因此通过在第一次分配时增加收入来改善青年的住房条件是最为可行的道路，当然通过生活补贴、住房补贴、廉租房补贴等货币化手段的二次分配对于改善青年住房条件也具有积极效果。

（三）筹集住房资金来源

河北青年住房资金大部分来自自身收入、父母资助和银行按揭贷款或公积金贷款，男性选择父母资助、亲友借钱、银行贷款的比例略高于女性，越年轻者越能接受使用信用卡、借呗等金融产品，而越年长者则越能接受银行按揭、公积金等贷款方式。

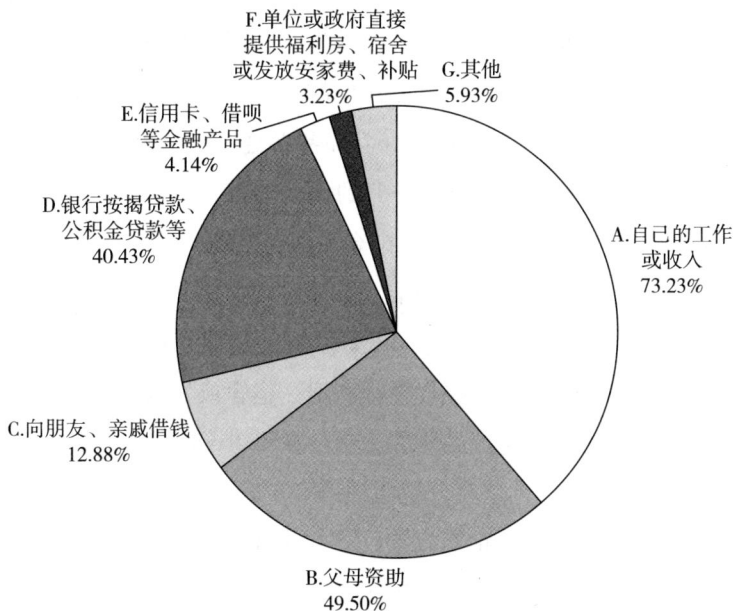

图4 河北青年住房资金来源

调查结果显示，73.23%的受访河北青年选择通过自己的工作或收入来筹集住房资金，另外有49.50%的会接受父母资助，40.43%的会向银行申请按揭贷款、公积金贷款等，其余如向亲戚、朋友借钱，使用银行卡、借呗等金融产品等其他手段的较少。其中女性（73.8%）依靠自己的工作或收入买房的比例略高于男性（72.67%）。男性（52.95%、14.39%、41.28%）则在获得父母资助、向朋友亲戚借钱、银行按揭贷款或公积金贷款方面比例分别高于女性（46.02%、11.36%、39.58%）约6.93个、3.03个和1.7个百分点，说明男性在运用家庭资本、社会资本和政策资源获得住房方面的策略更为灵活。

从年龄效应看，随着年龄增长，能够依靠自己的工作或收入买房的青年比例逐步提高，14~17周岁、18~24周岁、25~29周岁、30~35周岁等年龄群体分别占49.38%、72.77%、72.56%、74.76%。而依靠父母资助占比最大的为25~29岁年龄段群体，这正是青年早期向青年中期过渡的关键时期，就业、婚恋、成家，他们面临全方位的角色转换，因此压力更大，需要父母扶上马送一程的需求也更为强烈。另外，我们也发现，青年中年龄越大者使用银行按揭贷款或公积金贷款的比例越高，按年龄从小到大比例依次为27.16%、32.27%、41.04%、44.58%。而年龄越小者使用信用卡、借呗等金融产品的比例越高，按年龄从小到大比例依次为12.35%、5.80%、4.18%、2.98%。除了与不同年龄段的金融服务使用习惯有关之外，这在一定程度上也与银行贷款和公积金的准入条件、首付比例等因素有关，随着工作年限增加，能够积累足够首付款、公积金账户有足够的储蓄金或许也是其中的重要原因。单位或政府直接提供福利房、宿舍或发放安家费、补贴的情况也存在随着年龄增长而递减的规律，按年龄从小到大比例依次为6.17%、6.25%、2.79%、1.92%，这充分说明政府和单位的周转性、过渡性住房福利，包括实物住房、住房补贴等政策扶持在青年就业初期发挥了积极作用，因此，大力发展面向不同年龄段青年的针对性住房福利和服务应该是未来公共政策以及企业增强吸引力的重要方向，帮助青年解决就业初期的阶段性住房困难对于帮助青年超越"躺平""佛系""亚历山大"、树立起奋斗青春的风帆具有非常重要的意义。

从学历来看，学历越高者，依靠自己的工作或收入、获得父母资助、使用银行按揭贷款或公积金贷款等的比例也越高,而向朋友借钱、使用信用卡或借呗等金融产品的比例越低。学历水平往往是衡量青年社会经济地位的重要指标,学历较低者往往缺乏足够的人力资本与家庭资本,比较难以通过个人收入与家庭资助获取住房,通常也难以满足获得银行按揭贷款或公积金贷款等支持的基本条件,例如没有足够的收入,或日常收入不够稳定,或工作单位没有缴纳住房公积金或缴纳比例比较低,因此更多使用信用卡、借呗等非住房类金融服务,这类服务往往还款周期短、利率高,会对低收入者形成住房排斥。

表4 不同学历青年筹集住房资金渠道

单位:%

学历	自己的工作或收入	父母资助	向朋友亲戚、借钱	银行按揭贷款、公积金贷款等	信用卡、借呗等金融产品	单位或政府直接提供福利房、宿舍或发放安家费、补贴	其他
小学及以下	54.65	18.60	20.93	18.60	12.79	2.33	5.81
初中	69.94	30.67	19.84	30.47	7.16	2.66	10.84
高中/职高/中专	68.68	39.37	17.57	35.13	6.03	3.49	7.09
高职/大专	73.06	49.20	12.30	39.18	3.38	2.89	7.26
大学本科	75.55	57.69	10.16	45.28	3.09	3.17	4.22
硕士/博士研究生	79.74	54.34	10.29	45.98	3.54	5.79	1.61

从户籍看,城乡青年在依靠自己工作或收入解决住房问题方面的比例基本持平。而城镇青年(55.22%、44.05%)在获得父母资助、使用银行按揭贷款或公积金贷款等服务方面比农村青年(40.03%、34.45%)比例更高,农村青年(16.15%、5.13%)在向朋友亲戚借钱、使用信用卡或借呗等金融产品方面的比例高于或等于城镇青年(10.90%、5.13%)。我们对职业群体的分析也可以佐证这一点,数据显示,农业从业青年(31.40%)获得来自父母资助的比例最低,比比例最高的国企(58.43%)和党政机关(57.96%)青年低27.03个和26.56个百分点。而农业从业青年(30.23%)

使用银行按揭贷款或公积金贷款解决住房问题的比例也最低，比比例最高的外企青年（51.52%）和混合所有制企业青年（51.39%）低21.29个和21.16个百分点。说明在同等人力资本状况下，城镇青年更多依赖家庭资本和住房类金融工具获取住房资源，而农村青年则更多依赖关系性社会资本和消费类金融工具满足住房需求。城镇低收入青年和"乡-城"流动青年需要获得更多关注。

我们通过对工作状态的进一步分析发现了类似趋势，工作青年（74.60%、52.14%、41.73%）依靠自己的工作或收入、获得父母资助、获得银行按揭贷款或公积金贷款的比例高于创业（69.63%、36.67%、38.13%）和待业（64.69%、40.04%、30.97%）群体，待业青年（20.32%、7.69%、5.13%）在向朋友、亲戚借钱，使用信用卡、借呗等金融产品，获得单位或政府直接提供福利房、宿舍或发放安家费、补贴方面比例高于工作群体（12.15%、3.40%、2.88%）、创业群体（12.44%、6.95%、4.36%）。

（四）居住及相关费用消费情况

河北青年总体居住消费较低，总体低于食品烟酒、化妆品、衣服鞋帽、人际交往等生活性和关系性消费，但也存在居住消费与年龄增长、月收入水平、月总体消费水平、子女数量呈正相关关系，与居住满意度呈现负相关关系的现象，并呈现城镇青年高于农村青年，创业和工作青年高于待业和学习青年，租房、购买单位福利房和租住公租房、廉租房的青年高于其他居住类型青年，与其他亲戚同住青年高于其他居住关系状态青年，丧偶青年、再婚青年高于其他类型青年的特点。这一方面说明河北青年在居住方面的支出压力尚在可控范围内，另一方面已然说明需要针对不同细分群体提供多元化住房保障支持，提升青年的幸福感、获得感和安全感，使之成为建设青年发展友好型省份的重要支撑。

总体来看，73.91%的河北青年每月在居住及相关方面的花费在500元及以下，在500元以上的青年占比26.09%，其中，501~1000元的占

13.48%，1001~2000 元的占 6.44%，2000 元以上的占 6.17%，说明河北青年总体在居住方面的花费并不高，当然我们测度青年住房压力的主要指标是住房收入比，也就是每月住房支出占每月收入的比重，它反映了对住房消费的承受能力，住房收入比越大，表示住房压力越大。有一项调查显示，89.1%的受访者表示，可以接受的房租收入比在 30%以下、贷款收入比在50%以下。[①] 那么照这个标准来看，81.33%的河北工作青年月收入在 2000~8000 元，另有七成创业青年在 2000 元以上，相对而言，住房压力在可控范围之内。

从年龄效应看，年龄与花费成正比，年龄越大，居住花费越大，14~17周岁、18~24 周岁、25~29 周岁、30~35 周岁青年群体每月花费在 500 元以上的比例分别为 14.52%、18.74%、33.41%、36.02%。

从学历效应看，学历水平也与居住消费成正比，小学及以下、初中、高中/职高/中专、高职/大专、大学本科、硕士/博士研究生月居住花费在 500 元以上的比例依次为 34.34%、19.13%、23.40%、26%、28.91%、31.25%。

从户籍结构看，尽管城乡青年月居住消费主要集中于 500 元及以下，但城镇略高于乡村，住房消费在 500 元以上的城镇青年占 30.05%，比农村青年（20.40%）高出约 10 个百分点，其中，居住消费在 501~1000 元的农村青年占比 11.54%，城镇青年占比 14.83%，城镇比农村高出 3.29 个百分点。居住消费在 1000 元以上的农村青年占 8.86%，城镇青年占 15.22%，城镇比农村高出 6.36 个百分点（见图 5）。

从职业状态看，创业青年在居住方面的花费更多，40.55%的创业青年月居住花费在 500 元以上，其中，花费在 501~1000 元、1000 元以上的分别有 19.87%、20.68%。工作青年花费在 500 元以上的比例为 32.73%，其

---

① 此标准参考贝壳研究院《2021 年新青年居住消费报告》。事实上，目前关于青年住房负担测度的主要方法有许多种，比较常见的方法有：房价收入比、月供收入比、房租收入比，分别测度成交套均总价与家庭可支配收入总额、月贷款额度与月家庭收入、月房租与家庭月平均收入的比率，以测算居住者的居住支出压力，其提供的安全底线分别为 5.55~7.4、50%、30%。也有将房价和房租纳入一个框架的居住负担指数测度方法，其测算方法为：居住负担指数=标准化处理（2/3 * 标准化房价收入比+1/3 * 标准化房租收入比）。

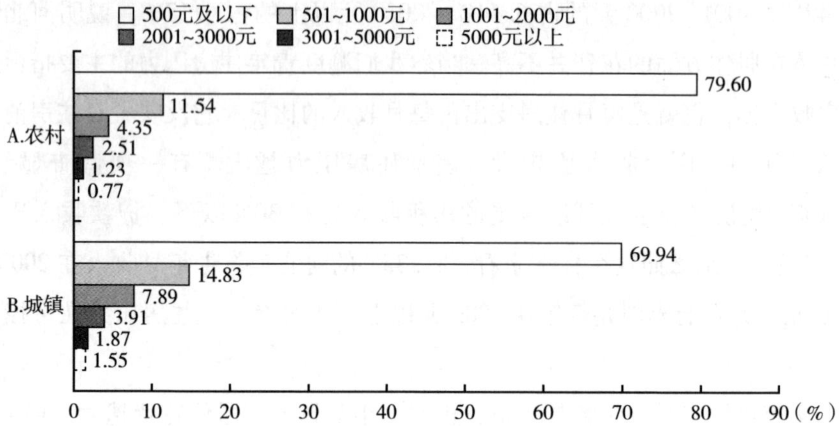

图 5 河北农村、城镇青年居住消费情况

中花费在 501~1000 元、1000 元以上的比例分别为 16.22%、16.51%。在学青年和待业青年月居住花费在 500 元以上的比例在 14.88% 和 24.06%。可见，自主创业青年群体比工作、待业和学习青年在居住上的花费都要高。

从职业类型看，从事农业工作的青年居住消费最低，不同单位工作青年的居住消费水平存在差异。进一步对比分析各职业青年的居住消费结构能够发现：党政机关、事业单位工作青年各居住消费区间的人数比例差距较小，均在 1~2 个百分点。民营企业、外资企业情况相近，各区间的人数比例差距处于 2~3 个百分点。前后两组单位各区间的比例差距也以 1~2 个百分点为主，说明前后两组单位的工作青年居住消费水平相近：500 元及以下区间占比均在 65% 以上，501~1000 元区间占比均高于 14%，居住消费水平在基础段位的人数比重较大。而国有企业、混合制企业工作青年的居住消费能力则普遍较高：国有企业工作青年居住消费在 500 元及以下区间的人数占比最少，混合制企业工作青年居住消费在 1001~3000 元区间的人数占比最高，二者的居住消费水平较其他类型单位工作青年而言较为突出，居住消费处于较高层级的人数比例较高。上述结果说明，党政机关、事业单位工作青年的居住消费普遍较低。农业与社会组织工作青年的情况则有所不同：前者居住消费在500元及以下区间的人数占比最高,为78.68%,后者位居其次,为72.60%;前者在1000元以上各区间人数占比均为最低。这反映出农业、社会组织工作青年的居住消费整体较少、居住消费能力明显薄弱的问题(见图6)。

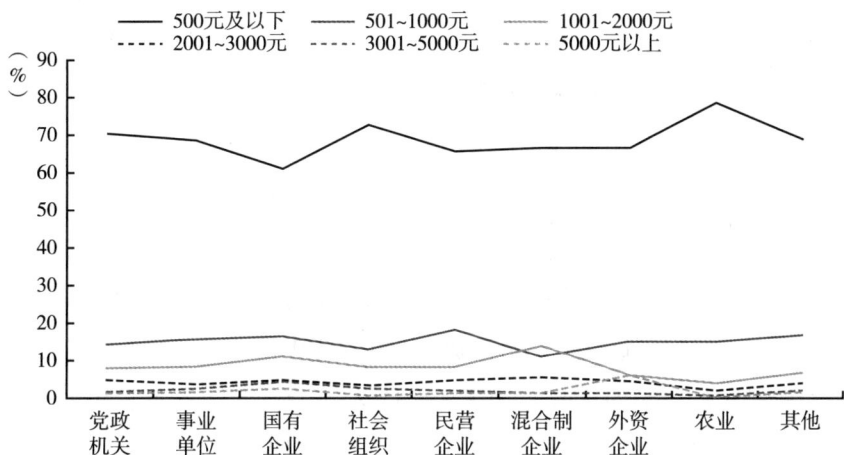

图6 不同单位类型的河北青年住房消费情况

从细分职业类型看,即使在同一行业领域内,各具体职业类型青年的居住消费水平也存在不同程度的差异。其中,企业主、新媒体从业青年(网络主播/签约作家)、管理人员在所有细分职业群体中花费在500元及以上群体中的比例最高,分别为60%、50%和45.34%。在企业领域,工作青年居住消费区间的差距在不同层级之间表现明显。处于较高社会阶层的"企业主""管理人员"在500元及以下区间人数占比均低于55%,"企业普通职员"占比则高于65%。在新兴职业领域,本次调查选取社会关注程度较高、职业发展较为迅速的"新媒体从业青年(网络主播/签约作家等)"、"快递小哥"和"网约车司机"作为调查对象,结果显示,"新媒体从业青年(网络主播/签约作家等)"的居住消费开支高于"快递小哥""网约车司机",在500元及以下区间内,前者为50%,后两者均高于60%,分别为67.53%、62.5%,说明新媒体从业青年比快递小哥、网约车司机在居住方面有更多花费。对于同样处于教育领域的教师而言，单位性质差异成为影响其居住消费水平的重要原因。"公立学校教师"（32.77%）在 500 元以上区间的比例高于"民办学校教师"（28.41%）4.36 个百分点。在社会工作领域岗位中，"社会组织人员"与"社区工作者"在 501~1000 元的比例相差不大，1000 元以上区间前者占6.62%，比后者的 13.74%低 7.12 个百分点，说明同样从事社会工作，社区工作青年比社会组织青年在居住方面花费更多。在专业技术相关的岗位中，"医院医护人员"与"专业技术人员"相比，500 元及以下区间前者（75.47%）比后者（63.45%）高出 12.02 个百分点。

从收入与居住消费关系看，两者呈现显著的正相关关系，也就是说收入越高越稳定，则在居住上花费也就越多。无固定收入或月收入较低的青年居住消费水平较低，月收入不同的青年的居住消费水平与意愿存在很大差异。为方便表述，我们将每月在住房消费方面花费 501 元及以上的人群定义为住房消费较多人群。平均月收入为无固定收入、1000 元及以下、1001~2000元、2001~3000 元、3001~5000 元、5001~8000 元、8001~10000 元、10001~15000 元、15000 元以上的青年中，住房消费较多人群分别占相应收入水平段人数的 14.79%、26.65%、20.43%、28.67%、33.04%、42.35%、54.62%、55.95%、69.22%。月消费水平与居住消费水平也呈现类似的正相关关系，平均月消费水平为无 500 固定支出、500 元及以下、501~1000 元、1001~2000 元、2001~3000 元、3001~5000 元、5001~8000 元、8001~10000 元、10000 元以上的青年中，住房消费较多人群分别占相应消费水平段人数的 17.87%、17.87%、15.33%、19.73%、32.17%、45.76%、65.20%、73.53%和 66.67%。可见，总的来说，月收入越高，消费能力越强，居住消费与住房资金供应能力越强。近年来，国家越来越重视解决青年就业问题，就业是民生之本，解决就业问题，青年的收入就会有所保障，我国促进就业的政策成效显著，但可以看到的是，在疫情常态化防控之下，促就业工作仍需进一步推进，促进广大待业青年实现就业并进一步提高收入，是提高广大青年住房资金供应能力的重要方法。

表5　不同收入水平的青年上个月居住及相关费用消费比例

单位：%

月均住房消费\月收入	500元及以下	501~1000元	1001~2000元	2001~3000元	3001~5000元	5000元以上
无固定收入	85.21	8.08	3.44	1.89	0.67	0.71
1000元及以下	73.35	11.06	5.03	6.03	1.51	3.02
1001~2000元	79.57	12.15	3.52	1.94	1.41	1.41
2001~3000元	71.33	16.92	6.91	2.62	1.27	0.95
3001~5000元	66.96	17.55	8.75	4.25	1.63	0.86
5001~8000元	57.65	19.29	10.84	5.71	4.34	2.17
8001~10000元	45.38	22.47	14.98	9.69	3.96	3.52
10001~15000元	44.05	16.51	15.60	9.17	9.17	5.50
15000元以上	30.78	24.36	15.38	8.97	6.41	14.10

　　从居住类型看，花费在500元以上的比例最高的依次为租房、购买单位福利住房、租住政府公租房或廉租房、自购商品房、自购经济适用房（共有产权房、人才房等）的青年群体，比例依次为53.04%、49.15%、46.15%、40.67%、36.84%。而自建住房、住在父母的房子或借住亲友房子的青年、住在单位集体宿舍的青年则花费较低，其每月花费在500元及以下的比例分别为82.23%、80.01%、73.49%。这意味着租房青年相对具有更高的居住花费，而依托自由宅基地建的房子、住在父母或亲戚家房子、依托单位居住，往往可以省去物业费、垃圾处理费等花销，或能得到父母、亲戚的照料而客观上享受到隐性的亲情帮扶关爱，或能享受到单位的福利或补贴，这些在客观上起到了增进住房福利、降低住房成本的效果。但也有受访者表示成本与品质有时候也会存在一定张力，即自建住房有时候难以享受小区物业等服务，在父母或亲友家居住或住在集体宿舍也存在缺乏个人空间等问题，尤其是对于需要发展亲密关系或需要安静空间进行学习的青年而言这点尤为突出。

　　婚恋情况对于青年的居住消费水平具有一定影响。在本次调查的样本当中，处于单身、恋爱等婚前状态的青年群体的月住房资金投入在500元及以下的占比分别为81.81%与75.41%，远超于已婚（64.96%）、离异（47.95%）、再婚（41.18%）、丧偶（23.53%）等其他婚恋状态群体的人数占比，已婚青年在月住房资金投入的各个区间之中的人数的方差较小，意味着已婚状态的青年群体的月住房资金投入结构相对稳定。处于离异、再婚、丧偶等非正常婚恋状态的青年普遍具有较高居住花费，这三个群体每月花费在2000元以上的比例分别为23.96%、15.68%、44.13%，远高于其他群体，这在一定程度上与其在离异或丧偶后需要独自承担居住成本有关，而再婚者则面临承担之前婚生子女居住费用的问题，也有研究显示受婚姻影响，这些群体精神状态更偏向于独立，更加注重拥有一个稳定的栖息之地，对住房的资金投入相对而言也更多（见图7）。

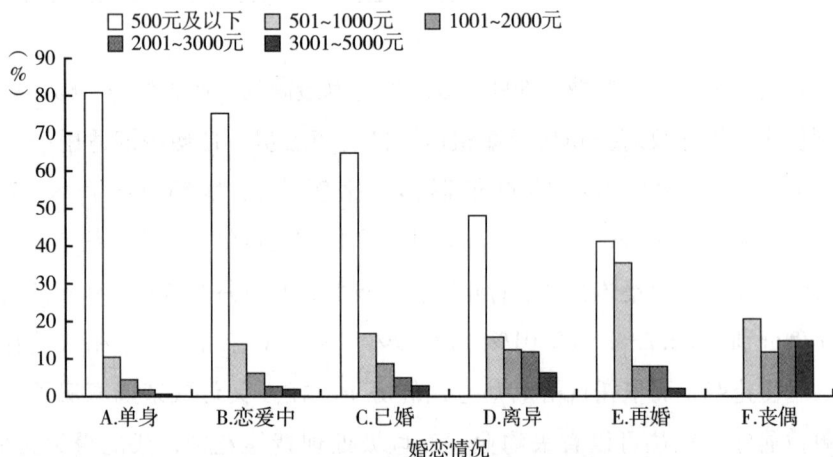

图7　不同婚恋状况的河北青年居住消费情况

青年子女数量对青年居住消费水平的影响存在独生子女效应和临界值效应两种作用机理。受计划生育政策及其变动的影响，已生育子女的河北青年中生育1个或2个子女的青年数量较多。总体而言，家中子女数量对青年住房消费的影响较为复杂，月居住消费高于500元的青年中，生育1个子女和4个及以上子女者占比最高，分别为34.02%和44.12%，远高于没有子女（22.23%）、生育2个（25.93%）和3个子女（27.68%）的青年。与其他群体相比，家中子女数在 4 个及以上的青年每月花费在居住及相关费用上的金钱更多，在 2001~3000 元（7.35%）、3001~5000 元（8.82%）以及 5000元以上（7.35%）等三个区间的比例以及三个区间的累计比例（23.52%），均高于生育 0 个（4.63%）、1 个（8.87%）、2 个（5.98%）、3 个（8.63%）子女的青年群体。上述结果说明，家中子女数增加的居住及相关消费支出存在一个可能导致拐点的临界值，拥有一个子女的青年家庭往往会为这个独生子女投入更多以改善居住及相关环境条件，在此基础上，生育二孩和三孩并不需要特别增加居住方面的投入，但是当生育 4 个及以上子女的时候，就会突破了这个值，就必须增加边际投入，才能维持或保证满足居住需求的条件。这也启发我们，为具有更强烈生育意愿的青年提供住房保障或将有利于促进生育意愿向生育行为的转化。

（五）家政服务及相关费用消费情况

家政服务等生活服务业消费在河北青年消费结构中的占比非常低，未来随着三孩政策及配套政策的深度实施，进一步发展普惠可获得的生活服务业以满足青年高品质生活需求依然有很大空间。

调查显示，89.65% 的河北青年每月在家政服务等生活服务业上的消费不足 500 元，而 500 元以上的仅占 10.35%，其中 501~1000 元占 5.84%，1001 元及以上仅占 4.51%。家政服务消费目前是河北青年在本次调查中各类消费类型中占比最低的。男女青年在家政服务方面的消费占比相当，但在每月 1000 元以上范围内，男性（5.28%）高于女性（3.76%）1.52 个百分点。25~29 周岁群体花费在 1000 元以上的比例最高，为 5.33%，比 14~17周岁（4.21%）、18~24 周岁（4.26%）、30~35 周岁（4.34%）分别高出1.12 个、1.07 个、0.99 个百分点。小学及以下学历青年在家政服务方面的花费最大，花费 500 元以上的比例是 28.28%，比初中（6.89%）、高中/职高/中专（12.66%）、高职/大专（8.61%）、大学本科（10.20%）、硕士/博士研究生（13.33%）等学历群体分别高出 21.39 个、15.62 个、19.67个、18.08 个、14.95 个百分点。创业青年（7.29%）相较于在学

（9.18%）、工作（10.22%）、待业（11.24%）等青年群体在家政服务上花费更多。从单位性质看，花费500元以上在家政服务方面占比最多的是国企青年（38.95%），比最少的农业青年（21.32%）高出17.63个百分点。企业主、新媒体从业青年（网络主播/签约作家等）、网约车司机是在此方面花费最多的群体，他们每月在家政服务上花费500元以上的比例分别为48%、43.75%、37.5%，这或许说明具有较高收入的经济管理阶层和互联网从业群体的消费能力更强，或因其时间管理更为紧密，因此使用替代性家庭照料或服务的比重更高，在家政等生活服务业上的花费也更多。这一点在我们进一步分析人均月收入水平、月均消费与家政服务消费的正相关关系时也能得到佐证，随着收入的提高，在家政服务方面月消费高于500元的比例也就越高，消费比例最高的收入15000元以上青年（39.74%）与消费比例最低的无固定收入青年（6.97%），两者相差了近32.77个百分点。同样，月消费在10000元以上的青年（45.16%）与月消费在501~1000元的青年（6.89%）每月花费500元以上在家政服务方面的比例相差了38.27个百分点。从住房类型看，购买单位福利住房（35.59%）、租住政府公租房或廉租房的青年（33.97%）在家政服务方面花费在500元以上的比例最高，自建住房（5.88%）、住在父母的房子或借助亲友房子（7.41%）的该比例最低。从居住类型看，与其他亲戚同住（45.45%）、与祖父母或外祖父母同住（37.70%）的青年在家政服务方面的花费在500元以上的比例最大，与同学、工友或其他人合住（6.23%）、与父母同住或父母一方同住（8.24%）、三代同堂（9.81）的青年则比例最低，在深入的访谈中，我们发现，与其他亲戚同住、与祖父母或外祖父母同住的情况下，通常会因为照料亲戚家的小孩子或祖父母辈的老人而需要更多照料、保洁、收纳等家政服务，但是与朋辈同住往往可以通过朋辈互助完成这些工作，与父母同住或三代同堂的情况下，父母则会承担部分家庭管理或照料的任务，从而对社会化市场化的家政服务形成替代。从婚姻状况看，丧偶（64.71%）、再婚（41.18%）、离异家庭（35.62%）青年每月花费在家政服务方面超过500元的比例最高，且显著高于单身（8.30%）、恋爱（10.39%）、已婚（10.89%）青年，我们认为这与无配偶情况下，许多家庭成员管理或（如子女、老人）照料无法通过家庭成员配合完成，进而形成了对社会化、市场化的家政服务的依赖。子女数量与家政服务花费的正相关关系较为明显，从没有子女到有 4 个及以上子女的青年群体每月花费 500 元以上在家政服务方面的比例分别为 7.93%、13.16%、11.03%、16.96%、36.76%，而计划再生子女的青年（20.35%）的这一消费比例也高于没有打算再生子女的青年（9.79%），而理想子女数在 4 个及以上的青年（21.24%）月花费在家政服务方面的比例也高于其他理想子女数的青年，这充分说明未来若希望"全面三孩"政策能够有效落地，发展现代化、普惠性、高品质的生活服务业也是重要促进路径之一。

（六）与谁同住——共同居住情况

与父母（或父母一方）同住、与配偶及小孩同住两种模式的核心家庭构成了青年的主流居住方式，但不同性别、年龄、城乡、单位类型、职业身份、收入水平、婚恋状况、子女数量、居住状态都会对青年居住方式产生影响，独居的河北空巢青年占比一成。

调查结果显示，与父母（或父母一方）同住、与配偶及小孩同住分别占受访河北青年总数的 28.77% 和 27.07%。而三代同堂构成了排名第三位的居住方式，占比为 14.74%。再次为与配偶或男/女朋友两人同住和与同学、工友或其他人合住，约占 7.52%、5.67%，与祖父母或外祖父母等隔代共居、与其他亲戚同住的方式占比仅 2.05%、1.29%。

大家比较关注的独居青年仅占 10.64%。这反映出河北青年有较为浓厚的家庭情结，偏好以家为半径的近距离择居、择业、择学、择偶，居住有陪伴，青年独居率远低于北上广深等一线城市，不过在 18~24 周岁、25~29 周岁两个年龄段的青年独居率较高，分别为 13.96% 和 14.34%，因此，独居问题更多地呈现为一个阶段性问题，这也是当下河北青年人口近距离流动的结果。同时，独居也与学历呈现显著的正相关关系，即学历越高，独居的比例也越高，小学及以下学历（5.81%）、初中学历（5.73%）青年独居比例最低，而高中/职高/中专（9.42%）、高职/大专（9.29%）青年独居比例提高，大学本科（12.61%）和硕士/博士研究生（14.79%）青年独居率更高，说明受教育年限的延长使得青年发展社会交往与亲密关系这一过程出现了延迟趋势，因此高学历青年因为较大的学业压力而产生了一定焦虑感，如果缺乏足够的社会性支持可能产生消极或悲观的心理状态，因此，其社会性发展和亲密性关系构建也应受到更多关注。城镇青年（11.65%）比农村青年（8.97%）独居的比例高出2.68个百分点。在企业工作的青年，包括在国企（12.87%）、民企（11.62%）、混合制企业（11.11%）、外资企业（10.61%）工作的青年独居比例都高于机关事业单位或社会组织等其他类型单位的青年，这或许与不同行业企业存在一定性别区隔，导致相亲交友困难，或企业工作面临外派，或不同企业分支机构工作导致个体与核心家庭或三代家庭远离从而需要住在单身公寓有关。进一步的职业角色分析也可以佐证这一点，即快递小哥（15.71%）、公务员（12.6%）、企业普通职员（11.61%）是独居比例最高的三种从业者。对收入与居住方式的分析可以发现，收入与独居比例呈现一定正相关关系，即8001~10000元、10001~15000元、15000元以上三个收入区间的青年具有相对更高的独居比例，分别为19.43%、23.30%、18.18%，无固定收入及收入1000元及以下、1001~2000元的青年独居比例则为6.88%、7.23%、6.53%，收入为2001~3000元、3001~5000元、5001~8000元青年的独居比例居中，分别为10.80%、10.90%、11.22%。从城市来看，唐山（18.26%）、雄安新区（15.38%）、石家庄（12.70%）独居比例最高，保定（7.66%）、邯郸（7.78%）独居比例最低。唐山是河北省经济体量最大的城市，即使是在受到疫情冲击的2021年，唐山全年GDP依然达到了8230.6亿元。石家庄是省会城市，2021年全年GDP 6490亿元，目前正在向万亿元城市目标迈进，市场主体规模不断扩大，因此城市吸引新市民、毕业生的能力和力度也就更大，因此流动青年人口规模也就相应更大。雄安新区正处于起步阶段，迁往雄安的企业越来越多，参与雄安建设的央企和外地企业也越来越多，很多外地青年跟随单位和项目来到雄安推进工程、干事创业，也形成了一定的独居青年群体。当然，当前离婚率的提升，也是导致独居比例扩大的重要因素之一。总的来说，尽管独居青年比例不高，但他们往往缺乏亲情陪伴、亲密关系，缺乏社会支持者容易产生焦虑感。因此，发展多元化的青年社群、开展多样化的青年社交活动，以帮助青年融入城市、婚恋交友、组建家庭，可使其获得更多的幸福感、安全感、归属感。

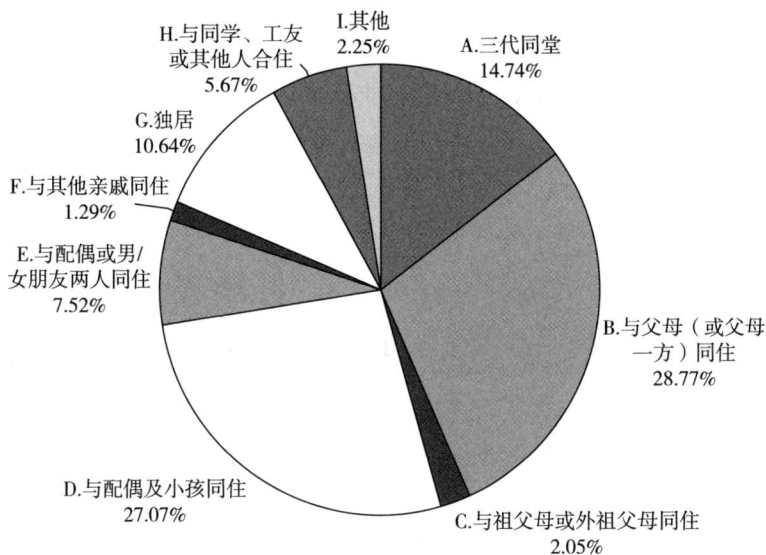

图8　河北青年与他人共同居住情况

从性别看，男性青年独居、三代同堂、与配偶或男/女朋友两人同住的概率高于女性，而女性则在与父母（或父母一方）同住、与配偶及小孩同住等方面比例高于男性。

14~17周岁的受访青年主要居住方式为三代同堂、与父母（或父母一方）同住。18~24周岁的受访青年则主要为与父母（或父母一方）同住、独居和与同学/工友或其他人合住。25~29周岁被访青年主要与父母（或父母一方）同住、与配偶及小孩同住、独居。30~35周岁的被访青年主要与配偶及小孩同住、三代同堂、与父母（或父母一方）同住。可见，这一届河北青年生命历程中脱离原生家庭、组建新核心家庭的节奏相较于以往出现了一定延迟。

不同学历的青年群体也存在不同的居住模式，小学及以下、初中、高中/职高/中专、高职/大专四个学历层次的青年的前三位居住方式都是三代同堂、与父母（或父母一方）同住、与配偶或男/女朋友两人同住，但具体排序却存在不同，小学及以下学历者以三代同堂（30.23%）为最主要居住方式，初中（41.31%）、高中/职高/中专（32.80%）青年以与配偶及小孩同住为主要方式，高职/大专青年（33.33%）以与父母（或父母一方）同住为主要方式。大学本科青年、硕士/博士研究生青年的前两位居住方式也是与父母（或父母一方）同住、与配偶或男/女朋友两人同住，但对于前者独居（12.61%）成为居第三位的居住方式，对于后者与配偶或男/女朋友两人同住（15.76%）成为居第三位的居住方式。

农村青年三代同堂（18.83%）、与父母（或父母一方）同住（32.31%）、与祖父母或外祖父母同住（2.81%）的比例高于城镇青年（12.27%、26.63%、1.59%）。城镇青年与配偶及小孩同住（29.62%）、与配偶或男/女朋友两人同住（8.96%）、独居（11.65%）的比例高于农村青年。

从职业形态看，创业青年与配偶及小孩同住（33.44%）比例居首位，其次为与父母（或父母一方）同住（20.36%），而工作青年和待业青年则以与父母同住为主要方式，占比分别为28.89%、37.87%，与配偶及子女同住为第二位的居住方式，占比分别为26.55%、24.26%。而从具体类型的单位性质来看，不同类型单位的青年居住方式与总体结构基本相符合，但值得注意的是，农业从业青年三代同堂（27.91%）的比例明显高于其他类型单位青年，比三代同堂比例最低的外企青年（12.12%）高了15.79个百分点。而国企青年中独居（12.87%）的比例超过了三代同堂比例（12.41%），成为该单位类型排位第三的居住方式。

不同婚姻状态青年的居住方式差异非常大，单身青年和恋爱中青年最主要的居住方式是与父母（或父母一方）同住（45.26%、40.69%），独居（20.80%、18.63%），与同学、工友或其他人同住（11.69%、12.42%），不过恋爱中同居的青年约占 10.09%，构成了这一群体的第四位的居住方式。已婚青年主要与配偶及小孩同住（40.80%）、三代同堂（19.31%）、与父母（或父母一方）同住（17.21%）。离异青年与父母（或父母一方）同住（29.06%）、与配偶及小孩同住（17.09%）、独居（16.24%）为主要居住方式，值得注意的是其中存在"离婚不离家""离婚不离房"的新现象，进一步的研究显示出现这种情况的原因主要是考虑到孩子、经济、感情、利益等因素，"夫妻感情破裂，但由于考虑到孩子的身心健康成长尤其是面临高考、中考等关键时期，所以在表面上营造出一种家庭和睦感觉"，"夫妻共有财产难分割，夫妻的收入等经济条件也不允许一方单独搬出去"，"夫妻间矛盾很难用是非对错评判，现在容易因为一些鸡毛蒜皮的小事冲动离婚，离婚有时候并不代表不爱了，而是想给双方一个机会，也给自己一个机会，在没有婚姻的约束下，就算共同生活，或许也会变得相对轻松"，"目前各地住房政策收紧，有些夫妻离婚不能算是离婚，而是为了获得购房资格等功利性目的的'假离婚'"。再婚、丧偶青年与配偶及小孩同住（43.24%、26.09%）、三代同堂（16.22%、21.74%）、与配偶或男/女朋友两人同住（13.51%、17.39%）的情况最多；而对于再婚青年而言，并列第三位的是与祖父母或外祖父母同住（13.51%）；对于丧偶青年而言，独居（17.39%）构成了并列第三位的居住方式，也就是说由于离异或丧偶而形成的独居群体也需要社会更多地加以关注。

子女数量的多少对居住方式有深刻影响，没有子女的青年普遍与父母（或父母一方）同住（39.07%）、独居（17.71%）、与配偶或男/女朋友两人同住（12.73%），生育有 1 个、2 个和 3 个子女的青年，其居住方式较为接近，与配偶及小孩同住（47.59%、42.59%、37.82%）、与父母（或父母一方）同住（20.84%、20.71%、19.87%）、三代同堂（16.77%、24.14%、18.59%）构成了主要居住方式，这说明，青年的父母协助青年照护子女构成了当前的一个重要居住方式。另一组数据显示，三代同堂（22.31%）、与祖父母或外祖父母同住（3.55%）的青年愿意再要孩子的比例明显高于不愿再要孩子的比例（14.25%、1.93%），这意味着，在社会化托幼体系尚不健全的情况下，青年的子女照料很大程度上依赖于青年的父母的隔代照料，这意味着未来在青年住房问题上必然需要将青年家庭的整体性需求纳入考虑，包括将养老、托幼、隔代科学照料的功能和服务嵌入青年居住政策体系之中。

最后，与父母（或父母一方）同住、与配偶及小孩同住构成了青年的普遍居住方式，但具体来看也存在一定差异，"租住"者独居比例较高，租房青年独居（26.80%）、三代同堂（17.79%）、与父母（或父母一方）同住（16.22%）比例更高，租政府公租房廉租房独居比例为17.95%，居该群体居住方式的第二位，住在集体宿舍者则与同学、工友等朋辈群体合住（31.59%）、独居（14.40%）比例都很高，分列第一位、第三位。

三　居以安心：河北青年对于住房意义的建构逻辑

（一）买房的原因

住房之于青年不仅具有"安身"——有一栖息之所的居住属性和民生功能。从福利论的角度看，住房往往与落户、通勤、子女入学等更为广泛的社会福利和社会保障相关联。从资本论的角度看，在住房市场化商品化的时代条件下，住房也具有某种投资甚至投机功能。从关系实在论的角度看，住房获取往往和青年生涯历程中的其他阶段性任务如婚恋、生育与家庭发展具有密切关系。从建构论的角度看，住房更有建构青年城市融入、安全感、归属感和社会地位、品质生活、个性品位的社会文化意义。

调查显示，有66.95%的受访河北青年选择购房是因为自主购房带来归属感和安全感，这构成了青年买房的首要动力因素。在一个充满流动性、不确定性的时代，收入不确定、投资不确定、存款不确定、关系不确定，似乎只有实实在在的房子最能够带给人最为真实的安全感和归属感，网上有一个关于"一线城市年轻人花3万元到资源枯竭型城市鹤岗买套属于自己的房子"的故事流传非常广泛，因此，拥有一套自己的住房是确立自己在城市中存在的关键性事件，甚至被当作自己在社会立足的标志性符号。有31.79%的河北青年购房是因为有产权，产权意味着更加稳定的预期以及灵活处置房屋的自主权，这种预期意味着不用因为租房的房源不稳定、房东违约等问题而四处搬家。同样，当工作发生变动的时候，因为有完整产权故可以对房屋在二手房市场进行出售等处置。同时，在相当长的一段时期里，房屋价格上升，这种稳定的增值使得所购房屋在满足居住需求的前提下还可以升值。26.16%的河北青年购房是因为能够享受落户、子女入学等与住房相关联的社会福利，尽管2022年6月21日印发的《"十四五"新型城镇化实施方案》明确提出深化户籍制度改革，"放开放宽除个别超大城市外的落户限制，各城市因地制宜促进在城镇稳定就业和生活的农业转移人口举家进城落户，并与城镇居民享有同等权利、履行同等义务"，河北省各地放开落户的要求也逐步落地，但租购同权尚未完全实现且在教育、医疗卫生等资源配置空间分异的情况下，通过置业来实现子女在城市入学无疑是最好的途径。这也正是"学区房"到目前为止在河北的各级城市依然火爆的重要原因。25.69%是因为能够自主选择装修风格。作为排位第四的住房需求点，这无疑带有非常明显的后现代特征，体现出当代青年对于个性化生活的追求，他们不喜欢千篇一律刻板、标准化的设计，他们把住房这一个人私密空间按照自己的喜好来设计，让它成为自己可以做主的一片天地。年轻一代更喜欢为房屋设置密码锁，喜欢尝试智能家居带来的数字化居住体验，工作室模式、家庭图书馆、开放式书房、开放式书墙等都是年轻人对传统标准化住房设计的颠覆，体现了新世代的另类住房空间观，而这一切无疑是以拥有产权作为前提，租住的房子显然不适合进行大规模改造。18.21%的青年给出的买房理由是"结婚需要买房"。"结婚必买房""成家先筑巢"这种看似前现代的观念至今依然深刻影响一部分青年和青年家庭。而女性买房成为青年买房现象中的另一个突出趋势。此外，还有7.09%的青年认为自有住房的质量更好，4.1%的青年认为自有住房可以增值，2.52%的青年认为买房可以是一种投资策略，也就是说有6.62%的青年看重住房的资本属性。有2.76%的受访青年因为住房、金融贷款、公积金等政策利于购房故而选择买房。而把"目前缺少长期稳定可租的房源"作为购房原因的仅有 1.98%（见图 9）。

从青年细分群体来看，女性青年更加看重"归属感、安全感"（72.18%）、"自主选择装修风格"（29.00%），男性青年选择这两个因素的分别为 61.74% 和 22.40%，女性比男性分别高出 10.44 个和 6.60 个百分点。而男性（25.32%）则更加看重"结婚需要买房"这一原因，把买房作为增强自身在婚姻市场竞争力的策略，而女性（11.06%）买房结婚的压力相对小许多，男性比女性高出 14.26 个百分点。而从年龄看，14~17 周岁（40.74%，20.99%）、18~24 周岁（68.57%，32.11%）、25~29 周岁（65.24%，29.78%）、30~35 周岁（68.29%，33.56%）等 4 个年龄段的青年普遍把"归属感和安全感"以及"产权"视为最重要的购房原因，但不同年龄段也有阶段性关注的着眼点，14~17 周岁（20.99%）、30~35 周岁（33.63%）的青年把"享受落户、子女入学等福利权益"视为前三位的原因，而 18~24 周岁（35.70%）、25~29 周岁（27.99%）的青年则把"可以自主选择装修风格"作为购买自有住房的原因。看重住房增值功能的青年比例随着年龄增长而逐步下降，分别为 6.17%、4.27%、4.13%、3.92%。把购买住房归因于"缺少长期稳定可租的房源"的青年比例也呈现同样的趋势，4 个年龄群体分别为 3.70%、2.29%、1.99% 和 1.77%。而越年轻的青年群体也更容易受到"住房、金融贷款、公积金等有利于购房政策"的激励，因为政策利好而购房的青年群体从低年龄段到高年龄段依次为 4.94%、3.05%、2.44%、2.79%。

从不同学历层次的青年来看，"归属感和安全感"以及"产权"依然是不同学历青年的普遍购房原因，但低学历群体和高学历群体更看重"自有住房能够享受落户、子女入学等福利权益"，中间学历群体更看重"自主选择装修风格"，数据显示，小学及以下、初中、高中/职高/中专和硕士/博士研究生更看重住房相关的福利这一相对更为客观的权益，高职/大专（26.75%）、大学本科（28.02%）层次的青年则更为关注自主选择装修风格这一后现代的诉求。

城镇青年在"归属感和安全感"（68.63%）、"自主选择装修风格"（27.11%）、"产权"（34.31%）、"结婚需要买房"（19.45%）等归因方面的比例高于农村青年（64.17%、23.34%、27.62%、16.15%），农村青年在"自有住房质量好"（8.30%）和"缺少长期稳定可租房源"（2.77%）方面比例高于城镇青年（6.37%、1.51%）。

从细分职业身份看，民办学校教师（84.88%）、公务员（73.6%）、公立学校教师（72.19%）最看重住房带来的"归属感和安全感"，新媒体从业青年（网络主播/签约作家等）（38.89%）、在读大学生（37.84%）、高中/职高/中专学生（33.33%）等青年在乎"装修风格"的比例更高，一些文艺青年本身的工作需要 SOHO 居家办公，因此，家庭被装修成工作室、直播间也是常有之事，而在读大学生、高中/职高/中专生普遍为"00后""05后"，他们在家的卧室往往富有个性化元素。

从婚恋状态来看，单身（30.46%）、恋爱中（34.48%）、丧偶（22.22%）青年更关注装修风格，已婚（33.18%）、再婚（21.62%）、丧偶（21.74%）青年更关注自有住房带来的落户、子女入学等福利权益。恋爱中（24.39%）、单身（18.41%）青年对于"结婚需要买房"有更为强烈的需求。

没有子女（30.56%）和有4个及以上子女（36.84%）的青年更关注自主选择装修风格。有1个（30.47%）、2个（33.21%）、3个（33.33%）子女的青年更关注落户、子女入学等福利权益。没有子女的青年（22.81%）更关注"结婚需要买房"的需求。

购买单位福利住房（15.25%）和购买经济适用房、共有产权房、人才房等（14.04%）的青年更多将"自有住房质量更好"视为购房主要原因，购买单位福利住房（10.17%）的青年更关注住房增值问题，自购商品房（21.95%）和住在单位集体宿舍（21.60%）的青年更关注"结婚需要买房"诉求。购买单位福利房的青年对于"缺少长期稳定可租的房源"（8.47%）和"住房、金融、贷款、公积金等政策利于购房"（8.47%）两个原因更加看重，这也说明长租房市场发育的不充分为青年购买所在单位利用自有土地筹建、盘活的福利性住房提供了推力，而政府面向保障性住房释放出的政策利好为青年购买单位福利性住房提供了一定拉力。

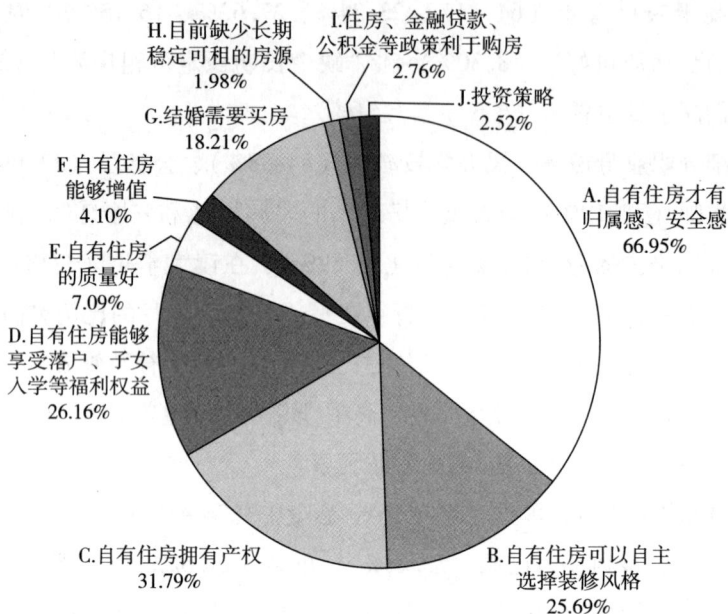

图9　河北青年购房原因

（二）选择对象时把"有房有车"作为标准的情况

总体来看，把"有房有车"作为择偶标准的青年绝对比例很低，约占受访青年的15.69%，是所有选项中选择比例最低的，但是对这一数据的细致讨论或将提供对青年内部分化的一些新的认识。

从性别看，女性（22.68%）对"有房有车"的看重远高于男性（8.55%），前者比后者高出14.13个百分点，说明女性对男性的经济基础以及在此基础上体现出的能力更为看重，进一步分析可以发现，14～17周岁（20.88%）、18～24周岁（27.82%）、25～29周岁（24.85%）、30～35周岁（15.39%）等4个年龄段的女性青年对此的看法呈现先上升后下降的"倒U字"形趋势。

而从学历看，小学及以下学历者中，男性（12.07%）比女性（9.76%）更看重"有房有车"，而在其他学历段则女性比男性更为看重这一因素，且随着学历提升对这一因素越发看重，初中、高中/职高/中专、高职/大专、大学本科、硕士/博士研究生中的女性比男性更看重"有房有车"的比例分别为14.81%、22.71%、24.98%、24.47%、20%，而男性分别为8.51%、9.17%、7.75%、8.56%、8.29%，两者分别相差了6.30个、13.54个、17.23个、15.91个、11.71个百分点，这种差距也呈现先上升后下降的趋势。

从单位性质看，民企青年（16.93%）、事业单位青年（16.64%）最为看重，外企青年（6.06%）最不看重，相差了约10个百分点。从职业身份看，新媒体从业女性（50%）、民办学校女教师（28.57%）、大学女生（27.61%）、女企业主（26.09%）对另一半"有房有车"更加在乎。女初中生（15.31%）、社会组织女员工（16.44%）、女性社区工作者（18.75%）对此相对不太在乎。

从收入来看，收入越高，对于"有房有车"的在乎程度就越呈现螺旋式下降的趋势。月收入8000元及以下的女性群体期待"有房有车"的比例普遍在20%以上，而8001~10000元、10001~15000元、15000元以上的女性在乎有房有车的比例分别为16.09%、19.23%、9.52%。而且在月收入15000元以上的群体中出现了男性（14.04%）比例高于女性（9.52%）的情况。

从地域来看，定州（21.59%）、石家庄（18.36%）、秦皇岛（18.03%）的青年对"有房有车"最为看重，雄安新区（12.5%）、辛集（13%）、承德（13.66%）、唐山（13.68%）最不看重。定州（32.98%）、秦皇岛（26.96%）、沧州（25.27%）的女性在所有城市女性中更加看重"有房有车"，雄安新区（5%）、唐山（5.58%）、邯郸（6.67%）男性在所有城市男性中最不看重"有房有车"。

从不同的婚恋状态来看，再婚青年（21.57%）和单身青年（18.08%）总体更看重"有房有车"。进一步看，单身女性（27.09%）、再婚女性

（26.92%）、离异女性（25%）对此最为在乎，已婚男性（7.66%）对此最不在乎。

从住房状况来看，购买单位福利房（22.03%）、住在父母的房子或借住亲友房子（19.2%）、住在集体宿舍（18.9%）的青年对此最为在乎，自建住房（9.46%）、自购商品房（11.9%）的青年对此最不在乎。其中，住在单位集体宿舍的女性（29.43%）、住在父母的房子或借住亲友房子（28.70%）、购买单位福利房（27.59%）的女性对此最为看重，自购商品房（6.48%）、自建住房（7.03%）的男性对此最不看重。

（三）对"高房价、高物价"导致"择偶"难的看法

总的来看，对于面临择偶难问题的青年而言，他们把找对象困难首先归因为"高房价、高物价"，因为这意味着对于他们而言需要有更多时间来积蓄财富、为筑巢安家做准备。其中男性（69.75%）比女性（51.40%）更加坚信这一点，而且总体来看，随着年龄增长这一比例有上升趋势，18~24周岁、25~29周岁、30~35周岁的青年分别有52.41%、60.90%、72.05%持有这一观点，意味着大龄青年对此更加深信不疑，如果我们再分性别观察的话，那么这3个年龄段的男性青年持有这一看法的比例分别为62.76%、71.63%、78.57%，而女性比例分别为41.61%、47.31%、65.42%。

而从学历来看，持有这一看法的青年比例呈现先上升后下降的趋势，小学及以下、初中、高中/职高/中专、高职/大专、大学本科、硕士/博士研究生6个阶段的青年持有这一观点的比例分别为58%、68.33%、62.95%、65.99%、57.21%、51.89%。

农村青年（63.19%）持有这一观点的比例略高于城镇青年（59.76%）。工作青年（65.01%）持有此种观点的人最多，学习青年（55.32%）持有此种观点的人最少。农业青年（72.28%）、民企青年（70.37%）更认为"高房价、高物价"导致了择偶难问题，外企青年（57.69%）和混合制企业青年（58.33%）持有此种看法的最少。衡水（71.43%）、沧州（68.18%）青年持有此种看法的人占比最多，廊坊

（54.32%）、雄安新区（57.58%）持有此种观点的青年比例最低。已婚青年（75.79%）经历过"高房价、高物价"带来的婚恋压力，持有这种比例的最高，丧偶（33.33%）、再婚（37.93%）、离异（39.71%）青年经历过情感婚姻家庭的喜怒哀乐，更多关注高房价、高物价带来的经济负担之外的其他因素，因此持有此种比例最低。

可见，高房价、高物价确实提高了婚恋成本，并导致需要为筑巢安居积蓄更多财富。但与此同时，"高房价、高物价"作为一种观念可能含有某种建构性因素，尤其是房地产资本等利益集团借助媒体贩卖焦虑，制造一种住房意识形态来规训青年，从而抬高了人们对进入婚恋的期待，这是非常值得关注的问题。未来解决青年住房实际困难、为青年提供更多元住房保障的同时，也应该防范房地产资本无序扩张、转变全社会的住房观念。

（四）对"税收、住房等政策支持"有利于生育的看法

对于"税收、住房等政策支持"是否有利于生育，53.04%的青年持有积极态度，在所有政策评价中居首位，仅次于"促进教育公平、优化优质教育资源配置"（60.32%）。男性（58.30%）比女性（47.90%）更加看重这一点。18~24周岁（54.93%）、25~29周岁（54.31%）年龄段青年正处于恋爱婚姻关键时期，持有此种观点的比例更高。且随着学历层次的提高，持有此种看法的青年比例呈现上升趋势，小学及以下、初中、高中/职高/中专、高职/大专、大学本科、硕士/博士研究生等学历群体，持有此种观点的青年比例分别为50.51%、44.33%、49.52%、52.58%、57.16%、60%，硕士/博士研究生学历者持有此种观点的比例最高，初中、高中/职高/中专学历者最低，在深度访谈中，我们了解到，硕士/博士研究生学历者因为受教育年限最长，因此在他们离开校园步入职场、进入社会、谈婚论嫁的时候已经错过房价较低的阶段，这使得他们面临高房价时代的压力，他们凑齐首付、按揭还贷的压力较大，这客观上对生育养育子女起到了抑制和延迟效应。而初中、高中/职高/中专学历者置业成家的时间更早，赶在了房价高涨之前买房，往往没有因为太大购房压力而影响生育。从具体职业身份看，快

递小哥群体（63.64%）、专业技术人员（59.66%）对于"税收、住房政策支持"的敏感性更高，网约车司机群体（25%）、医院医护人员（43.40%）敏感性最低，这在一定程度上与青年职业特征有关。收入水平与"税收、住房政策支持"敏感性成正比，收入更高的青年群体对于"税收、住房等政策支持"有利于生育持有更加积极的态度，月收入在1000元及以下、1001~2000元的青年群体持有此种看法的比例分别为49.75%、47.36%，而收入10001~15000元、15000元以上的青年群体则各有58.72%、67.95%的持有此种看法。从不同居住状况看，租房青年（65.54%）更坚信税收、住房等政策支持有利于促进生育，而购买单位福利房（45.76%）、租住政府公租房或廉租房（46.15%）的青年持有此种观点的比例最低。重视住房归属感和安全感的青年（57.01%）对税收、住房等政策支持有助于促进生育持有更为积极的看法，而重视自有住房质量的青年的比例最低（43.13%）。依靠自己的工作收入（56.93%）购房的青年选择该项的比例更高，使用信用卡、借呗等金融产品购房的青年（40.24%）选择该项的比例最低。目前与同学、工友或其他人合住的青年（64.99%）、三代同堂的青年（58.72%）对于"税收、住房等政策支持"有利于生育的看法更加认可，而与其他亲戚同住（32.47%）、与祖父母或外祖父母同住的青年（34.43%）持有这一看法的比例最低。居住满意度与持有"税收、住房等支持政策"有利于促进生育观点的比例呈现"倒U字"形趋势，非常满意（57.89%）和非常不满意（60%）的青年更加认同这一观点。居住面积则与此呈现负相关关系，也就是居住面积越大的青年坚持这一观点的比例越低，人均居住面积不足10平方米（66.40%）、10~20平方米（56.42%）的青年持有这一看法的比例最高，这或许体现出了住房面积的边际效应原理，住房面积越大带给青年的满足感也就越低，相应就会更多地从其他方面获得满足感。恋爱中（55.57%）、单身（53.99%）、已婚（51.93%）青年持有这一观点的比例更高，丧偶（11.76%）、再婚（33.33%）、离异（39.04%）青年持有这一观点的比例更低。生育子女数量与持有这种观点的比例也呈现负相关关系，生育子女越多的青年对于"税收、住房等政策支持"有利于生育的敏感性就越低，这可能也体现出子女数量的边际效应，即当子女越来越多的时候，对于促进生育的所有政策的敏感性都会有所下降。这从另一个数据，也就是是否准备再要孩子的调查中可以看出，准备生育孩子的青年（56.28%）比不准备生育孩子的青年（52.97%）持有此种看法的比例高3.31个百分点。

四　是否乐居：河北青年住房满意度与期待

（一）对现在的居住状况满意度状况：青年居住满意度

总体来看，对目前居住状况比较满意的比例最高，约占41.11%。选择非常满意与比较满意的两个选项的比例加总为62.83%，说明目前河北青年对于居住状况总体还是满意的。但对于目前住房情况不太满意与很不满意的青年仍有近一成，这部分群体需要我们重点关注，并制定出切实有效的政策，帮助他们解决影响其健康发展、分散其干事创业精力的问题（见图10）。

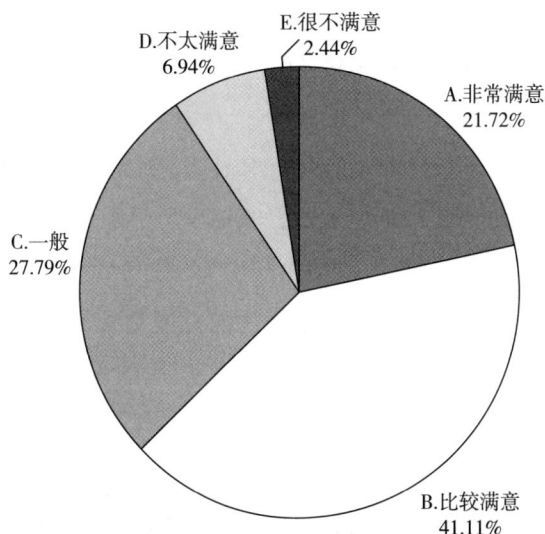

图10　青年群体对居住状况满意程度调查

14~17 周岁即未成年人对目前居住状况非常满意的比例为 54.32%，为各年龄段中比例最高者。而 18~24 周岁、25~29 周岁、30~35 周岁 3 个年龄群体中，对居住状况比较满意的比例均超过 40%（见图 11）。但随着年龄增长，对居住状况的不满意比例在增加。在各年龄段中，对住房状况非常满意与比较满意加总均超过半数，属于大多数；对于居住状况不太满意、很不满意的仅在一成左右，但仍需重点关注随着年龄增长青年对住房不满比例增加的问题。

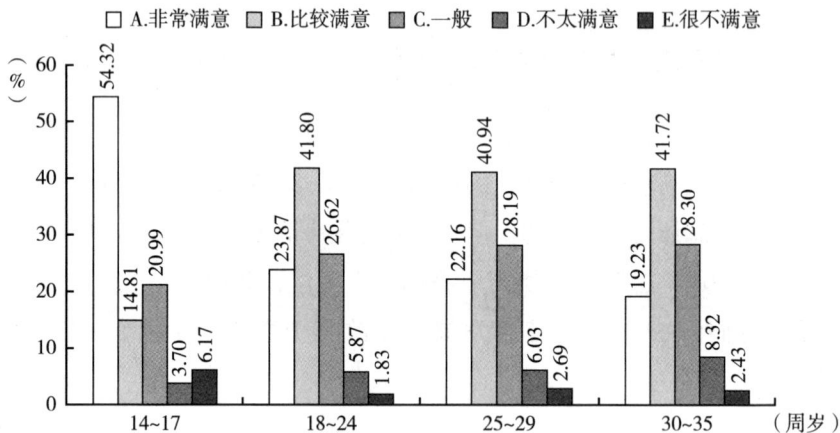

图 11　不同年龄段青年对目前居住状况满意度

从不同学历群体看，小学及以下、硕士/博士研究生学历青年对目前居住状况满意的比例最高，接近于七成，其他学历层次青年对住房满意状况普遍低于这两类学历青年，其中，初中学历青年住房满意度最低（56.44%）。从初中到大学本科，随着学历增长，住房满意度呈螺旋式上升趋势，高中/职高/中专、高职/大专、大学本科 3 个学历层次的青年住房满意度分别为59.68%、61.13%、65.28%（见图 12）。

农村青年（59.31%）对于目前住房的满意度总体略低于城市青年（64.95%），而且农村青年（11.29%）居住不满意比例高于城镇青年（8.22%），这说明青年住房感受也存在一定的城乡差距，未来在促进城乡

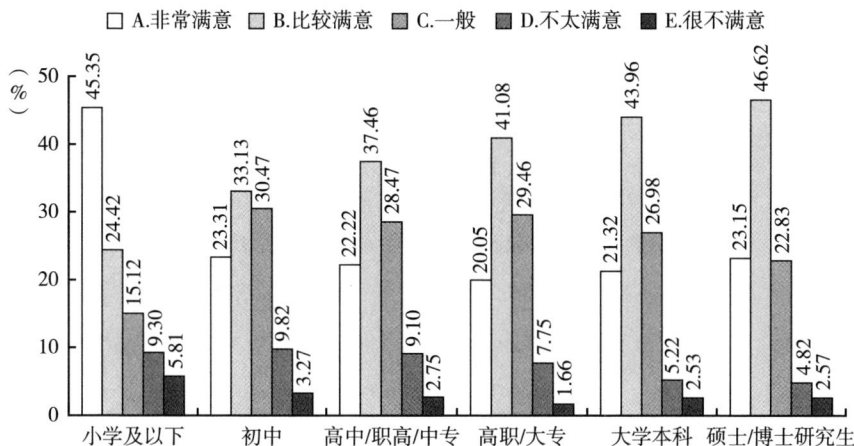

图12 不同学历青年对目前居住状况满意度

融合发展进程中，改善青年住房条件将是一个重要的议题，尤其需要更多关注从乡村流向城市的新市民、毕业生等群体，为这一群体在城市安身立足提供合适的青年住房政策和资源供给（见图13）。

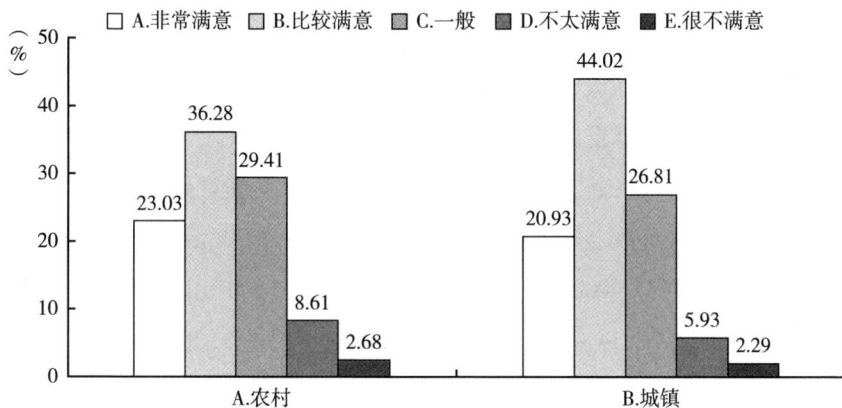

图13 城乡青年居住状况满意程度

不同职业人群对目前居住状况满意度存在一定差异，工作青年（63.21%）与创业青年（67.53%）对于目前居住状况比较满意，而待业青年（53.45%）对目前居住情况满意度相对较低，其不满意程度（13.21%）

明显高于上述两个群体（见图14），可见，就业状况仍然是影响青年住房获得感的一个重要因素，在疫情常态化防控背景下，更要注重落实好"稳就业"要求，大力贯彻"大众创业，万众创新"理念，以创业带动就业，这是改善青年民生和青年住房状况最基础的底层逻辑。

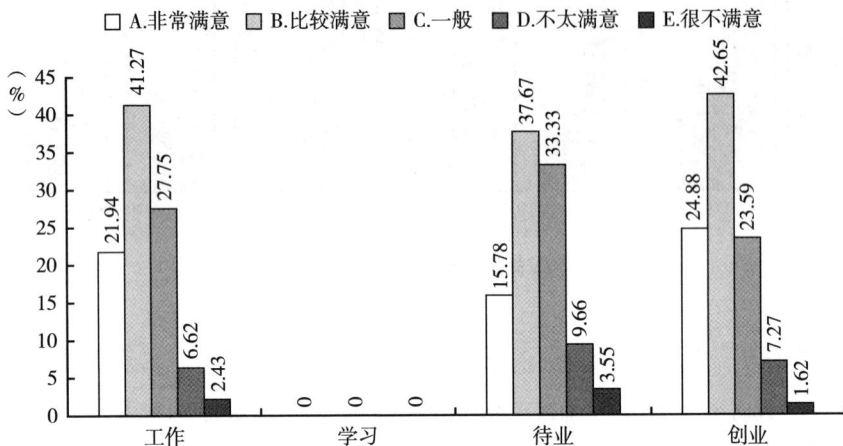

图14　不同职业青年对目前居住状况满意度

　　按照收入来看，从无固定收入到15000元及以上收入，青年群体随着收入的增加，对目前居住状况满意度也明显上升，体现为收入越高的青年对目前居住状况越满意，收入越少的青年对目前居住状况不满意的比例越高。无固定收入、1000元及以下、1001～2000元、2001～3000元、3001～5000元、5001～8000元、8001～10000元、10001～15000元、15000元以上等9个群体的满意度分别为58.14%、53.01%、61.27%、59.49%、64.16%、64.82%、67.77%、80.58%、81.81%，不满意度分别为12.08%、18.07%、11.15%、9.36%、7.94%、10.39%、8.06%、4.85%、4.55%（见图15）。这启示我们，初次分配机制对青年实现共同富裕具有重要影响，消除贫困、增加青年收入仍是青年实现品质生活的有效途径。

　　不同单位性质、不同职业身份的青年住房满意度总体较高，但也存在群体差异。青年学生群体中，初中生相比其他学历水平学生更为满意住房状

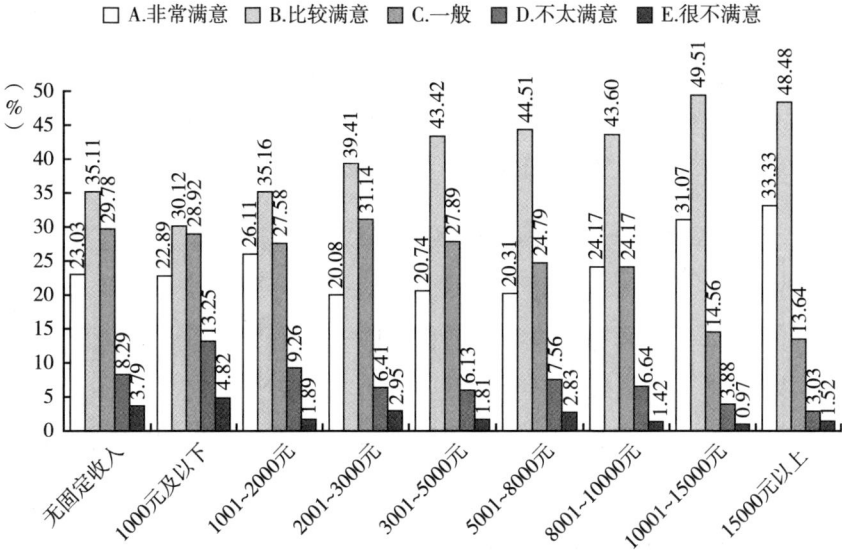

图15 不同收入人群对目前居住状况满意程度调查

况。非常满意当中排名前三的单位分别是：党政机关、农业及社会组织青
年。党政机关等单位的人群工作相对稳定，对于住房整体满意度较高。农业
青年可以更多利用宅基地自建住房，住房面积更大。受访的社会组织青年很
多服务于行会商会组织，这些组织很多依托于行业领军企业，因此，福利待
遇相对也比较有保障。公务员（72%）、社区工作者（71.24%）与医院医
护人员（70.22%）对于住房的满意度整体高于其他群体，而快递小哥
（40%）、网约车司机（33.34%）等职业人群对于住房的满意度则相对低于
其他人群。不满意居住状况的青年中，快递小哥（27.14%）、专业技术人
员（12.99%）占比最高。职业因素通过工作特征、收入水平、福利状况、
社会地位、认知水平等中介变量影响青年对于住房的体验感和满意度。目
前，针对快递小哥等群体的城市住房保障尚不完善，是导致这一群体满意度
较低的重要原因。

从地市分布看，各地市满意度总体比较均衡。定州（69.70%）青年满
意度最高，石家庄（55.47%）青年满意度略低于其他地市，这可能与石家

庄作为省会城市住房价格更高、通勤时间更长等有关。不满意度总体分布也比较均衡，辛集（4.81%）住房不满意度最低。不同地区对于住房的满意度并不完全随城市经济发达程度而波动，这提示在推动经济发展的同时，还应该注重与住房相关的软实力建设（见图16）。

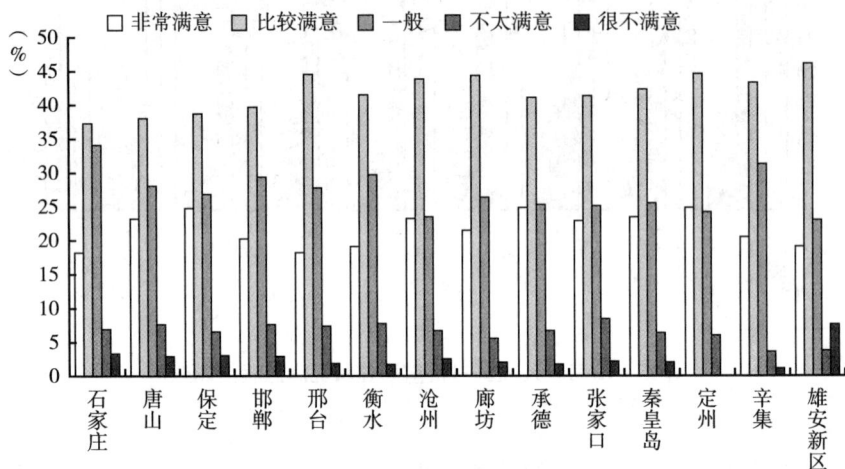

图16 不同地区青年的住房满意度

单身青年及处于婚恋状态的青年相对其他群体来说对居住情况整体存在一种相对满意的状态（"非常满意"均超过20%，"比较满意"均超过40%），而离异、再婚及丧偶人群相对不满意的占比分别达到了28.21%、27.03%、39.13%，这部分人群对于居住状况的不满意相对其他群体尤为明显，尤以丧偶群体最为突出(见图17)。可见，青年的情感状态同样会影响对居住状况的评价，稳定且有持续陪伴者的婚恋状态有助于居住满意度的提高。此外，子女数量与满意度也存在相关关系，随着子女数量增加，居住满意度呈现下降趋势，不满意度呈现一定上升趋势。0个、1个、2个、3个、4个及以上子女的青年住房满意度分别为63.09%、63.96%、61.58%、57.69%、60.53%，不满意度分别为8.44%、9.23%、10.57%、15.39%、13.15%。而计划再要孩子的青年（73.51%）的住房满意度也高于不打算再要孩子的青年（60.48%），不打算再要孩子的青年（10.16%）的不满意度

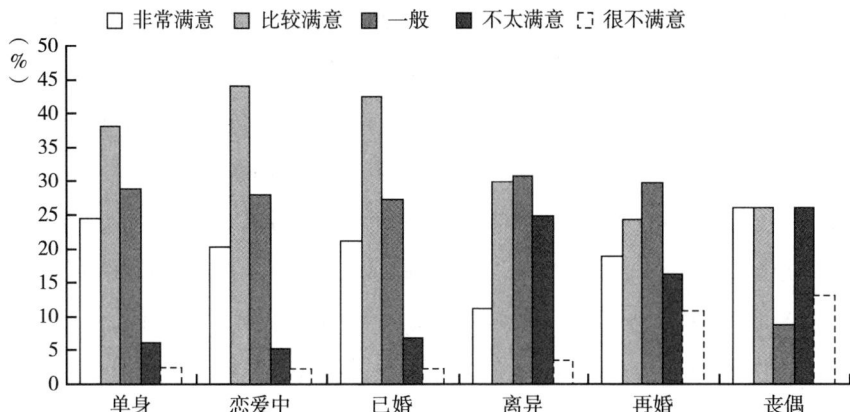

图 17　不同婚恋状态的青年对居住状况的满意度调查

高于计划再要孩子的青年（6.72%）。自购商品房的青年（74.01%）住房满意度最高，而租房（48.76%）、住在单位集体宿舍（50.74%）、购买单位福利住房（54.24%）的青年满意度最低。而从不满意程度来看，购买单位福利住房（20.34%）、住在单位集体宿舍（15.06%）、租房（14.52%）依然位列前三。租房不满意比较好理解，但是住在单位集体宿舍、购买单位福利住房的满意度比较低，说明从"单位福利"到"青年获得感"之间还有许多中介变量有待于优化。从租房困境来源看，没有遇到租房困境（70.3%）的青年对现在居住满意度最高，而即使在租房过程中遭遇侵权、经济纠纷与维权困境也并没有显著影响青年居住满意度，两者居住满意度依然达到了68.63%和60.43%。但受困于租房没法结婚（45.55%）、户型不合理或租不起心仪的房子（47.62%）、工作不稳定需要频繁搬家（47.75%）的青年对现在居住状况满意度最低。从不满意度看，租房没法结婚（18.32%）、工作不稳定需要频繁搬家（16.89%）、户型不合理或租不起心仪的房子（16.16%）依然构成了不满意度最高的三个原因。而从购房原因看，因为缺少长期稳定可租的房源而愿意买房的青年满意度最低（48.31%），不满意度最高（16.95%）。被小区不能实现集中供暖（48.77%）、社区卫生条件差（51.88%）所困扰的青年住房满意度最低，被小区不能实现集中供暖、社区不封闭导致安全无法保证、楼栋建造质量太差所困扰的青年不满意度最高，分别为 15.34%、13.76%、13.49%。居住面积不及 10 平方米（43.01%）、10~20 平方米（48.71%）的青年满意度最低，不满意度最高，分别为 25%、16.4%。居住面积在 100 平方米以上（79.29%）、90~100 平方米（68.5%）的青年住房满意度最高，不满意度最低，分别为 3.58%、5.77%。依托信用卡、借呗等金融产品（47.56%）、向朋友亲戚借钱（49.35%）来解决住房问题的青年满意度最低，而不满意度最高，两者分别为 16.26%、17.36%。从居住关系看，与配偶或男/女朋友两人同住（71.37%）、与配偶及小孩（68.26%）同住的青年满意度最高。与同学、工友或其他人合住（37.68%）、与其他亲戚同住（49.35%）的青年住房满意度最低，而这两种居住关系类型的不满意度也是最高的，分别为 16.91%、14.28%。进一步分析婚恋状态与青年住房满意度的相关性可以看出，离异（41.02%）、再婚（43.24%）、丧偶（52.18%）青年的住房满意度最低，不满意度最高，分别为 28.21%、27.03%、39.13%，因此，这就说明住房满意度绝不仅仅受到客观居住条件和质量的影响，居住关系也是影响居住满意度的重要原因。从居住面积和满意度的关系来看，面积大小与满意度成正比关系，与不满意度成反比关系。

（二）未来3年渴望实现（再）买套房的态度

总体来看，青年买套房或再买套房的愿望非常强烈，27.4%的青年有意愿在未来三年买或再买套房子。女性青年、乡村青年购房意愿越来越强烈，值得关注。学历、年龄增长也会推动购房意愿增强。不同职业群体购房意愿存在差异。理想子女数越多者购房意愿也越强烈。购房意愿存在一定惯性，已自建住房或自购住房者依然有强烈再购房意愿，与朋辈合住或与对象同居者购房意愿更强。中等收入者购房意愿最强。

值得关注的是女性（26.59%）的购房或再购房愿望与男性（28.22%）相差不大，说明女性青年越来越成为购买自有住房市场上的一个非常重要的力量。城乡青年买房意愿差别不大，两者分别为 27.54%（乡）、27.29%

（城），说明随着以人为核心的新型城镇化的持续推进，越来越多的农村青年来到城镇定居，他们越来越渴望拥有自己的住房——那是有城市归属感的重要标志。而这种愿望与学历、年龄成正比，随着学历提升、年龄增长越发强烈，从年龄看，从低到高的4个年龄段的青年购房或再购房的意愿分别为11.04%、27.13%、32.67%、32.96%，从低到高的6个学历层次的青年该比例分别为16.16%、15.32%、23.78%、32.10%、29.63%、35.63%。创业青年（37.00%）具有最强的购房或再购房意愿，其次为工作青年（32.14%），待业青年（28.40%）、学习青年（19.15%）（再）购房意愿相对较弱。收入与（再）购房呈现"倒U字"形规律，具体为：无固定收入（21.36%）、1000元及以下（19.60%）、1001~2000元（27.99%）、2001~3000元（28.59%）、3001~5000元（32.56%）、5001~8000元（36.76%）、8001~10000元（36.56%）、10001~15000元（33.03%）、15000元以上（28.21%），也就是中间收入群体的购房意愿最为强烈，5001~8000元收入区间（36.76%）的青年（再）购房意愿最为强烈，而随着收入减少或增加，青年购房意愿都呈现下降趋势。各地市青年（再）购房意愿总体较为均衡，其中意愿最强烈的为辛集（32%）、衡水（30.78%）、定州（30.68%），最低的为邢台（23.79%）、保定（25.82%）、唐山（25.85%）。

而已有住房的青年中，自建住房（36.19%）、自购商品房者（30.93%）中依然有一定比例的青年有购房意愿。而目前住在单位集体宿舍（34.21%）、住在父母或亲友房子（32.29%）的青年购房意愿较为强烈。从进一步的居住关系分析来看，与同学、工友或其他人同住（39.17%）、与配偶男/女朋友两人同住者（35.12%）购房意愿强烈。居住满意度越低的青年（再）购房意愿越强，对住房非常满意的青年有23.45%有意愿（再）购房，而比较满意、一般、不太满意、很不满意者这一比例分别为31.53%、36.18%、45.04%、44.83%。从婚恋关系看，丧偶（35.29%）、已婚（32.57%）、恋爱中（31.10%）的青年（再）购房意愿较高。生育子女数量增加并没有显著增强（再）购房意愿，但理想子女数量越多的青年则表现出更强的（再）购房意愿，理想子女数量为0个、1

个、2个、3个、4个及以上的青年（再）购房意愿分别为21.88%、22.75%、29.47%、34.44%、36.27%。

（三）对居住小区不满意的原因

当代河北青年对于居住小区不满意的原因越来越集中于"服务"领域和"品质"维度，在满足基本居住需求之后，生活服务品质、设施配套品质、服务便利品质、楼栋建设品质、空间规划品质成为影响新世代青年小区居住满意度的重要因素。

影响青年小区居住满意度的首要因素是"物业服务水平"，27.14%的受访青年将"物业服务水平差，问题不及时解决或物业代缴水电费不透明"列为首要问题。可以说，作为实现小区有效运转的重要一方，物业公司提供的服务是关乎青年幸福感，而在青年实际生活的社区中，居委会、物业、社区社会组织等是其接触最多的组织和机构，但是目前不同小区物业公司经营的规范化程度差别很大，一些大型的连锁经营的物业服务企业相对更为规范，石家庄鹿泉区等一些地方甚至发展出"红色物业"等运行模式，张家口市桥东区则通过国有物业企业集团将一些无物业管理的小区纳入物业服务，一些托幼养老服务也都得以依托物业公司展开，可以说，物业公司成为青春社区"四社联动"中的重要一环。但也有一些小区的规模小，物业企业覆盖的户数有限，又缺乏现代经营理念，无法盘活小区资源，因此维持运营实属不易，服务质量也无法提升。一些物业服务公司对于居民的日常困难缺乏回应，例如下水道堵了、电路坏了、房屋漏雨、水管漏水、小区汽车乱停、邻里喧闹扰民，等等，这些事情如果不能及时有效地解决，就会影响青年的正常生活节奏。另外，目前住宅小区的物业经营有着较为明确的规范，但一些LOFT等商业用地上建设的公寓式住宅不仅商水商电收费较贵，而且收费不够透明。物业费、宽带费、停车费、电梯费、取暖费等其他收费也缺乏规范，随意乱收费、侵害业主权益的现象屡见不鲜。进一步深入观察发现，男性（29.04%）比女性（25.22%）更认同物业服务差的问题，四个年龄段的青年中年龄最小组（14~17周岁）和最大组（30~35周岁）更在意物业服务水平低的问题，比例分别为 28.40%、29.98%。学历高者往往更在意物业服务水平低带来的困扰，32.15% 的硕士/博士研究生持有这一看法，而初中学历者只有 21.06% 持有这一观点。相比农村青年（16.56%），城镇青年（20.26%）更不能容忍糟糕的物业服务。创业青年（30.37%）对物业问题的敏感性也高于工作青年（27.13%）和待业青年（23.27%）。在外企（31.82%）、混合制企业（30.56%）、国企（29.95%）等企业工作的青年比其他单位类型青年更关注物业服务差的问题，而社会组织青年（19.71%）最不在乎这一点。企业主（34.21%）、新媒体从业青年（33.33%）、公务员（32%）、管理人员（30.46%）、专业技术人员（30.30%）更在意物业服务差的问题，而学生群体最为无感，初中生（18.18%）、高中/职高/中专生（16.67%）、大学本科生（13.51%）们生活在校园，或许与物业打交道的机会更少，而在家的时候很多事都由父母操持。不同收入群体对物业服务差的态度也呈现"倒 U 字"形的趋势，5001~8000 元收入区间的青年最为在意（33.53%），而随着收入减少或升高，这种在意程度都呈现下降趋势，月收入 15000 元以上的群体（22.73%）和无固定收入（22.19%）、月收入 1000 元及以下（22.89%）的群体都保持在 22% 左右。从地域看，张家口（32.73%）、衡水（31.74%）、承德（30.96%）的青年对此感受最为突出，雄安新区青年（15.38%）最为无感。丧偶（34.78%）、再婚（32.43%）青年对此感受最为强烈，单身（21.88%）青年最为无感，这明显看出了家庭经营、生活阅历对于青年认知的影响。对于有孩子的青年而言，孩子越多，对物业差的态度相对越平和，有 1 个、2 个、3 个、4 个及以上孩子的青年对于物业服务差在意的分别占 32.33%、28.14%、26.28%、18.42%，这与青年已经与物业企业形成更加默契的沟通模式、青年自己处理问题及同物业沟通能力获得了提升有一定关系。但是理想子女数量与物业服务评价成反比，也就是理想子女数量越多的青年对于物业服务持有负面评价的比例越高，从 0 个到有 4 个及以上子女的青年对物业持有负面评价的比例依次为 22.66%、24.73%、27.93%、32.14%、30.52%。从住房类型看，自购住房和有福利住房的青年对物业的看法最糟，这些群体包括购买单位福利房（40.68%）、自购商品房（35.45%）、自购经济适用房（35.09%）、租住政府公租房或廉租房（33.97%）。这说明青年住房从福利到品质还有个"物业服务提升"路径，因此培育、引进具有社会责任感、具有青年服务和沟通能力的现代化物业企业，规范其发展，对于提升青年居住体验将起到越来越积极的促进作用。

其次是没有配套的健身场地、儿童游乐场所或幼儿园，选择此项的青年占比20.06%。健身与健康发展是青年的重要需求，对于家庭和健康的关注体现在河北青年价值观上。儿童友好社区在人口生育政策调整的时代是青年家庭发展的现实需求，因此，布局配套托幼托育机构、儿童友好的活动空间场所无疑是青年进入婚育期后的最强烈需求。作为城市或乡村基本的生活单元，社区承载着人们的衣食住行等基本生活服务与日常交往场景的构建。因此，近些年来，围绕以人为本的社区营造，城市规划和城市政策领域先后提出了"15分钟生活圈""整体居住社区"等概念。社区范围内根据大小又可以包括小区、街坊、邻里等不同层面，并分别配置卫生站、快递柜、便利店、幼儿园、菜市场、小学、维修缝纫等各类便民生活服务，可以说，社区生活环境舒适程度直接影响居民的幸福水平，以"家"为中心按照五分钟、十分钟、十五分钟分别布局相应的服务和设施，是当前社区营造和社区更新过程中普遍推进的做法。对于健身和儿童等配套设施，女性（20.57%）比男性（19.55%）更上心。已婚青年（24.09%）也比其他婚恋状态青年更为看重这一问题。对于有子女的青年而言，子女越多遭遇到这一问题的比例越低，1个、2个、3个、4个及以上子女的青年面临这一问题的比例分别为25.19%、21.43%、17.95%、7.89%，进一步研究发现，打算继续要孩子的青年（16.73%）比不打算再要孩子的青年（21.38%）关注这一问题的比例更低，这或许意味着建设儿童友好型社区对于促进生育将有一定的积极效果。年龄越大的青年也越更在意，从低龄组到高龄组该比例分别为3.70%、16.55%、18.43%、23.67%。学历也呈现类似正相关关系，从小学及以下到硕士/博士研究生6个学历层次青年持有此态度的比例分别为12.79%、

15.13%、16.61%、19.43%、22.28%、25.72%。城镇青年（22.82%）明显比农村青年（15.48%）更在乎健身及儿童设施配套问题。混合制企业（25%）、事业单位（24.14%）青年比其他类型单位更为看重此点，农业（15.12%）、外资企业（15.15%）青年对此在意的比例最低。保定（23.77%）和张家口（22.22%）青年更关注体育健身与儿童设施的配套，而雄安新区（15.38%）、辛集（16.87%）、唐山（16.96%）青年对此关注得最少。自购经济适用房（28.65%）、自购商品房（27.70%）的青年关注这一问题的比例明显高于其他青年群体。

值得关注的是，"没有电梯，需要每天爬楼"选择率排名第三。可见，当代河北青年在考虑居住环境方面越来越关注服务质量、生活配套等品质化需求。具体来看，男性（19.25%）比女性（18.48%）更在乎电梯问题，对于电梯的重视在越年轻的世代之中表现得越明显，14～17周岁、18～24周岁、25～29周岁、30～35周岁的青年中分别有22.22%、19.6%、18.48%、18.68%的人在乎电梯问题。城镇青年（20.26%）比农村青年（16.56%）更在意"没有电梯，需要每天爬楼"。混合所有制企业青年（33.33%）比其他类型单位的青年更在乎电梯问题。医护人员（34.04%）、网约车司机（33.33%）、快递小哥（31.43%）等职业群体以及初中生（27.27%）、高中/职高/中专学生（25%）也更在乎电梯问题。而收入低的群体相对更在乎电梯问题，无固定收入（20.08%）、2001～3000元（19.83%）、3001～5000元（19.02%）群体更在乎这一点，而收入10001～15000元（14.56%）、15000元以上（7.58%）的青年群体最不在乎，这或许与高收入群体所住小区普遍安装有电梯有关。从地区来看，张家口（23.72%）、雄安新区（23.08%）最为在乎，定州（6.06%）、辛集（9.64%）青年对此最不在意。家有4个及以上子女的青年（44.74%）比没有孩子或只有1～3个孩子的青年更在乎电梯问题。购买单位福利房（33.90%）、租住政府公租房或廉租房（31.41%）、租房（26.13%）的青年更在乎电梯问题，自建住房（12.66%）、自购商品房（15.73%）的青年最不在意电梯问题。

当然除此之外，也有一些青年提出了楼栋建造质量差的问题，其中14~17周岁青年对此问题的反映最为集中（32.10%），约是其他三个年龄段的青年的2倍，小学及以下学历者（39.53%）反映此问题的比例也是其他五个学历层次的2.5~3倍。对楼栋建造质量表示担忧的青年中，城镇青年（16.35%）略高于乡村青年（14.64%），男性（16.50%）略高于女性（14.90%），廊坊（19.63%）、张家口（18.92%）、衡水（18.64%）、承德（18.26%）等地青年对此更为关切，单身青年也比其他婚恋状态青年更为关注，计划再要孩子的青年（22.43%）比不打算再要孩子的青年（15.61%）也更为关注这个问题。租房青年（29.84%）、租住政府公租房或廉租房青年（19.87%）对楼栋建造质量表示担忧的比例更高，而自购商品房（11.5%）、自建住房（13.17%）、住在父母的房子或借住亲友房子（13.42%）的青年这种担忧更少一些。

空间不合理，社区人太多或居住人员素质参差不齐，社区卫生条件差，交通不方便，社区不封闭、安全无保证，小区不能实现集中供暖等问题，也是影响不同青年群体幸福感的因素，因此，未来要提高青年住房满意度，就必须倡导"社区营造"的理念，通过微实事、微改革、微创新来推动小区住房条件和环境改善，社区应当同时把提升基础设施的硬实力、物业服务的软实力、优化管理的巧实力作为抓手，有的放矢地帮助解决青年居住小区中的那些关键小事。

（四）租房过程中遇到的最烦心事情

总体来说，受访河北青年中有半数表示受到了烦心事的困扰，租房青年遇到的主要问题无外乎：功能问题（无法按照自己意愿需求使用房子，户型不合理或租不起心仪的房子），福利问题（租房没法享受落户、子女上学等福利权益），权益问题（遭遇侵权，经济纠纷与维权困境），安全问题（小区治安没有保障或小区生活环境不好），关系问题（合租者不好相处或有不良习惯），流动问题（工作不稳定需要频繁搬家）。

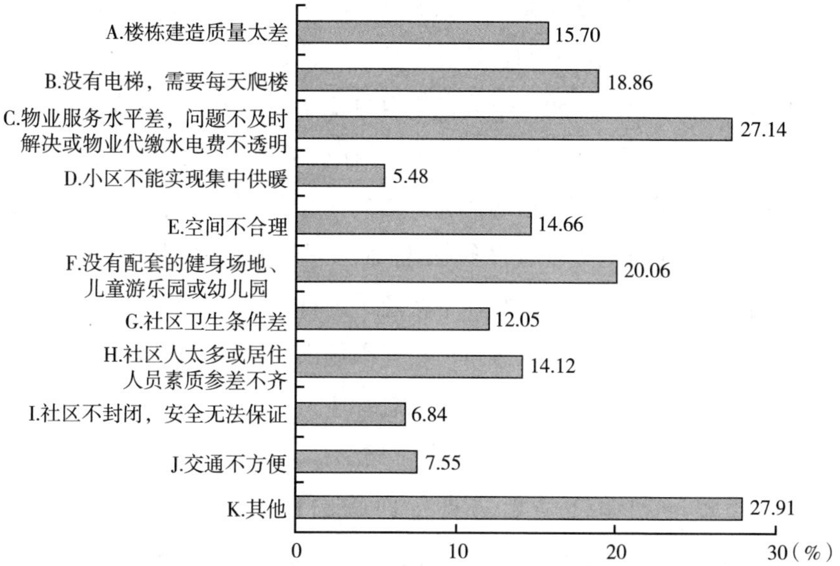

图18 青年对居住小区不满意的原因调查

在功能性方面，无法按照自己的意愿需求使用房子（16.64%）居首位，户型不合理或租不起心仪的房子（11.65%）居第四位。具体看，硕士/博士研究生对无法按意愿使用房子（20.26%）以及对户型不合理（15.76%）的感受最为强烈，而不同年龄群体中"18~24周岁"青年租客对这两个问题的感受最为强烈（17.54%、14.57%）。不同单位类型的青年中，混合所有制青年对这两个问题更为在意（22.22%、22.22%），新媒体从业青年（网络主播/签约作家等）（27.78%、16.67%）、医院医护人员（23.40%、21.28%）、快递小哥（18.57%、21.43%）等群体看法最为强烈。在不同居住类型中，租房（23.42%、22.97%）和租住在单位集体宿舍（19.80%、13.09%）的青年对无法满足意愿需求以及户型不合理或租不起心仪房子最为在意。再婚青年（21.62%、18.92%）也比其他婚恋状态青年更加在意这两个问题。张家口（20.42%）、衡水（19.65%）青年对"无法按照自己的意愿需求使用房子"最为介意，张家口（16.52%）、雄安新区（15.38%）、衡水（14.36%）青年对于"户型不合理或租不起心仪的房子"

219

最为在意。租住的房子往往受到房屋现有装修、格局的限制，而且房东也会在租房协议中对于房屋格局调整进行限制，而且有些地理位置合适的房子内部结构和青年的期待有差距，一些青年因为"学习研究""直播电商""练习书法画画""练习瑜伽""室内办公""存放货物"等会对房子的布局有自己的规划和需求，但在租房的情况下这会受到很多限制。有些青年喜欢养宠物，但有些房东则对此会有很多限制。而一些区位、户型、面积、装饰等各项条件符合自己要求的房子往往价格超出了自己的租金预算。可以说，新时代青年用自己的眼光和需求来审视租房市场供给侧，恰恰也有助于为适青化的租房市场发展提供一些新的标准和趋势。

经济纠纷与维权困境（13.30%）位居第二，另有8.84%的青年遭遇侵权困扰。维权问题始终是租房青年面临的困境之一。具体看，男性（15.49%，9.76%）在这两个问题上比女性（11.09%、7.92%）遇到更多困扰。而这两个问题困扰程度与年龄成反比，即年龄越小，越可能遭遇到这两个问题，数据显示，在遭遇侵权问题上，4个年龄段从低到高的比例分别为32.10%、9.38%、9.76%、7.10%，在遭遇经济纠纷与维权困境问题上，4个年龄段从低到高的比例分别为22.22%、16.70%、12.85%、11.62%，可见越年轻的租户由于缺乏经验越有可能遭遇到更大权益受损风险。从地域看，承德（16.93%）、石家庄（16.39%）沧州（14.64%）、邯郸（14.26%）青年更多关注经济纠纷与维权困境问题，石家庄（11.61%）、邯郸（11.02%）、承德（10.47%）、张家口（9.91%）青年更关注遭遇侵权问题。计划再生育子女的青年（18.88%、19.77%）比不再打算生育子女的青年（13.21%、7.68%）更关注这两个问题。购买单位福利住房（32.20%）、租住公租房或廉租房青年（26.28%）更关注经济纠纷与维权困境问题。租房青年（20.72%）、租住政府公租房或廉租房的青年（19.87%）更关注遭遇侵权问题。访谈发现，从进一步具体原因看，虚假房源信息太多、住房安全隐患、被恶意抬高租金、房东随意涨价、随意克扣押金、维修责任分担不清晰、租房合同无法保障权益、受到中介或房东欺骗、房东突然告知房屋不租了等都是青年在租房过程中面临的权益问题。

租房无法享受落户、子女入学等福利权益（13.01%）位居第三，租房没法结婚（6.42%）。目前关于租购同权的政策已经逐步开始落实了，但是不同能级量级的城市落实过程中面临的问题不同，落实的力度和方法也有所不同。省会石家庄（18.17%）青年对于这个问题的反映最为强烈。处于起步阶段的雄安新区（3.85%）以及省代管的县级市辛集（4.82%）、定州（8.33%）青年则对此压力明显小很多。孩子越多的青年越关注这一问题，有4个及以上孩子的青年（34.21%）最在意这一问题。有意愿再要孩子的青年（15.97%）也比不打算再要孩子的青年更注重这一问题。

此外，小区治安没有保障或小区生活环境不好不方便占比8.54%。对于这一问题，年龄越大顾虑越多，30～35周岁的青年群体（10.64%）最为在意。学历越高的青年对于居住安全也更为看重，从低到高的6个学历层次青年关注小区安全问题的比例依次为3.49%、5.32%、7.30%、8.61%、9.59%、9.97%。城镇青年（9.55%）也比农村青年（6.87%）更为关注小区安全和环境。工作青年（9.06%）比待业（6.11%）和创业（6.46%）青年更为在意这一问题。混合所有制工作的青年（15.28%）比其他类型单位更关注小区安全和环境。医院医护人员（21.38%）、专业技术人员（15.58%）、大学生（13.51%）等职业青年比其他职业身份青年更在乎居住的安全和环境因素。收入越高的青年对于小区安全相对也更为在意。已婚青年（10.00%）比其他婚恋状态青年更关注居住安全问题。收入与小区安全和环境焦虑呈现"倒U字"形规律，即8001～10000元青年对此最为关切，随着收入提高或降低，青年对小区安全和环境的焦虑都呈现下降趋势。当然，关于小区安全的对策一直以来存在一种张力，有人认为应该通过强化封闭管理来确保安全，而另一种声音则是支持通过街区制缓解交通压力，在疫情常态化防控背景下，小区管理似乎又有趋紧的态势。影响安全的因素很多，我们认为针对青年担心的安全问题需要分类施策加以应对解决，例如高空抛物、交通混乱、电路老化、火情火灾、偷窃盗窃等问题，都需要有针对性地加以应对，例如提高公众安全防范意识、建立群防群治机制、增加社区路灯监控设施、安装小区楼道门禁、设置报警互救按钮、规范人车分流管理、改进门窗安全结构、强化安全日常检查、建立快速响应机制等措施增强青年的居住安全感。

工作不稳定需要频繁搬家（7.46%）对青年的困扰越来越大，这其中既包括因跳槽更换单位，也包括同一个单位系统内部因为岗位或地点变动而带来的居住地点变动。这其中，女性（8.16%）比男性（6.77%）更为困扰。农村青年（8.61%）比城镇青年（6.77%）更为在意。待业青年（11.83%）更为在意。2020年以来的新冠肺炎疫情对经济运行产生了非常大的影响，企业经营状况的不稳定导致人力资源流动加剧。而另外，一些单位或系统内部因为业务发展或调整，以及拓展新的区域或城市的业务需要经常需要把员工进行调配，而青年员工无疑更多地被调整。频繁搬家在心理上制造了不安定感，且"搬家三年穷"，"每次搬家都会丢掉好多东西，而且还需要找搬家公司搬运和运输，没有电梯还要加钱"，因此，经常区位跨度较大的工作变动，总是折腾会无形中增加青年的居住成本。

合租者不好相处或有不良习惯（6.72%）也构成了租房青年的痛点。可以说由于可考虑的房源有限，或受制于可接受的租金范围，合租也成为青年的居住方式，如上文所谈到的，大约5.67%的青年是与同学、工友或其他人合租的，但合租与整租相比尽管可以共同分担租金，但是由于作息节奏、生活习惯、生活节奏、安全隐私等问题，也会产生困扰，"不讲卫生""不爱干净""脏乱差""邋遢"、"噪声""动静大""熬夜""经常带外人来""互相打扰"都是青年对合租吐槽的点。这也意味着未来发展安全、靠谱、普惠的适合青年尤其是毕业生、新入职青年的长租房是未来计划持续扩大经济体量的河北城市必然的选择。

（五）未来3年渴望实现房租下降的态度

由于河北省总体房租价格与一线、新一线城市相比更低，因此，对于房租下降的期待在青年诸多愿望中尚不明显，青年内部不同亚群体对此的看法也出现了一定分化。

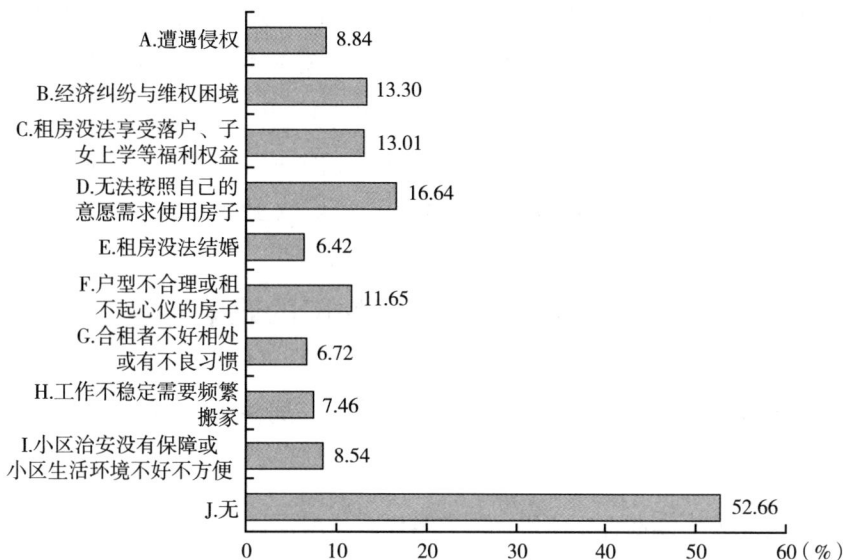

图19 青年租房烦心事原因

受访者中有 6.24% 的青年表达出期待房租再下降的愿望，其中男性（7.21%）比女性（5.29%）该比例更高，两者相差近 2 个百分点。而从不同年龄段群体看，18~24 周岁（9.25%）、25~29 周岁（6.30%）群体，明显比 14~17 周岁（4.34%）、30~35 周岁（3.52%）群体的该比例更高，这也佐证了上文提出的进入社会初期是青年的阶段性住房困难时期，青年对于住房保障及相关公共政策、公共服务的需求最为强烈。从学历看，学历更高者更期待房租能够降一降。农村青年比城镇青年也更为渴望。从职业群体看，网约车司机、民办学校教师、医院医护人员等期待更为强烈，而新媒体从业青年（网络主办/签约作家）、初中生、公务员等群体最为无感。从不同收入群体来看，收入更低者需求更为强烈。从地域看，定州（10.23%）、石家庄（7.70%）、廊坊（7.52%）等地青年的期待更为强烈，这几个地方是河北省青年较为聚集、房租价格较高的地方。从住房类型看，租房青年（13.85%）和住在单位集体宿舍青年（10.31%）更期待房租下降。从居住关系的角度看，与同学、工友或他人合住者（15.13%）、与其他亲戚同住者

（14.29%）、独居者（9.32%）的该期待更为强烈。另统计显示，居住满意度越低者期待房租下降的比例越高，依次为非常满意（3.41%）、比较满意（4.54%）、一般（8.11%）、不太满意（7.75%）、很不满意（15.86%）。从目前居住面积看，居住面积越小者期待房租下降的比例越高，目前居住面积不足10平方米的青年中期待房租下降的比例达10.22%。

五　优化河北青年住房保障的政策建议

（一）完善符合青年群体阶段性需求的住房保障体系，将更多青年纳入全省住房保障体系

一是完善整体性青年住房保障政策体系顶层设计。贯彻落实国家和河北省关于加快发展保障性租赁住房有关要求，在将青年住房保障纳入青年发展规划体系和青年发展政策体系的同时，进一步完善青年住房保障的地方性政策法规体系。目前，河北省各地市均已经获得地方性立法权，因此，可以在省级出台相应法律法规基础上，鼓励各地市、各区县结合城市更新、县城提质等本地实际谋划青年住房保障问题，通过出台相关的规划、政策等可操作化、配套性、精细化政策措施将对新市民、毕业生等青年人群的住房保障落到实处。在工作机制上，注重加强对青年住房保障措施的组织统筹，积极发挥河北省中长期青年发展规划实施联席会议办公室、河北省城市住房与房地产工作领导小组的重要协调、督促作用，将青年住房纳入全省青年发展规划和城乡住房建设规划实施全过程，同时，由省有关部门负责青年住房落实情况的统筹协调和督促检查，各成员单位、有关部门各司其职、协同施策、加强协调、密切配合，将青年住房作为"十四五"时期重要民生工程落实落细。

二是要广泛宣传住房的民生属性，在全社会树立"房住不炒"的观念。调研中我们发现将住房与婚姻捆绑的观念依然存在于整个社会当中，房子是最好的投资的观念依然存在。需要社会各界一起来落实"房住不炒"的制度设计，加强这方面的舆论引导。另外一个需要加强引导的是青年的合理住

房预期和规划。目前，获得住房产权依然是无房者特别是青年无房者的梦想，青年从踏入社会的第一天开始就不自觉地卷入这种全民涌动的房产情结，尽快加入房产拥有者阶层已经成为青年的共同目标。因此，在发展青年住房保障体系的同时，也应加强对青年观念的引导，缓解青年焦虑，帮助青年树立"住房梯次消费"观念。[①]

三是进一步完善普惠性、多层次的租购并举的青年住房供应和管理体系。

城市党委、政府对本地房地产市场平稳健康发展负主体责任，需要结合本地经济社会发展水平、人口规模和结构变化、住房供求关系等因素，进一步完善多主体供给、多渠道保障、租购并举的住房制度，稳妥制定并实施符合本地实际的新市民、青年住房安居政策措施。坚持"房住不炒"定位，全面落实城市主体责任，鼓励全省各地"因城施策"，坚持从实际出发，因地制宜，按照职住平衡的原则，多渠道推动青年保障性住房建设筹集工作，切实增加保障性租赁住房供给。完善公共住房、商品住房项目的动态跟踪、监测、评估机制，完善商品住房供应管理。当然更重要的是利用不同的政策工具，通过实物住房、租购补贴、共有产权、住房公积金等多元化的政策工具来共同解决青年住房问题。除了政府力量之外，还需要借助社会力量、市场力量，利用 PPP、CMAT 等政策工具创新，通过新增设施有偿使用、落实资产权益等方式，吸引各类专业机构等社会力量投资参与改造，形成共建共治共享的改造格局，多渠道共建共筹青年保障性租赁住房。可以调动各类产业园区、创新创业园区建设面向新入职职工和青年职工的周转性、福利性租赁住房。推动非居住房屋改造保障性租赁住房，鼓励园区、单位等将闲置和低效利用的非居住存量房屋进行有效盘活和适居化改造，改建为保障性租赁住房。也可以加大税收、补贴等政策支持力度，对租赁登记备案的个人出租住房给予支持和优惠，扩大租赁住房资源供给。逐步推进住房租赁信息化建设，完善租赁住房信息基础数据库，加强对保障性租赁住房的

---

① 朱峰：《"新一线城市"青年友好型城市政策创新研究》，《中国青年研究》2018 年第 6 期。

全过程监管。

四是关注青年群体内部的异质性带来的需求多样性。针对部分青年无力满足住房刚性需求的现实情况，应继续完善以政府为主提供基本保障、以市场为主满足多层次需求、调动全社会力量提供多元化青年安居服务的住房供应模式。对具备购房能力的常住青年人口，支持其购买商品住房；对尚不具备购房能力或没有购房意愿的青年常住人口，支持其通过住房租赁市场租房居住；对符合条件的住房困难青年和青年家庭，通过提供公租房、廉租房、保障性租赁住房及发放租赁补贴等方式保障其基本住房需求。在雄安新区试点的基础上可以探索符合河北实际的共有产权住房模式发展道路。持续优化完善多元化、连贯性的青年住房供应结构，合理配置住房户型结构：坚持以中小户型一居室或两居室住房、公寓住房供应为主，重点满足刚毕业、刚入职青年若干年的周转性、阶段性、刚性租赁性住房需求，同时，探索后续的安居房、经济适用房、福利房、共有产权房等供给策略。对于青年人口净流入规模较大的城市还可以推广鹿泉区、保定市的青年人才驿站模式，为初来城市求职发展的毕业生及带队老师、职业技能青年提供落脚和对接的空间。目前，青年群体内部的圈层分化日趋明显，因此，以发展性、普惠性为导向的青年住房政策需要沿着"稳中求进"的渐进式发展路径在覆盖青年英才、高学历青年的基础上，将技术技能型青年、青年创客、文创青年、乡村振兴青年人才、公益创业与社会工作青年人才等更广泛的青年群体纳入保障体系，提供多元化的保障措施，实现城市对所有奋发有为的青年更友好的普惠性、包容性目标。①

（二）加强对住房销售租赁市场的调控监管，加强青年购房租房权益维护

一是构建与人挂钩的土地供应机制。鼓励各地建设青年发展型城市、青

---

① 参见朱峰、单耀军《以人为核心的新型城市化与新时代青年发展》，《青年发展论坛》2018年第4期。

年发展型县域，让更多市县都能布局更多包括青年住房在内的青年发展基础设施，提升城市和县城对青年的承载力，让更多市县都能承载青年的梦想，进而引导青年人口合理分布，从而使得青年的住房需求也得到合理满足。鼓励不同市县结合本地实际实现传统产业的升级换代，大力布局发展战略性新兴产业，提前谋划布局未来产业，不断实现新旧动能转换，坚决杜绝把房地产作为短期刺激经济增长的工具和手段。城市政府应完善人地挂钩政策，加大居住用地储备与供应力度，全力保证住房供应，建立以住房需求为导向的住宅用地供应机制，合理安排住宅用地供应规模、结构和布局，有序引导将商业用地、工业用地调整为居住用地。注重动态监测青年人口的流动规律，根据存量住房状况和常住人口总量、结构变化趋势，合理制定年度住房用地供应计划，将新增建设用地指标向青年人口流入多的城市倾斜，允许全省城乡建设用地增减挂钩节余指标跨地区调剂，促进住房市场供需长期平衡，并通过及时、准确、广泛的信息公开，有效引导市场预期。

二是加强房地产市场秩序的维护和监管。河北省及各市县必须坚持住房民生属性，坚持"房子是用来住的，不是用来炒的"定位，促进住房健康消费，支持青年合理自住需求，坚决遏制投资投机性需求，保持住房政策的连续性、稳定性，加强对全省各市县房地产市场运行和房价房租变动的动态监测，加强商品房开发全过程监管，建立健全房地产领域风险防控机制，科学分析、研判、预警，对发现的问题及时采取措施、妥善处置，确保市场运行平稳。落实重点房地产企业资金监测和融资管理规则，提升房企融资的市场化、规则化水平和透明度，合理约束高杠杆企业负债行为，推动企业稳妥有序逐步降低杠杆水平，推进房地产行业信用体系建设，开展房地产企业信用评价，根据信用评价情况对房地产企业实施差别化管理。及时发布房地产市场形势和政策信息，积极释放正面信号，引导市场理性发展。

三是积极发展和规范住房租赁市场。建立青年住房租赁政策支持体系，有序增加青年租赁住房尤其是长租房有效供应，补齐租赁住房短板，推动租赁市场稳步发展。及时总结目前租购同权试点过程中的经验和问题，尤其是对于部分城市开展租购同权试点过程中出现房租大幅度上涨的情况做好研判分析和应对预案，使得青年能够真正获得住房福利。当然这也启示我们，青年住房保障是个系统工程，青年住房福祉的全面实现也需以学前教育、中小学教育优质均衡、公共服务和配套设施优质均衡等一系列以"人民城市"为理念的政策的整体谋划、系统推进为前提。

（三）盘活各方资源，打造青年安居共同体，共同为青年安居提供更丰富的保障和支持

一是融入新时代青年的住房视角和住房需求来建设青年友好型园区、单位、社区、乡村。鼓励多方关注和支持青春园区、青春单位、青春社区的发展和建设，为青年住房提供多方面的保障和支持。应从社区主义、共同体主义的视角来审视新时代青年的真实住房需求和住房感受，坚持整体社区、品质生活圈、青春社区的理念，为青年提供更加多样化的居住生活体验，满足青年多元化的品质生活需求。可以以青年人才公寓、青年主题社区来进行试点，落实青年聚集居住小区配套的 5 分钟、10 分钟、15 分钟生活圈建设要求和完善居住社区建设标准。同时推进住宅产业绿色化、数智化发展，在促进建筑节能与绿色建筑高质量发展的同时，积极发展近零能耗建筑工程，推动住房绿色建造、数字建造，提高青年生活质量，建设安全健康、设施完善、环境优美、生活便利、管理有序的居住社区。未来可以考虑引入"乡村营造"概念，除了地方政府手中掌握的国有建设用地之外，逐步扩大到农村集体建设用地、城市闲置低效用地等范围，并积极盘活利用存量住宅资源。当前，以农村集体建设用地建设租赁住房已经开始大规模试点。这无疑有助于为在乡、返乡、下乡青年投身乡村振兴事业，开展适合农业农村的创新创业活动、专业技术活动、医疗教育服务活动提供基础设施和服务保障。打造适合青年品位、体现青年视角的特色小镇、美丽乡村，不断丰富青年发展型乡村的想象力和可能性也是需要提前考虑的未来议题之一。

表 6　社区服务逻辑层次

层次	目标	配　置
社区中心	形成 15 分钟生活圈	配置中学、医疗服务机构、文化活动中心、社区服务中心、专项运动场地等设施
邻里中心	形成 10 分钟生活圈	配置小学、社区活动中心、综合运动场地、综合商场、便民市场等设施
街坊中心	形成 5 分钟生活圈	配置幼儿园、24 小时便利店、街头绿地、社区服务站、文化活动站、社区卫生服务站、小型健身场所、快递货物集散站等设施

资料来源：参见中共河北省委、河北省人民政府《河北雄安新区规划纲要》，2018 年。

　　二是发展青年友好型居住生活服务。将青年需求和青年视角融入物业管理和生活服务，关注青年群体发展新趋势和住房新期待，前瞻性布局和探索有助于青年安身的新型安居基础设施和公共服务。同时，考虑到新时代青年已经不再满足于"住得下"的要求，他们"住得好"的愿望越来越强烈，对于品质居住的要求正在不断提高，因此，未来加快生活服务业和居住服务业的发展和规范已经成为一个重要趋势。提升物业企业和生活服务业企业在保洁、洗衣、维修、餐饮等关乎青年居住生活品质的"关键小事"等方面的服务品质。围绕青年居住衍生出的租赁、装修、改造、维护、消费、购物、娱乐、社区、社交、保洁、搬家、智慧家居、医疗、子女教育等生活和居住服务数量和品质也要不断提升。应当加大围绕青年关切的与居住相关的安全、权益、福利、托幼养老及家庭发展配套相应的基础设施和公共服务，建立快速响应机制和反馈机制。注重规划健身房、瑜伽室、吧台等青年活动空间和文化休闲活动，大力发展青年社交、婚恋、创业等相关的功能、空间和服务配套，让青年更好地实现从"安身"到"安居"再到"安心"、"筑巢"和"乐享"的品质生活进阶。

B.9
河北青年消费现状与社会影响因素分析

赵乃诗　田翠琴*

摘　要： 青年是引领新型消费发展的主体与推动消费经济发展的重要力
量。本报告通过对河北青年消费方式、消费结构、消费观念等方
面的调查研究，分析河北青年的消费现状、特征和社会影响因
素，探寻河北青年消费发展的一些规律性特征和发展趋势，为引
导青年合理消费、科学消费和创新消费提供客观依据。研究发现
河北青年不同群体存在较为明显的消费分层。从消费能力、消
费支出方式、消费收支平衡状态到消费结构与奢侈品的消费，
从吃穿住用日常生活的物质消费到消费理念与消费选择，不同
性别、年龄、学历、职业、收入、地区的青年都存在明显的消
费差异。

关键词： 消费　消费结构　消费分层　河北青年

　　目前，消费已成为我国拉动经济增长的第一动力和构建双循环新发
展格局的重要抓手。扩大国内消费市场，关键在于刺激国内消费，挖掘
消费潜力，提升消费质量，其中青年是引领新型消费发展的主体与推动
消费经济发展的重要力量。本项研究通过对河北青年消费方式、消费结
构、消费观念等方面的调查研究，分析河北青年的消费现状、特征和社
会影响因素，探寻河北青年消费发展的一些规律性特征和发展趋向，为

---

* 赵乃诗，硕士，河北工程技术学院教学科研部，主要研究方向为消费社会学；田翠琴，河北
省社会科学院研究员，主要研究方向为消费社会学与环境社会学。

引导青年合理消费、科学消费和创新消费提供客观依据。影响青年消费的主要有年龄、性别、学历、职业、地域、收入和消费环境等因素，本文将从这些因素入手，分析河北青年的消费现状、特征与社会影响因素。

一　河北青年消费现状

（一）消费支出现状

消费支出水平是反映消费水平与消费分层的重要指标。消费水平主要与收入相关，即期消费是生存基础消费和收入带来的消费之和。消费与收入具有稳定的相关性，消费会随着收入的增减而增减。[①]

1.收入概况

消费函数是指消费与决定消费的各种因素之间的依存关系。凯恩斯理论假定，在影响消费的各种因素中，收入是消费的唯一的决定因素，收入的变化决定消费的变化。随着收入的增加，消费也会增加，但是消费的增加不及收入的增加多。收入和消费两个经济变量之间的这种关系叫作消费函数或消费倾向。[②] 要想研究受访者的消费支出情况，首先应该关注受访者的收入情况。受访者月收入情况见图1。

图1显示，除40.61%的受访者无固定收入外，受访者月收入占比由高到低依次是3001~5000元的占24.51%、2001~3000元的占13.24%、5001~8000元的占9.21%、1001~2000元的占5.97%。

2.消费支出概况

受访者中除21.77%（2070人）没有固定消费支出外，每个月消费支出1001~2000元的占比最高（24.15%），其后依次为501~1000元的占

---

① 廉思、吴强：《"蚁族"消费水平的影响因素研究——"蚁族"概念提出10周年的思考》，《中国青年社会科学》2019年第6期。

② 《什么是消费函数》，https://wenda.so.com/q/1364956032068969。

图 1　受访者月收入情况

15.57%，2001~3000 元的占 15.40%，3001~5000 元的占 10.78%，月消费
支出在 5000 元以上的共计占 6.23%。此外，还有 6.11% 的受访者月消费支
出在 500 元及以下（见图 2）。

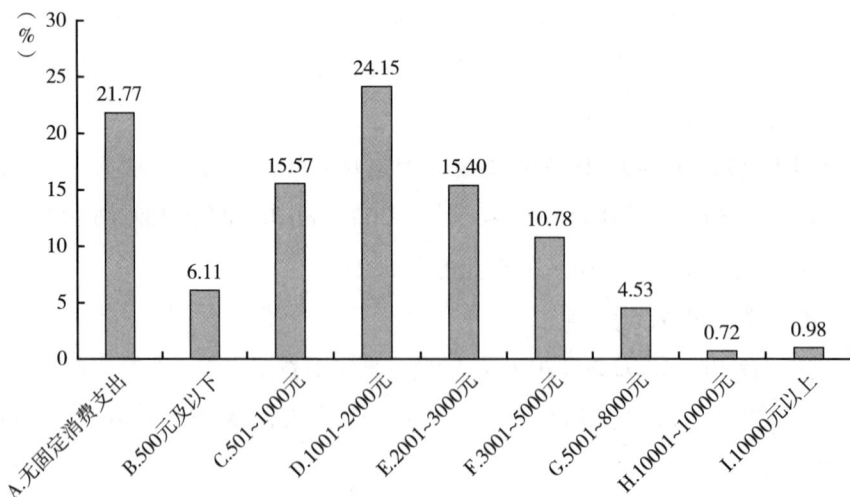

图 2　受访者月消费支出情况

学习资料支出是青年消费的一项重要内容。受访者中，除31.27%的人不涉及此类消费外，每个月购买与课程相关学习资料的支出在100元及以下和101~300元的，分别占30.92%和26.26%；消费在301~500元和500元以上的分别占7.89%和3.67%。可以说，半数以上的受访者每个月的相关学习资料的消费支出在300元以内（见表1）。

表1 受访者每个月购买与课程相关学习资料的支出情况（学生回答）

单位：人，%

选项	小计	比例
100元及以下	2940	30.92
101~300元	2497	26.26
301~500元	750	7.89
500元以上	349	3.67
跳过	2973	31.27
本题有效填写人次	9509	

3.收支平衡概况

收入是消费的函数和客观基础。收支是否平衡，是衡量即期消费状况的一个重要指标。在收入和消费支出是否平衡方面，总体来看，受访者中"收入大于消费支出，有节余和存钱"的有3429人，占36.06%；"收入与消费支出基本持平"的有4544人，占47.79%；"挣的钱不够花，需要透支消费或借贷消费"的1536人，占16.15%（见图3）。

收入水平不同，受访者的收支平衡状况就不同。不同收入者的收支平衡情况见表2。

4.消费支付方式

在当今信息时代背景下，"网购""移动支付"等互联网消费行为在我国已十分普遍，青年作为网上消费的主要群体，对新型消费的发展具有重要作用。新型消费发展的最大特点是支付方式的变化，是手机端支付和"无

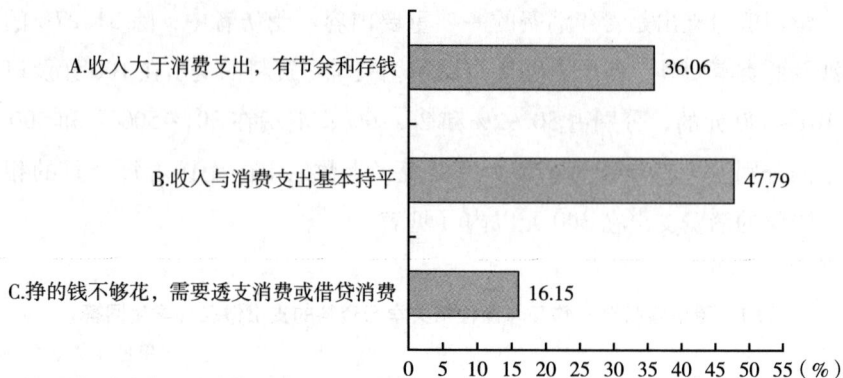

图3 受访者收入和消费支出平衡情况

表2 不同收入者的收支平衡情况

收入	收入大于消费支出，有节余和存钱（人）	收入与消费支出基本持平（人）	挣的钱不够花，需要透支消费或借贷消费（人）	小计（人）
无固定收入	1286(33.30%)	1972(51.06%)	604(15.64%)	3862
1000元及以下	60(30.15%)	92(46.23%)	47(23.62%)	199
1001~2000元	157(27.64%)	265(46.65%)	146(25.70%)	568
2001~3000元	334(26.53%)	648(51.47%)	277(22.00%)	1259
3001~5000元	910(39.04%)	1093(46.89%)	328(14.07%)	2331
5001~8000元	446(50.91%)	340(38.81%)	90(10.27%)	876
8001~10000元	114(50.22%)	86(37.89%)	27(11.89%)	227
10001~15000元	68(62.39%)	33(30.28%)	8(7.34%)	109
15000元以上	54(69.23%)	15(19.23%)	9(11.54%)	78

接触支付"的猛增。本次调查显示，受访者中有85.97%的人通常采用微信或支付宝等手机端支付方式，而现金支付仅占9.22%，银行信用卡支付占3.24%，其他方式占1.57%（见表3）。可以说，微信或支付宝支付已成为青年消费支出的主要方式。

表3　消费时采用的支付方式

单位：人，%

选项	小计	比例
现金支付	877	9.22
微信或支付宝等手机端支付	8175	85.97
银行信用卡支付	308	3.24
其他方式	149	1.57
本题有效填写人次	9509	

　　在消费支付方式上，城乡差异相对明显。城镇青年采用微信或支付宝等手机端支付的占87.50%，比农村青年高3.73个百分点。农村青年采用现金支付的占11.06%，比城镇青年高3.12个百分点（见图4）。

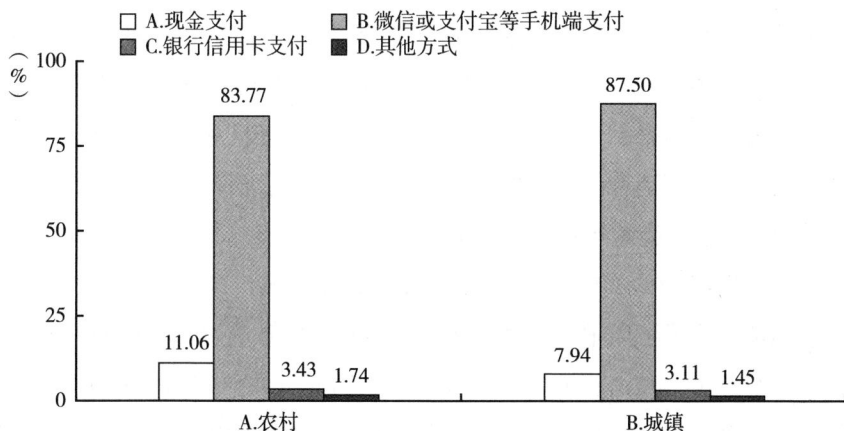

图4　农村与城镇的消费支付方式

　　不同学历青年在消费支付方式上有所不同。用微信或支付宝等手机端支付占比前三位的受访者依次是：大学本科、高职/大专、硕士/博士研究生，三者分别占92.23%、91.58%和87.29%，而现金支付占比前三位的受访者依次是小学及以下占29.29%、初中占21.94%和高中/职高/中专占

14.90%。小学及以下学历者微信或支付宝等手机端支付占比最低（仅
45.45%），其现金支付占比最高（占29.29%）（见表4）。

表4　不同学历受访者的消费支付方式

学历	现金支付（人）	微信或支付宝等手机端支付（人）	银行信用卡支付（人）	其他方式（人）	小计（人）
小学及以下	29(29.29%)	45(45.45%)	19(19.19%)	6(6.06%)	99
初中	242(21.94%)	804(72.89%)	26(2.36%)	31(2.81%)	1103
高中/职高/中专	312(14.90%)	1633(77.98%)	78(3.72%)	71(3.39%)	2094
高职/大专	109(5.15%)	1937(91.58%)	51(2.41%)	18(0.85%)	2115
大学本科	159(4.39%)	3337(92.23%)	100(2.76%)	22(0.61%)	3618
硕士/博士研究生	26(5.42%)	419(87.29%)	34(7.08%)	1(0.21%)	480

（二）消费结构现状

消费结构是指在一定的社会经济条件下，人们（包括各种不同类型的
消费者和社会集团）在消费过程中所消费的各种不同的消费资料（包括劳
务）的比例关系。消费结构是从消费客体（消费资料和劳务）去考察的。
消费结构反映人们消费的具体内容，反映消费水平、消费质量与消费需要的
满足状况。[1] 对消费结构可以从不同的角度和层次进行类型分析研究。比
如，按照人们消费的实际内容可以把消费划分为吃、穿、住、用、行等类
型；按照消费形式可以把消费划分为实物消费和服务消费两种类型。消费结
构是研究消费水平和消费模式的重要指标，因此，在研究河北青年消费时，
我们选择以食品烟酒、化妆品衣着鞋帽、居住及相关费用、文娱教育及服务
等10类消费月支出情况来研究青年消费结构（见表5）。

从表5可以看出，受访者10类消费支出主要分布在1000元以内。其
中，食品烟酒类月消费在500元及以下的占60.24%、501~1000元的占
26.43%、1001~2000元的占9.58%，三者之和达96.25%。居住及相关费用

---

① 尹世杰主编《消费经济学》，湖南人民出版社，1999，第84~85页。

表 5　受访者 10 类消费月支出情况

类别	支出					
	500 元及以下(人)	501~1000 元(人)	1001~2000 元(人)	2001~3000 元(人)	3001~5000 元(人)	5000 元以上(人)
食品烟酒	5728(60.24%)	2513(26.43%)	911(9.58%)	203(2.13%)	88(0.93%)	66(0.69%)
化妆品衣着鞋帽	6843(71.96%)	1811(19.05%)	558(5.87%)	173(1.82%)	67(0.7%)	57(0.6%)
家庭设备用品及维修	7828(82.32%)	1026(10.79%)	367(3.86%)	143(1.5%)	65(0.68%)	80(0.84%)
医疗保健	7818(82.22%)	1072(11.27%)	354(3.72%)	134(1.41%)	65(0.68%)	66(0.69%)
居住及相关费用	7028(73.91%)	1282(13.48%)	612(6.44%)	317(3.33%)	153(1.61%)	117(1.23%)
文娱教育及服务	7548(79.38%)	1284(13.5%)	413(4.34%)	148(1.56%)	57(0.6%)	59(0.62%)
交通通信	7638(80.32%)	1243(13.07%)	387(4.07%)	141(1.48%)	52(0.55%)	48(0.5%)
家政服务	8525(89.65%)	555(5.84%)	215(2.26%)	112(1.18%)	49(0.52%)	53(0.56%)
人际交往	6932(72.9%)	1742(18.32%)	530(5.57%)	176(1.85%)	69(0.73%)	60(0.63%)
其他商品和服务	7945(83.55%)	956(10.05%)	335(3.52%)	142(1.49%)	60(0.63%)	71(0.75%)

月消费在 500 元及以下的占 73.91%、501~1000 元的占 13.48%、1001~2000 元的占 6.44%,三者之和达到 93.83%。化妆品衣着鞋帽类月消费 500 元及以下的占 71.96%、501~1000 元的占 19.05%,二者之和达到 91.01%。从上述数据可以看出,除食品烟酒类月消费、居住及相关费用月消费 500 元及以下与 501~1000 元之和所占比例分别为 86.67% 和 87.39% 外,其他 8 类消费,月消费在 500 元及以下与 501~1000 元的受访者之和所占比例均超过 90%。也就是说,多数受访者每月的各类消费之和基本都在 1000 元之内。

(三)消费关注热点

对消费品的关注热点和关注度,是消费者消费需求与消费理念的反映和写照,也是消费者做出消费选择的价值取向。本项调查显示,在购买消费品时,受访者关注最多的是"消费品质量"(占 40.40%);第二是"经济耐用"(占 35.91%);其后依次关注的是价格、绿色环保、品牌,三者分别占 8.67%、7.98% 和 7.04%,均未超过 9%(见图 5)。

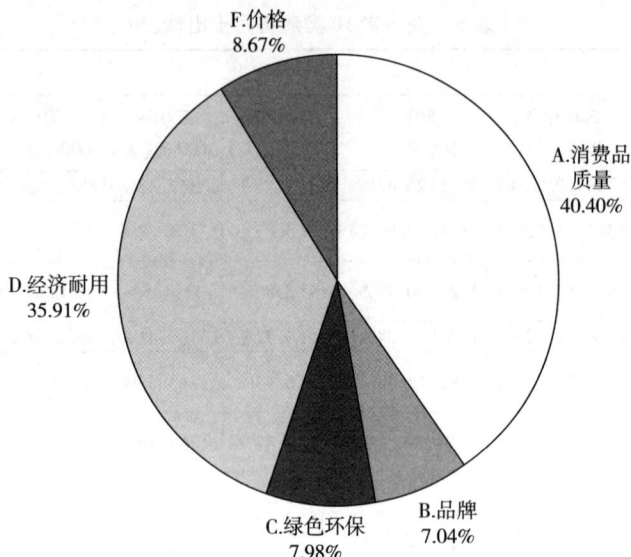

图5 购买消费品时主要关注什么

　　农村青年与城镇青年购买消费品的关注点不同。城镇青年首先关注的是"消费品质量"，在这一选择上，城镇青年比农村青年高7.68个百分点。而农村青年首先关注的是"经济耐用"，在这一选择上，农村青年比城镇青年高5.73个百分点。另外，城镇青年较农村青年关注"品牌"的比例高2.30个百分点；而农村青年关注"绿色环保"的比例比城镇青年高3.39个百分点（见图6）。

　　不同就业状态者购买消费品的关注点不同。工作青年关注比例由高到低前三位为"消费品质量"（40.88%）、"经济耐用"（36.98%）和"价格"（8.67%）；学习青年关注比例由高到低前三位为"消费品质量"（41.42%）、"经济耐用"（33.84%）和"绿色环保"（10.05%）；待业青年关注比例由高到低前三位是"经济耐用"（38.66%）、"消费品质量"（30.77%）和"价格"（14.20%）；创业青年关注的比例由高到低前三位是"消费品质量"（38.77%）、"经济耐用"（37.32%）和"绿色环保"（9.85%）。对比上述数据可以发现：（1）关注"消费品质量"占比最高的

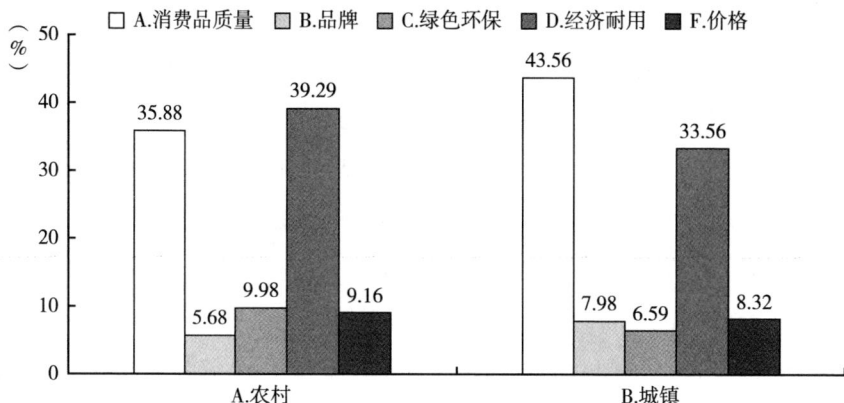

图6　农村和城镇青年购买消费品主要关注什么

是学习青年（41.42%）和工作青年（40.88%）；（2）关注"经济耐用"占比最高的是待业青年（38.66%）和创业青年（37.32%）；（3）关注"价格"占比最高的是待业青年（14.20%）和工作青年（8.67%）；（4）关注"绿色环保"占比最高的是学习青年（10.05%）和创业青年（9.85%）。（5）在关注"价格"方面，待业青年所占比例明显比其他人员高（见表6）。

表6　不同就业状态者购买消费品最主要关注什么

就业状态	消费品质量（人）	品牌（人）	绿色环保（人）	经济耐用（人）	价格（人）	小计（人）
工作	1971（40.88%）	355（7.36%）	295（6.12%）	1783（36.98%）	418（8.67%）	4822
学习	1475（41.42%）	231（6.49%）	358（10.05%）	1205（33.84%）	292（8.20%）	3561
待业	156（30.77%）	38（7.50%）	45（8.88%）	196（38.66%）	72（14.20%）	507
创业	240（38.77%）	45（7.27%）	61（9.85%）	231（37.32%）	42（6.79%）	619

不同就业单位性质的受访者购买消费品的关注点不同。从同一就业单位性质的受访者来看，除农业、民营企业和其他行业受访者第一关注"经济耐用"（分别占48.45%、38.41%、45.45%）、第二关注"消费品质量"（分别占30.23%、36.39%、34.34%）外，另有5个不同就业单位性质的受访者第一关注的均是"消费品质量"，第二关注的均是"经济耐用"（见图7）。

从不同消费品关注点来看，在关注"消费品质量"的受访者中，占比靠前的3位是"事业单位"（48.13%）、"党政机关"（45.63%）和"外资企业"（45.45%）人员。在关注"经济耐用"的受访者中，占比靠前的3位是"农业"（48.45%）、"其他"（45.45%）和"混合制企业"（43.06%）人员。在关注"价格"的受访者中，占比靠前的3位是"社会组织"（12.02%）、"民营企业"（11.31%）和"其他"（9.09%）人员。在关注"绿色环保"的受访者中，占比靠前的3位是"社会组织"（12.02%）、"农业"（11.63%）和"外资企业"（10.61%）人员。在关注"品牌"的受访者中，占比靠前的3位是"社会组织"（11.06%）、"外资企业"（10.61%）和"民营企业"（8.09%）人员（见图7）。

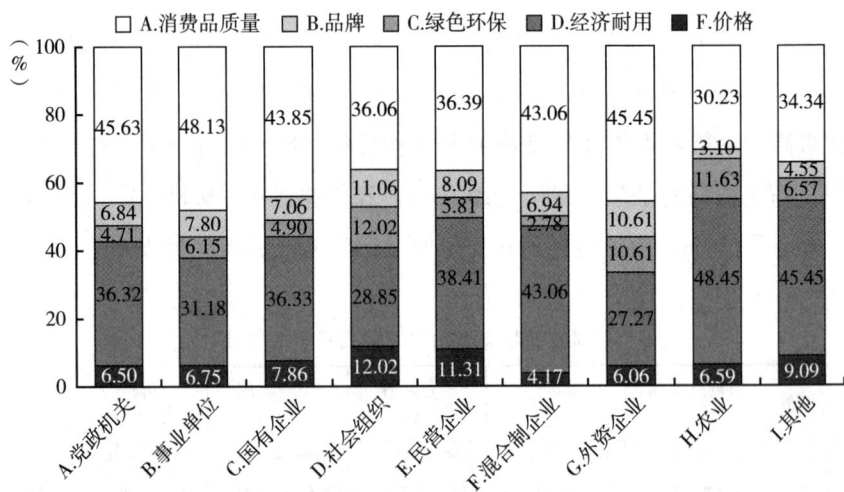

图7　不同就业单位性质购买消费品主要关注什么

（四）奢侈品消费

奢侈品在国际上被定义为"一种超出人们生存与发展需要范围的，具有独特、稀缺、珍奇等特点的消费品"，又称为非生活必需品。[①] 奢侈性消

---

① 奢侈品，https://baike.so.com/doc/3807758-3999054.html。

费是指为了不必要的服务或物品而过多地支出。20 世纪初，德国经济学家维尔纳·桑巴特在《奢侈与资本主义》一书中对奢侈性消费进行了经典性定义，提出"奢侈是任何超出必要开支的花费"。奢侈性消费是一种"面子消费"或"炫耀性消费"，是消费失范的一种重要表现形式。[①]

2020 年，中国人奢侈品购物近万亿元，线上奢侈品销售额暴涨，中国人全球奢侈品消费额达到 1457 亿美元，占全球奢侈品市场的 42%。《中国奢侈品报告》显示，中国奢侈品消费者日益年轻化，首次购买奢侈品的消费者呈现越来越年轻的态势，21~25 岁的 Z 世代第一次购买奢侈品的平均年龄不到 20 岁，比千禧一代早 2~3 年。青年奢侈品消费不仅是青年文化的表现，更是青年发展中困惑的表现。青年对奢侈品的认识水平和关注度高，实际购买力较强，但是炫耀消费和从众消费特征明显。[②]

本次调查在问及受访者是否购买奢侈品时，表示"经常购买"的占 3.01%，"经济条件允许会买"的占 24.85%，"无所谓，可买可不买"的占 41.25%，"会购买一些假名牌"的占 3.10%，"有钱也不买"的占 27.14%，"即使借钱也会去买"的仅占 0.65%（见图 8）。

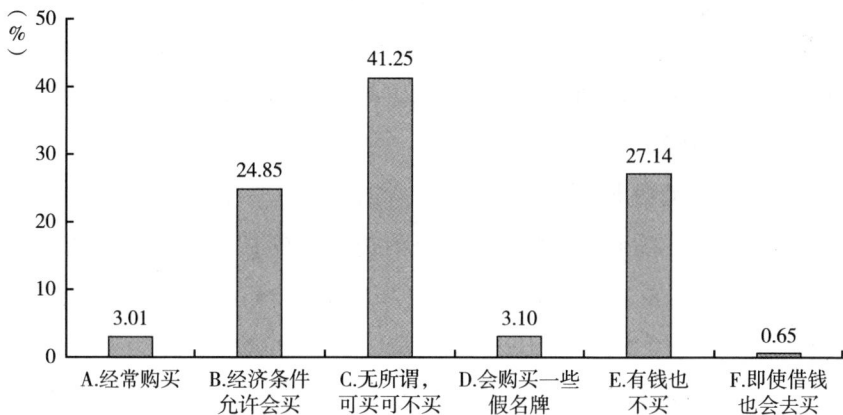

图 8 受访者购买奢侈品情况

---

① 社会学视角浅析奢侈性消费，https：//www.docin.com/p-503110511.html。
② 曾燕波、叶福林：《消费文化、价值体现与发展壁垒——青年奢侈品消费情况的调查》，《当代青年研究》2021 年第 5 期。

二 影响河北青年消费的社会因素分析

（一）影响消费支出的社会因素分析

1. 收入越高，消费支出能力越强

收入水平是影响消费结构最重要、最基本的因素。[①] 收入水平的提高，意味着购买力的提高，意味着消费水平和消费质量有了提高的可能与物质基础。

半数以上的无固定收入受访者月消费支出在 2000 元及以下。表 7 显示，无固定收入受访者在"无固定消费支出"中占比最高，达到 38.87%，其月消费在 500 元及以下、501~1000 元和 1001~2000 元的比例分别为 9.04%、19.81%、22.60%，三者之和达到 51.45%。月收入在 1000 元及以下的受访者中，有 10.05% 的受访者"无固定消费支出"，其月消费在 500 元及以下、501~1000 元和 1001~2000 元的比例分别为 19.60%、26.63%、29.65%，三者之和达到 75.88%，即该收入组超过 3/4 的人月消费支出在 2000 元及以下。月收入在 1001~2000 元的受访者，月消费支出主要集中在 1001~2000 元和 501~1000 元两个消费水平，比例分别为 34.68%、23.77%，二者之和为 58.45%。月收入在 1000 元以上的受访者，随着收入的提高，"无固定消费支出"的比例降低。

2. 年龄越大消费支出越高

从表 8 中可以看到，年龄越大，月消费支出在 1000 元及以下的占比越低。4 个年龄组在"无固定消费支出"中分布情况是：14~17 周岁为 47.83%，18~24 周岁为 22.19%，25~29 周岁为 12.79%，30~35 周岁为 13.38%。4 个年龄组在"500 元及以下"中分布情况是：14~17 周岁为 16.89%，18~24 周岁为 5.30%，25~29 周岁为 3.20%，30~35 周岁为 3.21%。4 个年龄组在"501~1000 元"中分布情况是：14~17 周岁为 20.50%，

---

① 消费结构，https://baike.so.com/doc/5904604-6117506.html。

表 7　不同收入水平的消费支出情况

单位：人，%

收入水平	无固定消费支出	500元及以下	501~1000元	1001~2000元	2001~3000元	3001~5000元	5001~8000元	10001~10000元	10000元以上	小计
无固定收入	1501 (38.87%)	349 (9.04%)	765 (19.81%)	873 (22.60%)	198 (5.13%)	95 (2.46%)	48 (1.24%)	10 (0.26%)	23 (0.60%)	3862
1000元及以下	20 (10.05%)	39 (19.60%)	53 (26.63%)	59 (29.65%)	10 (5.03%)	10 (5.03%)	4 (2.01%)	0 (0.00%)	4 (2.01%)	199
1001~2000元	94 (16.55%)	41 (7.22%)	135 (23.77%)	197 (34.68%)	67 (11.80%)	24 (4.23%)	7 (1.23%)	1 (0.18%)	2 (0.35%)	568
2001~3000元	157 (12.47%)	62 (4.92%)	206 (16.36%)	369 (29.31%)	307 (24.38%)	112 (8.90%)	38 (3.02%)	3 (0.24%)	5 (0.40%)	1259
3001~5000元	222 (9.52%)	62 (2.66%)	226 (9.70%)	589 (25.27%)	606 (26.00%)	503 (21.58%)	104 (4.46%)	8 (0.34%)	11 (0.47%)	2331
5001~8000元	57 (6.51%)	20 (2.28%)	79 (9.02%)	167 (19.06%)	216 (24.66%)	180 (20.55%)	138 (15.75%)	13 (1.48%)	6 (0.68%)	876
8001~10000元	12 (5.29%)	2 (0.88%)	10 (4.41%)	26 (11.45%)	40 (17.62%)	64 (28.19%)	53 (23.35%)	17 (7.49%)	3 (1.32%)	227
10001~15000元	6 (5.50%)	4 (3.67%)	4 (3.67%)	11 (10.09%)	16 (14.68%)	27 (24.77%)	25 (22.94%)	6 (5.50%)	10 (9.17%)	109
15000元以上	1 (1.28%)	2 (2.56%)	3 (3.85%)	5 (6.41%)	4 (5.13%)	10 (12.82%)	14 (17.95%)	10 (12.82%)	29 (37.18%)	78

18~24周岁为19.11%，25~29周岁为11.68%，30~35周岁为11.49%。

从表8中还可以看到，年龄越大，月消费支出在2000元以上的占比越高。4个年龄组在"2001~3000元"中分布情况是：14~17周岁为3.48%，18~24周岁为11.44%，25~29周岁为21.37%，30~35周岁为22.09%。4个年龄组在"3001~5000元"中分布情况是：14~17周岁为1.12%，18~24周岁为5.33%，25~29周岁为16.31%，30~35周岁为18.68%。4个年龄组在"5001~8000元"中分布情况是：14~17周岁为0.85%，18~24周岁为2.10%，25~29周岁为6.02%，30~35周岁为8.51%。

3. 学历对消费支出的影响

分析表9可以看出：除小学及以下学历外，其他学历与消费支出的关系基本呈现以下规律：一是学历越高，无固定消费支出、500元及以下两档消费支出水平所占比例越低；二是总体而言，学历越高，1001~2000元、2001~3000元、3001~5000元和5001~8000元四档消费支出水平所占比例越高。从学历看，基本上是学历越高，消费支出越多。

4. 城镇消费支出高于农村

分析表10可以得知：一是无固定消费支出的受访者，农村比城镇高8.01个百分点；二是低消费支出者农村比城镇多，如月消费支出500元及以下和501~1000元受访者，农村比城镇分别高3.05个和7.41个百分点；三是月支出1000元以上的受访者，各消费支出水平中，城镇青年所占比例都比农村高，月消费支出1001~2000元、2001~3000元、3001~5000元、5001~8000元、8001~10000元、10000元以上者，城镇比农村分别高0.97个、6.15个、7.22个、2.96个、0.69个和0.49个百分点。

5. 就业状态与消费支出密切相关

分析表11可以看出：在创业或在工作的受访者月消费支出明显比待业者高。受访者正在学习或待业的"无固定消费支出"的比例远高于在工作或在创业的受访者，月消费500元及以下和501~1000元的比例也高于在工作或在创业的受访者。而工作或创业的受访者月消费在2001~3000元的比例均高于正在学习或待业的受访者。月消费在3000元以上受访者中，工作

表8 不同年龄青年的月消费支出情况

单位：人，%

年龄	无固定消费支出	500元及以下	501~1000元	1001~2000元	2001~3000元	3001~5000元	5001~8000元	10001~10000元	10000元以上	小计
14~17周岁	728（47.83）	257（16.89）	312（20.50）	124（8.15）	53（3.48）	17（1.12）	13（0.85）	4（0.26）	14（0.92）	1522
18~24周岁	720（22.19）	172（5.30）	620（19.11）	1091（33.63）	371（11.44）	173（5.33）	68（2.10）	13（0.40）	16（0.49）	3244
25~29周岁	276（12.79）	69（3.20）	252（11.68）	561（26.00）	469（21.73）	352（16.31）	130（6.02）	20（0.93）	29（1.34）	2158
30~35周岁	346（13.38）	83（3.21）	297（11.49）	520（20.12）	571（22.09）	483（18.68）	220（8.51）	31（1.20）	34（1.32）	2585

表9 学历与每月消费支出情况

单位：人，%

学历	无固定消费支出	500元及以下	501~1000元	1001~2000元	2001~3000元	3001~5000元	5001~8000元	8001~10000元	10000元以上	小计
小学及以下	33 (33.33)	7 (7.07)	13 (13.13)	17 (17.17)	10 (10.10)	7 (7.07)	8 (8.08)	2 (2.02)	2 (2.02)	99
初中	489 (44.33)	156 (14.14)	157 (14.23)	123 (11.15)	89 (8.07)	59 (5.35)	20 (1.81)	5 (0.45)	5 (0.45)	1103
高中/职高/中专	591 (28.22)	203 (9.69)	448 (21.39)	381 (18.19)	233 (11.13)	138 (6.59)	71 (3.39)	10 (0.48)	19 (0.91)	2094
高职/大专	437 (20.66)	92 (4.35)	300 (14.18)	518 (24.49)	380 (17.97)	256 (12.10)	93 (4.40)	17 (0.80)	22 (1.04)	2115
大学本科	483 (13.35)	112 (3.10)	510 (14.10)	1103 (30.49)	644 (17.80)	502 (13.88)	203 (5.61)	28 (0.77)	33 (0.91)	3618
硕士/博士研究生	37 (7.71)	11 (2.29)	53 (11.04)	154 (32.08)	108 (22.5)	63 (13.13)	36 (7.5)	6 (1.25)	12 (2.5)	480

表 10 城镇与农村青年的消费支出

单位：人，%

地区	无固定消费支出	500元及以下	501~1000元	1001~2000元	2001~3000元	3001~5000元	5001~8000元	8001~10000元	10000元以上	小计
农村	1035(26.49)	309(7.91)	779(19.94)	921(23.57)	460(11.77)	255(6.53)	109(2.79)	12(0.31)	27(0.69)	3907
城镇	1035(18.48)	272(4.86)	702(12.53)	1375(24.54)	1004(17.92)	770(13.75)	322(5.75)	56(1.00)	66(1.18)	5602

表 11 不同就业状态的消费支出情况

单位：人，%

就业状态	无固定消费支出	500元及以下	501~1000元	1001~2000元	2001~3000元	3001~5000元	5001~8000元	10001~10000元	10000元以上	小计
工作	576(11.95)	174(3.61)	603(12.51)	1168(24.22)	1097(22.75)	813(16.86)	313(6.49)	41(0.85)	37(0.77)	4822
学习	1226(34.43)	351(9.86)	737(20.70)	900(25.27)	201(5.64)	84(2.36)	34(0.95)	8(0.22)	20(0.56)	3561
待业	174(34.32)	29(5.72)	79(15.58)	118(23.27)	65(12.82)	25(4.93)	14(2.76)	0(0.00)	3(0.59)	507
创业	94(15.19)	27(4.36)	62(10.02)	110(17.77)	101(16.32)	103(16.64)	70(11.31)	19(3.07)	33(5.33)	619

的受访者合计有 1204 人，占工作受访者的 24.97%；学习的受访者合计有 146 人，占学习受访者的 4.10%；待业的受访者合计有 42 人，占待业受访者的 8.28%；创业的受访者合计有 225 人，占创业受访者的 36.35%。月消费在 3000 元以上受访者中，创业受访者比待业者高 28.07 个百分点；工作受访者比待业者高 16.69 个百分点。综合而言，工作和创业的受访者比学习和待业的受访者的消费能力强、消费支出高。

（二）影响收入与消费支出平衡的社会因素分析

1. 收入越高，即期消费能力越强

受访者收入越高，即期消费能力越强。月收入 2000 元以上的受访者，月收入越高，"收入大于消费支出"所占比例越高，"挣的钱不够花，需要透支消费或借贷消费"的比例越低（见图 9）。

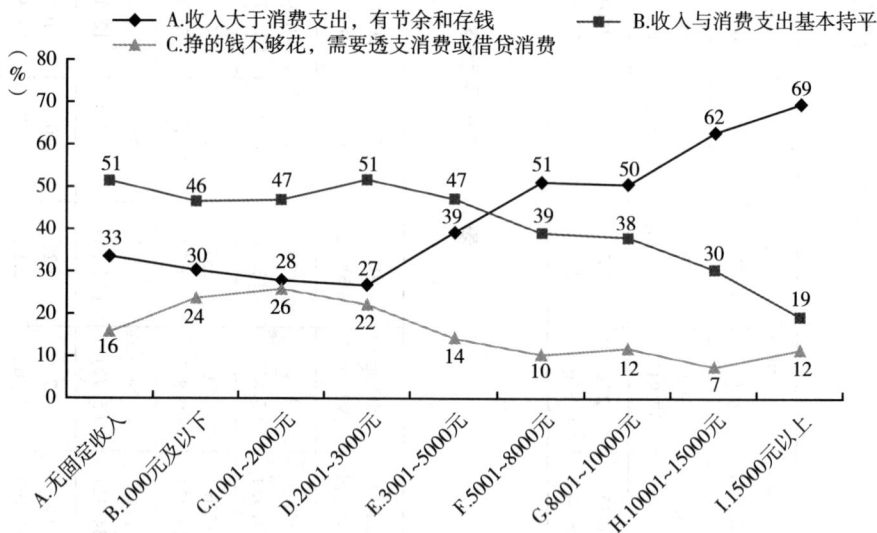

图 9　不同收入者的收支平衡情况

2. 年龄影响收支平衡

不同年龄组在收支平衡方面存在较大差异。从四个年龄组的收支情况

（见图10）看，随着年龄的增长，"挣的钱不够花，需要透支消费或借贷消费"所占比例呈增加趋势，其原因可能是30~35周岁青年"上有老，下有小"，家庭负担重，用于子女教育消费与日常生活消费的开支比较大，若再有房贷车贷等要还，"需要透支消费或借贷消费"的支出就会较低年龄组所占比例高。

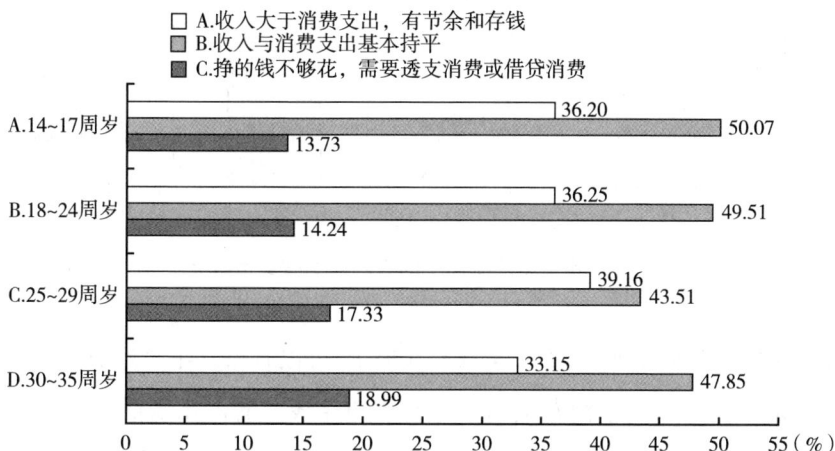

图10 不同年龄受访者的收支平衡情况

3. 就业状态直接影响收支平衡

就业状态直接影响青年的收入水平和消费水平。创业青年和工作青年"收入大于消费支出，有节余和存钱"所占比例分别比待业青年高16.79个和14.68个百分点。待业青年中有28.40%的人"挣的钱不够花，需要透支消费或借贷消费"，比创业青年和工作青年分别高12.41个和11.77个百分点（见图11）。

4. 就业单位性质影响收支平衡

不同就业单位性质受访者的收支平衡状况不同。分析表12可以看出：在"收入大于消费支出，有节余和存钱"中占比高的前三位依次是"国有企业"占42.94%、"党政机关"占40.92%和"混合制企业"占40.28%。在"收入与消费支出基本持平"中占比高的前三位依次是"其他"占52.02%、"民营企业"占47.76%、"事业单位"占47.38%。在"挣的钱不够花，需要透支消费或借贷消费"中占比高的前三位依次是："外资企业"占25.76%、"农业"

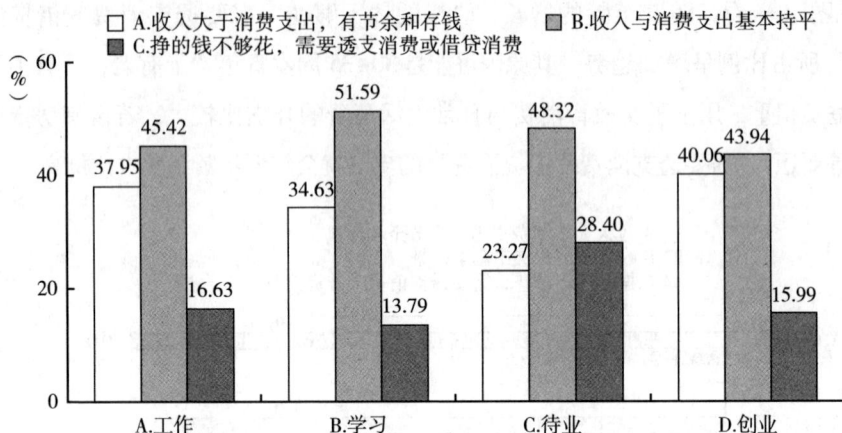

图11　不同就业状态下的收入和消费支出情况

占20.93%、"民营企业"占17.44%。从表12可以看出，在"外资企业"就职的受访者"收入大于消费支出，有节余和存钱"的占比最低（28.79%），而其"挣的钱不够花，需要透支消费或借贷消费"占比最高（25.76%）。

表12　就业单位性质与收支平衡

单位：人，%

就业单位性质	收入大于消费支出，有节余和存钱	收入与消费支出基本持平	挣的钱不够花，需要透支消费或借贷消费	小计
党政机关	365(40.92)	385(43.16)	142(15.92)	892
事业单位	255(38.23)	316(47.38)	96(14.39)	667
国有企业	377(42.94)	364(41.46)	137(15.60)	878
社会组织	82(39.42)	92(44.23)	34(16.35)	208
民营企业	551(34.81)	756(47.76)	276(17.44)	1583
混合制企业	29(40.28)	31(43.06)	12(16.67)	72
外资企业	19(28.79)	30(45.45)	17(25.76)	66
农业	91(35.27)	113(43.80)	54(20.93)	258
其他	61(30.81)	103(52.02)	34(17.17)	198

5. 城乡在支出平衡方面的差异较小

城乡在收入与消费支出平衡方面的差异较小。"收入大于消费支出，有节余和存钱"的受访者城镇比农村仅高 1.60 个百分点，而"挣的钱不够花，需要透支消费或借贷消费"的受访者农村比城镇仅高 1.73 个百分点（见图 12）。

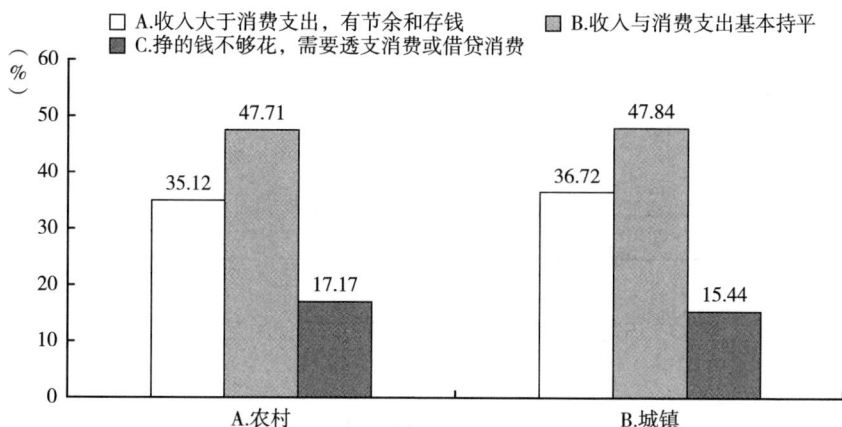

图 12　农村与城镇的收支平衡情况

（三）消费结构的差异分析

1. 消费结构的性别差异

消费结构的性别差异主要体现在两个方面：一是在化妆品衣着鞋帽消费上，女性比男性支出多，近 80% 的男青年在化妆品衣着鞋帽上的消费支出在 500 元及以下。图 13 显示：在"化妆品衣着鞋帽消费"方面，女性月消费在 500 元及以下的比例比男性低 14.91 个百分点；而女性月消费在 501 ~ 1000 元的比例比男性高 10.97 个百分点；女性月消费在 1000 元以上的比例合计为 10.95%，而男性仅为 7.00%，女性比男性高 3.95 个百分点。二是在人际交往消费方面，男性比女性高。图 14 显示：在人际交往消费方面，男性月消费在 500 元及以下的比例比女性低 4.81 个百分点；月消费在 501 ~ 1000 元的比例，男青年与女青年基本持平；而男性月消费在 1000 元以上的比例合计为 11.01%，而女性仅为 6.59%，男性比女性高 4.42 个百分点。这组数据说明在"人际交往消费"方面男性比女性支出多。

图例：□ 500元及以下　▨ 501~1000元　▦ 1001~2000元　■ 2001~3000元
　　　■ 3001~5000元　⬚ 5000元以上

```
（%）100
        79.50
     75
                                         64.59
     50
     25                                     24.47
          13.50
           3.85 1.70 0.64 0.81              7.84 1.94 0.77 0.40
      0
              A.男                            B.女
```

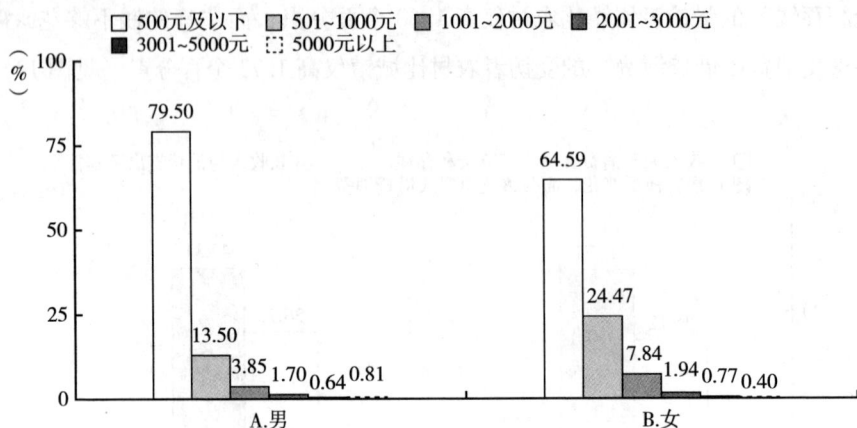

图 13　不同性别青年在化妆品衣着鞋帽方面的月消费情况

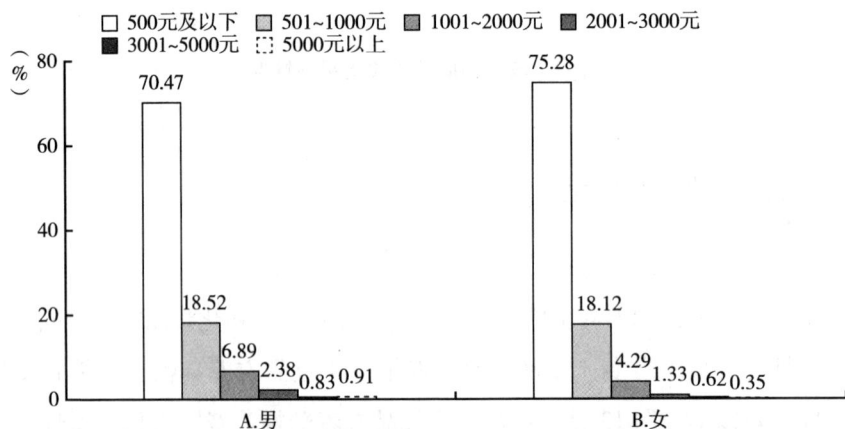

图例：□ 500元及以下　▨ 501~1000元　▦ 1001~2000元　■ 2001~3000元
　　　■ 3001~5000元　⬚ 5000元以上

```
（%）80
                                         75.28
        70.47
     60
     40
     20    18.52                             18.12
           6.89 2.38 0.83 0.91              4.29 1.33 0.62 0.35
      0
              A.男                            B.女
```

图 14　不同性别青年在人际交往方面的月消费情况

2. 消费结构的学历差异

10 类消费支出中，不同学历青年的消费结构差异主要体现在食品烟酒、化妆品衣着鞋帽和居住及相关费用 3 类消费上。表 13 显示：在食品烟酒消费方面，学历差异比较明显。除小学及以下学历者外，其他 5 个学历的受访者，随着学历的升高，食品烟酒月消费在 500 元及以下的比例逐渐降低，而食品烟酒月消费在 501~1000 元和 1001~2000 元所占比例基本上逐渐提高。

表 13　不同学历青年在食品烟酒方面的月消费情况

单位：人

学历	500 元及以下	501~1000 元	1001~2000 元	2001~3000 元	3001~5000 元	5000 元以上	小计
小学及以下	63 (63.64%)	15 (15.15%)	9 (9.09%)	4 (4.04%)	5 (5.05%)	3 (3.03%)	99
初中	863 (78.24%)	153 (13.87%)	58 (5.26%)	13 (1.18%)	11 (1.00%)	5 (0.45%)	1103
高中/职高/中专	1409 (67.29%)	471 (22.49%)	135 (6.45%)	45 (2.15%)	13 (0.62%)	21 (1.00%)	2094
高职/大专	1329 (62.84%)	507 (23.97%)	201 (9.50%)	51 (2.41%)	13 (0.61%)	14 (0.66%)	2115
大学本科	1828 (50.53%)	1219 (33.69%)	437 (12.08%)	78 (2.16%)	38 (1.05%)	18 (0.50%)	3618
硕士/博士研究生	236 (49.17%)	148 (30.83%)	71 (14.79%)	12 (2.5%)	8 (1.67%)	5 (1.04%)	480

在化妆品衣着鞋帽消费方面，学历差异比较明显。表 14 显示：除小学及以下学历者外，其他 5 个学历的受访者，随着学历的升高，化妆品衣着鞋帽月消费在 500 元及以下的比例逐渐降低，而化妆品衣着鞋帽月消费在 501~1000 元、1001~2000 元和 2001~3000 元所占比例基本上逐渐提高。

表 14　不同学历青年在化妆品衣着鞋帽方面的月消费情况

单位：人

学历	500 元及以下	501~1000 元	1001~2000 元	2001~3000 元	3001~5000 元	5000 元以上	小计
小学及以下	68 (68.69%)	11 (11.11%)	7 (7.07%)	6 (6.06%)	5 (5.05%)	2 (2.02%)	99
初中	950 (86.13%)	108 (9.79%)	22 (1.99%)	12 (1.09%)	7 (0.63%)	4 (0.36%)	1103
高中/职高/中专	1641 (78.37%)	316 (15.09%)	81 (3.87%)	22 (1.05%)	13 (0.62%)	21 (1.00%)	2094

续表

学历	500 元及以下	501~1000 元	1001~2000 元	2001~3000 元	3001~5000 元	5000 元以上	小计
高职/大专	1512 (71.49%)	421 (19.91%)	128 (6.05%)	37 (1.75%)	10 (0.47%)	7 (0.33%)	2115
大学本科	2393 (66.14%)	821 (22.69%)	279 (7.71%)	81 (2.24%)	25 (0.69%)	19 (0.53%)	3618
硕士/博士研究生	279 (58.13%)	134 (27.92%)	41 (8.54%)	15 (3.13%)	7 (1.46%)	4 (0.83%)	480

在居住及相关费用支出方面，学历差异比较明显。表 15 显示：除小学及以下学历者外，其他 5 个学历的受访者，随着学历的升高，居住及相关费用月支出在 500 元及以下的比例逐渐降低，而居住及相关费用月支出在 1001~2000 元所占比例呈逐渐提高之势。

表 15 不同学历青年的居住及相关费用的月消费情况

单位：人

学历	500 元及以下	501~1000 元	1001~2000 元	2001~3000 元	3001~5000 元	5000 元以上	小计
小学及以下	65 (65.66%)	8 (8.08%)	9 (9.09%)	8 (8.08%)	6 (6.06%)	3 (3.03%)	99
初中	892 (80.87%)	122 (11.06%)	48 (4.35%)	23 (2.09%)	8 (0.73%)	10 (0.91%)	1103
高中/职高/中专	1604 (76.60%)	273 (13.04%)	110 (5.25%)	64 (3.06%)	21 (1.00%)	22 (1.05%)	2094
高职/大专	1565 (74.00%)	275 (13.00%)	146 (6.90%)	77 (3.64%)	33 (1.56%)	19 (0.90%)	2115
大学本科	2572 (71.09%)	537 (14.84%)	262 (7.24%)	124 (3.43%)	71 (1.96%)	52 (1.44%)	3618
硕士/博士研究生	330 (68.75%)	67 (13.96%)	37 (7.71%)	21 (4.38%)	14 (2.92%)	11 (2.29%)	480

3.消费结构的城乡差异

在食品烟酒、化妆品衣着鞋帽、家庭设备用品及维修等 10 类消费支出上，城乡消费差异比较明显，基本上是受访者月消费在 500 元及以下所占比例均是农村高于城镇，而受访者月消费在 500 元以上所占比例基本上是城镇高于农村。

表 16 显示，在食品烟酒消费方面，月消费在 500 元及以下的受访者所占比例，农村比城镇高 13.7 个百分点；而受访者月消费在 500 元以上的各组中，均是城镇所占比例高于农村。

表 16 城乡食品烟酒月消费情况

单位：人

地区	500 元及以下	501~1000 元	1001~2000 元	2001~3000 元	3001~5000 元	5000 元以上	小计
农村	2669（68.31%）	880（22.52%）	240（6.14%）	63（1.61%）	29（0.74%）	26（0.67%）	3907
城镇	3059（54.61%）	1633（29.15%）	671（11.98%）	140（2.50%）	59（1.05%）	40（0.71%）	5602

表 17 显示，在化妆品衣着鞋帽消费方面，受访者月消费在 500 元及以下的所占比例，农村比城镇高 10.09 个百分点；而受访者月消费在 500 元以上的各组中，均是城镇所占比例高于农村。

表 17 城乡化妆品衣着鞋帽月消费情况

单位：人

地区	500 元及以下	501~1000 元	1001~2000 元	2001~3000 元	3001~5000 元	5000 元以上	小计
农村	3044（77.91%）	625（16.00%）	156（3.99%）	51（1.31%）	14（0.36%）	17（0.44%）	3907
城镇	3799（67.82%）	1186（21.17%）	402（7.18%）	122（2.18%）	53（0.95%）	40（0.71%）	5602

表 18 显示，在家庭设备用品及维修支出方面，受访者月消费在 500 元及以下的比例，农村比城镇高 3.81 个百分点；除月消费在 3001~5000 元比

例农村比城镇高 0.01 个百分点外，其他在 500 元以上的各组中，均是城镇所占比例高于农村。

表 18　城乡家庭设备用品及维修月消费情况

单位：人

地区	500 元及以下	501~1000 元	1001~2000 元	2001~3000 元	3001~5000 元	5000 元以上	小计
农村	3304（84.57%）	360（9.21%）	133（3.40%）	55（1.41%）	27（0.69%）	28（0.72%）	3907
城镇	4524（80.76%）	666（11.89%）	234（4.18%）	88（1.57%）	38（0.68%）	52（0.93%）	5602

（四）影响奢侈品消费的社会因素分析

1. 奢侈品购买意愿的性别差异

女性购买奢侈品的意愿比男性强。表 19 显示：虽然"经常购买"的男性比女性高 1.03 个百分点，但"有钱也不买"的男性也比女性高 7.26 个百分点，综合这两组数据可以认为男性比女性购买奢侈品的意愿低。"经济条件允许会买"的女性比男性高 6.76 个百分点，进一步说明女性比男性有购买奢侈品意识的比例更高。

表 19　不同性别购买奢侈品情况

单位：人

性别	经常购买	经济条件允许会买	无所谓，可买可不买	会购买一些假名牌	有钱也不买	即使借钱也会去买	小计
男	166（3.53%）	1008（21.43%）	1886（40.10%）	157（3.34%）	1449（30.81%）	37（0.79%）	4703
女	120（2.50%）	1355（28.19%）	2036（42.36%）	138（2.87%）	1132（23.55%）	25（0.52%）	4806

2. 就业状况影响购买奢侈品意愿

表 20 显示："经常购买"奢侈品占比最高的是待业青年（4.54%）和创业青年（4.36%）。"经济条件允许会买"奢侈品占比最高的是创业青年（27.46%）和工作青年（25.82%）。在"会购买一些假名牌"的受访者中，占比最多的是待业青年（5.52%）。在"有钱也不买"奢侈品的受访者中，待业青年（30.97%）和学习青年（28.33%）列前两位。"无所谓，可买可不买"的受访者，只有待业青年占 37.28%，其他三组青年所占比例都在 41% 左右，差异不太大。

表 20　不同就业状态购买奢侈品情况

单位：人

就业状态	经常购买	经济条件允许会买	无所谓，可买可不买	会购买一些假名牌	有钱也不买	即使借钱也会去买	小计
工作	144（2.99%）	1245（25.82%）	2007（41.62%）	128（2.65%）	1268（26.30%）	30（0.62%）	4822
学习	92（2.58%）	840（23.59%）	1477（41.48%）	116（3.26%）	1009（28.33%）	27（0.76%）	3561
待业	23（4.54%）	108（21.30%）	189（37.28%）	28（5.52%）	157（30.97%）	2（0.39%）	507
创业	27（4.36%）	170（27.46%）	249（40.23%）	23（3.72%）	147（23.75%）	3（0.48%）	619

3. 就业单位性质影响购买奢侈品意愿

从整体情况看，受访者购买奢侈品的意愿不强烈，超过 40% 的受访者对购买奢侈品持无所谓态度。受访者对买奢侈品持"无所谓，可买可不买"观点的比例较高的依次为混合制企业人员（48.61%）、其他人员（44.95%）、民营企业人员（42.32%），国有企业、事业单位和党政机关人员持"无所谓，可买可不买"观点的比例也都超过了 40%，分别为 41.91%、41.83% 和 40.81%（见表 21）。

表 21　不同就业单位性质青年购买奢侈品情况

单位：人

就业单位性质	经常购买	经济条件允许会买	无所谓，可买可不买	会购买一些假名牌	有钱也不买	即使借钱也会去买	小计
党政机关	47 （5.27%）	221 （24.78%）	364 （40.81%）	18 （2.02%）	237 （26.57%）	5 （0.56%）	892
事业单位	16 （2.40%）	197 （29.54%）	279 （41.83%）	18 （2.70%）	150 （22.49%）	7 （1.05%）	667
国有企业	23 （2.62%）	236 （26.88%）	368 （41.91%）	16 （1.82%）	230 （26.20%）	5 （0.57%）	878
社会组织	8 （3.85%）	64 （30.77%）	82 （39.42%）	9 （4.33%）	45 （21.63%）	0 （0.00%）	208
民营企业	38 （2.40%）	379 （23.94%）	670 （42.32%）	45 （2.84%）	443 （27.98%）	8 （0.51%）	1583
混合制企业	1 （1.39%）	17 （23.61%）	35 （48.61%）	1 （1.39%）	18 （25%）	0 （0.00%）	72
外资企业	2 （3.03%）	23 （34.85%）	24 （36.36%）	3 （4.55%）	14 （21.21%）	0 （0.00%）	66
农业	7 （2.71%）	58 （22.48%）	96 （37.21%）	15 （5.81%）	78 （30.23%）	4 （1.55%）	258
其他	2 （1.01%）	50 （25.25%）	89 （44.95%）	3 （1.52%）	53 （26.77%）	1 （0.51%）	198

受访者中"经常购买"奢侈品的并不多，在 9 类单位性质 4822 位受访者中，只有 5.27%（47 人）的党政机关人员"经常购买"奢侈品，其他单位性质人员"经常购买"奢侈品的均在 4%以下。受访者"经济条件允许会买"奢侈品占比较高的依次为外资企业（34.85%）、社会组织（30.77%）、事业单位（29.54%）人员等（见表 21）。

受访者"有钱也不买"奢侈品占比较高的依次为农业受访者 30.23%、民营企业人员 27.98%、其他人员 26.77%。受访者"会购买一些假名牌"占比较高的依次为农业（5.81%）、外资企业（4.55%）、社会组织

（4.33%）人员等。"即使借钱也会去买"奢侈品的受访者一共30人，仅占回答该问题总人数4822人的0.62%（见表21）。

三　结论与探讨

（一）河北青年消费分层比较明显

消费支出水平是反映消费水平与消费分层的重要指标。消费水平主要与收入相关，即期消费是生存基础消费和收入带来的消费之和。消费与收入具有稳定的相关性，消费会随着收入的增减而增减。消费分层主要是指在消费领域，消费者在消费资源拥有与分配方式、消费机会等方面的差异。消费分层既可以从职业、收入、教育等多方面进行，也可以基于消费领域与消费活动的具体的标示性指标。我们认为，以消费者的实际消费差异或拥有消费资源的差异进行消费分层比较合适。① 通过对河北青年消费的调查研究可以发现，河北青年不同群体间存在较为明显的消费分层。从消费能力、消费支出方式、消费收支平衡状态到消费结构的构成与奢侈品的消费，从吃穿住用日常生活的物质消费到消费理念与消费选择，不同性别、年龄、学历、职业、收入、地区的青年都存在明显的消费差异。

（二）影响河北青年消费结构与消费模式的因素是多元的复杂的

①影响受访者消费支出的因素分别是：收入越高，消费支出能力越强；年龄越大消费支出越高；学历越高，消费支出越多；城镇青年消费支出高于农村青年；工作和创业的受访者比学习和待业的受访者的消费能力强、消费支出高。②影响收入与消费支出平衡的因素主要是：收入越高即期消费能力越强，收支平衡越好；不同年龄组在收支平衡方面存在较大差异，随着年龄的增长，"挣的钱不够花，需要透支消费或借贷消费"的所占比例呈增加之

① 田翠琴：《消费分层与消费正义初探》，《中共石家庄市委党校学报》2007年第5期。

势；就业状态直接影响人的收入水平和消费水平；不同就业单位性质受访者的收支平衡状况不同；城乡在收入与消费支出平衡方面的差异不大。③消费结构的差异特征是：消费结构的性别差异主要体现在两个方面，一是在化妆品衣着鞋帽消费上，女性比男性支出多，二是在人际交往消费方面，男性比女性高。消费结构的学历差异表现：在10类主要消费支出中，不同学历的消费结构差异主要体现在食品烟酒、化妆品衣着鞋帽和居住及相关费用3类消费上。④消费结构的城乡差异。在10类消费支出上，城乡消费差异比较明显，受访者月消费在500元及以下所占比例农村高于城镇，而受访者月消费在500元以上所占比例基本上是城镇高于农村。

（三）河北青年的超前消费和奢侈性消费不是很突出

①不同青年群体的消费需求、消费意愿与消费选择不同。对消费品的关注热点与关注度，是消费者消费需求与消费理念的反映和写照，也是消费者做出消费选择的价值取向。受访者关注最多的是"消费品质量"与"经济耐用"。不同地域、不同就业状态和不同就业单位性质的受访者购买消费品的关注点不同。②在购买奢侈品方面存在性别、职业等差异，但整体看，受访者购买奢侈品的意愿不强烈，超过40%的受访者对购买奢侈品持无所谓态度。

B.10
河北青年婚恋状况及影响因素分析

单清华　缪旭勤*

摘　要：　家庭、婚姻与性是人类生活的重要组成部分。青年的婚姻是青年成长和社会化的重要内容。随着社会转型和多元价值观的渗入，当代青年的婚恋和家庭观念有了明显的时代特征。本文以14~35周岁在冀青年群体为研究对象，从年龄、收入、价值观等方面综合分析当代青年群体的婚恋状况，研究发现当代青年出现了择偶因素多元、择偶标准更加现实、重视家庭稳定、婚恋观念开放且现代等新变化，同时发现青年群体普遍面临择偶难、婚恋难的问题，个人经济压力是婚恋的主要障碍，并从完善政策机制，改善舆论环境，塑造理性、健康的婚姻观念等方面提出青年婚恋的对策建议。

关键词：　青年　婚恋观　河北

家庭、婚姻、性，是人类生活的重要组成部分，对社会运行发挥着不可忽视的作用。作为"初级生活圈"，家庭、婚姻与性是最深刻、最直接、最重要的人类关系。[①]

婚姻是一种社会行为，是青年成长和社会化的重要内容。青年的婚姻状态和婚姻质量直接折射出青年的生活状态与生活质量。随着市场经济的发展

---

* 单清华，河北省社会科学院社会发展研究所实习研究员，研究方向为人口与城镇化；缪旭勤，河北省教育考试院，研究实习员。

[①] 郑杭生主编《社会学概论新修》，中国人民大学出版社，2014，第214~215页。

和城市化进程的推进，社会结构不断转型，青年群体的婚恋观念、择偶方式、择偶标准和家庭观念等方面出现了许多新的变化，具有鲜明的时代特征。本文以河北省14~35周岁的青年群体为研究对象，从年龄、城乡等方面综合分析当代青年群体的婚恋状况，发现并分析当代青年婚恋观出现的新变化和存在的突出问题。

一 河北青年婚恋状况综合分析

（一）河北青年婚恋的基本状况

调查结果显示，从目前受访青年群体的婚恋状况来看，单身青年4364人，占比45.89%；恋爱中青年1598人，占比16.81%；已婚青年3316人，占比34.87%；离异青年146人，占比1.54%；再婚青年51人，占比0.54%；丧偶青年34人，占比0.36%。详见表1。

表1　受访青年婚恋状况

单位：人，%

选　项	小计	比例
A. 单身	4364	45.89
B. 恋爱中	1598	16.81
C. 已婚	3316	34.87
D. 离异	146	1.54
E. 再婚	51	0.54
F. 丧偶	34	0.36
本题有效填写人次	9509	

（二）河北青年婚恋的特征分析

1.青年面临择偶难、婚恋难的问题

婚姻是建立家庭的基础，婚姻模式选择与家庭稳定性有着内在的逻辑联

系。婚姻是一种社会行为，大多数人在择偶时除去爱情外，还要权衡对方的经济、政治、文化、职业、身体以及相貌等条件，以便婚后能生活得更美好。正如费孝通先生所指出的那样，婚姻是有条件的吸引。[①] "条件" 的种种限制或 "条条框框" 成为青年择偶难的客观因素。

在所有的受访青年中，认为 "择偶难" 的群体占到34.53%，认为择偶不难的占到65.47%（见图1），虽然选择择偶难的在数据上显示不过半数，但是若按比例划分，平均每三个青年中就有一个面临择偶难问题，择偶难问题值得关注。

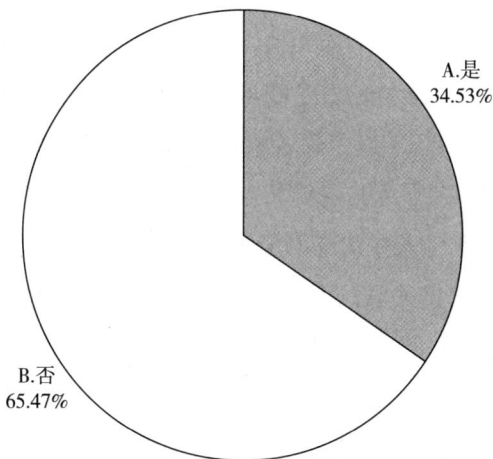

图1　受访青年群体面临择偶难问题

2. 择偶因素多元，择偶标准更加现实

择偶标准是婚姻研究中的又一个重要内容，因为择偶标准是个体婚姻动机的具体体现，择偶标准可以反映出人们的婚姻价值观念和社会时尚。[②]

西方学者从社会因素对于影响择偶选择的因素进行了分析，这方面的理论主要有 "同类匹配" 理论、"资源交换" 理论、"择偶梯度" 理论等。

---

① 吴海龙：《新生代农民工婚姻模式与家庭稳定性研究综述》，《铜陵学院学报》2013年第2期。

② 张应祥：《中国婚姻家庭研究综述》，《中山大学学报论丛》1997年第6期。

"同类匹配"即人们总是倾向于选择与自己的年龄、居住地、教育、种族、宗教、社会阶级以及价值观、角色认同等相近或类似的异性为配偶。以美国社会学家占德为代表的"资源交换"理论关于婚姻领域的解释是，人们为某一特定的异性所吸引，是由其所能提供的资源决定的，假如某一资源不足，可以更多地提供另一种资源作为补偿，如在包办婚姻中，劳动力、彩礼和新娘是最常见的交换。"择偶梯度"理论即男性倾向于选择社会地位相当或较低的女性，而女性往往更多地要求配偶的受教育程度、职业阶层和薪金收入与自己相当或高于自己，这就是婚姻配对的"男高女低"模式。①

在择偶选择方面，尚会鹏认为，传统社会中的婚姻具有实际、理性和慎重的特点，这种婚姻更接近商品交换，即在正式缔结婚姻关系前，总是像买东西一样仔细掂量双方条件的各个细节，而现代婚姻形式则注重个人感情因素②。吴鲁平认为，传统的以家族或家庭利益为重的婚姻文化模式的根基已经动摇，逐渐转向以当事人自身的利益为重的现代婚姻文化模式。③④

相较于以前，青年人在选择对象时，越来越重视恋人或婚配对象的收入、住房，以及与此相关联的学历、职业和工作能力状况⑤，择偶标准从"同类匹配"到"资源交换"方向转变。⑥本次调查结果显示，青年群体在择偶时受多元因素影响，最看重的是人品、三观一致和性格，占比均超过60%；其次是共同爱好（42.52%）、家庭背景（33.43%）、经济收入（31.63%）和工作（30.44%）；外貌（31.19%）、年龄（26.57%）、学历（27.04%）也是青年择偶较为关注的因素，而是否有房有车虽占较低比重，但仍有 15.69%的青年关注此选项。详见图 2。

分析不同性别择偶关注点发现，女性对家庭背景、经济收入、有房有车

① 吴海龙：《新生代农民工婚姻模式与家庭稳定性研究综述》，《铜陵学院学报》2013 年第 2 期。
② 尚会鹏：《中原地区村落社会中青年择偶观及其变化》，《青年研究》1997 年第 9 期。
③ 吴鲁平：《农村青年择偶观从传统向现代的位移》，《中国青年研究》2000 年第 3 期。
④ 吴海龙：《新生代农民工婚姻模式与家庭稳定性研究综述》，《铜陵学院学报》2013 年第 2 期。
⑤ 吴鲁平：《当代中国青年婚恋、家庭与性观念的变动特点与未来趋势》，《青年研究》1999 年第 12 期。
⑥ 吴海龙：《新生代农民工婚姻模式与家庭稳定性研究综述》，《铜陵学院学报》2013 年第 2 期。

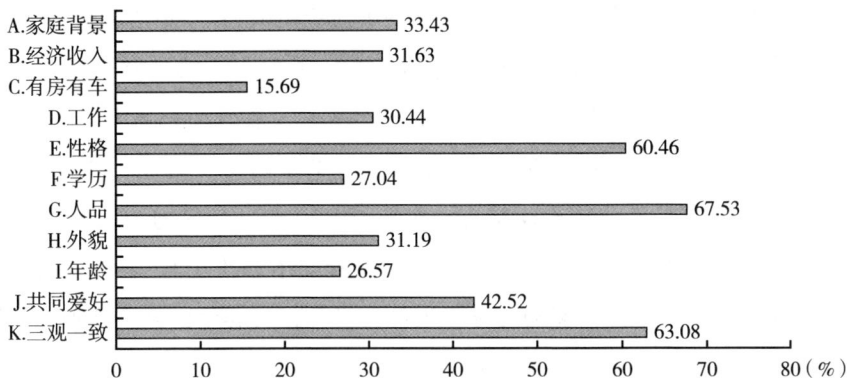

图2 受访青年择偶因素所占比重

和工作方面的重视度远高于男性（见图3），约有1/3的女性青年对外貌和
学历有要求。可见，当前青年群体的择偶标准较为现实，价值取向兼具理想
性与现实性，很多受访者认为维系高质量、更加美好的婚姻关系离不开坚实
的物质基础，且在高房价、高物价的生活压力下，稳定的经济条件是幸福婚
姻的保证。

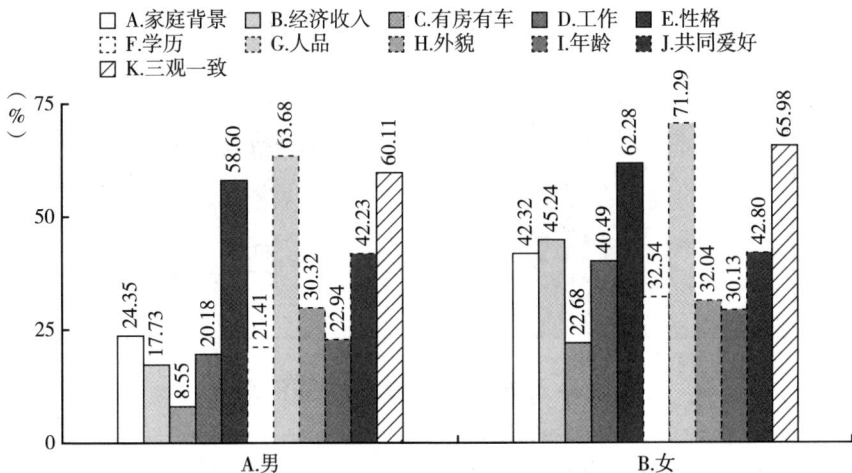

图3 不同性别受访青年择偶标准所占比重

在深入访谈中，受访男性青年提出的择偶标准"首先要长得好看，这算一见钟情，长得不好看进行不下去，再就是三观一致，能进行交流，心灵相通，年龄别太大，我都三十多了，最好小一点"，"家庭条件别差距太大，三观一致，如果有共同爱好就再好不过了"。受访女性青年表示"人品一定要过得去，对待感情要专一，有房有车和收入至少占一项，要不然家庭生活压力太大了后期不敢生小孩"，"家庭背景很重要，原生家庭的影响还是很大的，另外，我喜欢阳光、开朗、说话幽默的男生，希望对方有房有存款"。

3. 青年对结婚年龄比较"佛系"，受学历影响明显

从结婚年龄来分析，男性偏好的结婚年龄普遍早于女性，在受访的青年群体中，25～30岁的男女青年比例基本均衡，分别为47.93%和47.57%，选择25周岁之前结婚的男性青年比例（19.75%）要多于女性（12.15%），对结婚年龄持顺其自然态度的女性青年比例（40.28%）要多于男性（32.32%）。这说明青年期望的结婚年龄主要是25～30周岁，对结婚年龄持顺其自然态度的不在少数。详见图4。

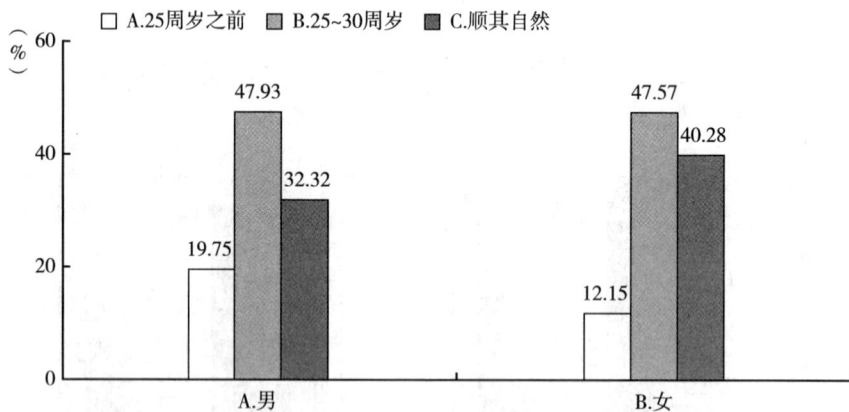

图4　受访青年认为合适的结婚年龄

进一步结合学历、性别和结婚年龄来分析，发现随着受教育时间的延长、学历的提高，青年认为合适的结婚年龄是逐渐推迟的。认为25周岁之

前的结婚合适的青年占比随学历上升而递减，小学及以下占比最高，男性占63.79%，女性占36.59%；硕士/博士研究生占比最低，男性为11.71%，女性为8.00%。从同一学历水平对比来看，认为25周岁之前和25~30岁结婚合适的男性占比总体高于女性；对结婚年龄持顺其自然态度的女性均高于男性。详见图5。

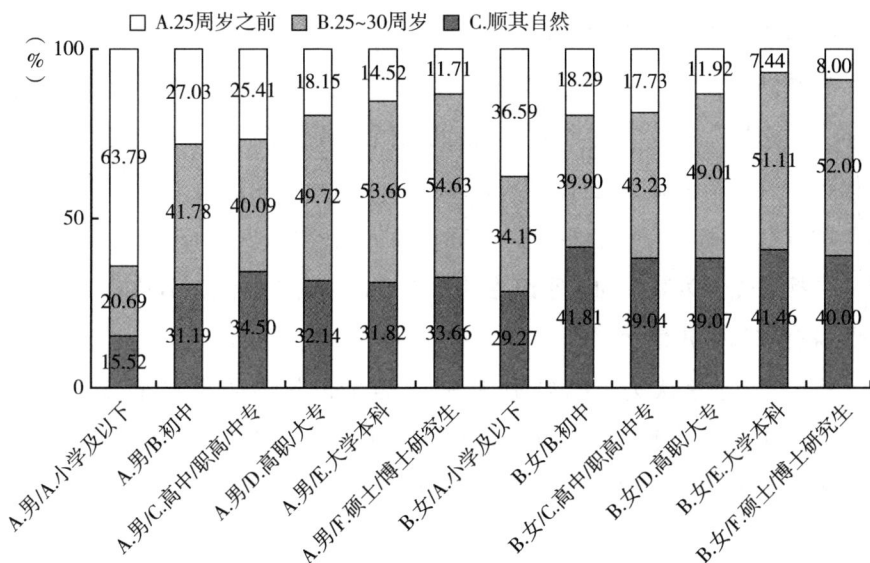

图5　不同学历受访青年对待结婚年龄的态度

可见教育和学历对青年的结婚年龄影响非常显著，低学历群体面临更多的被动性和较少的选择性，在婚恋市场中处于不利地位，往往选择25周岁之前结婚，且男性要比女性的意愿更加强烈。随着学历的提高，青年的意愿结婚年龄在推迟，且女性不再受结婚年龄的限制，现代教育特别是高等教育使青年接受了先进的思想，提升了独立意识，对人生、婚姻家庭有了清晰的规划；这从另一侧面反映出女性随着社会地位和经济收入的提高，对配偶的经济依赖降低，思想观念现代且开放，更加注重情感需求和主观意愿，更倾向感情契合、水到渠成的婚姻。

针对结婚年龄，有受访青年表示，"年龄是我考虑的一部分，但结婚最终还是要看缘分，彼此要有感觉才能走到一起"，还有受访青年表示"恋爱双方一定要经过充分的了解，这就要花一段时间，所以对结婚年龄没有确切的规定""毕业就要三十了，刚刚实现独立，还是想好好体验一下高质量的单身生活，结婚到时候再说吧"。

4. 青年群体婚姻观念整体积极向上

在婚姻观念上，一般认为传统的以家庭利益为目标的婚姻观念正在被以当事人的幸福为中心、注重世俗生活的新婚姻观念所代替，表现在贞操观、离婚再婚观、婚俗观、生育观等的变化上[①]。青年结婚的目的是"建立一个幸福的家庭"和"有一个事业上的奋斗伴侣"，要求实现自我的人生价值，其中包括以爱情为基础的合乎道德的幸福婚姻，而不再认为结婚的主要目的是终身有靠和生儿育女。[②]

多数受访者认为，结婚成家是必需的，其中男性的肯定回答占71.70%，远高于女性的49.31%，认为独身生活也很好的女性占22.28%，高于男性的11.72%，对结婚与否持无所谓态度的女性比例为28.40%，高于男性的16.59%（见图6）。说明大多数青年群体对婚姻表示认可，重视婚姻家庭，随着社会多元化的发展，享受独身生活的人逐渐增加，尤其女性对婚姻保持宁缺毋滥的态度，她们认为结不结婚无所谓，女性青年生活更加独立。

在不同婚恋状况下，单身、恋爱中和已婚一族都肯定婚姻的积极作用，特别是已婚人士对婚姻的认可度高达76.09%，对独身生活的认同只占8.47%。在婚姻出现过危机的受访对象中，认为独身生活很好的比重高于30%，出于主客观原因而再次单身的群体，认为结婚成家必要的所占比重较

---

① 孙文霞、陈百钱、刘广东：《现阶段农村青年婚姻观念的嬗变——以安徽省安庆市A县B镇为例》，《社会工作》2009年第10期。
② 吴海龙：《新生代农民工婚姻模式与家庭稳定性研究综述》，《铜陵学院学报》2013年第2期。

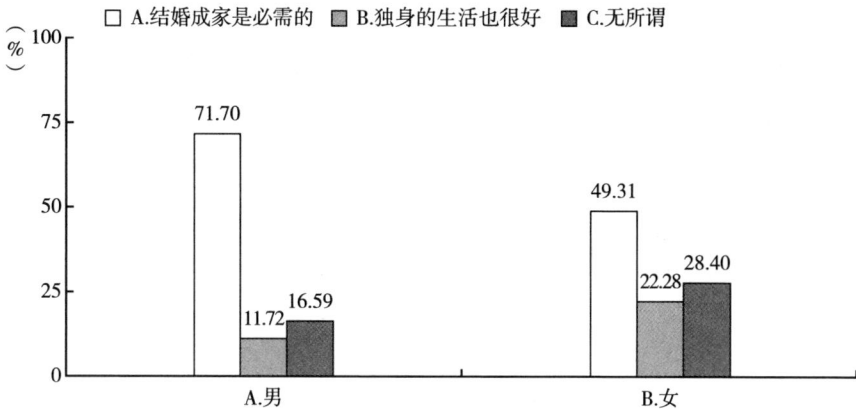

图6 不同性别受访青年对结婚的看法

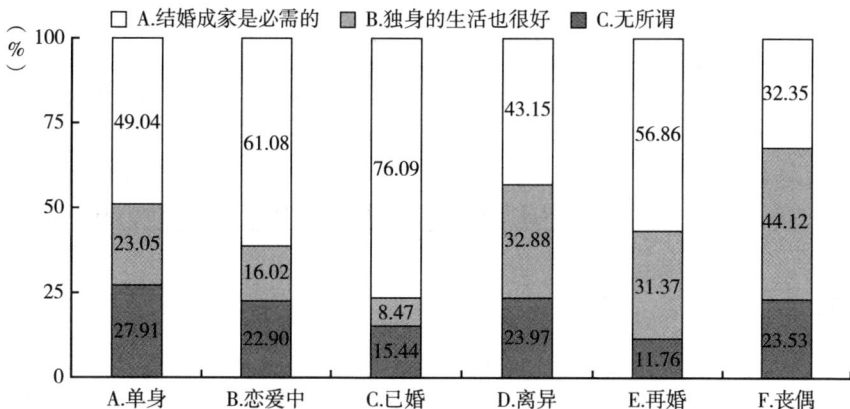

图7 不同婚恋状态受访青年对结婚的看法

低，他/她们不再为结婚而结婚，在独身生活状态下也很适应。

针对结婚问题，有受访青年表示"我是一直期待结婚的，结婚后也感觉很幸福，终于不再是孤单的一个人，虽然生活中有些磕磕绊绊，但两个人相互鼓励、一起奋斗的感觉还是很有奔头的"，也有青年表示"离婚后还是想结婚，受不了周围舆论的压力，感觉大家看自己的眼光都是怪怪的，但是担心下一段婚姻也过不好"。

5.青年重视家庭稳定，婚恋观念开放且现代

调查显示，受访的不同年龄的青年虽然整体婚姻观念积极向上，但是对不同婚恋现象的接受程度不同，89.72%的青年群体对婚外情持反对态度，2.58%的受访青年对婚外情表示赞成，基于不同职业、不同学历、不同收入等因素进行交叉分析，统计结果与表2吻合。说明当代青年高度反对婚姻不道德现象，没有因物质诱惑而失格失范，低调务实，重视婚后的家庭稳定和社会地位。

表2 受访青年对不同婚恋现象的接受程度

单位：人

题 目	选 项		
	A. 赞成	B. 反对	C. 中立
婚外情	245(2.58%)	8531(89.72%)	733(7.71%)
同性恋	751(7.9%)	5609(58.99%)	3149(33.12%)
未婚生子	485(5.1%)	5709(60.04%)	3315(34.86%)
试 婚	1022(10.75%)	5354(56.3%)	3133(32.95%)
婚前同居	1659(17.45%)	3783(39.78%)	4067(42.77%)

针对婚外情等现象，大部分受访青年都持反对态度，深入访谈中有青年说："婚外情就涉及人的品性和家庭观念了，我是强烈谴责的。""我对婚外情持强烈反对态度，并且对一切婚外情的人持鄙视态度。"

关于婚前性行为，徐安琪认为，新的社会价值观念更易于被青年所接受，他们的性观念更加趋向自由和开放，随着观念转变，行为也有了一定的改变，婚前性行为有递增趋向，婚前同居已经被多数青年接受。[①] 本次调查显示，青年群体对同性恋、未婚生子、试婚和婚前同居现象分别有不同程度的反对，其中对同性恋持反对意见的占比58.99%，对未婚生子持反对意见

① 吴海龙：《新生代农民工婚姻模式与家庭稳定性研究综述》，《铜陵学院学报》2013年第2期。

的占 60.04%，对试婚持反对意见的占 56.3%，对婚前同居持反对意见的占 39.78%。说明大部分青年还是反对上述行为的，但是对此也没有绝对的排斥，有三四成被访青年对此保持中立态度。青年对不同婚恋现象具有一定程度的理解与包容，没有绝对反对同性之间或者异性之间不同的交往形式；对待婚前同居具有较高的宽容度，17.45% 的人能接受或者赞成婚前同居，42.77% 的人持中立态度。上述情况说明随着社会的发展，青年的思想逐步开放，其爱情观、恋爱观、婚姻观和家庭观总体上是符合现实的、积极向上的，价值观和道德观一定程度上受到传统家庭为重思想的影响，但也不拘泥于传统。在发达的市场经济和西方外来文化的冲击下，青年崇尚自由、平等的主体意识逐渐强烈，试图突破传统婚姻观念和两性观念的羁绊。

针对同性恋问题，在深入访谈中有青年反映"我个人不接受同性恋，但也不反对；婚前同居我个人还是赞同的；至于未婚生子，如果两个人你情我愿，我也不好说啥，但我个人持十分谨慎的态度"。

二 河北青年婚恋问题的原因分析

（一）青年群体追求自我价值，弱化婚姻地位

结婚成家是青年人生道路上的一项重大任务，是从原生家庭分离、重新组建新家庭的转折点。对青年群体来说，结婚的意义重大，成年之后经历恋爱、结婚、生子，是传统社会观念的延续。但是调研中发现，一些青年并没有对婚姻抱有极高的热情和渴望，主要表现为青年认为婚姻的重要性低于自我价值实现的重要性。因此，晚婚晚育、晚婚不育及不婚不育的现象越来越多，"宅男""剩女"已经见怪不怪，越来越多的青年已经选择独居生活方式。

调查数据显示，受访的青年群体未来三年最渴望做的事情是陪伴家人

（53.01%），其次是去旅行（42.13%）、健康（41.21%）、考个好成绩
（39.40%）、涨工资（39.33%）、拥有自由支配的时间（35.86%），找个好
对象（17.84%）和结婚（12.30%）的比重都较低（见图8）。可以看出，
青年群体的情感需求大部分来自原生家庭。另外，青年群体崇尚追求自由生
活方式和自我价值的实现，事业发展在年轻人心目中占有十分重要的地位，
也是年轻人投入精力最多的部分，一方面享受自由的时间、健康的身体、去
旅行，享受自由时光，另一方面追求优异的成绩和好的工作，实现自我独
立。这种事业优先、事业高于婚姻的现象突出了青年强烈的追求自我价值和
社会价值的需要。

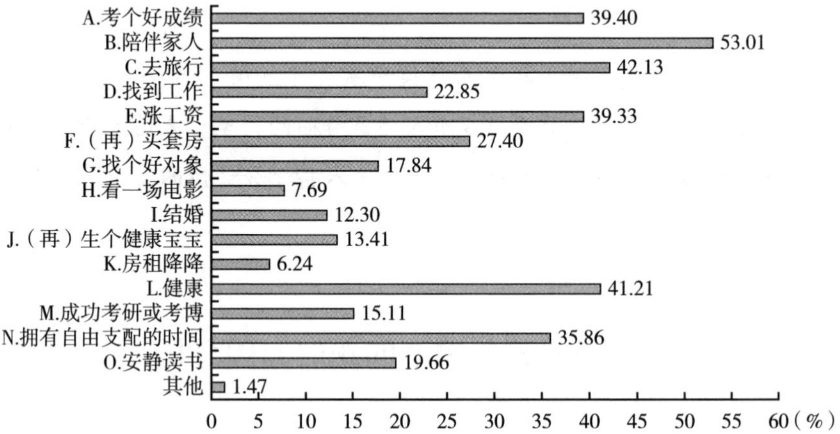

图8 受访青年群体未来三年最渴望的事

课题组随机选取了一位研究对象A，女性，34周岁，单身，2021
年毕业的博士，现就职于河北某省属高校。

调查员：是否考虑寻找另一半？

A：工作稳定下来了一直在找，朋友同事也有给我介绍，但是看起
来都没有感觉，有的对象聊天聊不下去，生活没有交集，就拒绝了。

调查员：对另一半有清晰的标准吗？

A：也没特别的标准，不过最好有房，或者能和我一起买房，现在最受不了的是每三个月交一次房租，宁愿还房贷也不愿交房租。其他的方面最好长得帅，我是颜控，赚钱别太少，要不然两个人买房经济压力较大。

调查员：之前有很长时间的求学经历，没有合适的同学吗？

A：上学的时候一直在学校，周围结婚的不是很多，感觉自己有没有对象没多大差别，但是一毕业工作了，发现大家都开始结婚、生孩子，就我一个人单着，心里有点儿着急了。

调查员：来自亲戚朋友的催婚压力大吗？

A：这个是真的大，我老家是在农村，你知道农村对于我这个年纪还不结婚的女人的关注度，去年过年期间回老家，我妈都不让我出门，父母有些后悔我读博士耽误了婚姻大事。

调查员：现在一个人生活方便吗，有没有感觉寂寞？

A：现在每天都忙着工作，每天的工作时间也真的很长，回家就刷剧睡觉，一天到晚也很充实，就是生病的时候需要人照顾，前阶段做了一个小手术只能让妈妈来照料，其他的没感觉有不方便。

（二）择偶难问题日益严重

1. 年龄越大，择偶越难

在交叉分析中，我们综合年龄分析，发现随着年龄的增长，认为择偶难的比例增高，18~24周岁占34.53%，25~29周岁占35.08%，30~35周岁占37.64%（见图9）。可以理解为不同年龄段选择的择偶群体不同，所以标准也不同，随着年龄的增长，择偶对象数量减少，择偶标准不断提升，择偶难度也随之提高，这是当前的客观现实。

针对择偶难问题，在深入访谈中了解到，"女生过了30岁后，找对象真的很难，一是别人看不上我，身边单身的男性几乎都比自己年轻，

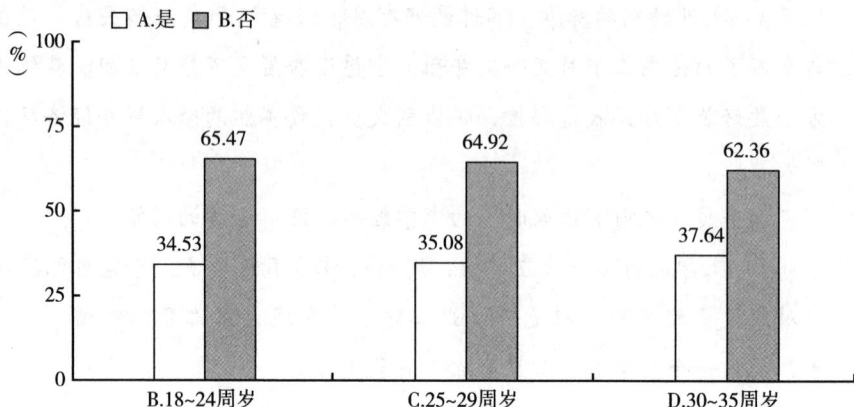

图9　不同年龄段面临的择偶难否问题

一听说我年龄大就不能接受；二是我看不上别人，我自己也不喜欢找比自己小的，比自己年龄大的我又感觉长得太老，要么怀疑他这么大还不结婚是不是身心有问题"。青年学生谈及择偶难问题时，认为"难，如果将就一下随便找个人一起生活也不难找，但是想找灵魂伴侣很难，尤其像我这种大龄学生，如果在学校不找，走上社会就更不好找"。

2. 经济压力越大，择偶越难

在当今社会，房价高、交际面窄、工作压力大是影响当下男女青年择偶难的主要因素，分析不同收入群体的结婚看法发现，无固定收入者结婚意愿最低，占53.06%，15000元以上的高收入者结婚意愿最高，占80.77%（见图10），且随着收入的增加，结婚意愿也在提高，总体呈正相关分布。收入低对婚姻有很大的影响，低收入者要比高收入者面临更大的压力，男女收入低在婚后将面临生育、养老等困境。

经济因素是社会分层的重要指标，房子和收入影响着青年群体的经济社会地位，根本原因在于在不确定的市场环境下，婚姻双方会谨慎考虑对方的经济能力和未来收入预期，同阶层青年结婚即"门当户对"仍然是婚姻匹配的主要模式。

□ A.结婚成家是必需的　■ B.独身的生活也很好　■ C.无所谓

(%)

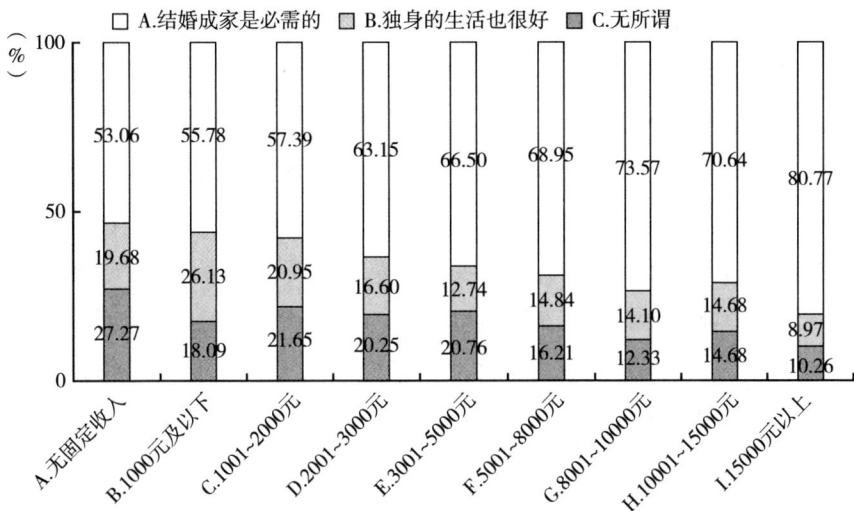

图 10　不同收入受访群体对结婚的看法

3. 农村男性和城市女性择偶难

在不同性别的受访群体中，男性认为择偶难的比重为 37.25%，高于女性的 31.86%（见图 11）。结合具体数据分析，男性的择偶难度要高于女性，按照男娶女嫁的传统思想，男性在婚姻中承担较大的买房压力和经济压力，没房没经济基础的男青年在婚姻市场受到不同程度的挤压。在住房的压力下，年轻人不得不重新对自己的婚姻进行规划，甚至推迟自己的婚育年龄。

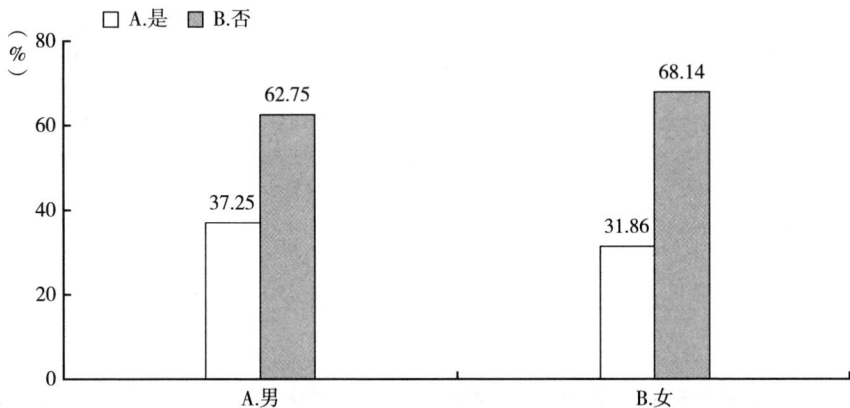

□ A.是　■ B.否

(%)

图 11　不同性别受访青年认为的择偶难否所占比重

在农村深入访谈中有青年反映，"村里现在没结婚的女的不多了，年轻的要么出去上学，剩下的都嫁到城里去了·，眼光高得很，我只能找比我们这还穷点儿的"。"现在没房没车连媒人都不给介绍对象，车能买上，在城里买房上百万（元）买不起，买不上房就找不上对象。"

择偶难与男女性别比例失衡有关。受人口大规模流动、生育政策、传统生育观念等影响，区域性性别失衡问题突出。从表5显示的数据来看，农村单身男性1027人，占比51.30%，农村单身女性975人，占比48.70%；农村离异男性37人，占比61.67%，农村离异女性23人，占比38.33%，农村未婚男性在数量上要多于农村未婚女性。城镇中的单身女性占比51.69%，高于城镇单身男性的占比48.31%，城镇中离异女性占比61.63%，高于城镇离异男性的占比38.37%，城镇中未婚女性要多于城镇未婚男性。综合上述数据，婚配选择剩余较多的两个阶层是农村男性和城镇女性（见表3）。

表3　城乡男女婚恋状况对比

单位：人

类型	A. 男	B. 女	小计
A. 农村/A. 单身	1027(51.30%)	975(48.70%)	2002
A. 农村/B. 恋爱中	337(52.41%)	306(47.59%)	643
A. 农村/C. 已婚	588(50.47%)	577(49.53%)	1165
A. 农村/D. 离异	37(61.67%)	23(38.33%)	60
A. 农村/E. 再婚	11(57.89%)	8(42.11%)	19
A. 农村/F. 丧偶	9(50%)	9(50%)	18
B. 城镇/A. 单身	1141(48.31%)	1221(51.69%)	2362
B. 城镇/B. 恋爱中	466(48.80%)	489(51.20%)	955
B. 城镇/C. 已婚	1031(47.93%)	1120(52.07%)	2151
B. 城镇/D. 离异	33(38.37%)	53(61.63%)	86
B. 城镇/E. 再婚	14(43.75%)	18(56.25%)	32
B. 城镇/F. 丧偶	9(56.25%)	7(43.75%)	16

除了数量上的不对等外，对择偶质量的高要求是另一影响因素。在社会规范的一定范围之内，个人依据自己独特的价值观、看法，对婚姻伴侣的选

择持不同的看法，在选择倾向上可分为"同质婚"与"异质婚"两类。[①]
其中男性的择偶偏好是平行或者低于自己的阶层，即农村男性选择农村女
性，城市男性选择城市女性或者少量农村女性；女性的择偶偏好是平行或者
高于自己的阶层，即农村女性选择农村男性或者城市男性，城市女性选择城
市男性，因此农村男性和城市女性是选择最少的两个阶层。

4. 择偶方式单一

调查数据显示，青年的择偶方式以传统的自己找（72.63%）和亲朋
好友介绍（21.60%）为主，两种方式合计94.23%。其他择偶方式有社交
软件、婚恋网站（2.80%），婚介所（0.93%），妇联、共青团等公益团体
举办的相亲活动（2.05%）（见图12）。自主择偶是目前最为主流的择偶
方式，根据个人需求确定择偶目标，通过直观接触做出有效判断，提高了
择偶的成功率。亲朋好友介绍有高效、稳定、信任度高等优势，也占有不
小比重，但是亲友介绍反映出传统的"门当户对"观念确实存在，同一阶
层内的相互结合会导致阶层固化。另外，在网络信息时代通过社交媒介选
择伴侣也是一种途径，但是通过这种方式而走进婚姻的成功案例极少，这
也暴露了网恋模式的弊端：信任度和真实性缺乏保证，不能成为主流的婚
介途径。婚介所作为中介，基于当地的社会网络和资源进行婚姻匹配具有
局限性。妇联、共青团等公益团体虽然具有较高的公信力，但在众多择偶
方式中所占比重不高，受活动规模和组织条件限制，其对择偶的影响力
较低。

在对择偶方式进行深入访谈中了解到，"主要是自己找，也有通过
家人介绍和网络交友的，但后一种方式中，信息不对称，男女双方互相
不了解，之前也不认识，很难培养感情，这是相亲最大的难题"。还有
青年表示"婚恋网站诈骗太多，上来没聊几句就要求送礼物，并且我
怀疑后台泄露我个人信息，用过一次后再也不考虑了"。

---

① 周丽瑞、吴明烨、唐先梅、李淑娟：《婚姻与家人关系》，台北：国立空中大学，1999。

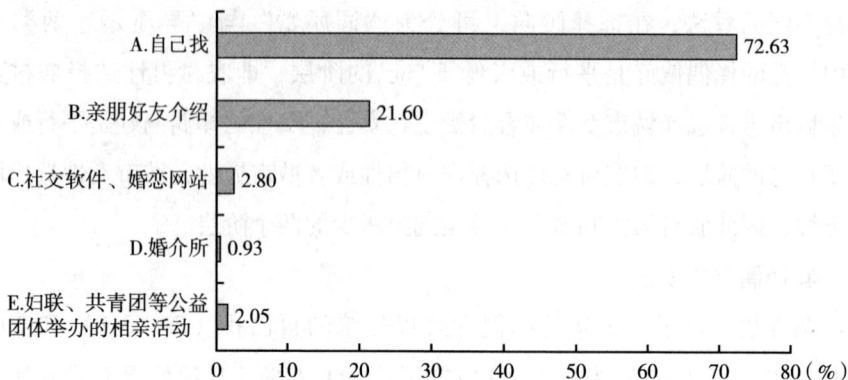

图12　受访青年群体的择偶方式

（三）个人生活压力大，经济压力仍然是婚恋面临的主要难题

受经济形势影响，部分青年面临升学难、就业难、升职加薪难等一系列经济困境。据调查，婚恋上出现的问题主要源于经济压力。多数青年感到生活压力和竞争大，自我逃避，对生活缺乏目标、找不到生存的价值和意义，精神压力不断增大。伴随着社会上对"内卷""躺平"的讨论，很多青年出现对婚恋的逃避现象。

普通青年群体都认为自己处于"整体收入偏低"的困境。调查结果显示，在受访的青年中，月收入低于5000元所占比重为86.43%，难以负担恋爱、结婚、生育等支出。分析不同性别受访青年所面临的困境时发现，男女青年群体的焦虑点不同，男性认为经济困难的所占比重为31.66%，高于女性（25.41%）6.25个百分点，女性认为存在心理情绪问题的占比33.54%，高于男性（26.81%）6.73个百分点。说明男性的结婚压力主要来自经济，女性的压力主要来自心理情绪。详见图13。

在深入访谈中，有青年表示"当前的压力主要是来自学业，想赶紧发一些核心期刊论文，写完毕业论文找工作，已经过了30岁，身边好多同学都工作稳定下来了，自己也有些着急"。"现在的自己已经工

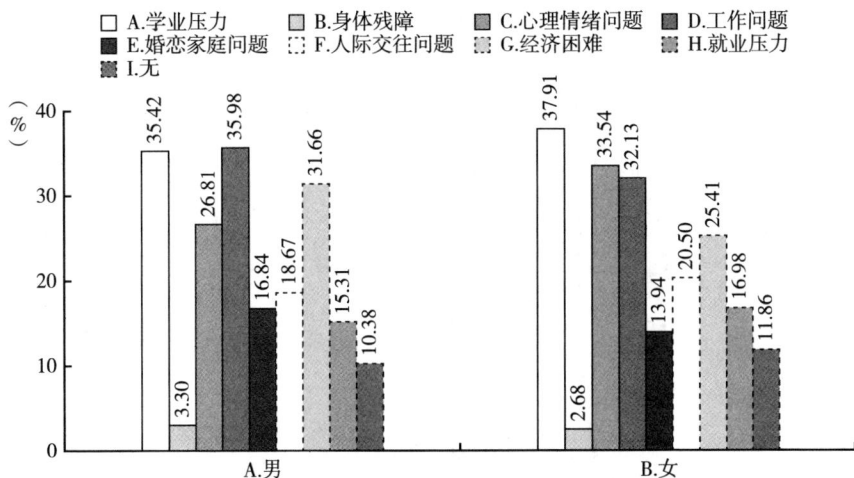

图 13　不同性别受访群体当前所面临的困境分析

作了，但是没房没车，长得也不帅，想找个对象，担心女方家看不起自己"。

（四）传统规范与欲望冲突并存

当代青年的婚姻观念受传统规范与内心欲望的双重影响，一方面表现为对家庭情感的专一，高度反对婚外情，遵循传统规范；另一方面在婚姻中又不同程度地释放欲望，表露内心情感。在问及受访青年对待离婚的看法时，45.15%的选择合则聚、不合则离，44.87%的选择不轻易放弃婚姻，9.10%的选择长痛不如短痛，选择其他选项的占0.88%（见图14）。这表明在对待离婚问题上，青年表现出更多的理性、更少的耐心，传统的婚姻观念逐渐淡化，反而追求情感的释放。对同性恋表示赞成的占7.9%，表示中立的占33.12%，表示反对的占58.99%，说明青年群体对同性恋不再全盘否定，部分青年以一种开放的心态去理解和包容。包括对试婚和婚前同居现象的调查数据显示，表示反对的分别占56.3%和39.78%，说明在对待婚前性行为上青年没有坚持传统思想、认为婚前性行为不道德，思想开放但遵循章法，"三观"整体积极向上。

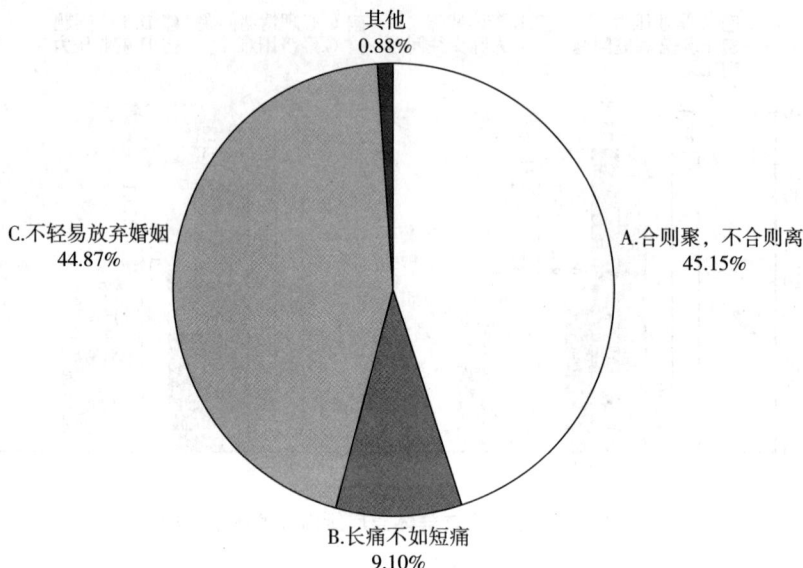

图14　受访青年群体对离婚的看法

在对离婚青年深入访谈中发现，"我读博士这五年，基本上跟她两地分居，各过各的，也没啥感情，反正又没孩子，索性两人都同意离婚，就离了"。"结婚两年了一直没孩子，他家人一直催，检查发现是他的问题，那我总不能耗着吧，我想找个正常的男人。他虽然不愿意但是我俩还是离了"。

三　推进河北青年婚恋健康发展的思考与建议

按照《中长期青年发展规划（2016—2025年）》的指导思想和目标要求，要"把青年发展摆在党和国家工作全局中更加重要的战略位置"，关心和帮助青年解决婚恋难题，缓解工作和生活压力，从而促进青年更好地发展。基于调查数据和访谈案例，本报告提出以下几点建议。

（一）完善政策机制，提供婚恋、生育、住房等制度保障

调查数据反映的婚恋难、择偶难、结婚难等各项问题，均涉及青年各项基本权利，建立完善的社会保障机制对青年群体来说是迫切需要的。首先要加快户籍制度改革，破解城乡"二元"壁垒，推进城镇化进程，鼓励乡村人口向外流动；保证农村青年与城镇青年享受同等的福利待遇，针对婚姻弱势群体特别是农村大龄未婚男青年提供相关技能培训和政策倾斜。其次要不断完善《民法典》《婚姻法》《妇女权益保障法》等相关法律法规，保护婚姻中的人格权益、尊重道德伦理观念、保护物权人的利益等，以法律的形式加大对婚姻主体的保护力度。最后要完善生育保障机制，完善薪资待遇、医疗保险等相关保障举措，落实青年群体在怀孕、生产和哺乳期间享有的法定权益，鼓励用人单位在员工婚恋、生育期间给予其一定的假期和物质支持。另外，继续推进公租房制度改革，加大对青年公租房优惠政策的倾斜力度，改善其居住环境，缓解待婚青年群体的经济压力。

（二）改善舆论环境，营造良好的婚恋氛围

大多数受访青年群体表示，婚恋压力受周围舆论环境影响较大，舆论施压容易造成精神焦虑，改善当前婚恋舆论环境有助于缓解婚恋压力。建议，一是要发挥大众传媒的思想导向作用，作为青年群体思想教育的主阵地，媒体应该传播新思想、宣传正能量、输出精品文化，提升青年的道德修养和情操，提升其认知能力，使其形成正确的世界观、人生观和价值观，倡导文明、法治、理性、健康的婚姻观。二是提升家庭环境的基础影响作用，继续加强对青年群体社会责任、自强自立、生活技能等基础能力的培养，塑造优秀品格，同时基于当前社会人口结构变化和经济就业形势，关注青年群体的心理健康问题，疏解消极情绪，关心并帮助青年群体勇于克服困难，鼓励其参与社会实践活动和人际交往活动，尊重新时代青年的思想和行为方式。三是规范现有的婚恋交友信息平台，提高其市场准入门槛，对婚介机构进行严格监管，严厉打击骗婚、泄露个人隐私等违法行为，保证婚介市场健康、规

范发展；发挥妇联、工会、共青团等群团部门的组织优势，关注青年婚恋问题，通过举办丰富有益的社会实践活动等方式为青年群体提供婚恋服务和保障。

（三）加强教育和引导，塑造理性、健康的婚姻观念

引导青年树立理性、现代、积极的婚姻观念，一是要确定理性的择偶标准，根据自身现实情况确定择偶需求，坚持理性优先，同时尊重感性需求；二是追求现代化的交往方式和婚姻观念，鼓励青年接受现代教育，打破传统婚姻观念的禁锢，自觉放弃落后、封闭的思想，追求男女平等、互助互爱，形成文明、开放、现代化的婚姻观念；三是保持积极向上的心态，在对待婚恋问题上强化主动意识，减少"等、靠、不婚"等抵触情绪，提升人际交往能力和沟通能力，保持宽容心态，积极主动地对待生活中的矛盾与争端，解决婚姻生活中不可避免的问题。

青年要树立正确的家庭观念，平衡好学业、事业、婚姻家庭三者之间的关系，良好的学业是基础，稳定的事业是生活保障，婚姻家庭是情感的归属。一方面，学业、事业的成功可以增强自信，提高青年的经济实力和社会地位，有利于婚姻家庭的稳定；另一方面，美好的婚姻生活可以丰富内心情感，提高生活能力，对学业和事业有促进作用。建议引导青年传承优良家风，弘扬尊老爱幼、夫妻和睦等传统美德，强化家庭观念的重要性，培育良好的家风。

四 结语

随着我国城市化进程的推进，人口流动速度加快，人口结构出现了新特点新变化，青年的家庭婚姻观念也在逐步演变，在多元价值观的影响下，青年将传统性与现代性情感文化相互交融，呈现更加开放、包容的文化氛围。但课题组在调查中发现，随着经济的发展和社会的进步，青年对婚姻的要求也在不断提高，除了物质上的需求外，对精神内涵也尤为重视。青年群体婚

恋难题不仅是单个人、单个家庭的选择偏好问题，更从本质上反映出社会结构方面的深层次矛盾如阶层分化、贫富差距、价值观扭曲等社会问题。青年是国家的未来、民族的希望，是社会发展的生力军和主力军，青年的婚恋问题涉及个人、家庭、社会，应该引起社会的广泛关注，要进一步关爱并帮助青年群体完成人生大事、构建美满家庭、共同构建和谐社会。

B.11

河北青年生育困境与社会政策支持研究

郑　萍*

摘　要： "全面三孩"政策的实施是国家适应人口和经济社会发展新形势、促进人口长期均衡发展的重要举措，青年群体是将生育意愿转化为生育行为、提升生育水平的重要主体。生育政策调整背景下河北青年生育意愿与生育行为存在差距，传统生育观念不断弱化，生育选择趋于经济理性，面临生育与事业难平衡困境。政府要营造生育文化氛围，内化新时期生育观念，加强青年女性就业保护，降低生育导致的职业风险，强化生育激励机制，减轻养育经济负担，完善生育支持政策，推进人口均衡可持续发展。

关键词： 青年　生育支持　生育困境

"全面三孩"政策的实施是国家适应人口和经济社会发展新形势，促进人口长期均衡发展的重要举措，有利于保障国家人口安全，促进社会可持续发展。但相关统计数据显示，国家通过制度松绑鼓励再生育的政策实践，虽然在一定程度上提高了再生育意愿，但并没有带来人口生育数量的持续增长，与预期的理想状态存在一定差距。青年群体是将生育意愿转化为生育行为、提升生育水平的重要主体。深化对青年生育意愿的研究，营造生育友好社会环境，对国家人口均衡可持续发展具有重大意义。①

---

* 郑萍，硕士，河北省社会科学院社会发展研究所，副研究员，研究方向为社会治理。

① 本报告数据来源于"河北青年民生发展调查研究"的调查数据，调查的具体情况见本书总报告。

一 生育政策调整背景下河北青年生育意愿与生育行为分析

（一）生育意愿与实际生育行为存在差距

作为生育意愿的测量指标之一，理想子女数量反映了社会对于生育的整体心态，对理解长期的生育水平变化有重要参考意义。问卷数据显示，河北青年理想子女数分布较为集中，大多青年愿意生育二孩，但很少愿意再生育更多的孩子，意愿生育1个和2个子女的，共占81%，意愿生育3个和4个及以上的比例总共仅占8.38%。超过一半的调查对象理想子女个数是2个，占比55.39%。有25.61%的人理想子女数为1个。除此之外，存在"丁克"意愿的青年也不在少数，占比达10.62%。仅有6.35%的人认为3个孩子最为理想。被访青年的平均理想子女数为1.47个（理想子女个数超过4个的按4个计算），低于2021年全国育龄妇女理想子女数（1.64个）0.17个。

表1 河北青年理想子女数分布

单位：个，%

理想子女数	比例	理想子女数	比例
0	10.62	3	6.35
1	25.61	4个及以上	2.03
2	55.39		

问卷数据显示，河北青年实际生育水平较低，平均生育水平仅为0.97个，远远低于全国1.3个的平均生育水平。25岁到35岁的育龄群体中，零生育者占36.7%，生育1个孩子的占33.6%，生育2个孩子的占26.4%，生育3个孩子的占2.8%，生育4个及以上孩子的占0.5%。数据显示，河北育龄青年群体实际生育水平与意愿生育水平差距较大。

表2 河北青年生育子女数及年龄段分布

单位：个

年龄段 \ 子女数	0	1	2	3	4个及以上	小计
14~17周岁	839	213	368	86	16	1522
18~24周岁	2190	338	573	116	27	3244
25~29周岁	1323	507	277	36	15	2158
30~35周岁	416	1085	976	98	10	2585

　　生育意愿不等同于生育行为，生育意愿转化成生育行为通常受到内外多种因素影响。河北青年实际生育水平与生育意愿之间存在差距，外围环境对青年群体生育行为选择有显著影响。数据显示，虽然有55.39%的青年希望有2个子女，但实现这一愿望的青年比例仅为23.07%，可以推论至少有32.32%的青年的生育意愿为2个子女，但在外部多种因素的影响下最终只能生育1个子女。6.35%的青年希望生育3个子女，但实现这一愿望的青年比例仅为3.53%，低2.82个百分点，实际生育1个子女的青年比例（22.54%）要比希望生育1个子女的青年比例（25.61%）低3.07个百分点。因此，河北青年群体生育意愿水平高于实际生育水平，实际生育水平仍然存在提升空间。

表3 河北青年实际生育子女数

单位：人，%

实际生育子女数	比例	实际生育子女数	比例
0	50.14	3	3.53
1	22.54	4个及以上	0.72
2	23.07		

（二）生育选择趋于经济理性

　　青年群体生育年龄推迟，初次生育年龄主要集中在26~30岁，占

27.95%，20～25 岁的占 18.15%，31～40 岁初次生育的青年占 4.87%。31.85%的被访青年结婚后就选择生育，这主要是由于青年群体结婚年龄普遍推迟到 25～30 岁，如果再推迟生育则会面临高龄产妇的生育风险。现代青年生育决策更趋于经济理性，有 19.61%的被访青年会在工作稳定后考虑生育，27.31%的会在经济条件再好点后再考虑生育，可见，部分青年在权衡家庭经济情况的基础上进行生育选择。16.79%的被访青年对生育选择表现出较强的随意性，认为无所谓，视情况而定。在国家鼓励生育政策背景下，河北青年再生育意愿依然不高，仅有 11.88%的被访青年有再生育的计划，一半以上没有再生育计划，28.36%的被访青年还在犹豫选择中。当前，河北生育支持政策体系还不完善，生育激励政策对青年群体生育潜力的激发效果有待进一步提升。

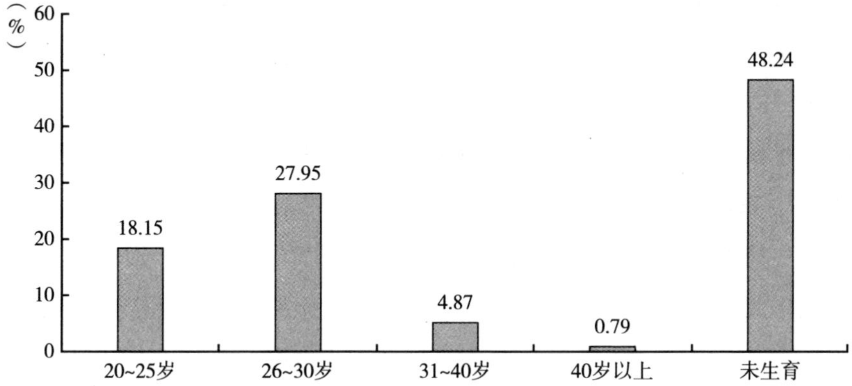

图 1　河北青年初次生育年龄分布

表 4　河北青年生育选择条件

单位：%

生育选择条件	比例	生育选择条件	比例
结婚以后就选择生育	31.85	无所谓，视情况而定	16.79
工作稳定后再考虑	19.61	不生育	3.81
经济条件再好点再考虑	27.31	其他	0.62

表5 河北青年再生育计划情况

单位：%

再生育计划情况	比例
计划再生育	11.88
没有再生育计划	59.75
不确定	28.36

（三）传统生育观念向现代转型

生育观念是影响生育行为的重要内在因素，家庭是否具有再生育意愿，很大程度上受到传统生育观念的影响。现代经济社会的发展推动青年群体的生育观逐渐从传统型转为现代型，青年群体不再绝对认同传统的生育文化，多数青年对生育有了新的价值认同。现代青年群体自我意识不断增强，传统传宗接代观念在青年群体中不断弱化。对生育的选择也多出于自我情感需求，有超过一半（54.32%）的被访者认为生育的主要原因是喜欢孩子、满足情感需求，44.15%的被访者选择增进夫妻感情，现代生育观念不再追求"养儿防老、多子多福"。青年群体自我意识增强的另一个表现是，在生育决策中受父辈生育观念影响程度减弱，仅有14.71%的被访者将生育原因归于父母长辈的压力，可见个体意识在生育决策中的决定性作用日益凸显。

现代社会中，子女给家庭带来的边际生育效用是逐步递减的。与传统多子观念不同，现代青年都有自己相对稳定的工作，无须子女成人后为家庭做出经济贡献，现代青年把更多的精力放在追求自我发展上，把满足自己的精神需求以及生活需要放在第一位，再生育的经济动力缺失，生育意愿进一步降低。

"一个孩子真的就足够了，我们现在非常满足，实在没有精力再多养一个了。"

"生一个孩子多好啊，一个孩子足以给家庭增添乐趣，我和老公都认为现在的状态是最幸福的。"

"我老公是独子，我婆婆总说香火继承很重要，坚持让我生老二。跟婆婆解释得嘴皮都要磨破了，还好我老公跟我想法是一样的，他会经常帮我说服（婆婆）。"

随着社会养老能力的增强，社会养老对家庭养老的替代作用也逐渐增强，养老保障体系的健全减少了老人对子女的依赖，养育子女的预期收益下降，进而降低了"养儿防老"的生育动机，也进一步弱化了传统生育观念。调查数据显示，仅有 37.54% 的被访青年认为生育主要是为了传宗接代，29.06% 的被访青年认为生育目的是养儿防老，3.84% 的被访青年选择增加劳动力。

青年群体长期受父辈生育行为和周围家庭规模的深度影响，形成自身的生育价值观，当代青年过去长期生活在崇尚低生育、少子女家庭的时代，其生育观念会潜移默化地与其生长环境趋同，甚至受现代生育观的影响而降低理想子女数，进而影响实际生育行为。[①] 深度访谈发现，独生子女青年的再生育意愿低于非独生子女，主要是因为独生子女深受多年"少生"生育政策的影响，已将"一孩"的生育观念从单纯的服从内化为自身的生育价值观，一孩生育观念根深蒂固，再生育意愿难以在短时间内改变。

表 6　河北青年生育原因情况

单位：%

生育原因	比例	生育原因	比例
传宗接代	37.54	喜欢孩子	54.32
养儿防老	29.06	增加劳动力	3.84
增进夫妻感情	44.15	其他	1.9
妥协于父母长辈的压力	14.71		

① 於嘉、周扬、谢宇：《中国居民理想子女数量的宏观影响因素》，《人口研究》2021 年第 6 期。

（四）生育与事业难平衡

我国传统的性别分工模式将女性固化于家务劳动承担者的角色上，这在一定程度上增加了青年女性的就业压力。随着我国工业化和城镇化的快速发展，性别平等理念首先在就业等公共领域得以发展，更多青年女性具有经济独立和自我价值实现的强烈需求，有着更高的职业发展追求。相对于外部就业领域的角色转型，内部家庭的角色转型相对较慢，多数青年女性依然是家务劳动和养育子女的主要承担者。这使得职业女性对外面临现代社会的激烈竞争、追求职业发展，对内要兼顾家庭责任，难以平衡事业与家庭之间的关系，在权衡二者利弊得失之后，多数青年女性会因事业发展而放弃生育行为。

调查结果显示，71.39%的被访青年不愿因生育养育子女而放弃工作，仅有28.61%的被访青年愿意为生育放弃工作，选择回归家庭、养育子女。2/3以上青年女性不愿放弃工作，这与中国当前的收入水平有关，一般情况下单人劳动收入无法支付整个家庭的生活支出，在子女养育成本日益增长的情况下，仅靠一人的收入更是无法支付子女的高额养育费用。生育是对女性劳动力资源的占用，它要求女性暂时性退出劳动力市场，女性从生产者转变为家庭资源的消耗者，直接影响家庭经济能力，增加了生育的机会成本。生育养育子女也增加了家庭经济支出，使家庭经济压力增大。基于经济理性思考，多数青年不愿因生育而放弃工作，生育意愿降低。

就业公平是影响青年女性尤其城市青年女性再生育意愿的主要因素，青年女性担忧因生育而影响职业晋升，其生育意愿和生育行为都因此受到抑制。调查发现，人力资本市场对于青年女性存在隐性就业歧视，女性在生育期间尽管职业生涯不会受到影响，但是会面临产假后工作无岗位的情况，这从侧面反映了职业女性生育后回归劳动力市场面临的巨大困难。深度访谈发现，约有1/3的青年女性因担心产假后会遭到用人单位辞退而不愿意再生育。

我还是想家庭与工作兼顾，不喜欢单纯贤妻良母的生活，我不是说贤妻良母不好，而是说回家可以做贤妻良母，工作上依然要有精力去竞争，生育孩子后长时间的休假对于工作的打击很大，让我失去很多机会，所以，我肯定不会生育三孩，影响太大了。

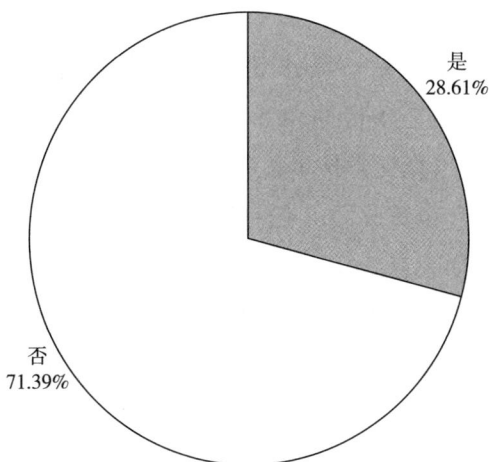

图2 是否会因生育养育子女而放弃工作

（五）对补贴类的生育支持政策需求迫切

关于生育支持政策需求，问卷调查数据显示，82.46%的被访青年选择补贴类的生育支持政策，其中，53.04%的被访青年选择税收、住房等政策支持，29.42%的被访青年选择生育、养育补贴，这从侧面说明经济压力已经成为抑制青年群体生育意愿的重要因素（见表7）。

补贴类生育支持政策如果金额不足以缓解家庭养育经济压力，其激励效果有限，当问及假如政府每个月给生二孩/三孩家庭补贴500元（自出生后至3岁），您是否愿意生育二孩/三孩时，45.98%的被访者选择不愿意，仅有23.20%的被访者选择愿意，30.82%的被访者选择不确定。访谈中发现，每月补贴500元，对减轻家庭育儿压力来说，杯水车薪。

现在孩子一罐奶粉就 200 多元，对于常喝奶粉的宝宝，一罐奶粉也就够 10 天左右，500 元仅够支付两罐奶粉钱，不够孩子一个月的奶粉费用，而且奶粉费用仅是育儿费用的冰山一角，我不可能因为这 500 元，就选择再生孩子，那可不仅仅是三年的压力，而是十几二十年的养育费用支出，感觉不划算。

对生育支持政策的另一需求是为生育养育配套支持政策，其中 60.32% 的被访青年选择促进教育公平、优化优质教育资源配置，31.39% 的被访青年选择提供优生优育及妇幼保健服务。目前，学前教育尚未被纳入义务教育范畴，公共托育服务发展刚刚起步，早教多为营利性的市场行为，早期教育费用进一步增加了家庭的经济支出。现有妇产医院建设无法满足孕产妇的妇幼保健需求，出现产检者长时间排队等候的情况。教育、医疗服务供给的结构性矛盾，直接影响生育支持政策的实施效果。

表7　青年生育支持政策需求情况

单位：%

选　　项	比例
税收、住房等政策支持	53.04
促进教育公平,优化优质教育资源配置	60.32
提供优生优育及妇幼保健服务	31.39
治理婚嫁陋习、天价彩礼等不良风气	19.21
保障更平等的女性就业机会,弹性就业	20.49
给予生育、养育补贴	29.42
完善生育休假和生育保险制度	18.10
发展普惠幼儿托育服务体系	7.69
增加育儿心理辅导、育儿知识教育	6.34
其他	0.72

二 青年生育决策影响因素分析

（一）青年个体基本情况差异直接影响生育观念

1. 性别差异

生育意愿存在性别差异，问卷调查数据显示，男性平均理想子女数为 1.69 个，女性略低（为 1.57 个），男性多子女意愿比例高于女性，男性理想子女数为 2 个及以上的比例为 66.22%，高于女性 4.83 个百分点。零生育和一孩生育意愿的男性比例分别低于女性 2.04 个和 2.79 个百分点（见表 8）。15.61% 的被访男性有再生育计划，高出女性 7.37 个百分点，没有再生育计划的男性占比 52.37%，低于女性 14.61 个百分点。传统观念中，中国社会男性更多承担传宗接代的责任，因此，相对于女性，更多受到传统儒家文化多子多福思想影响。

表 8 河北青年理想子女数性别差异

单位：%

理想子女数 / 性别	0 个	1 个	2 个	3 个	4 个及以上
男	9.59	24.20	56.22	7.17	2.83
女	11.63	26.99	54.58	5.56	1.25

表 9 河北男女青年再生育计划

单位：%

再生育与否 / 性别	是	否	不确定
男	15.61	52.37	32.02
女	8.24	66.98	24.78

2. 收入差异

问卷调查数据显示，意愿子女数随着家庭收入的增加而增加，平均月收入在 2000 元及以下的受访青年的生育意愿最低，平均意愿子女数为 1.59 个；月收入 10000 元以上的平均意愿子女数最高，为 1.97 个。计划再生育的比例也随着家庭收入的增加而增加，月收入 10000 元以上的家庭有再生育计划的比例为 25.13%，高于月收入 2000 元及以下有再生育计划的家庭（12.4%）12.73 个百分点。

表 10　不同收入青年再生育计划

单位：%

月收入＼再生育与否	是	否	不确定
无固定收入	9.68	57.04	33.27
1000 元及以下	17.09	62.81	20.10
1001~2000 元	13.38	61.27	25.35
2001~3000 元	12.47	60.13	27.40
3001~5000 元	11.84	63.66	24.50
5001~8000 元	13.36	62.44	24.20
8001~10000 元	21.59	56.39	22.03
10001~15000 元	18.35	49.54	32.11
15000 元以上	34.62	46.15	19.23

3. 受教育程度差异

问卷调查数据显示，受教育程度与实际生育子女数呈负相关关系，初中及以下学历的受访青年平均实际生育子女数为 1.13 个，高中/中专/职高为 0.95 个，大专为 0.81 个，大学本科为 0.67 个，硕士/博士研究生为 0.61 个。随着受教育程度的提升，青年的平均实际生育子女数下降，不愿再生育的比例也相应提高。受教育程度较高的青年群体更加注重子女的养育质量，倾向选择精英教育，对子女有着较高的成长预期，对子女质量的追求降低了实际生育子女数。

4. 城乡差异

问卷调查数据显示，城乡青年的生育意愿的差异性不显著，有逐步趋同的趋势。20 世纪八九十年代农村居民的生育意愿明显强于城市居民，随着城镇化进程的加快，农村青年生育意愿大幅下降，意愿子女数的"城乡之别"逐渐消失①（见表 11、表 12）。

表 11　河北城乡青年理想子女数差异

单位：%

区域 \ 理想子女数	0 个	1 个	2 个	3 个	4 个及以上
农村	11.21	23.50	56.80	6.45	2.05
城镇	10.21	27.08	54.41	6.28	2.02

表 12　河北城乡青年再计划生育差异

单位：%

区域 \ 再生育与否	是	否	不确定
农村	12.87	57.59	29.54
城镇	11.19	61.26	27.54

（二）养育成本是青年群体再生育决策的重要考量因素

养育成本成为影响青年群体再生育意愿的主要因素。问卷调查数据显示，70.5%的被访青年认为生育、养育成本是影响生育意愿的主要因素。即使月收入 1 万元以上的青年群体中仍然有 61.5%的认为养育成本较高。访谈资料显示，河北婴幼儿每年的育儿成本在 3 万元左右，河北全省居民 2021 年人均可支配收入为 2.9 万元，按三口之家计算，一个孩子的育儿成本占到父母总收入的 1/3 左右，大量的养育资源投入压缩了青年再生育的资源空间。

深度访谈中发现，中国传统重亲情、宗族延续的家庭观念在青年群体的一孩生育决策中仍发挥重要作用，但在进行再生育决策时更倾向于"经济理性"。现代家庭财富流动的方向是单向向下的，尤其是"啃老"现象的出

---

① 陈蓉：《中国大城市不同人群生育意愿的变迁趋势及比较研究——以上海市为例》，《人口学刊》2020 年第 1 期。

现更印证了长辈财富流向幼辈的事实，子女不再是家庭经济的主要来源，父母从子女处获得的经济收益呈递减趋势，经过对成本收益的权衡，更多青年群体选择少生育。

随着中国社会的快速发展，中国父母的子女养育方式由基本温饱型向高质量精英教育发展，这需要付出高昂的成本。深度访谈发现，2/3 的被访青年认同"子女有出息"很重要，认为既然选择了生育，就要坚持给子女"最好的教育机会""最好的生活环境"，父母通过课外教育辅导提高子女学习成绩，市场化教育服务成为家庭的额外支出，这使得育儿成本显著增加，甚至出现育儿消费奢侈化的趋势。一部分青年女性将工作以外的时间和精力都集中在孩子养育上，增加了育儿的机会成本。

> 我会让孩子享受最好的，不能亏了他，不是有句话讲，"不要让你的孩子输在起跑线上"，我认为说得很对啊，我们宝宝从小上的早教、幼儿园到现在的学校都是数一数二的，也基本是最贵的。钱虽然花得有点多，但我们做父母的可以节省点，也要让孩子享受最好的生活和教育，这很重要！

> 现在养孩子成本太高，吃的、穿的、用的花费越来越高，尤其上学花费，虽然义务教育阶段免学费，但各种课外辅导班花费一年也要上万元，也是不小的花费，读高中和大学，花费的钱更多。

替代理论认为，子女质量与数量处于悖论矛盾中，对子女的质量要求会削弱数量需求，尤其是社会对人口素质的要求日益提高，子女养育教育成本大幅提高，父母为了培养更高质量的子女需要付出更多的时间和精力，使得机会成本显著增加，因此，以养育成本为核心的机会成本成为青年生育决策必须考虑的因素。[①] 子女养育成本的增加会使青年更倾向于选择减少子女数量以提高教育质量，进而使效用最大化。

---

① 闫玉、张竞月：《育龄主体二孩生育焦虑影响因素的性别差异分析》，《人口学刊》2019 年第 1 期。

（三）生活经历对青年生育决策具有潜在影响

生活经历中一些重大事件会导致生育意愿和生育行为的调整，深度访谈发现，已有的婚育经历，如生育经历、夫妻关系、家庭生活和外部社会环境对青年群体再生育决策具有潜在影响。

1. 子女照护经历

访谈发现，"没人带孩子"成为具有中国特色的影响育龄青年生育意愿的最重要因素之一。问卷调查数据显示，61.44%的受访青年认为个人育儿照护精力及时间分配是影响再生育决策的重要因素。受中国传统家庭文化的影响，由于家庭亲属之间是基于血缘关系联结起来的，因此相互之间必然要承担照顾的责任义务。在这一背景下，隔代照料成为当前中国最主要的子女照护方式。职业青年由于承受工作压力等，独立抚养子女"心有余而力不足"。同时，当前我国家政服务人员职业素养不高，媒体报道保姆虐婴事件时有发生，托育服务机构匮乏，管理还不规范，婴幼儿家庭对保姆及托育机构的信任度不高，因此将子女交由具有血缘关系的父辈照护，可以减轻青年群体的育儿担忧，也能够降低育儿时间成本，实现家庭经济收入的最大化。

社会发展和代际分化背景下，父辈逐渐从代际伦理责任中松绑，更多追求自我独立幸福的晚年生活，隔代照料不再是父辈的应然生活方式。同时由于生活方式和思想观念的代际差异，隔代照料导致家庭摩擦增多，加之老年人受身体条件的限制，隔代照料意愿下降，越来越多的老年人从隔代照料中退出，这增加了青年育儿的压力。

> 我家女儿是由我母亲帮忙照顾的，我生完孩子没操什么心，孩子交给我最亲的人我也放心。现在父母年龄大了，没有精力帮我们照顾第二个了，不能再让他们累下去了。我们决定不生老二了。
>
> 我们家老人健康状况不太好，也不能帮我带孩子。我们俩压根儿就没想再要一个，要是单位有托儿所，也许能再考虑考虑。

现在我们老人都想开了，儿孙自有儿孙福，我们把儿女拉扯大已经不容易了，儿孙的事情就让他们自己处理吧，一个孩子就够了。

2. 生育经历

随着家庭权利结构向父权弱化和夫妻平权化转变，青年女性在再生育决策中的话语权不断增加。初次生育中女性的生理和心理感受对再生育决策具有重要影响作用。深度访谈发现，部分受访女青年生育一孩时身体承受了很大的痛苦，对生育疼痛抱有恐惧心理，而不愿多生育子女。

我怀孕期间，妊娠反应特别大，一直吐到了第5个月，每天感觉晕眩，天旋地转的，当时我就下决心再也不要（孩子）了。生他的时候那么遭罪，我肯定不能再要（二孩）了。

虽然我还没有生过孩子，但是我看到过表姐生产时的痛苦，肚子疼了好久也没有生出来，最后还是剖腹生产，据说再晚十分钟剖腹的话，孩子就胎死腹中了，我觉得生孩子还是挺危险，不想多生，一个足矣。

女性生育后需要时间在心理和角色上加以调适，这短期内难以完成。女性在由妻子向母亲和妻子的双重身份角色转换过程中，会产生诸多不适，尤其产后抑郁表现突出。

我女儿生完孩子后情绪特别暴躁，估计是因为激素水平变化吧，稍有不满意，就吼起来了，和生孩子之前天壤之别，我照顾她也是煎熬，她说她有时也控制不住自己情绪，就是心里不舒服，烦躁，说自己是不是抑郁了。她说生第一个孩子，感觉还没有做好准备，准备不充分，感觉无所适从，反正，那时我女儿情绪落差特别大，大概过了一年时间，情绪才慢慢好转。

我生完孩子后感觉看谁都不顺眼，尤其孩子一哭，我感觉头都要炸开了，那时晚上是最难熬的时候，孩子一晚上醒好几次，我晚上也睡不好，整个人神经衰弱，处于慌乱状态，家里也是乱乱的。当时因为休产假，单位工作岗位进行了调整，更影响了心情，我有时都怀疑我适不适合做母亲，我母亲还常责怪我笨手笨脚，不会照顾孩子。

3. 夫妻关系

夫妻的实际婚姻状态对女性生育意愿与生育行为有着非常大的影响。访谈中发现，有再生育意愿的青年绝大多数婚姻家庭非常稳定，幸福指数也很高。部分受访青年也表露出婚后家庭生活摩擦很大，对再生育决策十分犹豫。也有部分受访青年表示生完孩子以后生活的重心发生改变，与爱人缺乏沟通导致矛盾升级。

我们结婚三年后才生的孩子，没孩子前，周末经常出去逛街、看电影，感觉生活没太多问题，但是孩子出生后，经常因为孩子问题产生摩擦，我刚生完孩子也比较烦躁，脾气不好，所以后来发现意外怀孕时，还是决定放弃。

我爱人是钢铁直男。不会关心人，不操心家里事儿。照顾孩子的事情全是我，如果再生个二孩，我会累死的！

（四）生育养育环境是影响青年生育决策的外部因素

1. 生育医疗环境

优质的生育医疗环境对提升青年生育意愿具有重要作用。深度访谈中发现，所有的受访青年都不同程度地提到了孕产期间最希望获得优质的医疗卫生服务。河北目前拥有优质产检设备和产房的医院数量相对较少，尚无法满足青年高质孕产检查的需求。

去年，我女儿发高烧去妇幼保健院，结果医院人太多，当时特别担心因排队而耽误孩子病情，但去社区医院检查又不放心，所以，我当时想这要是再怀孕，每月去医院产检都是个麻烦的问题，我和老公也商量过再要一个孩子，思前想后，还是决定再等几年吧。

我本来打算今年要孩子，但听同事说医院产检人太多，每次需要排长队，同事每次去产检都要用一整天的时间，所以我还在犹豫是否生育二孩。

2. 养育教育环境

随着生育支持政策的持续推行，学龄前儿童及学龄青少年群体将会逐步增多，相关数据预测2027年将迎来学龄人口的最高峰。这在一定程度上会给教育公共资源造成压力，主要表现为小学和中学资源呈现紧缺和地区间分布不均的情况。深度访谈中，有半数以上的受访青年对教育资源表达出"不满意"的态度。

我只有一个孩子，从出生就开始谋划幼儿园和小学的选择，也是想尽各种办法让孩子进入好的幼儿园和小学。初中选择私立的外国语学校，每年学费等开支也是一大笔。

我家孩子现在读小学三年级，孩子班上有50多人，还不能达到"小班制"的水平，如果选择私立学校，费用太高，难以承受。且不说老师的质量，就是数量也跟不上，有的老师身兼多个科目的教学，不够专业。教育是让家长最操心的问题，若有第二个孩子，还要担心同样问题。

三　提升青年生育意愿的策略性思考

（一）内化新时期的生育观念，营造生育文化氛围

在长期"一孩"生育政策的影响下，"一孩"生育观念固化于青年生育决策中，转变青年固化的生育观念是一个长期的过程。新的生育政策调整实

施时间相较于独生子女政策实施时间短，访谈中发现，部分青年对生育政策还不够了解，将近3/4的被访青年只知道可以生三个孩子，但对相关生育支持政策了解不多。因此要加强生育政策的宣传，创新宣传引导方式，倡导新型生育文化，在潜移默化中推动青年逐渐转变生育动机，形成新时期有利于生育的思想观念。

结合青年群体的特点，政府要积极采取多样化和个性化的宣传方式，开展新时代婚育新风进万家、进企业、进校园活动，大力倡导新型生育文化。创新宣传形式，积极鼓励社会力量参与新型生育文化的宣传。结合青年特点，选择青年易于接受的微博、微信、视频等多媒体进行宣传。

营造家庭友好氛围，积极开展"家庭日""家庭月"等活动，提升青年群体家庭幸福感，强化家庭意识，淡化原有的"育儿难"观念，推动青年群体从被动承担家庭责任向主动享受家庭天伦之乐转变，进而营造全社会家庭友好氛围。积极倡导传统优秀家庭文化，引导家庭形成良好的家风，开展传统家风家教分享会，崇尚孝道文化，促进家庭和睦，提升父母对子女未来回报的预期，从而提升生育意愿。

（二）加强青年女性就业保护，减少生育导致的职业风险

建议政府对聘用孕期、产期女性青年达到一定比例的企业给予税费减免的政策支持，从经济根源上改变企业对女性生育的态度，提高女性在单位的地位，降低女性因生育失业的风险，从而激发职业女性的生育潜力。

推进生育友好环境建设，健全产妇产假、配偶陪护假等带薪休假制度，确保职工在生育期间待遇不受影响。鼓励企业雇主为孕期和哺乳期妇女安排时间灵活的工作，提供远程办公和居家办公的便利条件和政策支持，多途径支持女性生育后重返工作岗位，帮助结束产假返岗的职业女性尽快熟悉岗位职责、尽快跟上工作节奏。有条件的企业可以在工作场所为职工提供福利性的婴幼儿照护服务和设施，为员工解决婴幼儿照料问题。

积极引导已生育青年女性合理就业，开展时间灵活的就业技能培训和就业咨询服务，重点加强育婴师、营养师等女性优势领域的职业技能培训。积

极发展电商产业，增加灵活就业岗位，创造已生育女性居家办公的机会，使得女性在照护婴幼儿的同时，也可以创造经济价值、增加家庭收入，且能更好地协调家庭和工作的关系。

加强就业市场监督管理，畅通投诉渠道。完善孕妇维权体系，设立女性就业投诉平台，监管歧视育龄青年女性就业的隐性行为，重点受理女性在分娩后重返就业岗位时遭到不公平待遇的问题，保障城市育龄青年就业公平性。

（三）强化生育激励机制，减轻养育经济负担

探索发放生育津贴。发放生育津贴在其他省市已有经验可循，随着河北经济社会的持续发展，河北已经具备发放生育津贴的经济基础，可以学习借鉴其他省市发放生育津贴的经验，研究制定最贴近河北省省情的生育津贴办法。探索建立生育基金制度，出台再生育奖励办法，对再生育家庭给予荣誉和物质等多方面奖励，可以借鉴"独生子女补贴"政策，为再生育家庭提供一定的"再生育补贴"，以减轻再生育家庭的经济压力，提高育龄青年的再生育意愿。

从经济资源占用角度分析，当家庭把有限的经济资源分配到生产生活各项支出中时，其他支出的增加，将导致生育和抚育小孩的资源减少，从而降低生育意愿，其中购房是主要的大项生活支出，房价的高涨将导致生育率的显著下降。因此，为再生育家庭发放住房补贴有助于提升生育意愿。可以探索根据子女数量来提供住房补助，为多子女家庭换房提供手续费减免等优惠条件，对多子女家庭申请保障性住房提供便利倾斜政策。

（四）完善生育支持政策，不断推进养育成本社会化

加大生育保险支持力度，降低生育孩子的直接成本。完善生育保险制度，加快促进生育保险和医疗保险的合并，适当提高再生育医疗费用的报销比例，减少家庭生育支出。提升孕产妇就医体验质量，改善产检环境。针对目前高龄产妇增多的情况，加强对高龄产妇的重点关切，增设高龄孕产妇绿

色通道，及时为她们提供心理疏导，保障孕产安全。建立完善儿童和青少年群体的医疗保险制度和大病救助体系。

科学配置社会资源，形成育儿照护合力。不断完善托育服务体系，构建多层次托育服务供给网络，提高供需匹配度。创新探索医托一体化，延长托幼一体服务链。合理规划布局社区嵌入式托育服务点，积极鼓励社区兴办小规模连锁式托婴园和家庭微型幼儿园，灵活开展"短时看护"服务，社区保教人员可以充分吸纳具有教育、医疗卫生等专业背景的退休人员。积极鼓励企业创办托育中心，探索国有企业联合幼教集团创办托育集团，政府提供必要的硬件设施指导和师资前期培训。在就业人群密集的产业聚集区域，创办产业园区嵌入式托育机构。在托育资源相对稀缺和托育费用较高的地方，企业可以通过为员工购买预留名额或提供托育费折扣的方式帮助员工子女进入商业托育机构。

降低再生育家庭孩子的教育成本，在加快建设公立托儿所、幼儿园的同时，将原本价格昂贵的课外兴趣班课程逐步纳入中小学选修课程。借助多媒体信息平台，通过中小学校的官网或微信公众号提供免费的课后辅导课程，实现教育资源的共享，降低课外教育支出，减轻家庭的教育支出负担，提高育龄青年的再生育意愿。

B.12
河北青年志愿服务发展状况研究

张齐超*

摘　要： 志愿服务是青年参与社会的重要途径，是青年践行社会主义核心
价值观的重要载体。本文指出河北青年志愿服务取得长足发展，
青年志愿者积极参与到抗击新冠肺炎疫情、服务北京2022年冬
季奥运会等重要领域，形成了一些独具特色的志愿服务品牌。问
卷调查进一步揭示青年志愿服务的特征：青年对志愿服务的总体
参与度较高，尤以环境治理、社区服务、重大活动类志愿服务的
参与程度更高，但常规性、持续性志愿活动不足；青年志愿服务
的制度化建设更加完善，信息发布和招募渠道更多元化和网络
化，志愿服务的保障措施以身份认定型为主，安全型和权益型保
障措施尚存在不足，志愿活动的服务培训注重技能和理念培训，
但培训方式和力度有待完善和强化。

关键词： 志愿服务　社会参与　河北青年

党的十九大报告提出"推进诚信建设和志愿服务制度化，强化社会责
任意识、规则意识、奉献意识"。这意味着志愿服务事业被纳入国家全面深
化改革的大局，是培育和践行社会主义核心价值观的重要载体，是加强公民
思想道德建设的重要途径。随着志愿服务的健康发展，志愿精神越来越深入
人心，志愿者队伍和志愿组织数量持续增长，志愿服务水平和志愿服务制度

---

* 张齐超，博士，河北省社会科学院社会发展研究所助理研究员，主要研究方向为城市社会学。

化建设水平不断提升，志愿服务在我国社会治理事业中的作用更加突出。青年作为最具活力的群体，是推动志愿服务事业发展的主体力量，青年志愿者成为志愿服务体系中"最具生机的队伍"和"现代志愿服务全景中不可或缺的核心构件"①。对于青年来说，志愿服务是其参与社会建设的重要方式。青年通过志愿服务汇聚社会资源，生发公民意识、参与意识和奉献精神，将志愿服务与经济改革、核心价值观、城乡民生改善、精准扶贫、生态环保等国家重大事业紧密结合起来②，实实在在地参与到共建共治共享的社会治理和社会建设之中。通过志愿服务，青年展现了其社会责任感，更为深入地践行社会主义核心价值观，实现了自我教育，获得了个人成长。本报告基于典型事例、问卷调查数据，重点研究河北青年志愿服务的进展、志愿服务制度化经验和特征、青年群体志愿行为特点等。

一 河北青年志愿服务的发展状况

（一）志愿服务的制度化建设

2016 年 12 月，《河北省志愿服务条例》公布实施，这是河北省第一部规范志愿服务的地方性法规，条例明确了志愿者的权利和义务，明确了志愿服务组织和志愿服务活动的管理制度，加强了志愿服务的支持和保障措施。条例颁布标志着志愿服务制度化、法治化、规范化发展进入新的阶段，促进了志愿服务事业的发展。"燕赵志愿云"信息系统的健全完善以及契合青年使用习惯的"志愿汇"App 成功上线，大大方便了志愿者的快速登记注册，同时也能够更为准确规范地记录志愿者的志愿服务。截至目前，全省网上注册志愿者已达 11515722 人、志愿服务团体 49349 个。③ 为推动志愿服务精神

---

① 陆士桢、马彬、刘庆帅：《简论现代志愿服务与青年发展》，《青年探索》2021 年第 2 期。
② 谭建光：《中国志愿服务：从青年到社会——改革开放 40 年青年志愿服务的价值分析》，《中国青年研究》2018 年第 4 期。
③ 数据来源于河北志愿服务网（hbzyfw.cn），2022 年 9 月 5 日 10 时整登录。

深入人心，推动志愿服务交流，共青团河北省委 2018 年（每两年举办一次）启动青年志愿服务项目大赛，通过大赛进一步展示优秀青年志愿服务团队和志愿服务项目。2018 年《河北省中长期青年发展规划（2018—2035年）》将青年志愿行动列为 13 项重点项目之一，详细布置了今后一段时间青年志愿服务的发展目标、具体任务和保障措施，这将促进志愿服务的制度化建设、志愿服务活动的繁荣发展。

青年志愿服务品牌化建设是扩大志愿服务影响力、吸纳更多优秀青年参与志愿服务、提高志愿服务效果的重要抓手。"大学生志愿服务西部计划""健康行动计划""寸草心爱老敬老行动""脱贫攻坚 乡村振兴·团青建功行动"等志愿服务活动得到青年积极响应，这些活动成为面向青年"培育社会主义核心价值观的重要载体，为当代青年的成长提供了有效途径"。①新冠肺炎疫情突发以来，广大青年积极加入抗疫志愿行动之中，发挥着积极而重要的作用。2022 年北京冬奥会和冬残奥会中，青年志愿者在服务大赛、展示国家形象方面起到了积极作用。通过这些品牌化志愿服务项目的深入开展，青年志愿服务的管理组织经验得以积累创新、青年志愿者的服务能力得到有效提升、志愿服务精神更加深入日常生活。

（二）青年志愿服务典型事例

以下利用典型案例方式呈现青年志愿服务实践中所表现出来的特征和模式等。

1. 积极参与防疫抗疫志愿活动

新冠肺炎疫情突发后，2020 年 1 月 28 日，团河北省委发出《致全省广大青年志愿者、青年志愿服务组织的倡议书》，号召各领域青年志愿者、青年志愿服务组织按照党委、政府疫情防控工作整体部署，依法有序开展应急志愿服务。我们对疫情较为严重时的 2020 年 3 月河北省志愿者服务网站

---

① 冯卫、王丽：《青年志愿者品牌发展之路——改革开放 40 年青年志愿者品牌塑造研究》，《青年发展论坛》2018 年第 6 期。

（省文明办管理）发布的各地市共 286 个服务项目进行统计分析，以此分析新冠肺炎疫情防控期间志愿服务参与状况，虽然不能够完全涵盖同期全省青年志愿服务活动，但在一定程度上可以说明青年志愿服务参与的类型、内容和运作机制。

表 1　2020 年 3 月河北省防疫志愿服务项目统计

单位：个

发起组织	社区防控	慰问照料	交通防控	捐赠物资	网络净化	防控宣传	防疫消杀	心理疏导	健康咨询	代办代买	预防药物调制
政府部门	22	3	2	1	1	4	1				
群团组织	2	4					1	2			
文明办	8	3		1			1	1	1		
社　区	146	5			1	16	7	3		2	
企　业	10	4				4	1				
医　院							1		1		1
民间社团	5	10		2	1		3	3	1	4	
小计	193	29	2	4	3	24	15	9	3	6	1

资料来源：根据河北省志愿者网站公布"2020 年 3 月报送志愿服务项目"相关信息整理。

从表 1 所列内容来看，疫情防控中志愿服务呈现服务内容、服务对象和服务场景的多样性。服务项目方面，共设计 11 种志愿项目，涵盖社区防控、消杀、照料、宣传等疫情防控和民生照护各个方面。服务对象方面，志愿服务面向医护人员及其家属、社区生活困难群众等。服务场景方面，既包括公共场所、社区、重点道路协助防疫执勤，也包括互联网"线上"进行防疫知识宣传、虚假信息和谣言净化、监测信息的网络更新、线上医疗咨询、线上心理疏导等志愿服务。[①] 当常态化防疫成为防控疫情的重要方式，应急志愿服务也进入常态化阶段，志愿服务岗位设置更为科学合理，志愿服务队伍更加多元和充足，志愿者的关爱和保障措施更为明确。

---

① 张齐超：《公共危机应对中志愿服务参与问题研究》，《河北社会发展报告（2021）》，社会科学文献出版社，2021。

2. 积极服务北京2022年冬季奥运会[①]

2019 年 12 月 5 日北京冬奥组委正式启动全球志愿者招募，河北共 19 万青年报名并通过审核。河北省主要负责张家口赛区冬奥志愿者选拔、培训及人岗匹配工作，最终组建约 7000 人的志愿服务队伍，包括赛会志愿者和城市志愿者两大类。从志愿者来源看，赛会志愿者主要来源为京冀两地高校、省内医疗机构以及社会人员，总人数为 4000 余人，服务场所和服务内容为张家口赛区的 4 个竞赛场馆、5 个非竞赛场馆及住宿、交通、志愿者驻地管理等；城市志愿者主要来源为返乡大学生、在张家口各院校就读的外地学生、机关企事业单位青年和社会公益组织骨干，总人数为 2000 余人，服务场所为主要交通枢纽、旅游景点、定点饭店等地，届时根据赛时张家口市城市运行需要，志愿者协助开展信息咨询、文明引导、应急保障等主办城市运行方面的服务。

为提高志愿者的服务能力，共青团河北省委建立起北京冬奥组委通用培训、省级骨干培训、来源高校基础培训三级联动，集培训考核督导于一体、线上线下结合的培训体系。团省委组织专家编印志愿者日常必学的基础性教材，举办多场专业性培训讲座，举办志愿者骨干交流培训营等。志愿者的保障激励机制也得到高度重视，河北省印发《北京 2022 年冬奥会和冬残奥会河北省高校来源志愿者保障激励方案》，团省委协调各高校制定主要解决志愿者学业保障问题的保障激励实施方案，明确了志愿服务期间课程调整、成绩学分核算制度标准等，推动各高校将冬奥志愿服务与第二课堂相结合，将冬奥志愿服务时长双倍计入第二课堂成绩单中，优先推荐冬奥志愿者参加全省"青年马克思主义者培养工程"大学生骨干培训班并进行跟踪培养。

通过服务北京冬奥会，河北服务大型赛事的志愿服务水平得以大大提升，志愿服务的管理知识和经验获得累积和传播。冬奥志愿服务的良好形象和成效在青年中起到示范效应，志愿精神在新一代青年中得到激发和

[①] 本部分内容主要参考《让青春在冬奥志愿服务中闪光——共青团河北省委在实践中改革创新育人机制》，http://www.hbzyfw.cn/2021-12/13/content_ 8684342.htm。

传承。

3.寸草心爱老敬老行动①

"寸草心爱老敬老行动"于 2019 年 6 月开展，是共青团河北省委着力打造的青年志愿服务品牌。这一志愿行动的服务对象是高龄、贫困、残疾、空巢、计划生育特殊家庭等困难老年人群体，服务内容是老年人日常照料、心理健康辅导、防诈骗法律援助、医疗保健、科普知识宣教、文化演出等形式多样的爱老敬老志愿服务活动。志愿行动的组织方式具有强烈的共青团特色，即采取省市县乡四级团组织协调联动机制，由全省各级团组织、企事业单位、高校和志愿服务组织共同动员广大志愿者参与其中。

"寸草心爱老敬老行动"具有品牌化打造的特征：一是具有统一的活动标识，制作了"寸草心"活动标识，注册公益商标；二是志愿服务采取集中志愿服务活动和日常志愿服务相结合、常规志愿服务和专业志愿服务统筹开展的方式，集中行动日为每月第一个星期六；三是注重志愿服务组织化建设，目前全省建立起"寸草心爱老敬老"示范点 359 家，组建心理抚慰、健康诊疗、养生保健、文体娱乐和法律援助等专业志愿服务队 443 支，成立由 87 名相关领域的专家学者组成的专家库，在地方层面涌现承德"小青橙"、唐山"小唐园"、沧州"蓝精灵"、邢台"邢小牛"、石家庄"石小青"等各具特色的青年志愿服务队伍。自"寸草心爱老敬老行动"开展以来，取得了非常好的效果，仅一年时间（2019 年 6 月至 2020 年 6 月），全省共开展该志愿服务 11488 场，参与志愿者 35.22 万人次，志愿服务时长达123.55 万小时。

二 青年志愿服务的特征分析

本部分数据来源于"河北青年民生发展调查研究"的调查，调查的具体情况见本书总报告，下文分析主要采用其"青年志愿服务"部分的调查

---

① 本小节主要参考共青团河北省委官方网站关于"寸草心爱老敬老行动"的介绍。

数据。其中，规范填答该部分且填答"参加过志愿服务"的问卷数量为
7626份，占全部有效问卷的80.2%。

（一）青年志愿服务的参与状况

1. 青年对志愿服务的参与度较高，大多在青少年时期就参与志愿服务

表2　不同青年群体参与志愿服务比例

单位：%

青年群体 分类	初中生	高中 或职中	大学生	农村 青年	行政事 业单位 青年	企业 就业 青年	进城 务工 青年	青年 创业者	青年 志愿者
参加志愿服务 人数占比	69.0	75.3	95.4	81.7	94.0	76.6	78.1	85.1	95.6

青年是志愿服务的重要力量，青年的广泛参与对于推动志愿服务发展具
有重要意义。本次调查发现，青年群体对志愿服务的参与程度较高，填答
"参加过志愿服务"的青年数量占受调查青年总数的80.2%。具体到各青年
群体，加入志愿组织的青年志愿者群体参与志愿服务的比例最高，达到
95.6%；大学生群体和行政事业单位青年的志愿服务参与率也非常高，分别
达到95.4%、94.0%；农村青年、企业就业青年、进城务工青年和青年创业
者群体的志愿服务参与率分别为81.7%、76.6%、78.1%、85.1%，较前三
个青年群体低不少，这与四类青年有工作而空闲时间少有关系，也与大学生
群体和行政事业单位青年因其处于学校或体制内单位，故而更容易动员和组
织参与志愿服务有关系。初中生群体和高中生群体的志愿服务参与率最低，
这主要是因为他们主业为学习且年龄较小。

表3　第一次参加志愿服务的年龄

单位：%

首次参加志愿服务年龄	14周岁及以下	15~17周岁	18~24周岁	25~28周岁	29~35周岁
参加志愿服务人数占比	20.5	30.5	38.2	7.1	3.6

在参加过志愿服务的青年群体中，问及"第一次参加志愿服务年龄"时，20.5%的青年选择14周岁及以下，30.5%的青年选择15~17周岁，38.2%的青年则选择18~24周岁。这些数据揭示，绝大多数青年都参加过志愿服务，有志愿服务的经历，并且51.0%的青年在18周岁之前就开始参加志愿服务活动，足以说明相当部分青年在其少年时期就已经开始参与志愿服务，志愿服务成为其重要的成长经历。

2. 青年参与志愿服务活动类型多样，对环境保护、社区服务、重大活动类志愿服务的参与程度更高

按照服务内容的不同。将志愿服务区分为8类，即以环境保护为主题的志愿服务、大型会展/大型活动志愿服务、针对艾滋病/吸毒等特定人员的志愿服务、帮助低收入阶层/贫困阶层的生活服务、帮助孤/寡/残疾人和老年人的社区服务、妇女/儿童权益保护服务、青少年（俱乐部/少年宫）指导服务、社会突发事件的志愿服务。以环境保护为主题的志愿服务是青年参加频率最高的志愿服务，30.3%的青年表示自己经常参加这类志愿服务；帮助孤/寡/残疾人和老年人的社区服务、应对社会突发事件的志愿服务、大型会展/大型活动志愿服务也是青年参与频率较高的志愿服务，分别有25.1%、25.8%、23.8%的青年选择"经常参加"这三类志愿服务。将参与频率限

表4　不同类型志愿服务活动参加比例

单位：%

类型	经常参加	偶尔参加	很少参加	从不参加	总计
以环境保护为主题的志愿服务	30.3	42.3	21.0	6.4	100.0
大型会展/大型活动志愿服务	23.8	35.7	26.5	14.0	100.0
针对艾滋病/吸毒等特定人员的志愿服务	14.1	24.6	31.9	29.4	100.0
帮助低收入阶层/贫困阶层的生活服务	20.8	34.5	29.4	15.3	100.0
帮助孤/寡/残疾人和老年人的社区服务	25.1	39.0	25.3	10.7	100.0
妇女/儿童权益保护服务	19.2	32.0	31.6	17.2	100.0
青少年(俱乐部/少年宫)指导服务	20.9	31.5	30.4	17.2	100.0
社会突发事件的志愿服务	25.8	37.9	26.6	9.8	100.0

定为"偶尔参与",可以看到以环境保护为主题的志愿服务仍是选择率最高的志愿服务类型,有42.3%的青年表示"偶尔参加"这类志愿服务。选择"偶尔参加"帮助孤/寡/残疾人和老年人的社区服务、应对社会突发事件的志愿服务、大型会展/大型活动志愿服务的比例也较高。由此可见,青年参与志愿服务最主要的几个类型是环境保护、助残助老的社区服务、应对社会突发事件和服务大型活动。

另外,尽管低收入阶层、孤/寡/残疾人和老年人、妇女和儿童、青少年等人群是志愿服务的重点对象,但青年参与"帮助孤/寡/残疾人和老年人的社区服务"的频率要高于其他三类。参与程度最低的是"针对艾滋病/吸毒等特定人员的志愿服务",这类志愿服务实际上并不是直接面对这两类人群的服务,更多的是预防和宣传类的志愿服务,也可能因为这类活动的举办量并不大,故而青年参与程度低。

3. 青年在志愿活动中的服务时间普遍较短,常规性、持续性志愿活动不足

参与志愿服务的时间能够反映青年参与志愿服务的连续性和个体投入程度。总体而言,青年群体年度参与志愿服务的时间偏少,在问及"每年参与志愿活动的服务时间"时,37.8%的青年选择10小时及以下,30.4%的青年选择11~50小时,这意味着参与志愿服务的青年中,有68.2%的青年在1年内每周参与志愿服务的时间不足1小时,显然大部分青年群体参与志愿服务不具有连续性和常态性,青年个体对于志愿服务的投入层次很浅。17.3%的青年选择51~100小时,平均每周有1~2个小时参与志愿服务。而每年参与志愿服务时间超过100小时的青年占比14.4%,其中8.3%的青年每年的志愿服务时间在101~200小时,3.9%的青年每年的志愿服务时间在201~500小时,2.2%的青年每年的志愿服务时间超过500小时,这些青年能够较为持续地参与志愿服务,对于志愿服务的投入程度较深(见图1)。

但是不同青年群体的志愿服务时间存在一定的差异,反映出各青年群体的志愿行为存在不同模式。我们主要对比大学生、农村青年、行政事业单位青年、企业就业青年、进城务工青年、创业青年和青年志愿者,志愿服务时

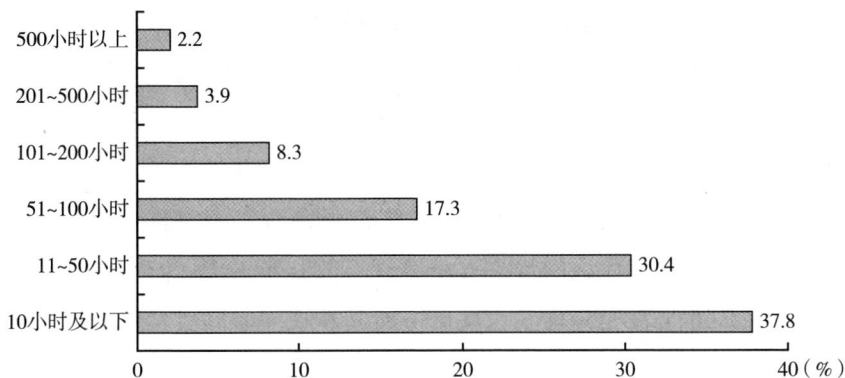

图1 每年参与志愿活动的服务时间

间划分为50小时及以下、51~100小时、100小时以上三个时间段。对比显示，每年参与志愿服务在"50小时及以下"的，企业就业青年群体比重最大，有77.3%的企业就业青年每年参与志愿服务时间低于51小时；其次是行政事业单位青年和进城务工青年，分别有68.6%、65.9%的青年志愿服务时间少于51小时；再次为大学生群体、创业青年和农村青年，每年参与志愿服务时间少于51小时的比重分别为61.9%、61.9%、62.3%；青年志愿者群体每年参与志愿服务少于51小时的比例最低，为57.6%（见表5）。

表5 不同类型青年群体参与志愿服务时长

单位：%

青年群体类别	50小时及以下	51~100小时	100小时以上
初中生	79.2	15.3	5.5
高中或职中	86.2	7.7	6.1
大学生	61.9	21.9	16.2
农村青年	62.3	18.9	18.8
行政事业单位青年	68.6	21.1	10.2
企业就业青年	77.3	12.9	9.8
进城务工青年	65.9	19.2	14.9
创业青年	61.9	20.2	17.9
青年志愿者	57.6	18.8	23.6

继续对比每年参与志愿服务时间在 51~100 小时青年，大学生中 21.9% 的青年每年参与志愿服务时间在该时间段，且这一比例高于其他各青年群体；行政事业单位青年和创业青年紧随其后，分别有 21.1% 和 20.2% 的青年年度志愿服务时长在该时间段；农村青年、进城务工青年、青年志愿者中分别有 18.9%、19.2%、18.8% 的青年每年参与志愿服务时长在该时间段。以上几类青年群体之间尽管有所差别，但差距不大。而企业就业青年中仅有 12.9% 的青年每年参与志愿服务时长在这一时间段，远低于其他青年群体。

最后对比每年参与志愿服务时长在 100 小时以上的青年。青年志愿者群体选择这一时间段的比例最高，为 23.6%，显著高于其他青年群体；其次是农村青年和创业青年的比例，分别为 18.8% 和 17.9%；再次为大学生和进城务工青年群体，分别为 16.2% 和 14.9%；比例最低的为行政事业单位青年和企业就业青年群体，分别为 10.2% 和 9.8%。

总体而言，青年志愿者、大学生、农村青年、创业青年等四类青年群体参与志愿服务的时间较长，其中青年志愿者和大学生群体的组织性较强，利用组织优势能够进行有效的志愿服务动员。农村青年和创业青年群体则较企事业单位工作的青年有更为灵活的时间，这也有利于两类青年群体投入时间和精力参与志愿服务。志愿服务的组织化和制度化对于提高志愿服务的连续性、提升青年在志愿服务领域的投入程度具有重要作用，而志愿项目设计的灵活性、便利性、吸引力等也影响着青年对志愿服务的参与热情。

4. 志愿服务效能感呈多样化状况，成长感是最深刻的心理体验

志愿服务是不求物质回报、不计报酬的奉献行为。一些研究认为对于志愿者而言，参与志愿服务可以在道德感、公民意识、个人阅历等多方面获得心理效能感。本次实证调查问及"您认为自己从志愿服务经历中收获了什么"时，79.2% 的青年认为参与志愿服务"丰富了阅历、增长了才干"，50.2% 的青年认为"收获了帮助他人的快乐"。47.9% 的青年认为"学习到了某一项专业技能"，47.0% 的青年认为"赢得社会尊重、增强自信"，

46.7%的青年认为"提高了自己的道德境界"。只有8.4%的青年将"得到了相应物质回报"作为其重要收获，这说明绝大多数青年参与志愿服务的收获并不是物质性的，而是精神层面的（见图2）。

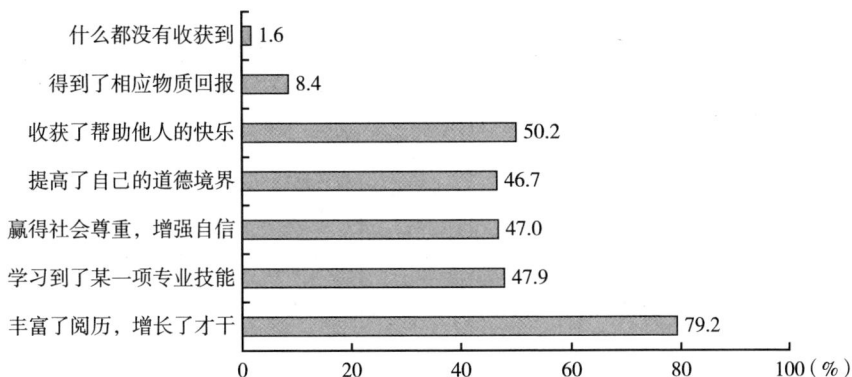

图2　志愿服务经历中的收获感

助人和育人是青年志愿服务的两条主线，从青年给出的回答来看，青年体验更深的是成长感，是在志愿服务过程中的见识增长、人际交往、本领习得；助人的快乐感、道德感体验虽然也是青年志愿服务心理效能的重要构成部分，但似乎较成长感弱一些，这也许与青年正处于社会化和自我成长重要阶段有关。

（二）青年志愿活动的制度化建设状况

1. 志愿服务信息获取渠道主要是学校和社区组织，互联网渠道的重要性凸显

发布志愿服务信息旨在招募志愿者，是实施志愿行动的前奏。志愿服务组织者可以通过多种途径发布信息，但各途径的信息传递效果并不相同。调查显示，青年通过多种途径获取志愿服务信息，但最主要的途径是学校/社区组织，有44.8%的青年通过此途径获得志愿服务信息，其次是通过志愿云和网络广播等新媒体获取，分别占比19.7%、19.2%，这说明互联网和信息技术在青年获取信息方面发挥着非常重要的作用。另外，青年很少通过传

统媒介，如宣传海报/折页、报纸/杂志等平面媒体获取志愿服务信息。另外，朋友介绍也是青年获取志愿服务信息的重要途径，8.1%的青年借助这一途径获得志愿服务信息。

表6　不同青年群体获得志愿服务信息途径

单位：%

信息获得途径 青年群体	新媒介新技术		传统媒介		正式组织	人际网络
	志愿云	网络广播	报纸/杂志	宣传海报/折页	学校/社区组织	朋友介绍
初中生	20.3	13.9	1.1	3.1	57.8	3.9
高中或职中	21.6	10.7	2.5	6.3	52.6	6.3
大学生	14.4	9.4	9.0	3.3	68.9	3.1
农村青年	20.7	22.6	2.8	7.6	37.9	8.4
行政事业单位青年	19.7	21.9	1.0	5.0	48.7	3.8
企业就业青年	18.5	23.3	2.1	7.5	37.6	11.0
进城务工青年	20.0	25.8	2.6	7.3	35.1	9.2
创业青年	22.7	23.0	2.6	7.7	32.4	11.6
青年志愿者	20.6	13.7	1.0	3.7	50.5	10.5
总　　计	19.7	19.2	2.0	6.2	44.8	8.1

具体到各类青年群体，获取志愿服务信息的渠道又各有其特征。大学生群体最为依靠学校/社区组织，通过该渠道获得志愿服务信息的比例高达68.9%，比农村青年、企业就业青年等高出30多个百分点，这与大学生主要生活空间为学校有重要关系；青年志愿者和行政事业单位青年群体在获取志愿服务信息方面同样对学校/社区组织较为倚重，二者以此获得信息的比例分别达到50.5%、48.7%。志愿组织与社区的联系较为紧密，这使得青年志愿者群体比较依靠社区活动志愿服务信息；而当前社会治理共同体的建设使得行政事业单位与社区也建立起较为紧密的联系，行政事业单位是街道社区辖区内的重要治理资源和治理力量，这可以解释为什么行政事业单位青年

非常倚重社区获取信息。

相比以上三个青年群体，农村青年、企业就业青年、进城务工青年、创业青年等群体获取志愿服务信息的途径并不过于集中，而是更为均衡和多元。尽管学校、社区组织仍是获得志愿服务信息的最主要渠道，但占比均未超过40%，与此同时，志愿云、网络广播和朋友介绍等渠道在这4类青年群体获得志愿服务信息方面占据比较重要的位置。青年群体获取志愿服务信息的渠道差异与各青年群体的组织特征、志愿服务活动组织性有重要关系（见表6）。

2. 青年参加的志愿服务主要由共青团/志愿者协会、学校/供职单位发起和组织

共青团/青年志愿者协会一直是青年志愿服务的主要组织者，共青团组织的志愿服务通常由其管理或领导下的青年志愿者协会具体负责志愿者招募和志愿活动开展。本次调查印证了这一点，68.0%的青年参加过的志愿服务由共青团/志愿者协会组织，其中尤以大学生参与的比例最高，这充分表明共青团/志愿者协会在这类青年中的影响力较大。供职单位/学校是另一个重要的志愿服务组织者，36.1%的青年参加过由供职单位/学校组织的志愿服务。自发的志愿行为是志愿服务能够持续发展的重要保障，有25.5%的青年参加过的志愿服务是由个人组织的。无论是受调查青年自己自发开展的志愿服务，还是参与其他某个人发起的志愿服务，都能够说明不少青年具有强烈的志愿服务意向和志愿行动能力。

另外居住社区、非政府组织/非营利组织、自发的志愿者团体组织也是比较重要的志愿服务组织主体，分别有20.4%、19.5%、14.4%的青年参加由其组织的志愿服务，但相较共青团/志愿者协会、供职单位/学校来说，它们在青年中的影响并不高（见图3）。

3. 志愿服务的保障较为完善，身份认定是主要的保障措施

为志愿者提供必要的保障是维护志愿者合法权益和自身安全的重要措施，同时也有助于对志愿者持续参与志愿服务起到维持和激励作用。志愿者组织为志愿者提供的保障包括多个方面，包括人身安全、志愿激励、志愿者

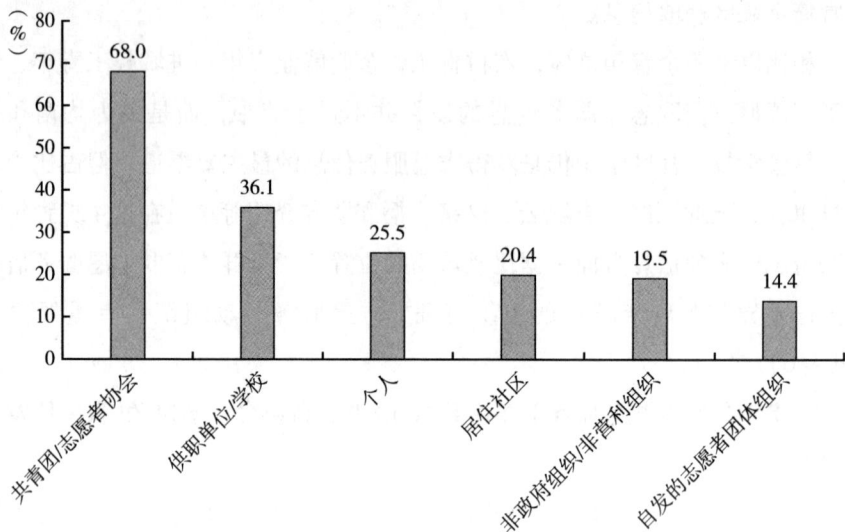

图3　参加的志愿服务主要是由谁来组织的

身份认定等。事实上，近年来从中央到地方都在加强志愿制度化建设，其中就包含志愿者保障制度设计和实施，河北省印发的《河北省志愿服务条例》明确了志愿服务制度化的相关措施，包括实施志愿者信息注册、补贴交通/食宿/通信费用、签订志愿服务协议等。

本次调查中列举9种志愿者保障措施，请参与志愿服务的青年选择3项"志愿者组织为其提供的保障"。统计显示，志愿者实名注册、志愿者服装、志愿者身份卡是志愿组织提供的3项最主要的保障措施，分别有59.4%、49.8%、30.5%的青年认为其参加志愿服务活动时得到了该项保障，除此之外，23.8%的青年表示得到了志愿者组织为其提供的"徽章等其他标识"。这些保障措施为参加志愿服务的青年提供了身份认定的标志，通过实名注册在制度层面给予其青年志愿者的身份，通过服装、徽章、身份卡等外在标识使青年获得正在参与志愿服务的标签，塑造出身份认同。

另外，青年获得安全保障和权益保障的比例较低。19.6%的青年表示在参加志愿服务活动时，志愿者组织为其提供"志愿者保险"；16.3%的青年表示其得到了"志愿服务计时"的保障。青年获得"医疗""交通""住宿"等保障的比例也比较低（见表7）。

表7　志愿服务组织提供的保障（选三项）

单位：%

选项	最希望得到的	实际得到的
志愿者实名注册	41.7	59.4
志愿者服装	19.5	49.8
志愿者身份卡	29.5	30.5
徽章等其他标识	20.0	23.8
志愿者保险	40.5	19.6
医疗	28.1	7.4
志愿服务计时	13.2	16.3
交通	22.4	9.9
住宿	11.6	3.7

从青年角度来看，作为志愿者最希望得到哪些保障？仍然列举以上9项保障措施，由青年选取最希望得到的3项。统计显示，青年群体选择志愿者实名注册和志愿者保险的比例远高于其他7项，这在一定意义上说明，在志愿服务活动中得到身份承认和安全保障是青年最为在意的事情。除这两项保障措施外，"志愿者身份卡""医疗"也是青年较为希望得到的保障，分别占比29.5%和28.1%，在性质上二者分别属于志愿身份承认和人身安全。

志愿服务计时是志愿者的服务获得承认、累积和权益转换的重要途径，但从青年主观选择来看，选择"志愿服务计时"的比例仅为13.2%，比实际获得该项保障的比例（16.3%）还低3.1个百分点。这说明志愿服务计时并没有获得志愿者自身和志愿者组织的重视。

4. 志愿活动的服务培训以技能和理念为主，但培训方式和力度有待完善和强化

志愿服务活动的培训是志愿服务制度化建设的重要内容，有效的培训不仅

能够提高志愿服务的效果，也能够提高志愿者在服务过程中的投入感、习得新技能的获得感和自我保护意识。本次调查将志愿组织提供的培训按内容区分为服务技能培训、服务理念培训两类，按培训形式分为自学形式和岗前培训形式两种，组成 4 个培训类型。统计显示，参加志愿服务的青年中，88.6%的青年均接受过不同形式的培训，有 11.4%的青年表示没有接受任何形式的培训。

"针对具体志愿服务岗位进行岗位培训"是最主要的培训形式，接受培训的青年中 26.3%的青年表示接受了这种类型的培训；"利用网络视频自学形式开展培训"是另一种重要的培训形式，有 25.9%的青年在开展志愿服务前，接受了此种形式的培训；突出服务理念的"为所有岗位志愿者开展以志愿服务理念为主的通用培训"所占比重相对偏低，仅有 18.8%的青年表示受到此类型的培训；而兼具技能和理念的"既有志愿者的通用培训，也有针对性的岗位培训"所占比重同样不高，仅占 17.6%（见表 8）。

表 8　参与志愿服务项目时，接受培训的主要形式

单位：%

青年群体	利用网络视频自学形式开展培训	针对具体志愿服务岗位进行岗位培训	为所有岗位志愿者开展以志愿服务理念为主的通用培训	既有志愿者的通用培训，也有针对性的岗位培训	未组织培训	总计
初中生	31.1	24.4	12.8	14.4	17.2	100.0
高中或职中	31.5	23.0	19.5	11.3	14.8	100.0
大学生	19.5	31.9	19.2	20.9	8.5	100.0
农村青年	29.2	24.5	20.2	18.2	7.8	100.0
行政事业单位青年	23.9	31.6	16.3	14.7	13.5	100.0
企业就业青年	26.4	24.5	18.5	16.4	14.2	100.0
进城务工青年	25.4	25.7	19.6	17.3	12.1	100.0
创业青年	25.3	27.1	18.9	16.9	11.8	100.0
青年志愿者	20.0	26.0	19.5	26.5	8.0	100.0
总　计	25.9	26.3	18.8	17.6	11.4	100.0

5. 志愿组织的组织建设水平影响其对青年的吸引力

对志愿组织来说，吸引招募志愿者、维持一定数量的志愿者队伍是保障其能够开展志愿服务的重要人力基础。志愿组织的制度建设水平影响其是否有足够的吸引力，本次调查列举 7 个制度层面的因素，由参加过志愿服务的青年选取最主要的两个核心因素，以此判断影响志愿者加入志愿组织的因素。统计显示，"志愿服务组织的影响力""服务领域"是影响青年加入志愿者组织的最主要因素，分别有 37.7% 和 30.5% 的青年选择。除此之外，"组织的规模与人数""志愿服务项目""志愿者培训"也是相对重要的影响因素，分别有 27.9%、23.0% 和 20.7% 的青年选择。另外，"志愿者保障""志愿者激励政策"并不在影响青年加入志愿组织的核心要素之列（见图 4）。

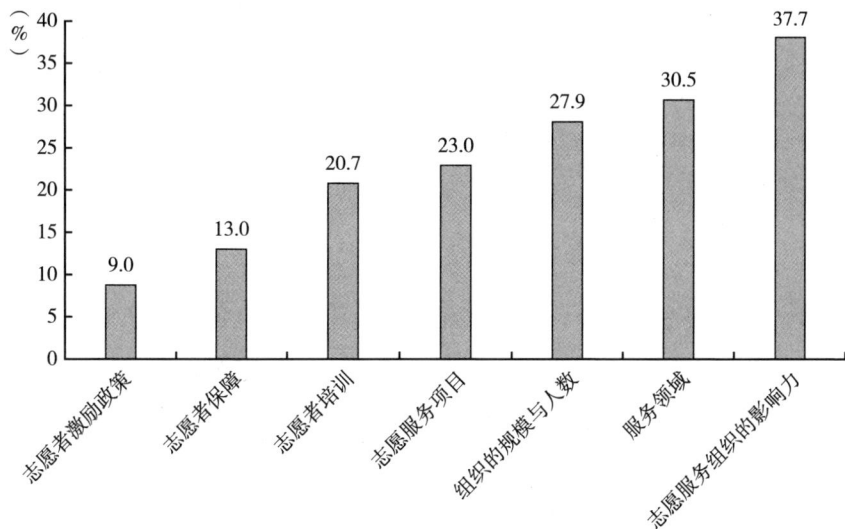

图 4　影响加入一个志愿者组织的核心原因

在询问青年影响参与志愿服务热情的最主要的两个因素是什么时，53.6% 的青年将"活动缺乏吸引力"列为主要的影响因素，39.6% 的青年将"组织动员能力不够"列为主要的影响因素。另外，志愿服务活动"缺少活动经费"和"缺少志愿者激励"并不是影响志愿者参与热情的主要因素（见图5）。

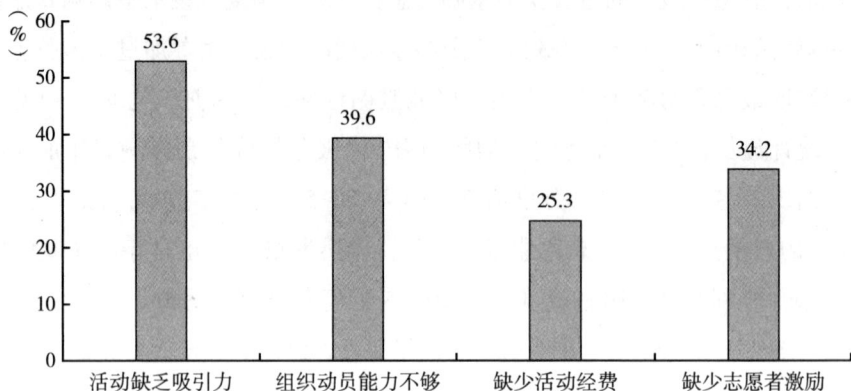

图5　影响志愿者参与热情的主要因素（限2项）

三　推动志愿服务更好发展的建议

（一）加强青年志愿服务组织化建设，吸纳更多青年参与志愿服务

青年志愿服务的组织化水平在相当程度上影响对青年的动员和号召能力，进一步影响到青年群体的志愿服务参与率。本次调查发现进城务工青年、企业青年是志愿服务参与率偏低的两个青年群体。这既与两类青年工作繁忙、空闲时间少有关系，也与两类青年内部组织化程度不高有关系，因此应从激发志愿服务精神、加强组织建设、提高志愿服务便利性等方面入手，吸纳更多青年参与志愿服务。针对进城务工青年来说，应鼓励志愿服务组织者扩大对该群体的志愿招募，大力宣传志愿服务精神，从而激发其对志愿服务的参与热情。志愿服务项目设计应考虑进城务工青年的生活空间和职业特征，提高志愿服务岗位设置的便利性，便于该群体青年就近就便提供志愿服

务，"让他们感到志愿服务就在身边，并让志愿服务逐渐成为他们生活的一部分"①。

青年志愿服务是企业展现社会责任感、参与社会服务和社会治理的重要方式，针对企业就业青年群体，首先应加强志愿服务精神和意义的宣传，以此激发青年参与志愿服务的积极性。应加强企业内部志愿服务组织建设，借力企业内党组织和团组织的组织优势，扩大志愿服务活动在企业青年中的覆盖面。应结合企业自身行业优势、人才优势，加强志愿服务活动或服务项目的设计，将青年志愿服务的热情、企业资源优势、社会需求和企业社会形象塑造结合起来，并推动形成制度化的志愿服务活动。

随着各类新兴职业和多种就业形态的出现，自主创业青年、主播、网络作家等多种新兴青年群体逐渐形成规模，新时期青年志愿服务也应从制度化、组织化和专业化建设方面入手，吸纳更多人参与到志愿服务中来。

（二）加强青年志愿服务项目设计和推广

魏娜教授提出："志愿服务组织往往通过推出一系列独特又相互联系的服务项目来实现对社会公益的贡献。一个一个项目不仅构成了志愿服务组织的基本工作，也是实现组织使命的必经之路。"② 本次调查也表明志愿服务项目本身的吸引力、组织水平对青年的参与热情影响很大，这意味着要提高青年志愿服务项目的设计水平，既要满足社会需求，又要吸引更多青年参与其中。有鉴于此，应注重青年志愿组织和志愿活动组织者的项目化理念和项目实施能力建设，注重打造青年志愿服务示范项目，发挥优秀项目的示范带动作用。要突出志愿服务项目的社会吸引力，从社会治理需求出发设计志愿服务项目内容和活动机制，在志愿服务供给和需求之间建立对接机制，吸引青年积极参与志愿服务，以此融入社会治理总体格局之中。

---

① 王新云：《外来务工青年志愿服务参与行为研究》，《当代青年研究》2018 年第 5 期。
② 转引自谭建光《中国青年志愿服务"从哪里来、到哪里去"》，《广东青年研究》2022 年第 1 期。

（三）加强青年志愿服务的制度化和规范化建设

本调查反映出当前青年志愿服务的制度化建设存在培训不够深入和专业、志愿者权益保障措施单一等不足，这意味着需加强志愿服务的制度化建设，以推动青年志愿服务可持续发展。进一步加强青年志愿服务培训体系建设，注重采取多样化的形式，注重志愿服务技能、安全意识和服务理念的培训，避免视频自学等形式化培训。进一步完善激励和保障机制，注重发挥志愿服务时间银行的保障功能，注重加大志愿者安全方面的保障力度，在激发青年参与志愿服务热情的同时，尽可能确保志愿者的人身和财产安全。注重利用信息技术和网络媒体等新技术，扩大志愿服务信息和志愿者招募信息的发布范围，完善青年参与志愿服务的网络渠道。

参考文献

《让青春在冬奥志愿服务中闪光——共青团河北省委在实践中改革创新育人机制》，http://www.hbzyfw.cn/2021-12/13/content_8684342.htm。

冯卫、王丽：《青年志愿者品牌发展之路——改革开放40年青年志愿者品牌塑造研究》，《青年发展论坛》2018年第6期。

陆士桢、马彬、刘庆帅：《简论现代志愿服务与青年发展》，《青年探索》2021年第2期。

谭建光：《中国青年志愿服务"从哪里来、到哪里去"》，《广东青年研究》2022年第1期。

谭建光：《中国志愿服务：从青年到社会——改革开放40年青年志愿服务的价值分析》，《中国青年研究》2018年第4期。

王新云：《外来务工青年志愿服务参与行为研究》，《当代青年研究》2018年第5期。

张齐超：《公共危机应对中志愿服务参与问题研究》，《河北社会发展报告（2021）》，社会科学文献出版社，2021。

B.13
河北青少年事务社会工作的
领域拓展与创新策略

张学东*

摘　要： 青少年事务社会工作是青年发展的重要领域之一，影响着青少年健康成长与发展。河北青少年事务社会工作经历了从试点专业化探索到常态化运行的发展轨迹。当前，实施领域不断深化拓展，不仅服务组织内容日趋多样化，而且服务领域种类也日趋丰富化，主要包括街镇儿童社工服务、困境儿童社工服务、学校社工服务、未成年人检察社工服务等四种服务种类。但是，河北青少年事务社会工作发展依然面临着不均衡、不充分困境，也存在体制机制与组织方面的障碍，亟须解决困境、突破障碍。因此，只有加强组织领导，科学谋划引领"大社工"发展，强化能力建设，促进社会工作"青合力"塑造，营造氛围环境，提升专业服务"新效能"，才能推进河北省青少年事务社会工作高质量发展。

关键词： 青少年事务　社会工作　河北

2014 年，由共青团中央、中央综治委预防青少年违法犯罪专项组、中央综治办、民政部、财政部、人力资源和社会保障部等共同发布了《关于加强青少年事务社会工作专业人才队伍建设的意见》。河北省着力整体推进

---

* 张学东，博士，石家庄学院法学院，副院长、副教授，研究方向为社会工作与社会治理。

青少年事务社会工作发展，2015 年，共青团河北省委员会、河北省综治委预防青少年违法犯罪专项组、河北省社会管理综合治理委员会办公室、河北省发展和改革委员会、河北省教育厅、河北省民政厅、河北省财政厅、河北省人力资源和社会保障厅等部门联合颁布了《关于推进青少年事务社会工作建设的意见》。2016 年，河北省青少年社会工作协会成立，以组织形式团结和凝聚全省青少年社会工作者，整合社会资源，搭建交流平台，引导河北青少年社会工作者服务于青少年成长成才，进而推动社会治理创新。

2017 年，中共中央、国务院印发的《中长期青年发展规划（2016—2025 年）》明确提出了 10 个重点项目，其中之一为"青少年事务社会工作专业人才队伍建设工程"，指出了"到 2025 年建成 30 万人的青少年事务社会工作专业人才队伍，全面参与基层社区社会工作，重点在青少年成长发展、权益维护、犯罪预防等领域发挥作用"。2018 年，中共河北省委、河北省人民政府印发了《河北省中长期青年发展规划（2016—2025 年）》提出 13 个重点项目，也将"青少年事务社会工作专业人才队伍建设工程"列入其中，指出了"到 2025 年建成 1.5 万人的青少年事务社会工作专业人才队伍，全面参与基层社区社会工作，重点在青少年成长发展、权益维护、犯罪预防等领域发挥作用"。

上述政策文件不仅从青少年事务社会工作专业人才队伍建设方面指明了方向，而且对青少年事务社会工作的具体实施领域提出了要求，进一步明确了河北青少年事务社会工作发展的时间表和路线图。我国已经开启全面建设社会主义现代化国家新征程，青少年是重要的参与力量之一，推进青少年事务社会工作发展具有重要意义。河北青少年事务社会工作取得了一定成绩，在新的发展阶段也面临一些机遇和挑战。

一　从零星试点到常态运行的发展轨迹

青少年事务是社会公共事务管理的重要组成部分[①]，青少年事务工作在

---

① 张华：《构建中国特色青少年事务管理体制的战略思考》，《中国青年研究》2012 年第 3 期。

我国主要是指青少年事务管理和服务工作。近些年，青少年事务工作专业化不断推进，专业社会工作介入延伸到青少年事务工作之中，青少年事务社会工作逐渐成为青少年事务工作中重要的组成部分。青少年事务社会工作是"社会工作介入青少年事务的一种运用，其本身作为社会福利系统中的一个次系统，是促进青少年健康成长、增进青少年福祉的重要内容"[①]，主要目标在于"广泛在青少年工作中引入专业社会工作，有效满足青少年的个性化社会服务需求"[②]。青少年事务社会工作的含义与青少年社会工作的含义基本一致，后者是指"根据青少年的生理和心理状态、兴趣倾向、特长嗜好、家庭背景以及智力等实际情况，予以个别的或集体的辅导，使其获得正常的发展与进步，并启发其个别的才能与志趣，使其达致最大发展，以贡献于社会的活动"[③]。相比较而言，青少年事务社会工作具有我国本土特色，突出了面向青少年管理与服务专业化过渡性，即由一般管理与服务事务向专业化组织与服务活动转型过渡，而青少年社会工作突出面向青少年的专业服务专门性，从目标角度看，两者都通过专业服务使得青少年权益得到更好的保护。一般而言，在我国，青少年事务社会工作等同于青少年社会工作，从青少年服务对象到青少年服务领域，从专业服务方式到服务社会效果，两者都具有一致性。河北青少年事务社会工作与国内其他地方发展状况基本相同，由专业化试点探索逐渐走向常态化运行。

（一）青少年事务社会工作的试点专业化探索

河北青少年事务社会工作在国内较早开始了专业化探索，从群团组织实施项目开始，以民政部门岗位设置与购买社工项目为主要渠道，在多个领域实施青少年事务社会工作服务，逐步推进青少年事务社会工作专业化发展。

---

① 王新云：《我国青少年事务社会工作的地方经验与启示——基于"北上广"地区的实践》，《青年探索》2017 年第 4 期。
② 陆士桢、陈丽英：《共青团系统中青少年专业人才队伍的建设研究》，《青年探索》2016 年第 1 期。
③ 王思斌主编《社会工作概论（第三版）》，高等教育出版社，2014，第 188 页。

早在 2009 年，由我国政府与联合国儿童基金会实施的"儿童保护体系与网络建设"项目在石家庄试点推进，河北省妇联、石家庄市妇联探索设立了专职儿童社工岗位，招募了专职社工，推进了试点社区儿童保护工作专业化发展。近年来，随着政府职能转变、群团组织改革深化、"放管服"改革深入、社会建设力度加大、社会治理不断创新，河北省逐步增加政府购买社工服务数量，社会工作机构也逐渐增多，社工岗位与项目也逐渐增多，青少年事务社会工作逐渐发展起来。

在我国，社会工作主要由民政职能部门管理运行，河北省民政行政部门及其系统也逐渐增多了青少年事务社会工作服务。2008 年，我国开始组织全国社会工作者职业水平考试，随后 2010 年前后河北省一些涉及未成年人保护的民政部门逐步建立了社工科室并安排专职社工负责，探索实施了儿童保护服务专业化。2014 年，石家庄市社会福利院购买社工机构的专业社工服务，共同实施了孤残儿童社会工作项目。同年，河北省民政厅开始实施购买社工项目，有社工机构探索实施了学校社会工作，以儿童青少年为主要服务对象，以学校为重要领域，开展了专业社会工作服务，取得了较大社会效应，为一校一社工模式探索积累了经验。2015 年，石家庄市民政局开始较大规模购买社工服务项目，将青少年事务社会工作作为购买服务内容之一。同年，石家庄市救助管理站开始购买未成年人保护社工服务项目，以设立未成年人保护服务点为载体，推进未成年人保护社会工作服务。2022 年，该社工项目金额总体达到 800 余万元，使得更多未成年人权益得到有效保障。河北省其他地市如张家口、承德、唐山、邢台、邯郸等地也主要由救助管理部门购买未成年人保护社工项目，推进未成年人社会工作专业化发展，也更加有效地保障了未成年人合法权益。石家庄市民政局以农村困境儿童保护为主题连续三年通过政府购买社工服务项目。

近几年，石家庄市、保定市等地进一步探索实施困境儿童专项政府购买服务项目，采取项目购买与岗位购买相结合的形式，推进青少年事务社会工作服务发展，特别是 2021 年，河北省民政厅印发了关于《推进全省乡镇（街道）社会工作服务站点项目建设实施方案（试行）》的通知，提出全省各地大力推进乡镇（街道）社工站建设，到 2025 年底，全省乡镇（街道）社工站点实现基本覆盖，把参与儿童关爱保护服务作为五种服务内容之一。根据通知的要求，全省各地积极探索，青少年事务社会工作成为乡镇（街道）社工站的重要服务领域。

与此同时，群团组织、其他部门也开始较系统地实施了青少年事务社会工作。自 2016 年开始，共青团石家庄市委以"为了明天——青少年维权公益项目大赛"形式遴选优秀项目，将多数项目与社会工作服务相结合，推进青少年事务社会工作。2018 年，石家庄市妇联系统开始实施以儿童友好家园为载体的社会工作服务项目，不仅推进了儿童友好家园建设，而且丰富了儿童友好家园服务活动，取得了较好成效。近两年，石家庄市、邯郸市、衡水市等地全面推进未成年人司法保护特殊制度改革，根据新修订的《中华人民共和国未成年人保护法》、《中华人民共和国预防未成年人犯罪法》和新颁布的《中华人民共和国家庭教育促进法》等法规政策文件的要求，检察院系统积极引入社会工作专业力量，参与涉未成年人案件特殊保护，向涉未成年人案件中涉罪未成年人、未成年被害人、民事行政案件未成年当事人以及其他司法案件中的困境未成年人提供专业社会工作服务，从而使未检（涉及未成年人违法犯罪的检察工作）社会工作更规范更科学，进而切实地保护未成年人利益。

可见，河北青少年事务社会工作的发展轨迹开始于试点探索，逐步走向常态化，从由民政系统为主导实施向由民政、群团、未检等系统共同参与实施转变。

（二）青少年事务社会工作的常态化运行

在国外，青少年事务社会工作主要是"儿童福利服务"，这些服务包括为"住在自己家、临时替代的家和许多儿童照顾机构中的孩子提供的服务"①。

---

① 〔美〕O. 威廉·法利等：《社会工作概论》（第 11 版），隋玉杰等译，中国人民大学出版社，2010，第 259 页。

可见，青少年事务社会工作在服务过程中依托特定载体，要么是家庭要么是其他组织，社会工作者在服务中需应对的除了青少年个体性"生存""成长和成就"之外就是"依附"，涉及"人际的、社会的、组织的"行为类型①，这包含着依托特定关系、组织等载体从事社会工作服务。青少年事务社会工作的常态化运行主要是无论依托家庭关系还是依托学校、社区等组织都保障持续性福利供给，使得青少年能及时、便捷地得到帮助。

尽管探索时间不长，但近几年青少年事务社会工作发展速度较快，已进入常态化运行阶段，与整个青少年社会工作发展阶段基本一致，进入了"以全面服务为特征的专业青少年社会工作时期"②。

河北青少年事务社会工作的常态化运行首先表现为青少年所在县（市、区）多数已开展青少年社会工作专业服务。2022 年河北青年民生发展调查研究数据显示，调查样本为 9509 份，有效样本 7837 份，超过 50%的受访者认为所在县（市、区）已经开展青少年社会工作，具体如图 1 所示。可见，多数县（市、区）已经开展青少年事务社会工作，这类服务已成为多数县（市、区）的一种新常态，使这些县（市、区）青少年得到了专业社工帮助，青少年生活质量得以改善。

在这些已开展青少年事务社会工作的县（市、区）中，青少年社会工作专业服务形式也较为多样。2022 年河北青年民生发展调查研究数据显示，有效样本数据 7837 份中，选择率由多到少依次是"青年中心"社工岗位服务、政府购买社工项目服务、县（市、区）团组织设置社工岗位服务、村/社区社会工作服务、政府购买社工岗位服务、学校设置社工岗位服务、社会组织等力量公益性社工服务，这些选项的选择率都在 16%以上，具体如图 2 所示。青少年事务社会工作服务依托岗位服务与项目服务两种主要形式，在方便青少年活动的"青年中心"、村/社区、学校等地开展专业社工服务，

①〔美〕Pauia；Allen-Meares：《儿童青少年社会工作》，范志海、李建英译，华东理工大学出版社，2006，第 8~9 页。

② 陆士桢、王玥：《青少年社会工作》（第 3 版），社会科学文献出版社，2017，第 36 页。

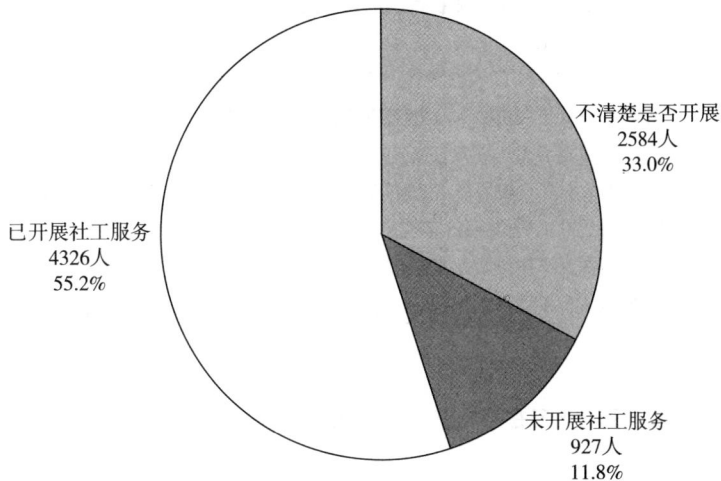

图1　受访者所在县（市、区）开展青少年社会工作专业服务状况

为青少年事务社会工作常态化提供了前提保障，"建立健全青少年事务社会工作服务体系和网络"，"有效满足青少年的个性化社会服务需求"①。

与2015年状况相比，当前河北青少年事务社会工作取得较大进步。与社工机构访谈资料显示，在2015年，石家庄市仅有7家社工机构，专职社工48人，兼职社工20人，这些机构只是零散地服务于个别社区、民政福利部门等，缺乏专门服务于青少年的社工机构，专业社工人员严重不足，其服务青少年数量非常有限。2021年，石家庄市社工机构数量居河北省首位，社工机构达100余家，较之2015年增加了近15倍，其中，涉及青少年事务社会工作领域的社工机构达30余家，石家庄市持证社工达2722人，一定程度上满足了从事青少年事务社会工作的需求。

河北青少年事务社会工作已经发生较大变化，不仅社会工作专业服务已经在多数县（市、区）开始推进，而且已经采取岗位设置、项目实施等服务形式，有效地保证了青少年事务社会工作常态化运行。

---

①　袁光亮：《北京市青少年事务社会工作专业人才队伍建设现状、问题与对策》，《北京青年政治学院学报》2020年第2期。

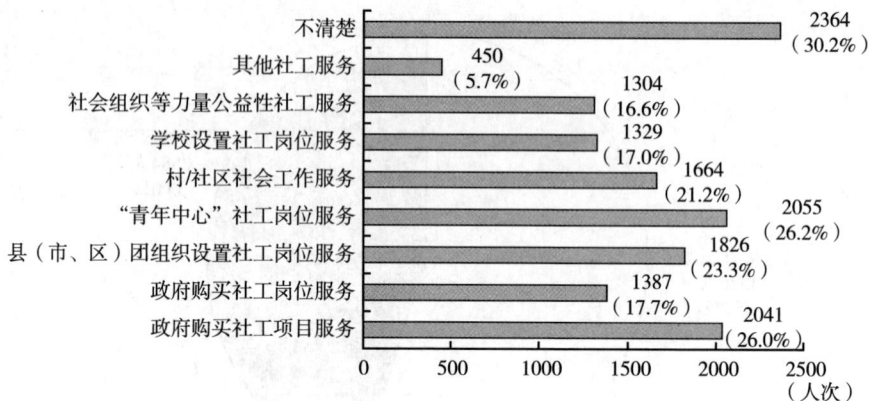

图2 受访者所在县（市、区）开展青少年社会工作服务形式

二 青少年事务社会工作领域深化拓展

随着工作常态化运行，青少年事务社会工作的实施领域也不断深化拓展，一方面表现为依托组织日趋多样化，推进服务内容多样化；另一方面表现为服务领域日趋增多，推进服务种类丰富化。

（一）服务组织内容多样化

图2所示的青少年事务社会工作服务形式多样化反映出青少年事务社会工作不仅在共青团系统组织实施，而且在村/社区、学校等组织实施，依托组织载体多样化推进了青少年事务社会工作服务多样化。

广大民众接触到的青少年事务社会工作服务也较多，涉及青少年权益维护、涉案未成年人帮扶与矫正、学校青少年心理辅导和社会支持、社区青少年社会服务等。2021年石家庄市青年发展调研数据显示，有效数据28106份，社会工作者参与维护青少年权益19087人次，占67.91%，社会工作者介入涉案未成年人考察期帮教和社区矫正工作11006人次，占39.16%，社会工作者在学校开展青少年心理辅导和社会支持等服务13962人次，占

49.68%，社会工作者在基层社区开展与青少年相关的社会服务 11587 人次，占 41.23%，具体如图 3 所示。可见，超过了 1/3 的受访者接触过青少年事务社会工作的主要领域，青少年事务社会工作的知晓度和参与度较高，产生了较大社会影响。

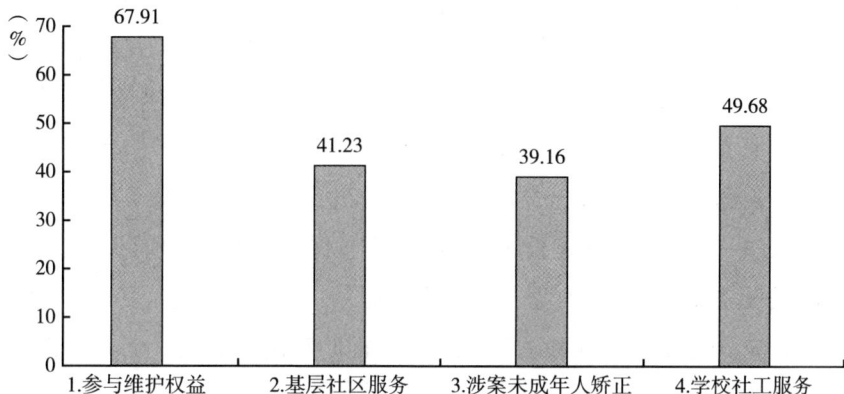

图 3　石家庄市受访者接触到的社会工作服务领域

河北省各地在实施青少年事务社会工作过程中呈现多样化拓展趋势。邯郸市民政局建设的乡镇（街道）社工站把儿童保护作为重要内容大力实施。沧州市搭建"专家团队+专业社工+儿童督导员+儿童主任+志愿者"参与的工作队伍，推进困境儿童保护工作。团唐山市丰南区委把青少年事务社会工作与社会治理工作融合推进。廊坊市妇联联合社工机构利用社区的家长学校、儿童之家等阵地，积极开展儿童保护、家庭教育活动。秦皇岛市工会系统建立社工志愿者队伍，把职工子女助学作为重要服务内容，切实保障了职工未成年子女权益。衡水市检察院与社工机构合作，推进检察工作与社会工作的有机衔接，共同建构未成年人检察社会支持体系。这些实践不仅显示出了河北青少年事务社会工作涉及民政、群团、检察等多样化组织，而且呈现服务方式与服务内容多样化。

（二）服务领域种类丰富化

河北青少年事务社会工作服务领域主要包括街镇儿童社工服务、困境儿童社工服务、学校社工服务、未成年人检察社工服务等种类。其中，街镇儿童社工服务与困境儿童社工服务主要由民政系统组织实施，学校社工服务、未成年人检察社工服务由共青团、检察院等有关部门组织实施。

在街镇儿童社工服务方面，社工服务往往依托项目实施，在街道社区和乡镇村落面向儿童社工服务。例如：五年来，石家庄一社工机构把困难儿童作为重要服务目标人群，先后一对一帮助未成年人3835名，并探索了"社会工作参与社区治理12345+N"服务模式，大力帮助有需求的未成年人。当前，各地大力推进乡镇（街道）社工站建设，把儿童保护服务作为重要内容之一，也有一些地方把儿童保护作为特色项目加以探索。例如：2022年，石家庄一街道社工站建设运行时，把女童保护作为特色项目，在辖区社区、学校设立女童保护站，坚持儿童优先理念，为困境儿童、受侵害女童建档服务，充分发挥"五社联动"优势，助推儿童健康成长，全力构建儿童权利保障体系。

在困境儿童社工服务方面，自2016年国务院颁布《关于加强困境儿童保障工作的意见》以来，困境儿童保护工作取得了较明显的成效，困境儿童社工服务成为重要服务内容。河北省困境儿童社工服务主要由民政救助部门主导，以困境儿童为服务对象，采取专业社工服务方法，保障困境儿童权益。例如：2021年，邢台市经济开发区以社工项目购买形式开展困境儿童社工服务，在服务过程中发挥社工专业优势，采取链接资源、走访慰问、宣传法规等方式，打造关爱保护未成年人的"同心圆"。此外，邢台市以留守困境儿童为重点，搭建"家庭+社区+社会+政府"多维一体的困境儿童支持网络，发挥专业社工人员的支持作用，注重"五社联动"效应，链接社会资源，组织开展系列困境儿童矫治和慰问活动，为困境儿童的健康成长保驾护航。

在学校社工服务方面，以青少年学生为服务对象，以学校教师为辅助力量，采取专业社工服务方式丰富教育内容、更新教育形式，切实满足青少年学生的个性化需求。2020年，承德市共青团开始与社工机构等组织合作在试点学校开展青少年普法教育活动，以校园欺凌、预防性侵害等与青少年密切相关的内容为主题，灵活运用社工专业技巧方法，采取游戏活动模式，把普法与教育有机结合起来，融入学习、融入生活，营造了良好的法治校园氛围，使得青少年学生能够自觉遵纪守法。

在未成年人检察社工服务方面，以保护未成年人合法权益为重点，以开展未成年人检察工作为主要内容，以社会工作专业服务为主要手段，推进未成年人检察社会支持体系建设。2021 年，邯郸市大名县检察院与邯郸社工机构合作，重点开展涉案未成年人社会调查、教育矫治等服务工作，有效衔接检察工作与社会工作，保障涉案未成年人利益。衡水市在实施未成年人检察社工服务中，重点发挥社会工作机构的专业优势，主要提供社会调查、考察帮教、心理测评、心理疏导和家庭教育指导等服务，基于专业化办案与社会化保护的互补融合，恢复、强化未成年人社会功能，促进未成年人全面健康发展，取得了一定成效。

此外，张家口社工联合青年志愿者力量，组建了以社工志愿者为基础的志愿服务队伍，积极参与冬奥与冬残奥的志愿服务，取得了一定的服务效果，得到了广泛认可，不但为奥运赛事奉献了力量，而且给青年志愿者自身带来了快乐，具有重要意义。这也体现了青少年事务社会工作领域日趋丰富的一面。

三 青少年事务社会工作创新实施策略

河北青少年事务社会工作已进入常态化运行阶段，工作领域也不断深化拓展，但是发展面临着不均衡、不充分困境，还需要进一步创新策略，突破困境，推进工作高质量发展。

（一）青少年事务社会工作创新必要性分析

1. 不均衡不充分困境亟须突破

当前我国社会的主要矛盾是人民日益增长的美好生活需要和不平衡不充分的发展之间的矛盾，这一矛盾也反映在河北青少年事务社会工作发展方面，表现为发展的不均衡、不充分。

首先，发展不均衡主要表现为城乡发展不均衡。2022 年河北青年民生发展调查研究数据显示（调查样本为 9509 份，有效数据 5253 份），城镇居住地开展青少年事务社会工作的比例明显高于农村居住地的比例，具体如表 1 所示。同时，对这组数据进行 Pearson 卡方检验，统计值为 3.809，渐进 Sig.（双侧）值为 0.051，小于 0.1，可见城乡居住地之间存在一定差异，也就是说，青少年事务社会工作存在城乡差异。

表 1 受访者居住区域与开展青少年事务社会工作服务交叉状况

单位：人，%

居住地	已开展社工服务		未开展社工服务		合计	
	人数	占比	人数	占比	人数	占比
农村	1726	32.9	402	7.7	2128	40.5
城镇	2600	49.5	525	10.0	3125	59.5
共计	4326	82.4	927	17.6	5253	100.0

其次，青少年事务社会工作的不均衡性除反映在数量方面外，在实施过程中，也存在一定城乡差异。社工机构访谈资料显示，河北省某市在推进困境儿童社工服务方面，首先在城市辖区开始实施，实施了两三年后才开始在该市农村地区实施。在某市实施儿童社工岗位购买项目中，社工入驻未成年人救助保护中心，采用督导培训和示范案例形式参与未成年人救助保护工作，一定程度上在社工服务过程中存在"理想状态"的城市偏见，使得农村未成年人的在地化需求难以及时获得满足，服务工作难以取得预期效果。

最后，发展不充分的局面主要反映为实务领域需求更多、需求程度更高。2022 年河北青年民生发展调查研究数据显示（调查样本为 9509 份，有效数据 7837 份），超过 50% 的受访者认为需要健康成长和犯罪预防领域的青少年事务社会工作，超过 30% 的受访者认为需要心理疏导、权益维护、法治教育、困难帮扶、法律援助等青少年事务社会工作，具体如图 4 所示。可见，人们对青少年事务社会工作的需求领域比较多、比较广。2021 年石家庄市青年发展调研数据显示，在有效数据 28106 份中，超过

80%的受访青年认为建设青少年事务社会工作专业人才队伍、社会工作者积极参与维护青少年权益两方面非常必要或比较必要，超过70%的受访青年认为村（社区）和学校配备社会工作专业人员、社会工作介入涉案未成年人考察期帮教和社区矫正工作非常必要或比较必要，具体如表2所示。可见，这些领域非常重要，也需要社会工作充分介入，促进青少年事务社会工作充分发展。

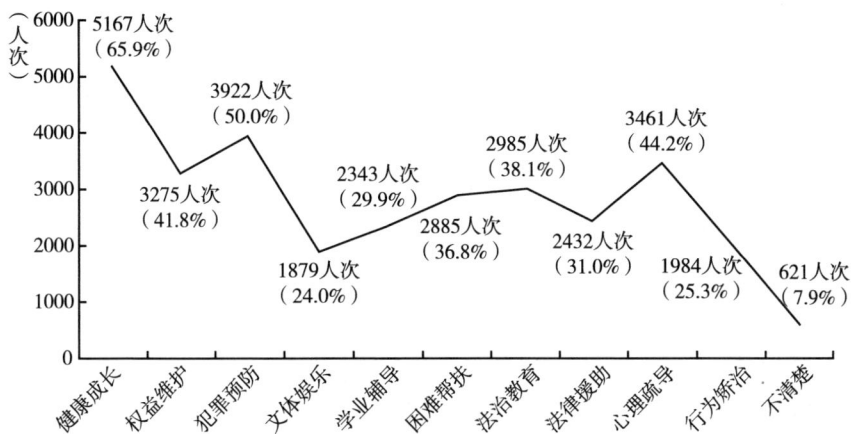

图4　受访者所需青少年事务社会工作领域

表2　青少年事务社会工作的必要性

事　　项	极无必要	较无必要	一般	比较必要	非常必要
村（社区）配备社会工作专业人员必要性	1106 人（3.94%）	411 人（1.46%）	5661 人（20.14%）	8159 人（29.03%）	12769 人（45.43%）
学校配备社会工作专业人员必要性	895 人（3.18%）	478 人（1.7%）	6054 人（21.54%）	7780 人（27.68%）	12899 人（45.89%）
青少年事务社会工作专业人才队伍建设必要性	265 人（0.94%）	374 人（1.33%）	4958 人（17.64%）	7398 人（26.32%）	15111 人（53.76%）
社会工作者积极参与维护青少年权益的必要性	383 人（1.36%）	367 人（1.31%）	4758 人（16.93%）	7040 人（25.05%）	15558 人（55.35%）
社会工作介入涉案未成年人考察期帮教和社区矫正工作的必要性	438 人（1.56%）	432 人（1.54%）	5447 人（19.38%）	7098 人（25.25%）	14691 人（52.27%）

综上，河北青少年事务社会工作在发展过程中存在较不均衡、较不充分的困境，这样的局面亟待改变，创新青少年事务社会工作显得尤为重要。

2. 体制机制、组织影响因素有待改进

虽然河北青少年事务社会工作取得了一定成绩，但是，依然存在制约其进一步发展的障碍，这些障碍因素反映在体制机制和组织方面。

2022 年河北青年民生发展调查研究数据显示，在 7837 份有效数据中，超过 50% 的受访者认为政策体制影响青少年事务社会工作，超过 30% 的受访者认为组织运行、社会认同、人才队伍、资金投入等影响青少年事务社会工作，还有近 30% 的受访者认为技巧方式影响青少年事务社会工作，其他选项占比较小，具体如图 5 所示。

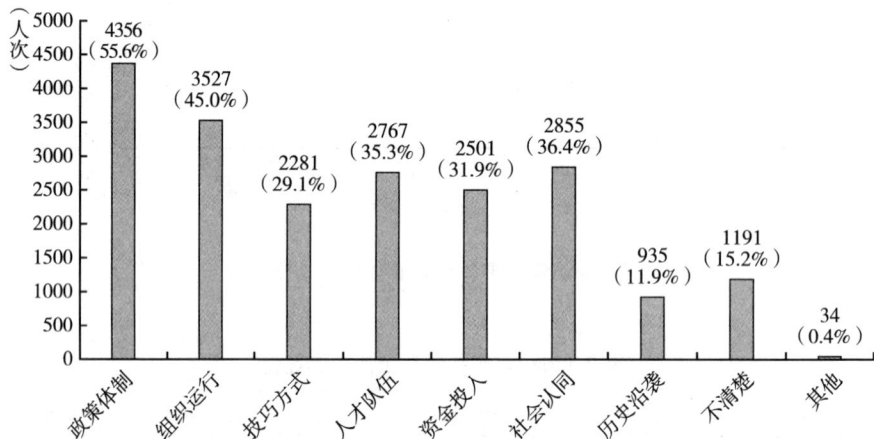

图 5　受访者认为青少年事务社会工作影响因素

在访谈过程中一些社工表示，政府购买社工资金较少、社工资源来源单一、社会工作人才队伍能力有限等因素影响了河北青少年事务社会工作发展。例如：某社工机构在 2019 年开始承接农村困境儿童社工服务项目，连续两年开展社工服务，但是，2021 年项目结束后，因民政局不再购买该类社工项目，这一机构项目社工人员也随之解散。尽管在这一项目实施过程中已建立较广的志愿服务网络，但这种临时性志愿服务在困境儿童保护中较难发挥更有效的作用，社会资源整合也较少，整个社工项目产生的社会影响随着社工服务终结而逐渐减弱。

因此，在发展过程中还存在一些体制机制、组织实施等方面的影响因素，需要进一步采取措施清除发展障碍，推进青少年事务社会工作健康、快速发展。

（二）青少年事务社会工作创新的实施策略

青少年事务社会工作既是青少年事务工作的重要组成部分，又是社会工作的重要领域。河北青少年事务社会工作发展既为青少年事务工作创新积累了经验，又为社会工作领域专业化、职业化及本土化奠定了基础。但是，在发展进程中依然面临着不均衡、不充分困境，也面临着体制机制、组织障碍，亟须采取多重策略，以建设青年发展友好型城市为契机，积极探索青少年事务社会工作的"河北标杆"，努力开创青少年事务社会工作发展的新局面。

第一，加强组织领导，科学谋划引领"大社工"发展。

坚持党政领导，以青少年为本，突出顶层设计，注重服务引导，认真落实青少年事务管理与服务政策法规，建立健全河北青少年事务社会工作组织管理体系。科学运用社会工作新理念、新理论及新方法，解决新时代青少年面临的新问题，满足青少年成长发展的新需求，切实维护青少年合法权益，有效预防青少年违法犯罪，促进青少年的获得感、幸福感、安全感得到明显提升。

坚持"大社工"发展思路，整合社会服务工作、社会组织工作、社会治理工作、社会创新工作、社会发展工作等五大工作类型，创新青少年事务社会工作的体制机制，革新青少年事务社会工作的组织方式，使得面向青少年的社会服务、社会组织、社会治理、社会创新、社会发展再上新层次、再获新成就。大力推广应用民政系统、群团系统、教育系统、司法系统等部门青少年事务社会工作经验，引导其他相关部门系统学习借鉴，注重制度创新、加大财政投入、整合社会力量，开发设置更多青少年事务社工岗位，购买投入更多青少年事务社工项目，引导社会组织转化更专业、更规范。

在推进青少年事务社会工作发展过程中，应充分结合地方发展实际，采取在地化发展策略，以既有平台、阵地、载体为依托，扎根家庭、社区、学校、其他组织等，重构青少年社会支持网络，充分发挥区位特色与自身专业优势，构建全方位的青少年事务社会工作服务体系，在河北通过青少年事务社会工作发展引领"大社工"发展。

第二，强化能力建设，促进社会工作"青合力"塑造。

青少年事务社会工作的能力建设主要涉及两个方面，一方面是青少年事务社会工作组织管理能力建设，另一方面是青少年事务社会工作人才队伍建设，两个方面同时发力才能形塑社会工作的"青合力"。

河北省在推进青少年事务社会工作过程中以民政系统和共青团系统为重点，加强青少年事务社会工作行政服务能力建设，同时，注重社会工作机构组织能力建设。结合当前民政系统乡镇（街道）社工站建设和未成年人救助保护中心建设，探索社区青少年服务室或分站建设，加强站点的青少年事务社工服务管理能力，便于为辖区青少年提供更好的成长发展服务。在共青团系统以"青年中心"和"小青星驿站"建设为契机，强化青少年事务社会工作管理服务职能，使得青少年更便捷地获得社会工作专业服务。以未成年人检察社会工作服务为突破口，逐步拓宽全省青少年司法社会工作服务覆盖规模，探索建立未成年人检察社会工作服务标准，规范管理服务，提高服务能力。大力引导教育系统、其他群团组织提升青少年事务社会工作行政管理能力，更高效地推进青少年事务社会工作发展。

根据社工机构实际状况，加强社工机构的青少年事务社会工作服务管理能力。加强社工机构组织沟通能力，促进项目服务的有效衔接，发挥"五社联动"的优势作用，注重将青少年事务社会工作专业服务与一般公益慈善服务同步推进。创新青少年事务社会工作组织模式，深入推进组织管理细致化，特别是突发事件发生后，急需建立应急机制，树立平战结合思维，切实推进社工发展稳步前进。加强社工机构人力资源管理能力，充分发挥青少年事务志愿者辅助力量的作用。重视财务管理与资源筹措能力建设，规范社工机构资金管理，使得青少年事务社工的资源得到有效配置。注重社工机构服务与宣传的有机结合，进一步完善"走出去"和"请进来"两种形式，营造良好的环境氛围，使得社工机构的青少年事务社会工作服务公信力得到明显提高。

无论是全国青年发展规划还是河北青年发展规划，两者都把青少年事务社会工作人才队伍建设作为重要内容之一，人才是第一大资源。加强青少年事务社会工作人才队伍建设是一项系统工程，涉及人才培养、评价、使用、激励等各个环节。结合河北省社会工作专业人才队伍建设状况，切实推进高校社会工作专业与青少年事务社会工作部门深度合作，建设校政社共同体，提升人才培养质量。基于学校教育和继续教育进行分类培养，开展多种形式的教育培训工作，鼓励青少年事务工作人员参加社会工作者职业水平考试，提高专业服务水平。推进社会工作专业评价改革，促进青少年事务社工人才快速成长，不仅推动线下青少年事务社会工作人才发展，而且积极探索"互联网+"青少年社工、社工场景驱动数字化、智慧社工等新技术和新方式，促进青少年实务社会工作"云端"建设和"大数据"共享，提升人才队伍的新技术应用能力。建立更加高效的青少年事务社会工作人才激励制度，实现优秀人才留得住、用得上、进步快，为青少年事务社会工作发展奠定坚实的人才基础。

第三，营造氛围环境，提升专业服务"新效能"。

大力宣传河北青少年事务社会工作有关的方针政策和法律法规，以青少年保护为导向，宣传青少年事务社会工作的先进典型和成功经验，多方参与，共同为青少年事务社会工作发展发出"好声音"，逐渐形成全社会认同、支持青少年事务社会工作发展的良好社会氛围。在青少年事务领域充分激发专业社会工作的力量潜能，促进优势转化，促进"新效能"提升，更好地保障青少年权益。

河北省各级政府、有关部门需要借助世界社工日、社会工作宣传周等重要的时间节点，充分利用电视、网络、公众号等媒体特别是新媒体，加大青少年事务社会工作宣传力度，形成人人关心、支持、尊重、理解社会工作的良好社会氛围。积极组织青少年事务社会工作有关知识进家庭、进学校、进部门、进企业、进基层等，大力营造青少年事务社会工作的氛围环境，推进河北青少年事务社会工作事业有序、有效发展。

青少年事务社会工作的氛围营造使得专业优势转化更加顺畅，"新效能"提升更加迅速，但是，还需要健全转化机制、建立保障措施。注重青少年事务社会工作专业化与本土化协调，推进本土经验专业转化和专业技巧本土应用贯通融合。促进政府、市场、社会等多元力量参与机制建设，确保党政领导下青少年事务社会工作力量整合，以制度优势引领广泛参与，进一步优化配置青少年事务社会工作资源体系。进一步完善青少年事务社会工作的价值体系，按照需求、供给、传输、保障、评估等各个价值链环节类型，进一步强化功能作用，在保供给、促传输、有保障等关键环节方面，着力改善青少年事务社会工作的价值体系，使得社会工作专业效能进一步释放，更好地增进青少年福利，切实保障青少年权益。

致　谢

　　河北省中长期青年发展规划联席会议办公室启动第二轮河北青年民生发展调查，省市县三级共青团干部混编建立专项工作督导组全程跟进，历时4个月，覆盖全省20类青年群体1万余人，为本书研创提供了真实有效的基础数据支持。本书编委会广泛征求了国内知名专家、共青团河北省委员会、河北省青年联合会、河北省学生联合会等各方面意见，共吸纳意见建议400余条，最终完成本书研创工作。

　　在此期间，本书研创得到国内青年发展研究领域专家学者郗杰英、廉思等同志的大力支持和指导；河北省社会科学院、河北省统计局等单位对本次河北青年民生发展调查统计工作给予了大力支持；王素君、王丽涛、孙贺等同志从书稿结构、政治导向、价值观导向等方面提出指导意见，李晋、李峥、马征、李永红、周游、申瑞斌、赵景涛、曲圆、刘景、杜玉波、石璞等同志从书稿内容覆盖面、研究深度、文字规范表述等方面提出修改意见，蔡智杰、张勇、尹斯祺、赵伟彦、吴振雄、殷亚妮、陈九丞、乔明皓、陈斌、庞飞、林小斐、何晓钰、丁玉立、刘尚志、董黎明、王彦平、乔红英、段磊、陈忱等同志从文字校对方面提出建议。在此对以上单位及个人表达最诚挚的谢意！

本书编委会

2022 年 10 月

社会科学文献出版社

皮书

智库成果出版与传播平台

❖ 皮书定义 ❖

皮书是对中国与世界发展状况和热点问题进行年度监测，以专业的角度、专家的视野和实证研究方法，针对某一领域或区域现状与发展态势展开分析和预测，具备前沿性、原创性、实证性、连续性、时效性等特点的公开出版物，由一系列权威研究报告组成。

❖ 皮书作者 ❖

皮书系列报告作者以国内外一流研究机构、知名高校等重点智库的研究人员为主，多为相关领域一流专家学者，他们的观点代表了当下学界对中国与世界的现实和未来最高水平的解读与分析。截至 2022 年底，皮书研创机构逾千家，报告作者累计超过 10 万人。

❖ 皮书荣誉 ❖

皮书作为中国社会科学院基础理论研究与应用对策研究融合发展的代表性成果，不仅是哲学社会科学工作者服务中国特色社会主义现代化建设的重要成果，更是助力中国特色新型智库建设、构建中国特色哲学社会科学"三大体系"的重要平台。皮书系列先后被列入"十二五""十三五""十四五"时期国家重点出版物出版专项规划项目；2013~2023 年，重点皮书列入中国社会科学院国家哲学社会科学创新工程项目。

权威报告·连续出版·独家资源

皮书数据库
ANNUAL REPORT(YEARBOOK)
DATABASE

分析解读当下中国发展变迁的高端智库平台

所获荣誉

- 2020年，入选全国新闻出版深度融合发展创新案例
- 2019年，入选国家新闻出版署数字出版精品遴选推荐计划
- 2016年，入选"十三五"国家重点电子出版物出版规划骨干工程
- 2013年，荣获"中国出版政府奖·网络出版物奖"提名奖
- 连续多年荣获中国数字出版博览会"数字出版·优秀品牌"奖

皮书数据库　　"社科数托邦"
微信公众号

成为用户

登录网址www.pishu.com.cn访问皮书数据库网站或下载皮书数据库APP，通过手机号码验证或邮箱验证即可成为皮书数据库用户。

用户福利

- 已注册用户购书后可免费获赠100元皮书数据库充值卡。刮开充值卡涂层获取充值密码，登录并进入"会员中心"—"在线充值"—"充值卡充值"，充值成功即可购买和查看数据库内容。
- 用户福利最终解释权归社会科学文献出版社所有。

数据库服务热线：400-008-6695
数据库服务QQ：2475522410
数据库服务邮箱：database@ssap.cn
图书销售热线：010-59367070/7028
图书服务QQ：1265056568
图书服务邮箱：duzhe@ssap.cn

社会科学文献出版社　皮书系列
SOCIAL SCIENCES ACADEMIC PRESS (CHINA)
卡号：465693162917
密码：

S 基本子库
SUB DATABASE

中国社会发展数据库（下设 12 个专题子库）

紧扣人口、政治、外交、法律、教育、医疗卫生、资源环境等 12 个社会发展领域的前沿和热点，全面整合专业著作、智库报告、学术资讯、调研数据等类型资源，帮助用户追踪中国社会发展动态、研究社会发展战略与政策、了解社会热点问题、分析社会发展趋势。

中国经济发展数据库（下设 12 专题子库）

内容涵盖宏观经济、产业经济、工业经济、农业经济、财政金融、房地产经济、城市经济、商业贸易等 12 个重点经济领域，为把握经济运行态势、洞察经济发展规律、研判经济发展趋势、进行经济调控决策提供参考和依据。

中国行业发展数据库（下设 17 个专题子库）

以中国国民经济行业分类为依据，覆盖金融业、旅游业、交通运输业、能源矿产业、制造业等 100 多个行业，跟踪分析国民经济相关行业市场运行状况和政策导向，汇集行业发展前沿资讯，为投资、从业及各种经济决策提供理论支撑和实践指导。

中国区域发展数据库（下设 4 个专题子库）

对中国特定区域内的经济、社会、文化等领域现状与发展情况进行深度分析和预测，涉及省级行政区、城市群、城市、农村等不同维度，研究层级至县及县以下行政区，为学者研究地方经济社会宏观态势、经验模式、发展案例提供支撑，为地方政府决策提供参考。

中国文化传媒数据库（下设 18 个专题子库）

内容覆盖文化产业、新闻传播、电影娱乐、文学艺术、群众文化、图书情报等 18 个重点研究领域，聚焦文化传媒领域发展前沿、热点话题、行业实践，服务用户的教学科研、文化投资、企业规划等需要。

世界经济与国际关系数据库（下设 6 个专题子库）

整合世界经济、国际政治、世界文化与科技、全球性问题、国际组织与国际法、区域研究 6 大领域研究成果，对世界经济形势、国际形势进行连续性深度分析，对年度热点问题进行专题解读，为研判全球发展趋势提供事实和数据支持。

法律声明

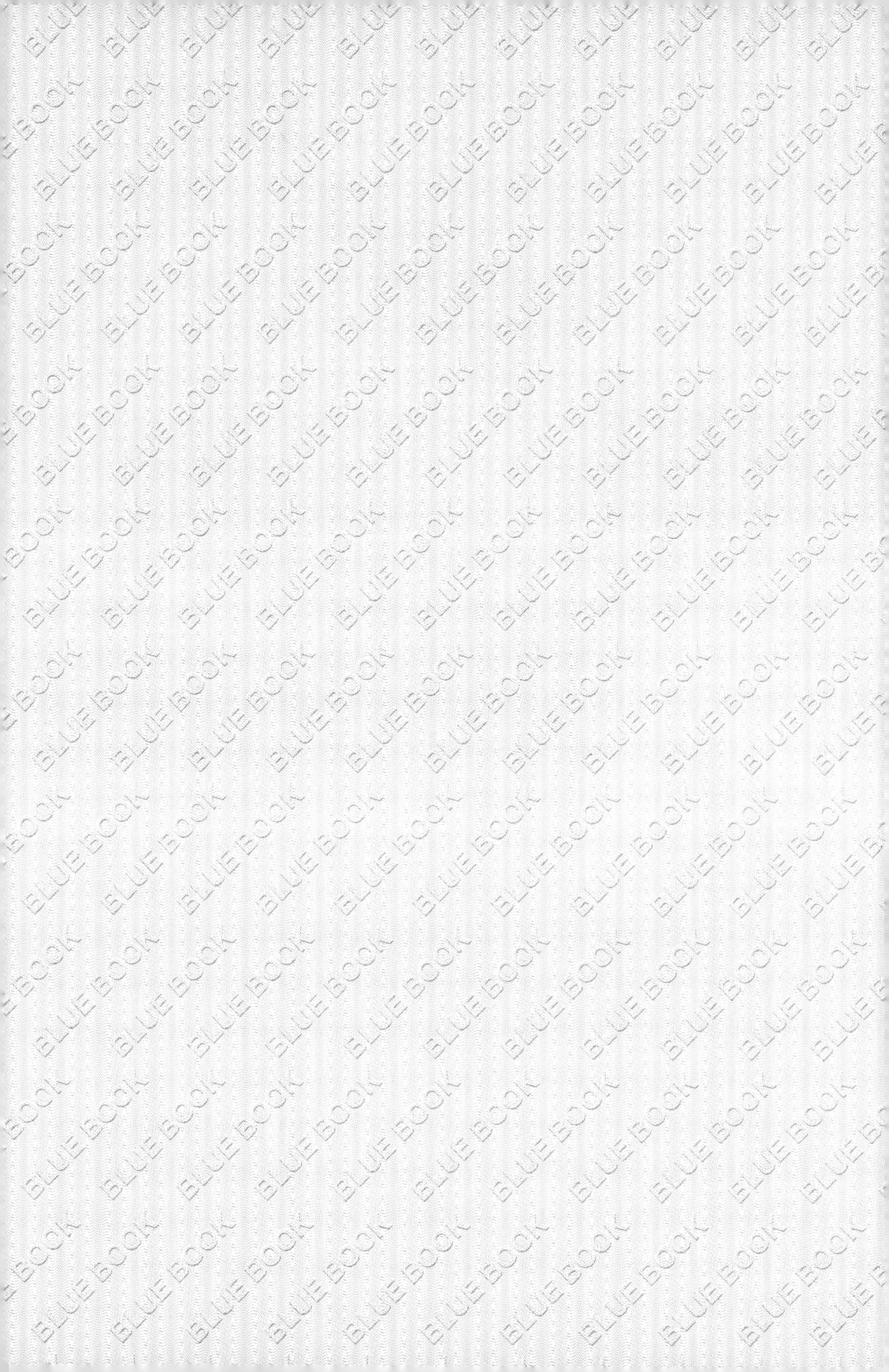